Rio de Janeiro
Um estado em transição

INSTITUTO BRASILEIRO DE ECONOMIA
Armando Castelar Pinheiro e Fernando Veloso (organizadores)

Copyright © 2012 Instituto Brasileiro de Economia

Direitos desta edição reservados à
EDITORA FGV
Rua Jornalista Orlando Dantas, 37
22231-010 | Rio de Janeiro, RJ | Brasil
Tels.: 0800-021-7777 | 21-3799-4427
Fax: 21-3799-4430
editora@fgv.br | pedidoseditora@fgv.br
www.fgv.br/editora

Impresso no Brasil | *Printed in Brazil*

Todos os direitos reservados. A reprodução não autorizada desta publicação, no todo ou em parte, constitui violação do copyright (Lei nº 9.610/98).

Os conceitos emitidos neste livro são de inteira responsabilidade dos autores.

1ª edição — 2012

Coordenação editorial e copidesque: Ronald Polito
Revisão: Marco Antonio Correa e Sandro Gomes dos Santos
Projeto gráfico e diagramação: Estúdio Flavio Peralta / Estúdio O.L.M.
Capa: Ilustrarte Design e Produção Editorial

Imagem da capa: "O Fundo... No Fundo Foco o Fundo... Perceptivelmente" (Técnica mista, 53 x 73 cm, 1999, detalhe, série Baía de Guanabara; coleção particular). Fotografia de David Venturini (2012).

O Ibre e a Editora FGV agradecem a Artur Barrio, que generosamente cedeu o uso de sua obra para a capa deste livro.

Ficha catalográfica elaborada pela
Biblioteca Mario Henrique Simonsen/FGV

Rio de Janeiro - um estado em transição/ Organizadores Armando Castelar Pinheiro, Fernando Veloso. – Rio de Janeiro : Editora FGV, 2012.
504 p.

Coedição: IBRE.
Inclui bibliografia.
ISBN: 978-85-225-1281-2

1. Rio de Janeiro (Estado) – Condições econômicas. 2. Rio de Janeiro (Estado) – Condições sociais. 3. Rio de Janeiro (Estado) – Política e governo. 4. Despesa pública – Rio de Janeiro (Estado). I. Pinheiro, Armando Castelar. II. Veloso, Fernando A. (Fernando Augusto). III. Fundação Getulio Vargas.

CDD – 981.53

Sumário

Apresentação da Direção do Ibre   7
Luiz Guilherme Schymura

À guisa do prefácio   11
Marcílio Marques Moreira

Introdução   19
Os organizadores

Parte 1. Economia do Rio de Janeiro

1. Rio de Janeiro: crescimento econômico e mudança estrutural   25
   Regis Bonelli e Fernando Veloso

2. Características dos ciclos econômicos do estado do Rio de Janeiro   63
   *Aloisio Campelo Jr., Sarah Piassi Machado Lima
   e Hilton Hostalácio Notini*

3. O petróleo na economia fluminense: produtividade e encadeamento   87
   Mauricio Canêdo Pinheiro

4. Oportunidades de desenvolvimento agroindustrial
   no estado do Rio de Janeiro   115
   *Mauro de Rezende Lopes, Ignez Vidigal Lopes,
   Daniela de Paula Rocha e Rafael de Castro Bomfim*

5. As exportações fluminenses: a maldição dos recursos naturais?   149
   Lia Valls Pereira

6. O setor financeiro fluminense   179
   Armando Castelar Pinheiro

7. Formalização e ambiente de negócios para micro
   e pequenas empresas no Rio de Janeiro 205
   Adriana Fontes e Valéria Pero

8. A evolução do mercado de trabalho do Rio de Janeiro
   na última década 231
   Fernando de Holanda Barbosa Filho

9. Estado do Rio e a economia verde 261
   Suzana Kahn Ribeiro

Parte 2. Instituições políticas e gestão fiscal

10. Instituições políticas no Rio de Janeiro: a influência dos
    checks & balances e da competição política nas políticas públicas ... 289
    Carlos Pereira e Mauricio Carlos Ribeiro

11. A riqueza mineral é o passaporte para o futuro? A experiência
    dos municípios beneficiados com *royalties* de petróleo 313
    Joana C. M. Monteiro

12. O uso da renda petrolífera pelo estado do Rio de Janeiro 337
    Samuel Pessôa e Fernando de Holanda Barbosa Filho

13. Estrutura das finanças públicas do estado do Rio de Janeiro ... 357
    Mansueto Almeida e Alexandre Manoel

Parte 3. Aspectos sociais

14. Retornos educacionais no Rio de Janeiro 387
    Rodrigo Leandro de Moura

15. Carências no acesso a serviços e informalidade
    nas favelas cariocas: dialogando com as recentes
    pesquisas domiciliares e de estabelecimentos 411
    Sergio Guimarães Ferreira e Maína Celidonio

16. A política de pacificação do Rio de Janeiro: um estudo
    sobre liderança e inovação 441
    Leandro Piquet Carneiro

17. O Rio e o novo federalismo social 469
    Marcelo Neri

Apresentacão da Direção do Ibre

Rio de Janeiro: um estado em transição é o segundo fruto de um programa mantido pela Economia Aplicada do Instituto Brasileiro de Economia (Ibre) da Fundação Getulio Vargas (FGV) com o intuito de produzir, anualmente, um estudo de fôlego sobre temas relevantes para o desenvolvimento do país. A série foi iniciada em 2011 com a publicação do livro *A agenda de competitividade do Brasil*, coletânea de textos analíticos assinados por vários especialistas de nosso Instituto e convidados. Diante do precedente de sucesso, não foi fácil selecionar o tema a ser abordado em 2012. Dizer que escolhemos o Rio de Janeiro por sua importância no cenário nacional seria simplificar os motivos da decisão, que se deveu a três fatores principais — na verdade, três aspectos de uma mesma questão.

O primeiro deles é o peso que o debate sobre o regime federativo assumiu na vida nacional — e já não era sem tempo. Em função do vácuo deixado pela Assembleia Constituinte de 1988, que perdeu uma excelente oportunidade de rediscutir os critérios de discriminação constitucional de rendas, muito pouco se avançou na discussão sobre as obrigações e a participação de União, estados e municípios nas receitas tributárias, ponto fundamental para a legitimidade e harmonia do sistema político representativo brasileiro.

Uma das consequências desse imobilismo foi a proliferação das chamadas Contribuições, de arrecadação exclusiva da União, que geraram distorções ainda mais agudas no quadro de distribuição dos tributos. Porém o lado mais dramático da situação, sem dúvida, diz respeito aos critérios de partilha dos Fundos de Participação dos Estados e do Distrito Federal. Por falta de legislação complementar à Constitucional Federal de 1988, os coeficientes para rateio dos recursos entre os 27 estados do país permaneceram fixos até hoje, levando o Supremo Tribunal Federal (STF), em 2010, a declarar sua inconstitucionalidade, sob o argumento de que não atendiam ao preceito de promover o equilíbrio socioeconômico entre essas unidades. Na decisão — provocada por Ações Diretas de Inconstitucionalidade ajuizadas por quatro estados —, o STF atribui ao Congresso Nacional a missão de definir novas regras de partilha até o final de 2012.

O segundo motivo que fundamentou nossa escolha emergiu de uma questão aparentemente distinta, mas na essência muito próxima à primeira. Em 2010, o Congresso aprovou o novo marco regulatório para a exploração do petróleo e do gás, prevendo transformações profundas para o setor. No entanto, entre todas as mudanças, a que mais concentrou a atenção dos parlamentares e da sociedade em geral foi a relacionada à distribuição dos *royalties* do petróleo entre os estados, que nada mais é do que uma nova aresta do pacto federativo.

Da mesma forma, o terceiro e último fator remete à assinatura dos contratos de rolagem da dívida pública dos estados e municípios com a União no final dos anos 1990, pouco antes da promulgação da Lei de Responsabilidade Fiscal. Basicamente, os acordos envolveram a quitação dos débitos dessas unidades pela União, que, para tanto, captou recursos no mercado financeiro, via emissão de títulos públicos. Contudo, em função dos elevados encargos, o que era para ser uma solução tornou-se fonte de desequilíbrio fiscal para estados e municípios, gerando, de novo, grande tensão nas relações entre nossos entes federativos.

Uma vez definido o objeto de investigação, e considerando que a maioria dos estudos contempla o assunto pela ótica da União, optamos por destacar, entre as unidades federadas, um representante com papel ativo em cada uma dessas três vertentes, de modo a oferecer respostas e subsídios capazes de iluminar o debate maior. O nome do estado do Rio de Janeiro surgiu naturalmente, mas seus atributos como paradigma para a discussão do Brasil vão além.

No caso do petróleo (a par de já usufruir de uma indústria que transformou a realidade do Norte Fluminense) e independentemente da questão dos *royalties*, o Rio é o grande palco da riqueza do pré-sal, credenciando-se, assim, a liderar o debate sobre tecnologia, inovação, conteúdo nacional, riscos ambientais e demais aspectos importantes relacionados ao setor. De outro lado, como sede dos grandes eventos de impacto mundial, como a final da Copa do Mundo de 2014 e os Jogos Olímpicos de 2016, o estado permeia as decisões sobre políticas de desenvolvimento, gestão fiscal, investimento, infraestrutura, ambiente de negócios e qualificação de mão de obra, entre outras.

Por essas razões — e também por sua importância no cenário nacional —, esse Rio de Janeiro em transição foi o escolhido pelo Ibre como referência para avaliação dos grandes desafios que se apresentam ao Brasil, hoje e adiante.

Boa leitura.

Luiz Guilherme Schymura
Diretor

À guisa de prefácio

Em momento oportuno o Instituto Brasileiro de Economia (Ibre), um dos núcleos mais ativos da Fundação Getulio Vargas na produção de bens públicos, houve por bem preparar este livro reunindo precioso conjunto de 17 estudos, focados cada um em ângulo diverso, na economia, nas instituições políticas, nas políticas públicas, inclusive de gestão fiscal, e nas realidades e perspectivas sociais do estado do Rio de Janeiro.

Embora tenham conseguido abarcar amplo espectro de cobertura, os organizadores — Armando Castelar Pinheiro e Fernando Veloso — mantiveram um fio condutor de análise objetiva que permeia não só o longo prazo abrangido (1940 a 2010), senão também propositiva visão para a frente. O Ibre cumpre, assim, uma das missões prioritárias da Fundação Getulio Vargas, a de construir um patrimônio de números, análises e percepções capazes de irrigar boas políticas públicas e projetos empresariais. A partir de bem analisadas tendências históricas, realidades presentes e expectativas para o futuro, o Ibre avalia e propõe medidas conducentes à manutenção das políticas que produzem bons resultados ou à correção de falhas identificadas, com o que prepara o estado do Rio para enfrentar riscos e aproveitar as oportunidades que não deixarão de surgir, como circunstâncias inerentes a sociedades em transição, como o são o Brasil e o Rio de Janeiro.

Estão inseridos em um entorno que, além de globalizado, tenderá a se transformar a galope, ritmo que temos de acompanhar, caso não queiramos resvalar para a mediocridade complacente — a mais solerte ameaça a nosso futuro. Urge abraçar, soberana e competitivamente, o novo mundo pós-crise, intensivo em conhecimento e inovação, respeitador da natureza, de baixo teor de carbono e que busca trilhar crescimento econômico e social justo, inclusivo e vigoroso.

A iniciativa deste livro é especialmente oportuna, em face da escassez de estudos de amplo espectro e longo prazo sobre o Rio de Janeiro, capazes de captar com propriedade as profundas mudanças estruturais/institucionais dos últimos 70 anos. A falta de análises dessa natureza fez com que essas transformações deixassem de ser avaliadas, qualitativa e quantitativamente: industrialização aprofundada durante e após a Segunda Guerra Mundial (Volta Redonda); transferência da capital para Brasília; fusão entre a Guanabara herdeira do Distrito Federal e o antigo estado do Rio de Janeiro; crescente participação da cadeia de produção do petróleo e gás no setor industrial; impacto dos *royalties* recebidos pelo Estado e por muitos de seus municípios, na respectiva gestão fiscal e, mais recentemente, "realinhamento político" e melhorias significativas no desenho e implementação das políticas públicas e da administração financeira do estado e do município do Rio de Janeiro. O resultado foi verdadeiro salto na qualidade de governança municipal e estadual, o que coincidiu com a convergência político-partidária entre município, estado e governo federal, tal como analisado no Capítulo "Instituições políticas no Rio de Janeiro".

Essa circunstância embute uma dimensão positiva inquestionável — a continuidade das políticas de Estado —, mas tende a ser sobrevalorizada, pois não inere à República e à Federação que, ao contrário, devem periodicamente arejar-se na diversidade política e alternância de poder, próprias ao estado de direito democrático.

Muitos dos estudos mais sistemáticos no passado, e até mesmo os contemporâneos, focam sobretudo a Região Metropolitana e a cidade do Rio de Janeiro e não abrangem todo o estado do Rio de Janeiro tal como resultante da Fusão, o que exige um olhar mais complexo e holístico.

O novo estado é, de fato, muito mais diversificado, haja vista os contrastes entre a região metropolitana predominantemente urbana e o Vale do Paraíba ex-cafeeiro e hoje industrial, a Costa Verde e a Região Serrana de vocação turística e a dos Lagos ou ainda Campos dos Goytacazes.

É claro que monografias e livros sobre o tema foram publicados, muitos dos quais de boa qualidade, como os empreendidos pelo IPP, Ipea e a própria FGV, além de outras instituições, entre as quais cabe ressaltar o esforço do Iets sob a liderança entusiasmada do saudoso André Urani (2008), que nos legou, como explicitou no grito mobilizador do próprio título de um dos livros que nos legou em seu heroico esforço pessoal quase-final, para contribuir ao resgate da "Baleia encalhada": "Trilhas para o Rio: do reconhecimento da queda à reinvenção do futuro".

Quanto à cidade do Rio de Janeiro, há que registrar que a sequência de planos que foram produzidos, desde ao menos 1930, contendo relevantes dados e análises sobre os mais diversos aspectos, características e desafios da cidade do Rio de Janeiro, quer quando ainda capital da República — *Plano Agache* de 1930 (Agache, 1930) —, quer quando Estado-Cidade: *Guanabara: a plan for urban development* (Plano Doxiadis) (Doxiadis Associates, 1965) — e já pós-fusão — Plano Estratégico da Cidade do Rio de Janeiro, janeiro de 1966 (Plano..., 1966).

Merece registro também o primoroso *Guia de história natural do Rio de Janeiro* (Serra e Serra, 2012), que fornece precioso retrato não só da exuberante natureza da Região Metropolitana do Rio de Janeiro, se não também do quase hercúleo trabalho do homem para domar a natureza, para o bem ou o mal, aterrando lagoas, avançando sobre o mar e arrasando morros, como os do Castelo, do Senado e o de Santo Antônio.

Mirando, predominantemente, a dimensão econômica, há o substancioso estudo contido nos dois volumes de autoria da historiadora Eulália Maria Lahmeyer Lobo (1978). No ano anterior havia sido publicado livro de Maria Bárbara Levy sobre a história da Bolsa de Valores do Rio de Janeiro, em que traça longa trajetória desde o monopólio e o capital comercial português até a crise econômica na década dos 1960, já prenhe da inflação que nos castigaria por mais de três décadas e provocaria "o desentesouramento da poupança" e a perda, pela moeda, de "uma de suas funções: a de reserva de valor". Seguiu-se-lhe "a desarticulação do Mercado Financeiro", inclusive "da Política Cambial" (Levy, 1977:18, 591, 596 e 606).

É interessante notar que os estudos mais completos sobre a cidade do Rio de Janeiro, os planos Agache, em agosto de 1930, e Doxiadis, em novembro de 1965, foram publicados, o primeiro em Paris e em francês, e o segundo em Atenas e em inglês, a apenas poucos dias antes de os governantes que os contrataram deixarem o governo. Curioso também que a mais recente história geral sobre o Rio de Janeiro tenha sido publicada, em Paris, pela historiadora francesa Armelle Enders, em 2000.

Seria impossível procurar resumir os 17 capítulos que enriquecem este livro que tenho o privilégio de prefaciar, escrito por autores diferentes e sobre temas variados, de modo que limitar-me-ei a pinçar, como exemplo de muitas outras, algumas conclusões relevantes para a melhor compreensão da transição por que está passando o estado do Rio, ou que revelem dimensões menos conhecidas da realidade fluminense.

Traço marcante desde a primeira década estudada, a dos anos 40 do século passado, é o fato de que, desde então, o estado do Rio já apresentava grau de urbanização de 60% ou mais, muito superior à média dos estados próximos, São Paulo, com pouco mais de 40%, e Minas Gerais, com apenas 25%. Essa circunstância resultou em que o setor de serviços, "atividade tipicamente urbana", viesse a "marcar a evolução da estrutura econômica do Estado nas décadas seguintes" e, de certa forma, até hoje.

Em compensação e mais marcadamente após a década de 1960, em que atingiu taxas negativas em todos os anos, a contribuição do agronegócio para a formação do PIB estadual é muito menor do que a de grande parte dos outros estados.

De fato — a agropecuária fluminense cresceu apenas 0,8% a.a., em média, no longo período de 70 anos: 1940-2010.

O panorama muda se observamos a indústria, cujo desempenho é bem melhor — 4,2% a.a., mas mesmo assim menor do que o de São Paulo — 5,8% — e o de Minas Gerais — 6,1%, mesmo tendo em conta que o setor inclui a extração mineral, portanto, no caso do Rio, a produção de petróleo e gás.

Nas últimas três décadas, é impressionante a queda brutal, a partir de 1980, do crescimento da indústria no Brasil como um todo, e no Rio em particular. Cai a graus desprezíveis, o que já perdura por três décadas e deixa claro que a crise por que passa a indústria, hoje, decorre de fatores estruturais mais complexos, e não é fruto, apenas, de fatores conjunturais, como as altas taxas domésticas de juros e a volatilidade do câmbio, ou ainda a recessão da atividade econômica mundial desde meados de 2007, e mais intensamente a partir de setembro de 2008, quando explodiu a crise financeira.

Realidade recente também intrigante é que o setor que mais contribuiu para a aceleração do PIB do Rio, no período de 2003 a 2009, a intermediação financeira, tenha testemunhado queda do emprego desde o período anterior, 1995 a 2003, fenômeno que se adensou no período seguinte, o que indica que a expansão foi viabilizada por ganhos de produtividade, fenômeno também observado no comércio e na construção civil.

Em contraste, a indústria extrativa mineral no Rio, concentrada em petróleo e gás, teve seu valor adicionado ao PIB fluminense crescendo em apenas 0,4% a.a. no período 2003-09, enquanto o emprego médio se expandia, no mesmo intervalo, a exorbitantes 11,6% a.a., o que significa intensa queda da produtividade.

Outra característica relevante da economia fluminense é que, como revelam Aloisio Campelo Jr., Sarah M. Lima e Hilton Notini, "o Rio de Janeiro apresenta o ciclo industrial menos sincronizado ao ciclo nacional entre as unidades da federação economicamente mais relevantes", provavelmente, devido a que no triênio 2007-09 a produção de derivados de petróleo e as atividades conexas à extração representassem, apesar da queda em sua produtividade, 54,8% do setor industrial do estado. Em período mais longo, os últimos 20 anos (1992-2011), a indústria extrativa respondeu integralmente pelo crescimento do PIB industrial fluminense, com taxa acumulada de 238%.

Finalmente, cabe registrar que dos dados reunidos nos textos não transpareceu evidência de que, na década de 1970, tenha ocorrido inflexão negativa, costumeiramente atribuída à fusão da antiga Guanabara com o estado do Rio de Janeiro, na trajetória de desempenho global do estado, que, ao contrário do ocorrido no setor industrial, foi positivo naquela década e desprezível na dos 80.

Advertência muito oportuna, formulada por Samuel Pessoa e Fernando de Holanda Barbosa Filho, é a de que a renda petrolífera originada do recebimento de *royalties*, embora riqueza preciosa, não é recorrente, e que por isso deve ser poupada.

Para os fins prioritários a serem estabelecidos pela sociedade, deve ser utilizada somente a renda permanente do petróleo, isto é, o rendimento dos recursos poupados, remunerado à taxa média que o setor público utiliza para remunerar a dívida pública.

A advertência deve servir para inspirar o comportamento tanto dos municípios e do estado, quanto o da União e será de extrema importância na decisão de como destinar a renda petrolífera que vier a ser, provavelmente em montante muito expressivo, gerada quando a exploração do pré-sal estiver operando a pleno vapor. A situação merece atenção especial para que aqueles recursos não sejam diluídos e, possivelmente, desperdiçados em gastos correntes.

As ponderações a que me referi acima são apenas alguns exemplos esparsos para ressaltar a qualidade que o leitor encontrará neste livro. Limitar-me-ei, agora, a apontar uma análise ainda controvertida, mas que coincide com conclusões que tirei de experiência direta minha, de há quase 50 anos.

Na ocasião — novembro de 1965 a setembro de 1968 —, fui diretor da Companhia de Progresso do Estado da Guanabara (Copeg), na gestão de Negrão de Lima. A companhia havia sido criada na gestão anterior, com o objetivo de enfrentar o que na época era chamado de "esvaziamento econômico do Estado", decorrente da transferência da capital para Brasília, no início daquela década, tema que me mobiliza até hoje.

Chuvas torrenciais, em janeiro de 1966, repetidas um ano depois, causaram brutais deslizamentos de encostas, o desmoronamento de inúmeras casas e mesmo de edifícios inteiros de apartamentos, desnudando a dramática situação habitacional, do estado-cidade, tanto em bairros tidos como "nobres", como nas "favelas", por definição "pobres".

A reação da administração estadual foi imediata e contou com a cooperação do governo federal, apesar das diferenças políticas que os separavam, resultando, entre outras iniciativas, na criação de centros de excelência na área geotécnica de contenção de encostas para conter os deslizamentos tão frequentes e ameaçadores.

Na Copeg foram, por sua vez, criadas duas subsidiárias de que participei, intensamente, respectivamente como vice-presidente e presidente — a Sociedade Copeg de Crédito Imobiliário, que, dedicada ao financiamento residencial de classe média e de conjuntos habitacionais populares, conseguiu a primeira carta-patente da espécie no Brasil. A segunda empresa criada foi a Companhia de Desenvolvimento de Comunidades (Codesco), dedicada à urbanização de favelas, com a participação ativa de sua população.

Dos estudos então realizados em três favelas — Brás de Pina, Morro União e Mata Machado — pelo Centro Nacional de Pesquisas Habitacionais, Faculdade de Ciências Médicas da UEG, Escola de Sociologia e Política da PUC, pela professora Lélia Gontijo Soares, pela Montor e pelas inúmeras conversas que eu mesmo mantive com os moradores da então favela, hoje bairro, Brás de Pina, convenci-me de vários conceitos que Sérgio Guimarães Ferreira e Maina Celidônio vieram a incorporar ao capítulo dedicado a esse tema.

Primeiro, que "favelas continuam pobres, porque ainda são os pobres que escolhem morar lá", mas que a decisão de moradia decorre de decisões racionais, tais como proximidade de emprego, acesso a escolas e hospitais de melhor qualidade, custo de vida mais barato etc.

Os autores concluem que "a julgar pela opção da favela como porta de entrada do pobre no território da cidade, o equilíbrio que combina baixa qualidade de vida, custo de vida baixo e informalidade é apesar de tudo uma decisão melhor, na maioria das vezes, do que a alternativa normal de moradia".

Finalmente, algo que é novo, mas ainda pouco reconhecido. Os autores argúem que "não existem grandes diferenças [hoje] entre favela e não favela quanto à cobertura de serviços domiciliares básicos", como se pode concluir do Censo de 2010.

Este e muitos outros temas são objeto de análises bem informadas e de raciocínios bem estruturados, pelo que não hesito em recomendar enfaticamente a leitura desta mais recente produção intelectual, uma de muitas de que o Ibre/FGV tem sido responsável.

Marcílio Marques Moreira
Rio de Janeiro, em 26 de setembro de 2012.

Referências

AGACHE, Alfred (Dir. ger.). *Cidade do Rio de Janeiro*: extensão, remodelação, embelezamento. Paris: Foyer Brésilien, 31-8-1930.

DOXIADIS ASSOCIATES (Cons.). *Guanabara*: a plan for urban development. Atenas: Doriades Associates, 20-11-1965.

ENDERS, Armelle. *Histoire de Rio de Janeiro*. Paris: Librairie Feyard, 2000.

LEVY, Maria Bárbara. *História da Bolsa de Valores do Rio de Janeiro*. Rio de Janeiro: Ibmec, 1977.

LOBO, Eulália Maria Lahmeyer. *História do Rio de Janeiro*: do capital comercial ao capital industrial e financeiro. Rio de Janeiro: Ibmec, 1978. 2 v.

PLANO estratégico da cidade do Rio de Janeiro — Rio sempre Rio. jan. 1996.

SERRA, M. V.; SERRA, M. T. F. (Org.). *Guia da história natural do Rio de Janeiro*. Rio de Janeiro: Cidade Viva, 2012.

URANI, André. *Trilhas para o Rio*: do reconhecimento da queda à reinvenção do futuro. Rio de Janeiro: Elsevier; Campos, 2008.

Introdução

O Rio de Janeiro sofreu historicamente de certa síndrome de grandeza: mesmo depois que a Guanabara deixou de sediar a capital do país, seus principais jornais ainda eram *O Globo* e o *Jornal do Brasil*. O Rio de Janeiro se via como coração e cabeça do Brasil, confundindo as preocupações do estado com as do próprio Brasil: um não poderia andar bem sem que o outro também o fizesse e vice-versa.

A dura realidade se impôs a um pouco atento Rio de Janeiro nas décadas seguintes, conforme esse perdia participação no PIB nacional e a indústria, as finanças e uma grande quantidade de bons empregos migravam para outras unidades da Federação, não só pela mudança de capital, mas também porque o estado foi incapaz de manter o dinamismo econômico. As respostas a essa perda de importância e posição relativa na escala estadual de padrão de vida nem sempre foram as melhores: o voto no protesto, nas soluções mágicas e certo niilismo colocaram o estado em difícil situação no final do século passado, tanto em termos da sua saúde econômica como de itens tão fundamentais como a segurança pública.

Nos últimos anos o Rio de Janeiro começou, por assim dizer, a "dar a volta por cima". O desenvolvimento do setor de petróleo e gás tem sido, sem dúvida, um motor importante dessa virada, seja pela ótica das contas públicas, seja pela da criação de uma vocação econômica que tem atraído empresas, tecnologia e criado bons empregos. Além disso, existe a percepção de que houve uma mudança na qualidade da gestão pública, pelo menos em certas áreas, como na de segurança pública.

A motivação para este livro foi dupla. De um lado, documentar esse processo de transformação, buscando identificar onde as coisas estão bem, onde podem melhorar e como. De outro, procurar estimular uma reflexão maior sobre o próprio estado, cujos desafios e oportunidades apenas em parte se confundem com aqueles do país. Em especial, nos motiva o objetivo de ver como sustentar e até alavancar o bom momento por que passa o estado, que deve andar em um crescendo até a realização das Olimpíadas de 2016. Mas, e depois?

Nesse sentido, este livro vem na esteira de outros que recentemente também buscaram refletir sobre a realidade fluminense. Mesmo correndo o risco de alguma injustiça, destacamos as reflexões do professor Mauro Osório, em *Rio nacional Rio local: mitos e visões da crise carioca e fluminense* (Senac, 2005) e a coletânea organizada por André Urani e Fabio Giambiagi, *Rio: a hora da virada* (Campus, 2011).

Ainda que algumas interseções com essas obras sejam inevitáveis, onde elas ocorrem, e cremos que são poucas, entendemos que elas são positivas, por trazer uma abordagem distinta para o mesmo tema. O livro também se diferencia por termos tido a felicidade de contar com a participação de outros autores que, apesar de bastante ativos na cena fluminense — no governo, no setor privado e na academia —, não participaram dessas obras anteriores.

Dentro desse espírito de buscar uma abordagem local sob um novo prisma, dividimos os capítulos que seguem em três grandes áreas de interesse, nas quais acreditamos que os avanços, as oportunidades e os desafios para o Rio de Janeiro se colocam: economia, instituições políticas e gestão fiscal, e aspectos sociais.

Na primeira parte, apresentam-se os traços gerais da evolução da economia do Rio de Janeiro e são discutidos vários aspectos de especial relevância para seu dinamismo futuro. Regis Bonelli e Fernando Veloso analisam o processo de crescimento e mudança estrutural da economia fluminense, e destacam o aumento da participação da indústria extrativa (petróleo e gás) a partir da década de 1990 e a elevada participação do setor de serviços. Aloisio Campelo Jr., Sarah Piassi Machado Lima e Hilton Hostalácio Notini identificam as principais características dos ciclos econômicos do estado do Rio de Janeiro por meio de comparações com os ciclos do país e dos demais estados da federação. Mauricio Canêdo Pinheiro investiga o setor de petróleo e gás e sua importância para a economia fluminense, enfatizando sua produtividade elevada e seu encadeamento com outros setores, como serviços.

Mauro de Rezende Lopes, Ignez Vidigal Lopes, Daniela de Paula Rocha e Rafael de Castro Bomfim descrevem o desempenho recente do setor agropecuário fluminense e propõem iniciativas que permitam ao setor avançar mais rapidamente. Lia Valls Pereira mostra a mudança na pauta de exportações fluminense associada à exploração de petróleo e ressalta outros grupos de bens e serviços com potencial exportador, que incluem os associados ao polo petroquímico, infraestrutura e serviços da economia criativa. Armando Castelar Pinheiro apresenta uma visão panorâmica da evolução do setor financeiro no estado, descreve a situação atual em termos de acesso a esse tipo de serviço e avalia as principais avenidas de expansão futura desse setor no estado.

Adriana Fontes e Valéria Pero mostram a evolução recente das micro e pequenas empresas no estado, e investigam as mudanças institucionais no ambiente de negócios do Rio de Janeiro no que diz respeito à formalização dos micro e pequenos negócios. Fernando de Holanda Barbosa Filho examina a evolução do mercado de trabalho no Rio de Janeiro na última década, abordando os efeitos da expansão dos anos médios de escolaridade e do aumento da exploração do petróleo. Suzana Kahn Ribeiro aborda as diversas formas de mensuração da Economia Verde e as estratégias adotadas no estado do Rio de Janeiro com o objetivo de assegurar sua transição para um modelo de desenvolvimento sustentável.

Na segunda parte, discutem-se os avanços e desafios no aperfeiçoamento das instituições políticas e da gestão fiscal do estado e seus municípios. Carlos Pereira e Mauricio Carlos Ribeiro mostram que a institucionalização do sistema de *checks & balances* e a manutenção de um quadro de competição política tiveram um papel importante na implementação de políticas públicas mais eficazes no estado. Joana C. M. Monteiro examina o uso das receitas dos *royalties* do petróleo por parte dos municípios beneficiados, e revela que não houve, em média, melhoria na infraestrutura e nos indicadores de saúde e educação, embora existam diferenças de desempenho entre municípios. Samuel Pessôa e Fernando de Holanda Barbosa Filho discutem como deve ser feita a gestão fiscal dos recursos do petróleo de forma a maximizar seus benefícios, e avaliam em que medida o uso desses recursos pelo estado do Rio de Janeiro segue essas recomendações. Mansueto Almeida e Alexandre Manoel analisam a evolução das contas fiscais do estado do Rio de Janeiro, e em particular se o estado tem conseguido conciliar o pagamento de sua dívida com maior capacidade de investimento.

Finalmente, na terceira parte, são discutidas várias dimensões sociais das mudanças recentes pelas quais o estado tem passado. Rodrigo Leandro de Moura investiga a evolução recente da taxa interna de retorno da educação no Rio de Janeiro, que representa uma medida do retorno monetário do investimento em educação descontado dos seus custos. Sergio Guimarães Ferreira e Maína Celidonio apresentam uma análise sobre os temas da acessibilidade a serviços públicos e informalidade nas favelas cariocas, a partir de bases de dados recentes de domicílios e estabelecimentos. Leandro Piquet Carneiro analisa a inovação na política de segurança pública do Rio de Janeiro representada pela implantação das Unidades de Polícia Pacificadora (UPPs) a partir de 2008, abordando seus acertos e os desafios para sua consolidação. Marcelo Neri examina os programas de transferência de renda criados recentemente no estado e município do Rio, e aborda suas diferenças e complementaridades entre si e em relação ao programa federal Bolsa Família.

Os organizadores
Setembro de 2012

Parte 1

Economia do Rio de Janeiro

Capítulo 1

Rio de Janeiro: crescimento econômico e mudança estrutural

Regis Bonelli
*Fernando Veloso**

1. Introdução

O objetivo deste texto é analisar o processo de crescimento e mudança estrutural do estado do Rio de Janeiro por meio de uma narrativa analítica apoiada em informações quantitativas capazes de captar os aspectos econômicos mais destacados do processo de desenvolvimento do estado. Espera-se também mostrar em que e como o estado destacou-se dos demais, positiva ou negativamente, usando sempre como padrões de comparação São Paulo e Minas Gerais, pela proximidade e estágios de desenvolvimento semelhantes aos do Rio, e o total do país como *benchmark* mais geral. Essa tarefa é desenvolvida em partes que cobrem, inicialmente, na seção seguinte, aspectos de longo prazo da evolução da economia do estado em comparação com a do país e aquelas das duas outras unidades da região Sudeste mencionadas.

A seção 3 aprofunda a análise da mudança estrutural usando dados do período desde 1995, quando aproveitamos os resultados da última revisão das Contas Regionais do Brasil, apurados pelo IBGE. Novamente, comparações com o total do país e com estados de alguma forma próximos, São Paulo e Minas Gerais, ajudam na avaliação do desempenho do Rio.

---

* Os autores são pesquisadores da Área de Economia Aplicada do Ibre/FGV. Agradecemos os comentários de Armando Castelar Pinheiro e dos participantes de seminário no Ibre no qual foram apresentados resultados preliminares deste capítulo. Um agradecimento especial é devido aos estagiários Fábio Goulart Neto e Laís Mesquita Wanick pelo competente trabalho de pesquisa de dados.

A seção 4 desagrega os resultados da indústria, cobrindo a indústria extrativa e a de transformação, e estende a análise até 2011. Optamos por fazer essa desagregação para o Rio de Janeiro isoladamente, sem compará-lo com os demais estados das demais seções, para não sobrecarregar o leitor com informações a nosso ver excessivas.

Na seção 5 dedicamos atenção à crucial questão das fontes de crescimento pelo lado da oferta, com destaque para o desempenho da produtividade total dos fatores. As perguntas a serem respondidas são: qual tem sido nosso desempenho produtivo em comparação com o total do país e de outros estados? Existem mudanças na série histórica disponível, embora curta, que possam ser identificadas a partir dos dados levantados?

A seção 6 conclui, apresentando também linhas gerais de sugestões de política econômica que podem ser extraídas da análise anterior. O anexo apresenta algumas séries de dados utilizadas na análise, em complemento às tabelas do texto.

2. Uma visão de longo prazo: 1940-2010

Um aspecto que salta aos olhos na análise das tendências de longo prazo do Rio de Janeiro — e que, de forma indelével, irá marcar sua trajetória de longo prazo — é o da trajetória demográfica do estado e, a ela associada, do seu grau de urbanização. E, mais especificamente, para o fato de que, tendo incluído por longo período de tempo a capital do país, o Rio apresentava desde antes de meados do século passado um grau de urbanização muito superior à média nacional e dos estados próximos, São Paulo e Minas Gerais. Isso é mostrado no gráfico 1, que permite uma clara visualização da evolução do grau de urbanização em espaços de tempo de uma década, de 1940 a 2010, a partir dos resultados dos Censos Demográficos.

De fato, já em 1940 o Rio tinha pouco mais de 60% da sua população vivendo no meio urbano, ao passo que em Minas, por exemplo, essa proporção era de apenas 25%. A importância desse fato é a implicação quanto à pressão relativamente maior por serviços no Rio, uma atividade tipicamente urbana, relativamente à dos demais estados. Certamente, como dissemos, isso irá marcar a evolução da estrutura econômica do estado nas décadas seguintes.

Gráfico 1
Grau de urbanização nas datas dos Censos Demográficos — Rio de Janeiro, São Paulo, Minas Gerais e Brasil (% da população urbana em relação à total)

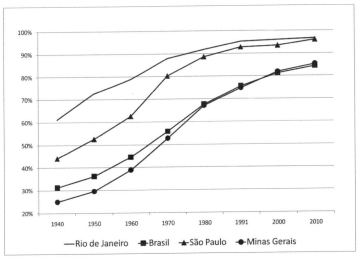

Fonte: IBGE, Censos Demográficos. Elaboração dos autores.

São Paulo aparece sempre como o segundo estado com maior urbanização, mas só alcança o Rio, praticamente, em 2010, ano em que este detinha uma taxa de urbanização de 97%, enquanto São Paulo apresentava expressivos 95%.[1] Note-se que só na década de 1970 o Brasil alcançaria o grau de urbanização que o Rio tinha no início da década de 1940. Além disso, observe-se que Minas tem a partir de 1980 um perfil urbano bem próximo do brasileiro indicando, portanto, entre 1940 e essa data um crescimento da população urbana bastante elevado.

Por trás dessa evolução estão, por definição, duas variáveis: o crescimento da população total e da população urbana. Quanto à primeira, os padrões por décadas não parecem muito diferentes segundo estados, como transparece do gráfico 2, exceto por casos isolados. Rio e São Paulo lideram o crescimento populacional até 1970, mas já na década de 1960 o Rio perde a liderança para São Paulo. Embora não analisado aqui, essas taxas mais altas nesses dois estados

---

[1] Aceita-se nesse texto a definição de população urbana dos Censos Demográficos, sem nenhuma correção.

refletem também, e talvez principalmente, a migração de pessoas de outras regiões, notadamente do Norte e Nordeste, atraídas pelas melhores oportunidades de emprego e salário no Sudeste. Trata-se de fenômeno amplamente conhecido e cuja análise extrapola o objetivo deste texto.

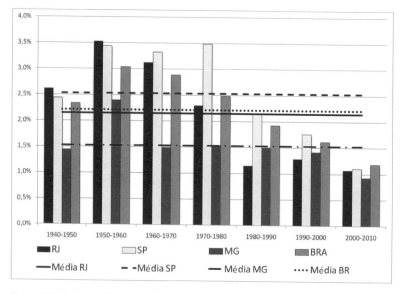

Gráfico 2
Taxas de crescimento populacional por décadas — Rio de Janeiro, São Paulo, Minas Gerais e Brasil (% a.a.)

Fonte: IBGE, Censos Demográficos. Elaboração dos autores.
Obs.: O ano inicial usado para calcular o crescimento na década 1990-2000 é 1991.

A população do Rio cresceu menos que na média do Brasil a partir da década de 1970, refletindo, como veremos, um declínio relativo na atividade econômica local. Minas Gerais aparece com crescimento populacional mais lento e, em várias décadas, com taxas uniformemente em torno de 1,5% ao ano (a.a.). A uniformidade de taxas por estados e para o Brasil na última década (2000-10) é outro aspecto interessante, não perseguido aqui. Obviamente, a rápida transição demográfica pela qual passou o país, especialmente depois de 1980, também caracteriza as unidades da federação (UFs) que o compõem — ao menos aquelas aqui analisadas, que não incluem as novas regiões de fronteira de ocupação populacional no Norte e Centro-Oeste do país. É principalmente por essa razão que a taxa de crescimento da população brasileira entre 2000 e 2010 supera, embora por pouco, a dos três principais estados da federação aqui individualizados.

Ao longo de todo o período 1940-2010, a taxa média de crescimento populacional do Rio foi de 2,2% a.a., pouco inferior à do Brasil, enquanto São Paulo teve crescimento populacional de 2,5% a.a. Minas Gerais teve um crescimento populacional significativamente inferior, em torno de 1,5% a.a.

A outra variável que define o grau de urbanização, o crescimento da população urbana, é mostrada no gráfico 3. É fácil perceber que em todos os períodos e para Rio, São Paulo, Minas e Brasil a população urbana cresceu a taxas substancialmente superiores à rural (logo, à total) — esta, aliás, apresentou redução em termos absolutos em quase todas as UFs a partir de 1960 (Anexo). O destaque principal deste gráfico é São Paulo entre 1940 e 1980. Mas o Rio também apresentou taxas de crescimento da população urbana muito altas nas três primeiras décadas apresentadas no gráfico, da ordem de pouco mais de 4% a.a. Como já mencionado, para esse crescimento urbano tão expressivo contribuíram, sobremaneira, as migrações internas: na década de 1960, por exemplo, esse fenômeno explica boa parte da taxa média de crescimento populacional urbano de 6% a.a. em São Paulo. Já em Minas o crescimento urbano acentuou-se uma década depois daquele dos demais estados.

Devido ao seu elevado grau de urbanização inicial, o Rio teve um crescimento médio da população urbana inferior ao do Brasil e demais UFs ao longo de todo o período. São Paulo, por outro lado, teve um crescimento da população urbana igual à média do país entre 1940 e 2010.

O crescimento do nível agregado de atividade é mostrado no gráfico 4, destacando-se o fato de que o crescimento do PIB acelerou-se substancialmente em todos os estados — logo, no Brasil — a partir da década de 1940.[2] O auge, clara e obviamente, ocorreu na década de 1970, quando o PIB de Minas Gerais cresceu quase 12% a.a. em um espaço de tempo de 10 anos! O colapso do crescimento nas três décadas seguintes é também claramente

---

[2] Os resultados seguintes estão baseados em valores a preços constantes de 2009. O ano inicial das comparações é 1939 que, sem perda de generalidade, estamos identificando como 1940. Os dados foram obtidos do Ipeadata e seu último ano é 2009. Para obter o PIB estadual de 2010, aplicamos a taxa de crescimento do IBC-R em cada estado ao valor do PIB em 2009.

Gráfico 3
Taxas de crescimento da população urbana por décadas — Rio de Janeiro,
São Paulo, Minas Gerais e Brasil (% a.a.)

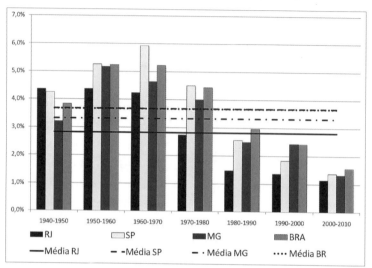

Fonte: IBGE, Censos Demográficos. Elaboração dos autores.
Obs.: O ano inicial usado para calcular o crescimento na década 1990-2000 é 1991.

visível no gráfico 4. Nota-se, porém, uma leve aceleração depois da década perdida de 1980. Na década de 2000 o estado que mais cresceu foi São Paulo.

A má notícia que vem desse gráfico é o fraco desempenho do Rio de Janeiro. De fato, em quase todas as décadas esse foi nitidamente inferior ao dos demais estados do Sudeste e do Brasil. As exceções são poucas e de pequena magnitude: Minas cresceu menos do que o Rio na década de 1960 e São Paulo (e o Brasil) menos do que o Rio na de 1990.

Algo surpreendentemente, o desempenho do Rio na última década foi inferior ao das demais UFs. A surpresa se justifica pela expectativa de que, com a exploração do petróleo e atividades relacionadas, nas duas últimas décadas o estado tivesse conseguido diminuir o hiato de desempenho em relação às demais unidades da federação. O desempenho setorial do Rio será analisado em mais detalhe nas duas próximas seções.

Ao longo de todo o período, o PIB do Rio cresceu a uma taxa anual média de 4,2%, substancialmente abaixo do crescimento médio de 5,3% a.a. de São Paulo e 5,2% a.a. do Brasil.

Nosso quadro do desempenho macro não estaria completo se ignorássemos a medida mais comumente associada ao desenvolvimento, seja em nível nacio-

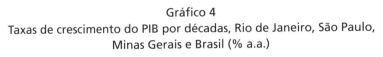

Gráfico 4
Taxas de crescimento do PIB por décadas, Rio de Janeiro, São Paulo, Minas Gerais e Brasil (% a.a.)

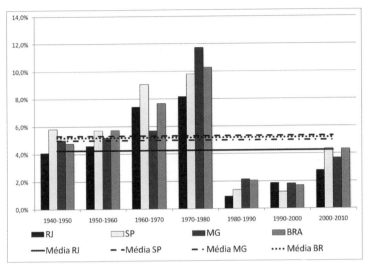

Fontes: Ipeadata e IBC-R. Elaboração dos autores.
Obs.: O ano inicial usado para calcular o crescimento na década 1940-1950 é 1939.

nal ou regional: o PIB *per capita*. E aqui a diferença em relação aos resultados anteriores fica acentuada até o início da década de 1990 e na década de 2000 (gráfico 5). Durante todo o período, o Rio teve um crescimento médio do PIB *per capita* inferior ao do Brasil e demais UFs. Em particular, enquanto o PIB *per capita* fluminense cresceu 2,1% a.a., em Minas sua expansão foi de 3,5% a.a., acima da média do país e de São Paulo, de 3% e 2,8% anuais, respectivamente.

O gráfico anterior sugere que teria havido convergência entre os estados da região Sudeste em relação ao total brasileiro. Uma eloquente confirmação é revelada em seguida: de fato, enquanto Rio e São Paulo se aproximavam do PIB *per capita* médio do Brasil, perdendo posição, Minas melhorava de posição, embora não muito. Logo, os outros estados também se aproximaram da média brasileira.

Em 1940 o Rio tinha um PIB *per capita* de 2,3 vezes o do Brasil, ao passo que em São Paulo essa proporção era de 1,8 e em Minas de 0,6. A partir daí, o Rio perde posição até chegar a 1,4 vez a média nacional em 1991 e aumenta ligeiramente em 2000 — apenas para cair de novo na década seguinte, chegando a um valor cerca de 30% superior à média do país em 2010. Já São

Gráfico 5
Taxas de crescimento do PIB *per capita* por décadas, Rio de Janeiro, São Paulo, Minas Gerais e Brasil (% a.a.)

Fontes: IBGE, Censos Demográficos, Ipeadata e IBC-R. Elaboração dos autores.
Obs.: O ano inicial usado para calcular o crescimento na década 1940-50 é 1939; o ano inicial usado para calcular o crescimento na década 1990-2000 é 1991.

Paulo ganha posição até 1970 (quando apresentou índice de 2,1), mas perde continuamente a partir desse ano até 2000-10 (1,6). E Minas só melhora substancialmente de posição depois de 1970 (0,7), para atingir 0,9 em 2000 e 2010. Claramente, os demais estados que não Rio e São Paulo é que foram beneficiados pela convergência de renda *per capita* entre estados brasileiros. Esse resultado, aliás, está de acordo com a teoria do crescimento e com trabalhos empíricos sobre a convergência de renda *per capita* entre os estados.[3]

Por trás do crescimento dos PIBs estaduais está o desempenho dos setores que o compõem.[4] E aqui, como seria de se esperar, as diferenças são muito grandes. Começando pelo desempenho da agropecuária, o gráfico 7 permite

---

[3] Ver, por exemplo, Barro e Sala-i-Martin (1990, 1992), Bonelli e Levy (2010), Canêdo Pinheiro e Barbosa Filho (2011) e Ferreira e Ellery Jr. (1995).
[4] São utilizados valores a preços constantes de 2009. As séries de Valor Adicionado setorial por estados divulgadas no Ipeadata provêm de várias fontes, o que resulta em descontinuidades nas séries devido a mudanças na metodologia, especialmente em 2002. Em função disso, os autores fizeram alguns ajustes para eliminar descontinuidades. Especificamente, entre 1995 e 2009 foram utilizados os dados setoriais das Contas Regionais. Para calcular as séries antes de 1995, combinamos as taxas de crescimento das séries do Ipeadata e os valores das Contas Regionais.

Gráfico 6
PIB *per capita* do Rio, São Paulo e Minas Gerais relativos ao do Brasil (=1,0) nas datas dos Censos Demográficos

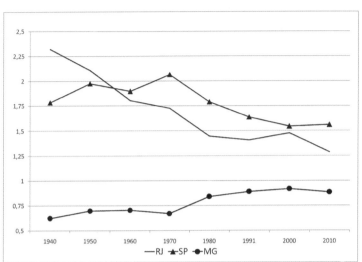

Fonte: IBGE, Censos Demográficos, Ipeadata e IBC-R. Elaboração dos autores.
Obs.: O ano inicial é 1939.

concluir que o desempenho do Rio foi satisfatório nas décadas de 1940 e 1950, mas depois disso deixou muito a desejar. Taxas negativas de crescimento por uma década inteira ocorreram duas vezes — uma das quais, a de 1960, em conformidade com São Paulo e Minas, mas com intensidade bem maior — e nas décadas de 1990 e 2000 o crescimento foi desprezível. Como resultado, o PIB da agropecuária fluminense cresceu apenas 0,8% a.a. em um período de 70 anos! Minas Gerais, por sua vez, apresentou bom desempenho agropecuário quase todo o tempo, tendo a média de longo prazo para o setor alcançado 3,1%, comparável aos 3,3% anuais para o total do país.

O quadro muda substancialmente quando se foca a indústria, devendo-se notar que ela inclui a extrativa mineral. Aqui se observa certa uniformidade no desempenho por décadas, mas a *performance* do Rio de Janeiro é visivelmente inferior à dos demais estados em quase todas as décadas (gráfico 8). Com efeito, enquanto a indústria do Rio crescia no longo prazo a cerca de 4,2% a.a., a de São Paulo o fazia a 5,8% anuais (taxa idêntica à do Brasil) e a de Minas Gerais a 6,1%.

Gráfico 7
Taxas de crescimento decenais do valor adicionado da agropecuária — Rio de Janeiro, São Paulo, Minas Gerais e Brasil (% a.a.)

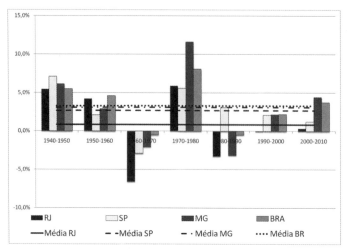

Fontes: Ipeadata e Contas Regionais.
Obs.: O ano inicial usado para calcular o crescimento na década 1940-50 é 1939.
O ano final usado para calcular o crescimento na década 2000-10 é 2009.

Gráfico 8
Taxas de crescimento decenais do Valor Adicionado da indústria — Rio de Janeiro, São Paulo, Minas Gerais e Brasil (% a.a.)

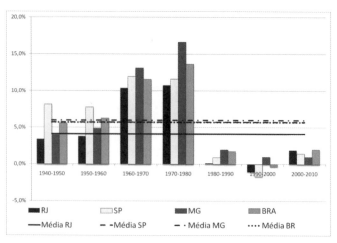

Fontes: Ipeadata e Contas Regionais.
Obs.: O ano inicial usado para calcular o crescimento na década 1940-50 é 1939.
O ano final usado para calcular o crescimento na década 2000-10 é 2009.

Os resultados para o setor de serviços aparecem no gráfico 9 e configuram um quadro de certa forma semelhante ao que se observou para a indústria: o crescimento setorial no Rio é em geral inferior ao dos demais estados apresentados. Como resultado, o PIB setorial cresceu pouco abaixo de 4% a.a. no estado no período 1940-2010, contra 5,2% anuais em São Paulo e Minas, e 5,1% no Brasil.

Gráfico 9
Taxas de crescimento decenais do Valor Adicionado do setor de serviços — Rio de Janeiro, São Paulo, Minas Gerais e Brasil (% a.a.)

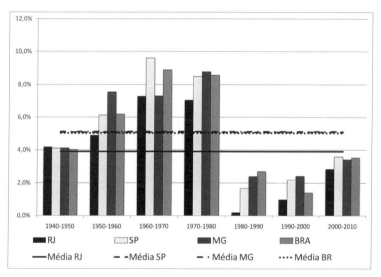

Fontes: Ipeadata e Contas Regionais.
Obs.: O ano inicial usado para calcular o crescimento na década 1940-50 é 1939.
O ano final usado para calcular o crescimento na década 2000-10 é 2009.

Restam por examinar as mudanças de longo prazo na estrutura econômica entre os setores agropecuário, industrial e de serviços, as quais refletem as taxas diferenciadas de crescimento setoriais anteriormente analisadas.[5]

Começando pela agropecuária, o gráfico 10 destaca que Minas Gerais é, de longe, o estado em que esse setor gera relativamente mais produto do que nos demais e em relação ao total do Brasil. É interessante notar, além disso, que a agropecuária ganhou peso em São Paulo na década de 1940 e que em

---

[5] As comparações seguintes estão baseadas em valores constantes de 2009.

Minas a participação aumentou depois de 1990. Já o Rio destaca-se dos demais por apresentar uma estrutura econômica em que esse tipo de atividade nunca chegou a representar sequer 5% do Valor Adicionado. O peso máximo do setor no Rio no horizonte de tempo assinalado ocorreu em 1950 (4,7%) e o mínimo em 2009 (0,5% do Valor Adicionado estadual).

Gráfico 10
Participação da agropecuária no Valor Adicionado, por UF e Total Brasil, 1940-2009 (% do VA gerado)

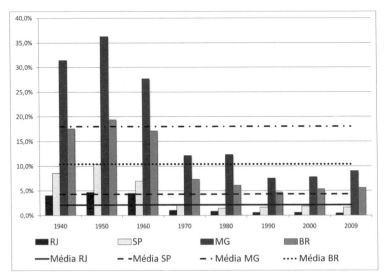

Fontes: Ipeadata e Contas Regionais.
Obs.: O ano inicial é 1939.

Passando em seguida à indústria — que engloba, além da indústria de transformação, a extrativa mineral, a construção e os serviços industriais de utilidade pública —, destaca-se do gráfico 11: primeiro, que o Rio era o estado mais industrializado em 1940 (quando a indústria já respondia por 23% do Valor Adicionado, enquanto no Brasil o peso da indústria era de 16%); segundo, que o estado perdeu essa posição para São Paulo já em 1950; terceiro, que, ainda assim, era o segundo estado em grau de industrialização até 1980, quando foi ultrapassado por Minas; quarto, que, como nos demais estados, a indústria aumentou de peso na estrutura econômica até 1980; quinto, e algo surpreendentemente, que o peso da indústria no Rio diminui depois de 1990, passando de 32% nesse ano para 26% em 2010.

Destaque-se que essa perda também caracteriza as demais unidades da federação e o Brasil: em São Paulo a indústria diminuiu de 44% do Valor Adicionado em 1980 para 29% em 2009; em Minas Gerais ela caiu de 38% em 1990 para 30% em 2010; e, no Brasil, de 35% em 1980 para 27% em 2009. Dificilmente se poderá culpar apenas a década perdida de 1980 por essas quedas, já que elas foram mais pronunciadas depois de 1990.

A média da participação da indústria no Valor Adicionado fluminense entre 1940 e 2009 foi de 26%, próxima das médias de Minas Gerais e Brasil. Por outro lado, em São Paulo a média ao longo de todo o período foi bem superior (33%).

Gráfico 11
Participação da indústria no Valor Adicionado,
por UF e Total Brasil, 1940-2009 (% do VA gerado)

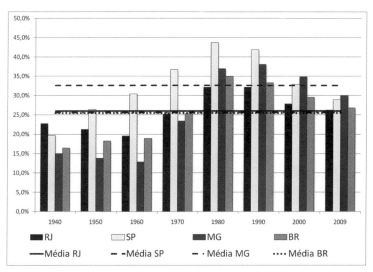

Fontes: Ipeadata e Contas Regionais.
Obs.: O ano inicial é 1939.

O espelho das transformações até aqui analisadas é o desempenho dos serviços. Um exame das mudanças na participação desse setor é mostrado no gráfico 12, destacando-se a elevada participação no Rio desde o começo e ao longo de todo o período. De fato, a média da participação dos serviços no Valor Adicionado do Rio é de 72% e tem pequena variância: o coeficiente de variação (desvio padrão dividido pela média) é de apenas 4,5% no Rio, contra 9,1% em São Paulo e Minas, e 4,6% no total Brasil.

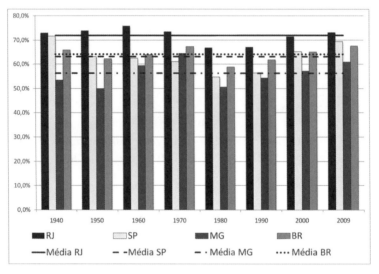

Gráfico 12
Participação dos serviços no Valor Adicionado,
por UF e Total Brasil, 1940-2009 (% do VA gerado)

Fontes: Ipeadata e Contas Regionais.
Obs.: O ano inicial é 1939.

Note-se que o peso dos serviços no Rio cai entre 1960 (76%) e 1980-90 (67%) e sobe depois daí para retornar 70 anos depois, em 2009, aos 73% de 1940. Em São Paulo e Minas os intervalos são bem maiores: no primeiro caso, os serviços caem de 72% em 1940 para 55% em 1980, retornando a 69% em 2009; no segundo, de 64% em 1970 a 50% em 1980. O leitor atento já terá notado que depois de 1980 os serviços ganham peso na estrutura econômica de todos os estados aqui analisados, bem como no Brasil como um todo.

Uma medida sumária da intensidade da transformação estrutural é dada por um índice de mudança estrutural definido como a soma dos quadrados das diferenças das participações dos três macrossetores no Valor Adicionado entre anos limites de décadas. Quanto maior o valor do índice, maior a intensidade da mudança, e vice-versa. A tabela 1 apresenta os resultados do cálculo desse indicador para as décadas identificadas.

Tabela 1
Índices de mudança estrutural por décadas: estados e Total Brasil

Décadas	Rio de Janeiro	São Paulo	Minas Gerais	Brasil
1940-50	0,0004 (4°)	**0,0119**	0,0037	0,0020
1950-60	0,0006 (4°)	0,0028	**0,0164**	0,0008
1960-70	0,0048 (4°)	0,0067	**0,0383**	0,0149
1970-80	0,0093(3°)	0,0088	**0,0374**	0,0165
1980-90	0,0000 (4°)	0,0006	**0,0037**	0,0013
1990-2000	0,0037 (2°)	**0,0156**	0,0019	0,0025
2000-09	0,0005 (4°)	0,0032	**0,0038**	0,0014

Fonte: Elaboração dos autores; ver texto.

Destaca-se da tabela que poucas vezes o Rio teve índices indicativos de intensa mudança estrutural. De fato, pela ordenação mostrada na coluna referente ao Rio na tabela acima, vê-se que apenas na década de 1990 o Rio teve mudança relativamente significativa — ainda assim, atrás de São Paulo nessa década. Minas Gerais destaca-se como a UF em que foram mais intensas as mudanças estruturais em cinco dos sete períodos selecionados. São Paulo detém as duas posições restantes. Para o período como um todo, a década de 1970 foi aquela em que as mudanças estruturais no Rio foram mais intensas. Em São Paulo isso ocorreu na de 1990 e em Minas nas de 1960 e 1970.

Destaque-se, finalmente, que o índice acima proposto nada nos diz sobre se a mudança estrutural ocorreu na direção "desejada" — vale dizer, com maior crescimento relativo dos setores em que a produtividade é mais elevada, via de regra a indústria. De fato, uma observação dos dados originais nos quais se baseiam os indicadores da tabela acima mostra que as décadas de 1960 e 1970 foram aquelas em que mais aumentou a participação da indústria no Rio. Em São Paulo isso caracteriza todas as décadas de 1940 a 1970. Já em Minas Gerais tem-se um comportamento semelhante ao do Rio, mas com diferenças de participação bem maiores — isto é, os ganhos de peso da indústria foram comparativamente maiores. Não por coincidência, essas duas décadas foram também aquelas em que foi mais intensa a mudança estrutural no Brasil. De onde se conclui que possivelmente o comportamento macroeconômico — que é o que está expresso mais claramente por trás do desempenho nacional — é o que determina mais diretamente as performances regionais.

Uma pergunta em aberto, dificilmente passível de resposta a partir das informações desta seção, diz respeito às consequências econômicas da fusão entre os antigos estados da Guanabara e do Rio de Janeiro em meados da década de 1970. Embora diversos analistas datem o começo da "decadência" do Rio de Janeiro precisamente a partir desse evento, não temos elementos para tomar posição nesse debate a partir do que pode ser apresentado com os dados disponíveis.

3. Desenvolvimento e mudança estrutural em 1995-2009

Nesta seção utilizamos dados das Contas Regionais para analisar o crescimento da economia do Rio de Janeiro entre 1995 e 2009, com ênfase nas mudanças estruturais que ocorreram durante o período.[6] Devido à maior disponibilidade de dados, desagregamos o valor adicionado da indústria e serviços em seus componentes.[7] Como na seção anterior, o desempenho do Rio de Janeiro é comparado com os de São Paulo, Minas Gerais e com o Brasil.

Devido à crise internacional, alguns setores foram fortemente afetados em 2009, particularmente a indústria. Em função disso, na próxima seção analisamos o comportamento da indústria até 2011 utilizando dados da Pesquisa Industrial Anual (PIA) e da Pesquisa Industrial Mensal — Produção Física (PIM-PF), ambas do IBGE.

A tabela 2 apresenta as taxas de crescimento do valor adicionado por setor em dois subperíodos, delimitados pelo ano de 2003: 1995-2003 e 2003-09. O crescimento do valor adicionado no Rio de Janeiro teve uma aceleração de quase dois pontos percentuais (pp) no período 2003-09 em relação a 1995-2003. Esse aumento foi maior que o de Minas Gerais (1,1 pp) e Brasil (1,8 pp), mas menor que o de São Paulo (3,1 pp).

No Rio de Janeiro, os setores que tiveram maior aceleração do crescimento foram financeiro, serviços industriais de utilidade pública (eletricidade, gás e água), comércio e construção civil. O setor de outros serviços que, como veremos abaixo, concentra a maior parcela da produção e emprego teve uma elevação um pouco menor (1,3 pp), porém relevante. De qualquer forma,

---

[6] Ver IBGE (2011). Os dados de valor adicionado são expressos a preços básicos constantes de 2009.
[7] A indústria é composta dos seguintes setores: indústria extrativa mineral, indústria de transformação, construção civil e serviços industriais de utilidade pública. Os serviços incluem o comércio, setor financeiro, administração pública e outros serviços.

esse setor cresceu acima da média do estado em ambos os subperíodos. Embora tenha apresentado crescimento negativo nos dois períodos, a indústria de transformação registrou uma aceleração de 1,8 pp.[8] Por outro lado, a indústria extrativa mineral,[9] que havia crescido 11,3% a.a. entre 1995 e 2003, expandiu-se a uma taxa média anual de apenas 3,9% entre 2003 e 2009, ainda assim superior à média do estado.[10]

Tabela 2
Taxas de crescimento médio anual do Valor Adicionado setorial:
Rio de Janeiro, São Paulo, Minas Gerais e Brasil

Setores de Atividade	Rio de Janeiro 1995-2003	Rio de Janeiro 2003-2009	São Paulo 1995-2003	São Paulo 2003-2009	Minas Gerais 1995-2003	Minas Gerais 2003-2009	Brasil 1995-2003	Brasil 2003-2009
Agropecuária	0,2%	0,5%	2,0%	0,7%	5,3%	3,9%	4,3%	2,5%
Extrativa Mineral	11,3%	3,9%	-1,5%	2,2%	1,3%	2,6%	4,2%	3,6%
Indústria de Transformação	-2,5%	-0,7%	-0,5%	2,1%	1,1%	-0,1%	0,8%	1,6%
Construção Civil	-0,9%	3,1%	-0,4%	2,9%	0,4%	5,2%	0,5%	4,1%
Serviços Industriais de Utilidade Pública	-0,7%	6,1%	2,0%	4,2%	2,0%	2,6%	1,9%	4,3%
Comércio	-1,1%	3,6%	0,0%	5,5%	0,6%	5,2%	0,7%	5,0%
Financeiro	0,1%	8,1%	-0,3%	8,7%	1,0%	8,1%	0,5%	8,7%
Administração Pública	2,1%	2,1%	2,7%	2,2%	2,2%	2,6%	2,7%	2,4%
Outros Serviços	2,1%	3,4%	2,1%	4,2%	2,4%	3,7%	2,5%	4,0%
Total	1,2%	3,1%	1,0%	4,1%	2,1%	3,2%	1,9%	3,7%

Fonte: Contas Regionais. Elaboração dos autores.

Assim como no Rio, os setores que mais aceleraram seu crescimento em São Paulo, Minas e Brasil foram os relacionados ao crédito, como comércio e construção civil. No entanto, em São Paulo todos os setores tiveram uma elevação expressiva do crescimento, com exceção da agropecuária e do setor de administração pública.

É importante também ressaltar que, apesar de o crescimento do Rio de Janeiro ter acelerado de forma significativa nos últimos anos, ele foi inferior ao de São Paulo, Minas Gerais e Brasil entre 2003 e 2009, o que sugere a conti-

---

[8] Conforme mencionado no texto, a indústria de transformação foi fortemente afetada em 2009 pela crise internacional. Entre 2003 e 2008 ela teve um crescimento de 0,7% a.a. no Rio e 3,8% no Brasil.
[9] Destaque-se que a indústria extrativa mineral no Rio é, essencialmente, composta pela exploração de petróleo.
[10] Devido à grande elevação do preço do petróleo, a taxa de crescimento da indústria extrativa mineral fluminense foi ainda mais elevada em valores nominais: 40% a.a. entre 1995 e 2003, e 12% a.a. entre 2003 e 2009. Em 2009 houve uma queda expressiva dos preços da indústria extrativa devido à crise internacional, o que levou a uma queda do seu valor adicionado neste ano em termos nominais. Entre 2003 e 2008, seu crescimento no Rio foi de 28% a.a. em termos nominais. Em termos reais, no entanto, sua taxa de crescimento entre 2003 e 2008 foi de apenas 3% a.a., inferior ao crescimento observado entre 2003 e 2009.

nuidade da tendência de queda da importância relativa da economia fluminense descrita na seção anterior.

Para avaliarmos a importância quantitativa de cada setor de atividade na aceleração recente do crescimento, é preciso levar em consideração a participação de cada setor no valor adicionado total (tabela 3). Conforme discutido na seção anterior, o setor de serviços tem uma participação maior na economia do Rio de Janeiro (71,4%) que em São Paulo (65,7%), Minas Gerais (58,1%) e Brasil (65,3%).[11] Neste setor, o segmento de outros serviços detém a maior participação no Rio (38,6%), assim como em São Paulo (35,8%), Minas (29,5%) e Brasil (31%). Devido à grande expansão da produção de petróleo a partir da década de 1990, a indústria extrativa mineral possui uma participação bem maior no Rio de Janeiro (8,1%) que na média nacional (1,9%) no período 2003-09.[12]

Tabela 3
Taxa de participação média do Valor Adicionado setorial no Valor Adicionado total: Rio de Janeiro, São Paulo, Minas Gerais e Brasil

Setores de Atividade	Rio de Janeiro 1995-2003	Rio de Janeiro 2003-2009	São Paulo 1995-2003	São Paulo 2003-2009	Minas Gerais 1995-2003	Minas Gerais 2003-2009	Brasil 1995-2003	Brasil 2003-2009
Agropecuária	0,6%	0,6%	2,0%	1,8%	7,8%	8,7%	5,4%	5,8%
Extrativa Mineral	5,9%	8,1%	0,2%	0,1%	2,9%	3,4%	1,6%	1,9%
Indústria de Transformação	14,5%	11,7%	25,6%	24,3%	22,5%	20,6%	19,4%	18,4%
Construção Civil	5,8%	5,3%	5,3%	4,5%	6,1%	5,5%	5,8%	5,2%
Serviços Industriais de Utilidade Pública	2,6%	2,5%	2,5%	2,6%	3,6%	3,6%	3,1%	3,1%
Comércio	10,2%	9,2%	11,9%	11,7%	10,5%	10,7%	12,4%	12,1%
Financeiro	5,1%	5,2%	9,3%	9,5%	4,3%	4,4%	5,9%	6,0%
Administração Pública	9,2%	19,3%	10,1%	10,2%	14,7%	14,0%	17,1%	16,8%
Outros Serviços	36,7%	38,6%	34,2%	35,8%	28,8%	29,5%	30,2%	31,0%

Fonte: Contas Regionais. Elaboração dos autores.

Por outro lado, a indústria de transformação tem participação menor no Rio de Janeiro (11,7%) que no Brasil como um todo (18,4%). É interessante observar que a elevação da participação da indústria extrativa mineral no Rio entre os períodos 1995-2003 e 2003-09 (2,2 pp) correspondeu a quase 80% da queda da participação da indústria de transformação (2,8 pp).[13] Isso sugere a possibilidade de que a expansão da indústria do petróleo possa ter sido res-

---

[11] Média do período 2003-09.
[12] Os dados de participação apresentados na tabela 3 são expressos em termos reais (preços constantes de 2009). A participação da indústria extrativa mineral no Rio é ainda maior se for medida em valores nominais (preços correntes). Entre 2003 e 2009, essa participação foi de 11,4%, o que representa uma grande elevação em relação à sua participação nominal média entre 1995 e 2003 (3,8%). Se excluirmos 2009, essa participação é ainda maior (11,9% em média entre 2003 e 2008).
[13] Em função disso, o aumento da participação da indústria extrativa mineral na indústria fluminense

ponsável, ao menos parcialmente, pela redução da importância relativa da indústria de transformação. Esse tópico não será investigado neste capítulo, mas Haddad e Giuberti (2011) encontram evidências de que o aumento da produção de petróleo no Espírito Santo está associado a uma redução da participação da indústria de transformação no valor adicionado daquele estado, embora de pequena magnitude.

Combinando as taxas de crescimento setorial com a participação relativa de cada setor, podemos calcular a contribuição do crescimento de cada setor para o crescimento agregado. Os resultados são apresentados na tabela 4. Entre os setores mais dinâmicos no período recente, alguns têm participação relativamente pequena no valor adicionado, como intermediação financeira e serviços industriais de utilidade pública, o que reduz sua contribuição para o crescimento agregado. Mesmo assim, o setor financeiro foi o que mais contribuiu para a aceleração do crescimento no Rio (2,9 pp).

Tabela 4
Contribuição do crescimento setorial para o crescimento total:
Rio de Janeiro, São Paulo, Minas Gerais e Brasil

Setores de Atividade	Rio de Janeiro 1995-2003	2003-2009	São Paulo 1995-2003	2003-2009	Minas Gerais 1995-2003	2003-2009	Brasil 1995-2003	2003-2009
Agropecuária	0,0%	0,0%	0,3%	0,1%	3,5%	2,2%	2,0%	1,0%
	0,1%	**0,1%**	**4,2%**	**0,3%**	**21,1%**	**10,8%**	**12,6%**	**4,0%**
Extrativa Mineral	5,1%	2,0%	0,0%	0,0%	0,3%	0,5%	0,6%	0,4%
	49,6%	**10,4%**	**-0,3%**	**0,1%**	**2,0%**	**2,4%**	**3,7%**	**1,8%**
Indústria de Transformação	-3,2%	-0,5%	-1,2%	3,2%	2,1%	-0,2%	1,3%	1,9%
	-31,3%	**-2,6%**	**-16,0%**	**12,2%**	**12,5%**	**-0,8%**	**8,2%**	**7,9%**
Construção Civil	-0,4%	1,1%	-0,2%	0,9%	0,2%	1,9%	0,2%	1,4%
	-4,2%	**5,4%**	**-2,1%**	**3,4%**	**1,1%**	**9,0%**	**1,4%**	**5,9%**
Serviços Industriais de Utilidade Pública	-0,2%	1,0%	0,4%	0,7%	0,6%	0,6%	0,5%	0,9%
	-1,5%	**4,9%**	**5,7%**	**2,8%**	**3,9%**	**3,0%**	**3,0%**	**3,6%**
Comércio	-0,9%	2,1%	0,0%	4,2%	0,6%	3,6%	0,7%	4,0%
	-8,8%	**10,8%**	**-0,4%**	**16,1%**	**3,6%**	**17,5%**	**4,3%**	**16,5%**
Financeiro	0,0%	2,9%	-0,3%	5,6%	0,4%	2,4%	0,2%	3,6%
	0,4%	**14,6%**	**-3,4%**	**21,2%**	**2,2%**	**11,7%**	**1,4%**	**14,8%**
Administração Pública	3,4%	2,7%	2,3%	1,5%	2,8%	2,4%	4,0%	2,7%
	33,6%	**13,6%**	**30,6%**	**5,8%**	**16,8%**	**11,9%**	**24,8%**	**11,2%**
Outros Serviços	6,3%	8,4%	6,1%	10,1%	6,1%	7,1%	6,5%	8,3%
	62,1%	**42,9%**	**81,5%**	**38,2%**	**36,8%**	**34,6%**	**40,5%**	**34,4%**
Total	10,2%	19,6%	7,4%	26,4%	16,5%	20,5%	16,0%	24,1%
	100,0%	**100,0%**	**100,0%**	**100,0%**	**100,0%**	**100,0%**	**100,0%**	**100,0%**

Fonte: Contas Regionais. Elaboração dos autores.
Obs.: As contribuições setoriais são calculadas para o crescimento acumulado em cada período. Os valores em negrito são as contribuições do crescimento em cada setor como proporção do crescimento total.

---

foi ainda maior que no Valor Adicionado total. Para uma discussão, ver capítulo de Hilton Hostalácio Notini, Aloisio Campelo Jr. e Sarah Piassi Machado Lima neste livro.

É importante observar que a contribuição conjunta de setores relacionados ao crédito foi muito significativa para a aceleração do crescimento, tanto no Rio como em São Paulo, Minas e Brasil. Em particular, a contribuição conjunta dos setores financeiro, comércio e construção civil para a aceleração do crescimento no Rio foi de 7,4 pp, o que corresponde a 79% da elevação da taxa de crescimento agregada. Em São Paulo, Minas e Brasil os mesmos setores também explicam a maior parte da aceleração. No Brasil, em particular, sua contribuição conjunta explica 97,5% da aceleração do crescimento.

Devido às diferenças entre as taxas de crescimento setoriais, ocorreram mudanças significativas na participação de cada setor no Valor Adicionado total, como mostra a tabela 5. Entre 1995 e 2003, a indústria extrativa mineral aumentou em pouco mais de 4 pp sua participação no valor adicionado da economia fluminense. Entre 2003 e 2009, no entanto, seu aumento de participação foi de apenas 0,4 pp. Por outro lado, a indústria de transformação teve queda de participação nos dois períodos. Os setores que tiveram maior ganho de participação no Rio de Janeiro entre 2003 e 2009 foram os setores financeiro e outros serviços.

Tabela 5
Taxas de variação da participação do Valor Adicionado setorial no Valor Adicionado total: Rio de Janeiro, São Paulo, Minas Gerais e Brasil

Setores de Atividade	Rio de Janeiro 1995-2003	Rio de Janeiro 2003-2009	São Paulo 1995-2003	São Paulo 2003-2009	Minas Gerais 1995-2003	Minas Gerais 2003-2009	Brasil 1995-2003	Brasil 2003-2009
Agropecuária	0,0%	-0,1%	0,2%	-0,4%	1,9%	0,3%	1,0%	-0,4%
Extrativa Mineral	4,2%	0,4%	0,0%	0,0%	-0,2%	-0,1%	0,3%	0,0%
Indústria de Transformação	-4,5%	-2,6%	-3,2%	-2,8%	-1,8%	-3,9%	-1,8%	-2,2%
Construção Civil	-1,0%	0,0%	-0,5%	-0,3%	-0,8%	0,6%	-0,6%	0,1%
Serviços Industriais de Utilidade Pública	-0,4%	0,4%	0,2%	0,0%	0,0%	-0,1%	0,0%	0,1%
Comércio	-1,8%	0,3%	-0,9%	0,9%	-1,2%	1,2%	-1,2%	0,9%
Financeiro	-0,4%	1,6%	-0,9%	2,5%	-0,4%	1,3%	-0,7%	1,8%
Administração Pública	1,4%	-1,1%	1,4%	-1,1%	0,1%	-0,6%	1,1%	-1,3%
Outros Serviços	2,4%	0,6%	3,2%	0,2%	0,8%	0,7%	1,4%	0,5%

Fonte: Contas Regionais. Elaboração dos autores.

Na seção anterior foram apresentados os resultados de um índice de mudança estrutural, calculados com base nas diferenças entre anos limites de décadas das participações dos três macrossetores (agropecuária, indústria e serviços) no valor adicionado. Na tabela 6 apresentamos resultados do índice de mudança estrutural calculado para os setores e subperíodos analisados nesta seção.

Tabela 6
Índices de mudança estrutural: Rio de Janeiro, São Paulo, Minas Gerais e Brasil

Subperíodos	Rio de Janeiro	São Paulo	Minas Gerais	Brasil
1995-2003	**0,0050**	0,0024	0,0010	0,0010
2003-2009	0,0011	0,0016	0,0020	0,0011

Fonte: Contas Regionais. Elaboração dos autores.

Como mostra a tabela 6, as mudanças estruturais no Rio foram mais intensas entre 1995 e 2003, devido à significativa elevação da participação da indústria extrativa mineral e queda da participação da indústria de transformação. Além disso, essas mudanças estruturais foram mais intensas que em São Paulo, Minas Gerais e Brasil. Entre 2003 e 2009, as mudanças estruturais foram menos pronunciadas no Rio que em São Paulo e Minas.

Uma questão que se coloca é em que medida a aceleração do crescimento da economia do Rio deveu-se a uma expansão do emprego ou a ganhos de produtividade. Para responder a essa questão começamos por analisar a evolução das taxas de crescimento setoriais do emprego, apresentadas na tabela 7.[14]

Embora tenha sido o setor que mais contribuiu para a aceleração do crescimento no Rio, a intermediação financeira teve queda do emprego nos dois subperíodos, particularmente entre 2003 e 2009, o que sugere que sua expansão foi viabilizada através de ganhos de produtividade, como veremos adiante. Em direção contrária, embora a indústria extrativa mineral tenha crescido a taxas mais baixas entre 2003 e 2009 (em comparação com o período 1995-2003), foi o setor que registrou maior crescimento do emprego neste período (11,6% a.a.), o que indica uma queda de produtividade.

É interessante observar que o comércio e a construção civil também registraram aceleração do crescimento da produção e desaceleração do crescimento do emprego a partir de 2003, embora em menor intensidade que a intermediação financeira. Já o segmento de outros serviços registrou aumento tanto das taxas de crescimento da produção como do emprego entre os dois subperíodos.

De forma análoga ao cálculo da contribuição de cada setor para o crescimento, é preciso levar em consideração a participação de cada setor no empre-

---

[14] Os autores agradecem a Mauricio Canêdo Pinheiro por disponibilizar suas séries de emprego setorial obtidas a partir de dados da Pnad.

Tabela 7
Taxas de crescimento médio anual do emprego setorial:
Rio de Janeiro, São Paulo, Minas Gerais e Brasil

Setores de Atividade	Rio de Janeiro 1995-2003	2003-2009	São Paulo 1995-2003	2003-2009	Minas Gerais 1995-2003	2003-2009	Brasil 1995-2003	2003-2009
Agropecuária	-5,6%	-4,0%	-3,6%	-0,3%	-1,7%	-0,1%	-1,0%	-1,0%
Extrativa Mineral	6,3%	11,6%	2,8%	-6,4%	-0,3%	7,8%	1,9%	3,3%
Indústria de Transformação	-0,1%	2,0%	1,2%	3,0%	5,2%	2,9%	3,0%	2,8%
Construção Civil	1,9%	1,6%	1,9%	3,9%	1,5%	5,2%	2,7%	4,8%
Serviços Industriais de Utilidade Pública	-1,2%	1,9%	-0,7%	4,9%	2,2%	-1,6%	-1,9%	3,3%
Comércio	2,1%	1,2%	3,8%	1,6%	4,7%	3,3%	4,7%	2,5%
Financeiro	-1,7%	-2,4%	-0,1%	1,0%	-1,2%	5,2%	-1,0%	1,8%
Administração Pública	4,0%	1,7%	4,3%	2,0%	3,3%	4,3%	4,2%	3,0%
Outros Serviços	1,1%	3,6%	1,6%	3,1%	1,9%	2,5%	1,3%	3,7%
Total	1,2%	2,3%	1,7%	2,5%	1,8%	2,5%	1,8%	2,5%

Fonte: Pnad. Elaboração dos autores.

go total para avaliarmos a importância quantitativa de cada setor de atividade na expansão do emprego (tabela 8).

Tabela 8
Taxa de participação média do emprego setorial no emprego total:
Rio de Janeiro, São Paulo, Minas Gerais e Brasil

Setores de Atividade	Rio de Janeiro 1995-2003	2003-2009	São Paulo 1995-2003	2003-2009	Minas Gerais 1995-2003	2003-2009	Brasil 1995-2003	2003-2009
Agropecuária	3,2%	2,2%	6,9%	5,2%	26,3%	21,1%	23,0%	19,2%
Extrativa Mineral	0,4%	0,7%	0,1%	0,1%	0,7%	0,9%	0,3%	0,4%
Indústria de Transformação	11,2%	11,5%	19,4%	20,3%	12,1%	14,4%	12,5%	14,0%
Construção Civil	8,1%	8,4%	7,2%	6,9%	7,3%	7,3%	6,6%	6,8%
Serviços Industriais de Utilidade Pública	1,2%	1,0%	0,8%	0,7%	0,8%	0,7%	0,8%	0,6%
Comércio	19,5%	19,1%	17,5%	19,2%	13,2%	16,3%	15,2%	17,7%
Financeiro	2,2%	1,9%	2,5%	2,1%	1,0%	0,9%	1,4%	1,2%
Administração Pública	10,3%	10,9%	8,2%	9,2%	8,3%	9,9%	9,1%	10,4%
Outros Serviços	43,8%	44,3%	37,4%	36,1%	30,2%	28,7%	31,0%	29,7%

Fonte: Pnad. Elaboração dos autores.

De forma consistente com sua maior participação no valor adicionado, o setor de serviços tem uma participação maior no emprego total no Rio (76,2%) que em São Paulo (66,7%), Minas Gerais (55,7%) e Brasil (59%).[15] Nesse setor, o segmento de outros serviços detém a maior participação no Rio (44,3%), assim como em São Paulo (36,1%), Minas (28,7%) e Brasil (29,7%). Por outro lado, a indústria extrativa mineral e a intermediação financeira, que tiveram importância significativa na dinâmica recente de crescimento da economia fluminense, empregam parcelas muito pequenas da população ocupada (0,7% e 1,9% na média de 2003-09, respectivamente).

---

[15] Média do período 2003-09.

Combinando as taxas de crescimento do emprego setorial com as participações relativas, podemos calcular a contribuição do crescimento do emprego em cada setor para o crescimento do emprego total. Os resultados são apresentados na tabela 9. Embora tenha tido o maior crescimento percentual do emprego no Rio entre 2003 e 2009, a indústria extrativa teve uma contribuição relativamente modesta para o crescimento do emprego total, devido à sua pequena participação na população ocupada. A combinação de uma taxa expressiva de crescimento do emprego com sua participação majoritária fez de outros serviços a atividade com maior contribuição para o crescimento recente do emprego no Rio, São Paulo e Brasil.

Tabela 9
Contribuição do crescimento do emprego setorial para o crescimento do emprego total: Rio de Janeiro, São Paulo, Minas Gerais e Brasil

Setores de Atividade	Rio de Janeiro 1995-2003	Rio de Janeiro 2003-2009	São Paulo 1995-2003	São Paulo 2003-2009	Minas Gerais 1995-2003	Minas Gerais 2003-2009	Brasil 1995-2003	Brasil 2003-2009
Agropecuária	-1,5%	-0,5%	-2,2%	-0,1%	-3,9%	-0,2%	-2,0%	-1,2%
	-14,9%	-3,5%	-14,8%	-0,7%	-25,8%	-1,0%	-12,9%	-7,5%
Extrativa Mineral	0,2%	0,5%	0,0%	-0,1%	0,0%	0,4%	0,1%	0,1%
	2,2%	3,4%	0,3%	-0,3%	-0,1%	2,5%	0,4%	0,5%
Indústria de Transformação	-0,1%	1,5%	2,0%	3,9%	5,3%	2,6%	3,3%	2,5%
	-0,6%	9,8%	13,7%	23,9%	35,6%	15,9%	21,5%	15,7%
Construção Civil	1,4%	0,9%	1,1%	1,8%	0,9%	2,4%	1,4%	2,1%
	13,0%	6,0%	7,7%	11,0%	5,8%	15,0%	9,2%	13,4%
Serviços Industriais de Utilidade Pública	-0,1%	0,1%	0,0%	0,2%	0,1%	-0,1%	-0,1%	0,1%
	-1,1%	0,9%	-0,3%	1,3%	0,9%	-0,4%	-0,8%	0,9%
Comércio	3,3%	1,4%	5,8%	2,0%	5,5%	3,3%	6,3%	2,9%
	31,7%	9,8%	39,6%	12,1%	36,5%	20,5%	40,8%	18,2%
Financeiro	-0,3%	-0,3%	0,0%	0,1%	-0,1%	0,3%	-0,1%	0,1%
	-3,2%	-2,0%	-0,1%	0,9%	-0,7%	1,9%	-0,8%	0,9%
Administração Pública	3,6%	1,3%	3,1%	1,2%	2,4%	2,6%	3,3%	2,0%
	34,9%	9,0%	20,9%	7,2%	16,3%	16,2%	21,6%	13,0%
Outros Serviços	3,9%	9,9%	4,8%	7,2%	4,7%	4,8%	3,2%	7,0%
	38,0%	66,7%	33,1%	44,5%	31,6%	29,4%	20,9%	44,9%
Total	10,4%	14,8%	14,6%	16,1%	15,0%	16,2%	15,4%	15,6%
	100,0%	100,0%	100,0%	100,0%	100,0%	100,0%	100,0%	100,0%

Fonte: Pnad. Elaboração dos autores.
Obs.: As contribuições setoriais são calculadas para o crescimento acumulado em cada período. Os valores em negrito são as contribuições do crescimento em cada setor como proporção do crescimento total.

Para concluir esta seção, a tabela 10 apresenta as taxas de crescimento médias anuais da produtividade do trabalho em cada setor. O primeiro ponto a ser observado é que houve uma aceleração do crescimento da produtividade no Rio (0,8% pp) entre os subperíodos 1995-2003 e 2003-09, que foi maior que em Minas (0,4 pp), mas menor que em São Paulo (2,2 pp) e Brasil (1,1 pp).

Tabela 10
Taxas de crescimento médio anual da produtividade do trabalho setorial: Rio de Janeiro, São Paulo, Minas Gerais e Brasil

Setores de Atividade	Rio de Janeiro 1995-2003	Rio de Janeiro 2003-2009	São Paulo 1995-2003	São Paulo 2003-2009	Minas Gerais 1995-2003	Minas Gerais 2003-2009	Brasil 1995-2003	Brasil 2003-2009
Agropecuária	6,2%	4,7%	5,8%	1,0%	7,1%	4,0%	5,4%	3,5%
Extrativa Mineral	4,7%	-6,9%	-4,2%	9,3%	1,5%	-4,8%	2,3%	0,3%
Indústria de Transformação	-2,5%	-2,7%	-1,7%	-1,0%	-3,9%	-2,9%	-2,2%	-1,2%
Construção Civil	-2,8%	1,5%	-2,3%	-0,9%	-1,1%	-0,1%	-2,1%	-0,6%
Serviços Industriais de Utilidade Pública	0,5%	4,1%	2,8%	-0,7%	-0,2%	4,3%	3,8%	0,9%
Comércio	-3,1%	2,4%	-3,6%	3,8%	-3,9%	1,9%	-3,9%	2,4%
Financeiro	1,8%	10,8%	-0,2%	7,6%	2,2%	2,8%	1,5%	6,9%
Administração Pública	-1,8%	0,4%	-1,5%	0,2%	-1,1%	-1,6%	-1,4%	-0,6%
Outros Serviços	0,9%	-0,2%	0,6%	1,1%	0,5%	1,1%	1,2%	0,3%
Total	0,0%	0,8%	-0,7%	1,5%	0,3%	0,7%	0,1%	1,2%

Fontes: Contas Regionais e Pnad. Elaboração dos autores.

Conforme sugerido na discussão anterior, enquanto a indústria extrativa mineral do Rio teve queda de produtividade entre 2003 e 2009 (-6,9% a.a.), o setor financeiro registrou um grande crescimento de produtividade no mesmo período (10,8% a.a.). Vale ressaltar que houve uma aceleração significativa do crescimento da produtividade em setores relacionados ao crédito, como intermediação financeira, comércio e construção civil, tanto no Rio como em São Paulo, Minas e Brasil. No entanto, o segmento de outros serviços, que tem o maior peso no valor adicionado e no emprego, teve uma pequena queda da produtividade entre 2003 e 2009, e experimentou uma desaceleração superior a 1% a.a. em comparação ao subperíodo anterior.

É importante observar que o crescimento da produtividade do trabalho agregada depende não somente do crescimento da produtividade de cada setor, mas também do efeito decorrente da realocação do emprego para atividades que podem ter, em média, maior ou menor produtividade.[16] No caso do Rio, o fato de que aumentou a participação do emprego na indústria extrativa mineral, caracterizada por elevada produtividade, contribuiu para um aumento adicional do crescimento da produtividade do trabalho.[17]

Em resumo, a aceleração do crescimento no Rio parece estar associada à expansão (tanto em termos de produção como de produtividade do trabalho)

---

[16] A tabela A1 do Anexo apresenta dados de produtividade setorial para o Rio, São Paulo, Minas Gerais e Brasil.
[17] O capítulo de Mauricio Canêdo Pinheiro neste livro faz uma análise de decomposição do crescimento da produtividade setorial no Rio de Janeiro entre 1995 e 2009.

de setores relacionados ao crédito. Isso também ocorreu de forma geral no Brasil, mas estes setores possuem participação maior na economia fluminense.

Embora tenha desacelerado no período recente, o crescimento da indústria extrativa mineral também foi importante, principalmente se for levado em consideração seu crescimento nominal. Também vale ressaltar que esse setor tem encadeamento significativo com alguns segmentos de serviços, o que aumenta ainda mais sua importância para a economia fluminense, conforme mostrado em capítulo de Mauricio Canêdo Pinheiro neste livro.

Diante da recente redução da expansão do crédito na economia brasileira, é questionável se essa dinâmica de crescimento é sustentável nos próximos anos, principalmente se observarmos que o setor de outros serviços, que possui a maior participação na produção e no emprego total, é caracterizado por baixa produtividade do trabalho, tanto em termos de nível como de taxas de crescimento.

4. Mudanças na estrutura de produção no interior da indústria geral

A principal mudança na estrutura da produção industrial do Rio aparece retratada no gráfico 13, construído utilizando valores constantes da produção em 2009: o previsível aumento das atividades relacionadas à extração de petróleo (indústrias extrativas, na nomenclatura do IBGE). Partindo de uma participação pouco inferior a 10% do total da indústria geral em 1995 (soma das indústrias extrativas e de transformação), essas atividades chegaram a representar um quarto do total, recuando ligeiramente para 24% em 2011 (após terem caído para 23% durante o ano de crise de 2009).

Evidentemente, não é factível pensar-se no desenvolvimento industrial do estado atualmente sem levar em devida conta uma indústria com o peso da indústria do petróleo. Esse ponto será retomado na conclusão.

Mas essa não foi a única alteração estrutural de vulto no interior da indústria fluminense no período analisado. A tabela A.2 do Anexo mostra as participações de todas as atividades no interior da indústria nos anos de 1995 a 2011, permitindo concluir que:

1. Um conjunto relativamente grande de atividades perdeu peso na estrutura industrial do estado de forma substancial. Esse grupo representava 43,1%

Gráfico 13
Participação das indústrias extrativas e de transformação na produção física da indústria geral do Rio de Janeiro, 1995-2011 (%, a preços de 2009)

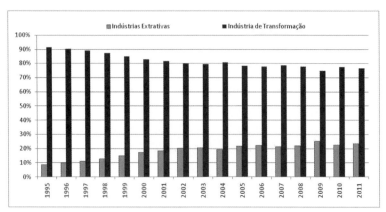

Fontes: PIA 2009 e PIM-PF, IBGE; ver texto.

do valor da produção em 1995, mas apenas 22,1% em 2011. Ele inclui as seguintes indústrias:[18]

Fumo

Confecção de artigos do vestuário e acessórios

Preparação de couros e fabricação de artefatos de couro, artigos para viagem e calçados

Fabricação de produtos de madeira

Fabricação de celulose, papel e produtos de papel

Fabricação de produtos químicos

Fabricação de produtos de metal, exceto máquinas e equipamentos

Fabricação de máquinas e equipamentos

Fabricação de máquinas, aparelhos e materiais elétricos

Fabricação de outros equipamentos de transporte, exceto veículos automotores

---

[18] Na verdade, essas são atividades não pesquisadas pelo IBGE, dada sua pequena participação individual na estrutura industrial do Estado. Mas existem indícios de que pelo menos uma delas vem apresentando bom desempenho desde os anos 1990: a indústria de vestuário e confecções. De fato, a participação dessa indústria no valor da produção industrial do Rio de Janeiro em 2009 era de 1,7%, superior, portanto, ao de uma atividade pesquisada pelo IBGE, como a têxtil (0,5% do valor da produção em 2009, segundo a PIA).

Fabricação de móveis

2. Além da extração de petróleo, outra atividade com desempenho notável no período analisado é a da produção de veículos automotores. Partindo de um peso de apenas 1,2% do valor da produção estadual (em relação ao total da indústria geral) em 1995, essa indústria chegou a alcançar 12,5% em 2011. A rigor, o crescimento relativo dessa atividade industrial foi o mais intenso de todas nesse período no estado.

3. A fabricação de bebidas é outro destaque, tendo essa atividade passado de 2,5% do valor da produção em 1995 para 3,9% em 2011, registrando outro forte crescimento absoluto e relativo.

4. De forma semelhante, e com maior peso na estrutura industrial do estado, a indústria metalúrgica também viu crescer seu peso: de 9% para 10,6%.

5. Outros casos de sucesso foram a indústria de produtos de minerais não metálicos (materiais de construção), cujo peso aumentou de 1,9% para 2,1%, e a de fabricação de coque, derivados de petróleo e biocombustíveis, que conseguiu manter seu peso em 14,5% do valor da produção entre os anos extremos.

6. Essas seis atividades, as únicas que pelo menos mantiveram sua participação na produção estadual, viram seu peso aumentar de 37,5% em 1995 para 67% em 2011. Trata-se de um conjunto relativamente pequeno de atividades "vencedoras", especialmente se levarmos em conta que a maior parte do ganho de peso esteve concentrada em apenas duas delas: extração de petróleo e produção de veículos automotores.

Essas observações ressaltam o caráter muito concentrado da atividade industrial do Rio de Janeiro, concentração essa que se acentuou sobremaneira desde meados dos anos 1990. Se a diversificação das atividades industriais é um sinal positivo, como indicam estudos de desenvolvimento econômico em âmbito de nações, a forte concentração da atividade da indústria do Rio pode representar uma limitação aos efeitos de transbordamento produtivo preconizados pelas novas teorias como positivos para o desenvolvimento.

5. Fontes de crescimento

Enquanto a seção 3 analisou os determinantes do crescimento da produção do Rio de Janeiro com ênfase no crescimento do emprego e da produtividade do trabalho, esta seção analisa as fontes de crescimento da produção do Rio de Janeiro utilizando uma metodologia de contabilidade do crescimento, com destaque para o desempenho da produtividade total dos fatores, que é um dos principais determinantes do crescimento de longo prazo de uma economia ou região. Interessa-nos especialmente responder às perguntas: qual tem sido nosso desempenho em relação à produtividade? Existem mudanças na série histórica disponível, embora curta, que possam ser identificadas a partir dos dados disponíveis? A comparação com o total do país e dos estados de São Paulo e Minas Gerais ajuda a responder às questões acima indicadas.

O ponto de partida é uma equação usual para a contabilidade do crescimento, que pode ser derivada de uma função de produção Cobb-Douglas como na equação (1), com retornos constantes à escala em que a quantidade produzida (Y) depende das quantidades de capital (K) e trabalho (L) utilizadas, bem como de um fator (A), normalmente associado à tecnologia, que captura a produtividade na utilização desses fatores de produção.

(1) $\quad Y = A.K^{\alpha}.L^{1-\alpha}$

Em nossa interpretação, A denota a produtividade total dos fatores (PTF). Nesta seção o fator trabalho é apresentado em duas versões: uma, contabilizando o capital humano com o fator trabalho; a outra, sem incluí-lo.

A partir da expressão (1) pode-se aproximar a taxa de crescimento do produto (PIB estadual) como:

(2) $\quad Y' = A' + \alpha.K' + (1-\alpha).L'$

em que o símbolo (') representa taxas de crescimento, L inclui ou não uma medida do capital humano, dependendo da versão com que se trabalhe, e α é a participação do capital na renda (logo, 1- α é a participação do trabalho). Essa segunda equação decompõe o crescimento do PIB no crescimento dos insumos de trabalho e capital, ponderados pelas respectivas participações na renda gerada, e na PTF, que é calculada residualmente. Dessa forma, é possível dizer quanto do crescimento do produto teve origem na incorporação dos insumos de capital e trabalho e quanto foi devido aos ganhos de produtividade.

Descrevemos abaixo como foram construídas as séries utilizadas para calcular as taxas de crescimento da expressão (2):

(i) Foram usados os dados do PIB estadual do Ipeadata, disponíveis para os anos de 1995 a 2009;

(ii) Para o capital, usamos um artifício que consiste em distribuir o valor do estoque de capital líquido a preços constantes obtido para o Brasil no Ipeadata de acordo com as participações anuais do consumo de energia elétrica dos estados no total do país. O consumo de energia elétrica é, assim, uma *proxy* para o capital em uso, o que se justifica sabendo-se que a energia elétrica é a principal força motriz dos equipamentos em uma economia, setor, estado ou região;[19]

(iii) Para a ocupação de mão de obra usamos dados anuais das Pnads desagregados por estados;

(iv) O coeficiente α vem das Contas Nacionais do Brasil, representando o complemento da remuneração do trabalho na renda gerada, uma média dos anos de 2000 a 2009. À falta de estimativa independente, usamos para α o mesmo coeficiente em todos os estados (igual ao do país como um todo), de 0,46;

(v) O crescimento da produtividade (A'), como dissemos, é obtido residualmente.

Os resultados da decomposição para o período 1995-2009 como um todo são apresentados na tabela 11.

Tabela 11
Decomposição do crescimento do PIB, estados
selecionados e Total Brasil — 1995-2009

Período 1995-2009	RJ	SP	MG	BR
PIB	2,1%	2,4%	2,6%	2,8%
Capital	0,3%	0,6%	0,9%	0,9%
Contribuição para o crescimento	16%	24%	34%	33%
Trabalho	0,9%	1,1%	1,1%	1,1%
Contribuição para o crescimento	44%	47%	43%	41%
PTF — Produtividade	0,8%	0,7%	0,6%	0,7%
Contribuição para o crescimento	39%	29%	23%	26%

Fonte: Elaboração dos autores, ver texto.

---

[19] Usamos no cálculo os dados de consumo de energia não residencial.

Como já havíamos mostrado, no período 1995-2009 o Rio de Janeiro cresceu sensivelmente menos do que os demais estados de comparação e que o total do país. São Paulo e Minas Gerais também cresceram menos que o Brasil, mas o Rio o fez a uma taxa ligeiramente menor. O mesmo se observa para os insumos de capital e trabalho onde, especialmente quanto ao primeiro, o crescimento foi bem mais lento.

No entanto, o crescimento da produtividade foi mais alto e, especialmente, sua contribuição percentual para o crescimento do PIB: 39% no caso do Rio, contra 29% em São Paulo, 26% no Brasil e 23% em Minas Gerais. Dessa forma, o desempenho do Rio revelou-se favorável quanto à produtividade, refletindo, relativamente, um menor uso dos insumos de capital e trabalho. Destaque-se, em particular, que o Rio usou menos capital que os demais estados e o Brasil. Já as contribuições do trabalho — entendidas como as proporções das taxas de crescimento dos PIBs estaduais explicadas pela incorporação de mão de obra — foram semelhantes em todos os casos, oscilando entre 41% e 47%.

Um aspecto frequentemente saudado do desempenho do Rio é o das mudanças que teriam tido lugar a partir do começo dos anos 2000, associadas, em boa medida, à economia do petróleo e, não menos importante, a supostas melhorias na governança administrativa do estado. Em que medida essas mudanças tiveram impacto sobre o desempenho produtivo?

Para responder, ou dar elementos para uma resposta ao menos tentativa, dividimos o período anteriormente analisado em dois subperíodos de duração aproximadamente igual e repetimos a análise anterior. Além disso, incorporamos agora o capital humano, cujo crescimento é denotado por H', à análise.[20] Os resultados estão na tabela 12.

---

[20] O capital humano foi calculado usando uma fórmula baseada em Barbosa Filho e colaboradores (2010). Em particular, os anos médios de escolaridade da população ocupada foram combinados com o retorno médio da escolaridade para gerar uma estimativa do valor do estoque de capital humano em cada estado e cada ano. Os autores agradecem a Rodrigo Leandro de Moura por disponibilizar os dados necessários para efetuar este cálculo.

Tabela 12
Decomposição do crescimento, estados e Total Brasil, subperíodos selecionados — 1995-2003 e 2003-09 (%)

Rio de Janeiro	Y'	K'	L'	PTF'	H'
1995-2003	1,2%	0,2%	0,7%	0,0%	0,4%
Contribuição ao crescimento		14%	58%	-3%	31%
2003-09	3,3%	0,6%	1,2%	2,1%	-0,7%
Contribuição ao crescimento		17%	38%	66%	-21%
São Paulo	Y	K	L	PTF	H
1995-2003	0,9%	0,7%	0,9%	-1,8%	1,1%
Contribuição ao crescimento		78%	99%	-194%	116%
2003-09	4,2%	0,3%	1,3%	3,3%	-0,7%
Contribuição ao crescimento		8%	32%	77%	-17%
Minas Gerais	Y	K	L	PTF	H
1995-2003	2,0%	1,3%	0,9%	-0,9%	0,7%
Contribuição ao crescimento		65%	46%	-46%	34%
2003-09	3,3%	0,3%	1,4%	1,9%	-0,2%
Contribuição ao crescimento		9%	41%	58%	-7%
Brasil	Y	K	L	PTF	H
1995-2003	1,9%	0,9%	1,0%	-0,8%	0,8%
Contribuição ao crescimento		49%	52%	-45%	45%
2003-09	3,9%	0,9%	1,3%	1,7%	0,0%
Contribuição ao crescimento		23%	34%	44%	-1%

Fonte: Elaboração dos autores, ver texto.

Observe-se, inicialmente, que, como já assinalado na seção anterior, o desempenho macroeconômico melhorou sensivelmente depois de 2003 em todas as unidades da federação analisadas, assim como ocorreu com o Brasil. De fato, não só o Rio, mas também os demais estados (e o Brasil) cresceram bem mais depois de 2003 do que antes. Com exceção de Minas Gerais, a taxa de crescimento média mais do que dobrou entre o primeiro e o segundo períodos, e em São Paulo a taxa mais do que quadruplicou.

As mudanças nas contribuições dos fatores também variaram substancialmente entre os subperíodos. Tanto a contribuição do capital quanto a do trabalho diminuem entre o primeiro e o segundo subperíodos, e em São Paulo e Minas drasticamente no caso do capital. Isso reflete o crescimento relativamente menor dos estoques de capital, apesar da aceleração do crescimento do PIB em todos os níveis: estados e federação. Ou, se quisermos, reflete um aumento na produtividade do capital.

Por trás desse fenômeno está um excepcional aumento da PTF entre os subperíodos. De fato, partindo de taxas negativas em todos os casos em 1995-2003, a PTF passou a crescer a taxas que vão de 1,7% a.a. no caso do país como um todo a elevadíssimos 3,3% a.a. em São Paulo. Com isso, a produtividade transformou-se no motor do crescimento nesse segundo subperíodo, respondendo por parcelas que vão de 44% do crescimento do PIB no Brasil a 77% em São Paulo. O Rio de Janeiro, com uma fração de 66% explicada pela produtividade, não aparece mal no quadro.

Já o uso do capital humano na contabilidade tendeu a ter o resultado oposto ao do fator trabalho: é substancialmente mais forte no primeiro do que no segundo períodos, quando passa a negativo em todos os estados e nulo no total do país. Isso se deve ao fato de que a expansão educacional reduziu o prêmio de escolaridade, o que afetou negativamente o capital humano no segundo período.[21]

6. Conclusão

A estrutura econômica que o Rio de Janeiro tem hoje é em boa medida herança da forte urbanização que há muito tempo o vem caracterizando. Na origem do elevado grau de urbanização "precoce" está o fato de que durante longo período seu principal município foi a sede dos sucessivos governos nacionais desde os tempos do Império. Como vimos, por ocasião do Censo de 1940 (dados de 1939) a população urbana do Rio já era 61% da população estadual total. Essa proporção só seria alcançada por São Paulo 20 anos depois, e por Minas Gerais 40 anos depois.

Uma primeira consequência desse fato é o peso relativamente elevado dos serviços na produção do estado, com destaque para o comércio, intermediação financeira e os "outros serviços". Uma segunda, a pequena participação da agrope-

---

[21] Se excluirmos o ano de 2009, os resultados são semelhantes. Em particular, a PTF contribuiu com 68% do crescimento do PIB do Rio entre 2003 e 2008. Os resultados também são similares se usarmos médias móveis de três anos em torno dos anos que delimitam os subperíodos. Nesse caso, a contribuição da PTF no segundo subperíodo foi de 59%.

cuária, ambas em comparação com São Paulo e Minas Gerais e com o total do país. Já a indústria não difere em tamanho relativo das demais nessa comparação.

Muito embora acreditemos que a estrutura econômica que herdamos reflete principalmente nossas vantagens comparativas reveladas — e, portanto, caberia à política econômica local procurar tirar proveito desse fato estimulando precisamente o que vem dando certo, a par de incentivar atividades com potencial óbvio —, é forçoso reconhecer que o peso ridiculamente pequeno da agropecuária deve ser objeto de preocupação e, eventualmente, de medidas visando estimular o desenvolvimento do setor.

Existem nesse caso duas explicações possíveis, ambas passíveis de resolução pela ação das autoridades locais: ou a dotação de recursos naturais do Rio (solo, clima etc.) é totalmente inapropriada para a agropecuária, ou, por questões que transcendem a esfera do estritamente econômico, a produção do setor no estado tem se voltado para atividades em que as vantagens comparativas não existem.

É difícil aceitar que a primeira explicação seja totalmente verdadeira para uma área com a diversidade de recursos como a do Rio, dado o nível de progresso tecnológico atual, que permite corrigir características dos solos, e técnicas diversas (irrigação, mecanização e novas técnicas de plantio, por exemplo), que possibilitam aproveitar áreas que no passado não seriam economicamente aproveitáveis. Logo, existiria um papel para uma política econômica de incentivo às atividades agropecuárias. A proximidade com grandes centros consumidores seria, certamente, um incentivo extra para uma política agrícola.

O mesmo se aplica à segunda explicação acima, relacionada a um possível "desvio" produtivo que pode ser compreendido por aspectos como tradição e padrão de posse da terra a ela associado. Também aqui é em princípio possível agir para quebrar velhas estruturas agrárias e hábitos formados em talvez séculos de uma exploração que no mundo atual se revela pouco produtiva.

O ponto de partida para a ação das autoridades — que, possivelmente, transcende o âmbito local, passando ao nacional — deveria ser um diagnóstico criterioso do ambiente das atividades agropecuárias no estado. Uma vez identificadas áreas promissoras, o passo seguinte seria apoio tecnológico e financiamento sob condições apropriadas, sem descuidar dos impactos ambientais. A infraestrutura e as atividades logísticas estaduais deveriam também ser incentivadas de modo a suprimir gargalos existentes e potenciais. É possível pensar-se em um programa com o apoio do BNDES para o financiamento da expansão do setor.

A análise das seções anteriores também mostrou que um conjunto relativamente pequeno de atividades não industriais destacou-se das demais: comércio, financeiro e atividades de informação, às quais adicionaríamos as de pesquisa e desenvolvimento. Neste último caso, destaca-se que o Rio já contém polos de pesquisa em alta tecnologia que conviria incentivar. Sejam os existentes, associados a universidades (como é o caso dos relacionados à Coppe, no município do Rio de Janeiro) ou não, sejam novas iniciativas para aproveitar as vantagens comparativas existentes e aquelas por criar.[22]

O atual estoque de capital humano nas regiões mais avançadas do estado justifica incentivar programas de pesquisa e desenvolvimento visando a inovações de produtos e processos nas universidades e empresas. O dimensionamento dos investimentos necessários indicará se a atual oferta de recursos públicos do BNDES e da Finep é suficiente. O forte crescimento da produtividade total dos fatores no estado durante a fase de crescimento mais recente é um testemunho de que a tecnologia pode ser um fator diferencial para o desempenho econômico futuro do Rio.

No interior da indústria, destaca-se a exploração de petróleo, de longe a atividade que mais vem se desenvolvendo no estado. A principal recomendação de política nessa área refere-se aos cuidados na proteção do meio ambiente.

Entre as demais atividades industriais, não acreditamos que seja necessário incentivar adicionalmente segmentos destacados da estrutura estadual, como a produção de automóveis e a metalurgia, por serem atividades que já contam com substancial apoio em nível federal e por parte dos bancos públicos.

Causa estranheza o fato de a produção de biocombustíveis não ter apresentado o desempenho que potencialmente seria de se esperar, tendo em vista a cultura da cana-de-açúcar no norte fluminense. Parte da explicação cabe à baixa produtividade dessa cultura no estado, de onde se justificam medidas de apoio bem estruturadas como as acima sumariamente indicadas quando das sugestões de política econômica para a agropecuária estadual.

---

[22] Acreditamos que não nos cabe sugerir linhas de ação em atividades como o comércio ou as financeiras, cujo estímulo deve provir de iniciativas em âmbito suprarregional (melhoria das condições de crédito, por exemplo). Ver, a propósito, o texto de Armando Castelar Pinheiro neste livro.

Uma última observação se refere aos efeitos econômicos da fusão do antigo estado da Guanabara com o ex-Rio de Janeiro sobre o crescimento e a estrutura produtiva do nosso estado. Do ponto de vista da evidência reunida neste texto, não é possível identificar nenhuma inflexão nas séries a partir de meados da década de 1970. Talvez isso se deva ao fato de que a década de 1970 foi de rápido crescimento em todos os estados da Federação analisados, ao passo que a seguinte foi, igualmente, "perdida" para todos.

Evidentemente, isso não implica inexistência de efeitos políticos e, particularmente, aqueles advindos da distribuição de recursos orçamentários entre municípios que, como se sabe, prejudicaram relativamente o município do Rio de Janeiro. Impossível não pensar no paralelo representado, em escala certamente muito maior, pela unificação das duas Alemanhas com a derrocada do mundo soviético. Lá, como aqui, a redistribuição de recursos pelos novos territórios deixou marcas profundas. Mas abordar esse aspecto extrapolaria de muito os limites deste modesto ensaio analítico.

Referências

BARBOSA FILHO, F. de H. et al. Evolução da produtividade total dos fatores na economia brasileira com ênfase no capital humano — 1992-2007. *Revista Brasileira de Economia*, v. 64, n. 2, p. 91-113, 2010.

BARRO, R. J.; SALA-I-MARTIN, X. *Economic growth and convergence across the United States*. NBER Working Paper nº 3419, 1990.

____; ____. Convergence across states and regions. In: CUKIERMAN, A. H. Z.; LEIDERMAN, L. (Ed.). *Political economy, growth, and business cycles*. Cambridge, MA: MIT Press, 1992.

BONELLI, R.; LEVY, P. Determinantes do crescimento econômico do Espírito Santo: uma análise de longo prazo. In: *Espírito Santo: instituições, desenvolvimento e inclusão social*. Vitória: Instituto Jones dos Santos Neves, 2010. p. 67-93.

____; BARBOSA FILHO, F. de H. Produtividade e convergência entre estados brasileiros: exercícios de decomposição setorial. *Economia Aplicada*, v. 15, n. 3, p. 417-442, 2011.

FERREIRA, P. C.; ELLERY JR., R. G. Convergência entre a renda *per capita* dos estados brasileiros. *Ensaios Econômicos EPGE*. Rio de Janeiro: FGV, jan. 1995.

HADDAD, E.; GIUBERTI, A. C. *Economic impacts of pre-salt on a regional economy: the case of Espírito Santo, Brazil*. Texto para Discussão. Universidade de São Paulo, 2011.

IBGE. *Contas Regionais do Brasil 1995-2009*. 2011.

Anexo

Gráfico A1
Taxas de crescimento da população rural por décadas — Rio de Janeiro, São Paulo, Minas Gerais e Brasil (% a.a.)

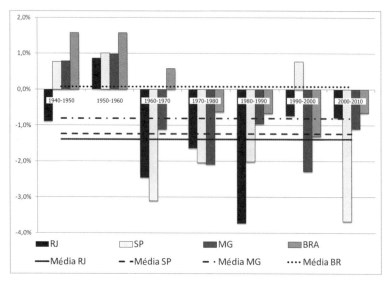

Fonte: IBGE, Censos Demográficos. Elaboração dos autores.
Obs: O ano inicial usado para calcular o crescimento na década 1990-2000 é 1991.

Tabela A1
Produtividade do trabalho setorial: estados e Total Brasil (em 1.000 R$)

Setores de Atividade	Rio de Janeiro 1995-2003	2003-2009	São Paulo 1995-2003	2003-2009	Minas Gerais 1995-2003	2003-2009	Brasil 1995-2003	2003-2009
Agropecuária	7,8	10,6	12,6	14,9	7,1	10,1	6,7	8,8
Extrativa Mineral	584,9	516,5	57,7	50,4	101,4	95,6	137,0	138,8
Indústria de Transformação	52,6	41,5	57,7	51,9	44,4	35,0	44,4	38,2
Construção Civil	29,2	26,0	32,1	27,8	19,6	18,6	24,7	22,2
Serviços Industriais de Utilidade Pública	91,4	98,9	144,3	167,6	113,5	135,9	113,1	138,8
Comércio	21,2	19,6	29,8	26,4	18,7	16,1	23,4	19,9
Financeiro	92,3	116,5	160,2	191,8	98,0	125,0	117,5	143,3
Administração Pública	76,1	73,6	53,4	47,9	41,9	34,7	53,3	46,7
Outros Serviços	33,9	35,5	39,6	42,8	22,4	25,1	27,6	30,3
Total	40,4	40,8	43,4	43,7	23,5	24,4	28,4	29,0

Fontes: Contas Regionais e Pnad. Elaboração dos autores.

Tabela A2
Participação percentual no valor da produção da indústria geral, 1995-2011 (a preços de 2009)

Atividades	1995	1996	1997	1998	1999	2000	2001	2002	2003
Indústrias extrativas	8,5%	9,7%	10,9%	12,8%	15,0%	17,1%	18,4%	20,2%	20,4%
Produtos alimentícios	6,3%	5,8%	5,4%	5,5%	4,9%	4,7%	4,4%	4,0%	4,0%
Fabricação de bebidas	2,5%	2,8%	3,0%	2,9%	2,7%	3,3%	3,5%	3,2%	3,1%
Fabricação de produtos têxteis	0,7%	0,5%	0,4%	0,4%	0,4%	0,5%	0,6%	0,6%	0,6%
Impressão e reprodução de gravações*	0,0%	0,0%	0,0%	0,0%	0,0%	0,0%	0,0%	2,6%	2,0%
Coque, derivados do petróleo e biocombustíveis	14,5%	18,7%	18,4%	19,8%	20,6%	18,0%	18,2%	18,0%	18,1%
Farmacêuticos	7,5%	6,9%	6,4%	5,8%	4,8%	3,9%	4,3%	3,8%	3,7%
Borracha e material plástico	5,0%	5,5%	5,7%	5,3%	5,0%	4,4%	4,1%	3,9%	3,7%
Fab. de produtos de minerais não metálicos	1,9%	2,0%	2,2%	2,0%	2,0%	1,9%	1,8%	1,7%	1,7%
Metalurgia	9,0%	8,5%	9,3%	8,6%	8,5%	8,8%	9,1%	10,2%	11,7%
Veículos automotores, reboques e carrocerias	1,2%	0,9%	2,2%	2,6%	2,7%	3,8%	4,7%	4,6%	5,2%
Outros	43,1%	38,8%	36,2%	34,3%	33,4%	33,5%	31,1%	27,4%	25,7%

	2004	2005	2006	2007	2008	2009	2010	2011
Indústrias extrativas	19,3%	21,6%	22,3%	21,3%	22,1%	25,3%	22,6%	23,5%
Produtos alimentícios	4,0%	4,4%	4,7%	4,3%	4,3%	4,1%	3,7%	3,4%
Fabricação de bebidas	3,3%	3,3%	3,4%	3,5%	3,3%	3,8%	3,9%	3,9%
Fabricação de produtos têxteis	0,7%	0,8%	0,7%	0,6%	0,6%	0,5%	0,5%	0,4%
Impressão e reprodução de gravações*	1,8%	1,7%	1,8%	1,9%	2,0%	1,9%	1,8%	1,7%
Coque, derivados do petróleo e biocombustíveis	18,8%	18,0%	17,2%	16,3%	16,0%	16,1%	16,0%	14,5%
Farmacêuticos	3,6%	3,4%	3,5%	2,9%	2,6%	2,8%	2,8%	2,6%
Borracha e material plástico	3,4%	2,5%	2,4%	2,7%	2,7%	2,7%	2,7%	2,7%
Fab. de produtos de minerais não metálicos	2,1%	2,5%	2,4%	2,5%	2,5%	2,2%	2,1%	2,1%
Metalurgia	11,5%	10,4%	9,8%	10,8%	10,1%	8,9%	10,1%	10,6%
Veículos automotores, reboques e carrocerias	6,3%	7,1%	6,7%	8,1%	9,2%	8,1%	11,0%	12,5%
Outros	25,1%	24,4%	25,1%	25,1%	24,6%	23,6%	22,7%	22,1%

Outros inclui: fumo; confecção de artigos do vestuário e acessórios; preparação de couros e fabricação de artefatos de couro, artigos para viagem e calçados; fabricação de produtos de madeira; fabricação de celulose, papel e produtos de papel; fabricação de produtos químicos; fabricação de produtos de metal, exceto máquinas e equipamentos; fabricação de máquinas e equipamentos; fabricação de máquinas, aparelhos e materiais elétricos; fabricação de outros equipamentos de transporte, exceto veículos automotores; fabricação de móveis; fabricação de produtos diversos.

Fontes: PIA 2009 e PIM-PF, 1995 a 2011. Elaboração dos autores.

* A série de índices de produção física começa em 2002.

Capítulo 2

Características dos ciclos econômicos do estado do Rio de Janeiro

Aloisio Campelo Jr. *
Sarah Piassi Machado Lima **
Hilton Hostalácio Notini ***

1. Introdução

O estudo dos ciclos econômicos vem atraindo a atenção dos economistas desde os trabalhos pioneiros de Burns e Mitchell (1946) no National Bureau of Economic Research (NBER) dos Estados Unidos. Hoje a literatura aplicada àquele país já se encontra bastante desenvolvida e consolidada.[1]

No Brasil, a quantidade de estudos sobre o assunto aumentou após o fim do processo hiperinflacionário, em meados da década de 1990.[2] Desde então, a literatura brasileira sobre ciclos econômicos tem se concentrado na elaboração de indicadores agregados para mensuração de nível da atividade econômica, sendo raros os trabalhos com enfoque regional. Uma das explicações para isso talvez seja a escassez de séries econômicas de longo prazo desagregadas por regiões.

---

* Economista do Ibre/FGV.
** Economista do Ibre/FGV.
*** Professor da FGV e economista do Itaú-Unibanco. Os autores agradecem os comentários de Armando Castelar Pinheiro, Fernando Augusto Adeodato Veloso, Silvio Sales de Oliveira Silva e Lilian Arquete. Erros e omissões são de responsabilidade dos autores.
[1] Ver Stock e Watson (1988a, 1988b, 1991, 1993a, 1993b) e Chauvet (1998) para o "estado das artes" em diferentes épocas.
[2] Exemplos de trabalhos aplicados à atividade econômica brasileira são: Contador (1977), Chauvet (2000, 2001) e Issler, Notini e Rodrigues (2008).

Mas assimetrias entre ciclos econômicos subnacionais têm sido frequentemente reportadas, tornando-se objeto de crescente interesse por investigadores acadêmicos e gestores de política econômica. Nos EUA, os artigos de Carlino e DeFita (1998) e de Ewing e Thompson (2012) retrataram significativa assimetria nos ciclos estaduais. Na Itália, Brasili e Brasili (2006) estudaram as profundas diferenças nos ciclos regionais naquele país. No Brasil, Picchetti (2010) comprovou a existência de heterogeneidade nos ciclos regionais da indústria ao longo dos 10 anos anteriores.

A existência de diferenças cíclicas relevantes entre estados de uma federação implica impactos também diferenciados sobre essas esferas, e políticas econômicas centralizadas (como a monetária), justificando o monitoramento sistemático e a eventual adoção de medidas compensatórias pelos governos.

Este capítulo procura identificar as principais características dos ciclos econômicos do estado do Rio de Janeiro por meio de comparações com os ciclos do país e dos demais estados da federação. Desta forma, procura colaborar para um melhor entendimento dos ciclos subnacionais brasileiros e da dinâmica econômica do estado do Rio de Janeiro.

A segunda seção do capítulo investiga o perfil da economia do Rio de Janeiro através da comparação, em diversos níveis de agregação, da composição do seu Produto Interno Bruto (PIB) com os das demais unidades federativas do país. A terceira seção aprofunda a análise inicial por meio da aplicação de diferentes técnicas estatísticas e econométricas consagradas pela literatura de ciclos econômicos ao componente cíclico das séries de Produção Industrial e do PIB dos estados. Na quarta e última seção, são apresentadas as principais conclusões.

2. Perfil da economia fluminense

Em comparação a outros estados, a economia do Rio de Janeiro destaca-se por participações relativas muito grandes da cadeia petrolífera, acima da média do setor de serviços e pequenas de alguns dos segmentos industriais mais sensíveis às oscilações cíclicas de curto prazo.

Observando a composição setorial do PIB em sua forma mais agregada, o Rio de Janeiro apresenta um setor agrícola pequeno, contrastando com uma participação superior à média dos serviços e semelhante à média do setor industrial. Desagregando-se o PIB de serviços, três características se destacam (tabela 1): o peso relativamente pequeno do comércio (fortemente atrelado ao ciclo do país) e grande de serviços de alojamento e alimentação — tendência decorrente da vocação turística do estado — e do setor público, resquício dos anos em que o estado foi sede do governo nacional.

Na indústria, a participação do setor extrativo é muito superior à média de outros estados, tendência oposta à do setor manufatureiro, com presença inferior à média. A tabela 1 ilustra como, a partir de 2005, a indústria extrativa passou a responder por uma parcela mais expressiva da economia fluminense que a própria indústria de transformação, ambas medidas a preços correntes. Em 2009, como decorrência dos efeitos negativos da crise internacional sobre os preços de *commodities*, o peso da indústria extrativa caiu quase à metade do registrado no ano anterior. Ainda assim, o setor manteve participação similar à da indústria manufatureira do estado. Nesse último ano, a indústria extrativa representava quase 1/3 do PIB industrial do estado (31,6%), contra participação de apenas 3,9% no restante do país.

Tabela 1
Participação dos setores no valor adicionado
bruto a preços básicos correntes (%)

	Rio de Janeiro				Brasil ex Rio de Janeiro			
	2002	2005	2008	2009	2002	2005	2008	2009
Agropecuária	0,5	0,5	0,4	0,5	7,4	6,4	6,6	6,2
Indústria	24,3	30,2	31,6	26,3	27,4	29,2	27,4	26,9
Indústria extrativa	6,9	12,0	15,4	8,3	0,9	1,2	1,7	1,0
Indústria de transformação	9,1	10,2	9,9	10,1	17,9	19,1	17,5	17,4
Serviços	75,1	69,3	68,0	73,2	65,2	64,5	66,0	66,9
Comércio e serviços de manutenção e reparação	10,2	9,1	10,1	10,2	11,5	12,5	14,0	13,9
Serviços de alojamento e alimentação	1,9	2,0	2,2	2,7	1,8	1,6	1,7	1,9

Fonte: Sistema de Contas Nacionais — Contas Regionais do Brasil — IBGE. Elaboração dos autores.

A influência do petróleo na economia fluminense vai além do setor extrativo: na média do triênio 2007-09, a cadeia petrolífera — que agrega a *extração*, a *produção de produtos derivados de petróleo* e as *atividades de apoio à extração*

— representou 54,8% da indústria do estado (tabela 2). No agregado dos demais estados da federação, estes segmentos responderam por 11,8% do total.

Uma das hipóteses investigadas neste artigo é a possibilidade de que o peso excessivo do setor extrativo e de atividades associadas ao petróleo leve a economia fluminense a perder aderência em relação ao ciclo geral do país.

Tabela 2
Participação relativa de setores no total da indústria
(% do total do Valor de Transformação Industrial)
(Rio de Janeiro e demais estados da federação, média de 2007 a 2009)

	Rio de Janeiro	Brasil ex Rio	Diferença em pp Rio-Brasil
Extração de petróleo e gás natural	31,4	1,2	30,2
Fabricação de coque, de produtos derivados do petróleo e de biocombustíveis	19,3	10,5	8,8
Metalurgia	8,3	7,0	1,3
Fabricação de produtos químicos	5,6	7,5	-1,9
Fabricação de veículos automotores, reboques e carrocerias	4,7	10,3	-5,6
Atividades de apoio à extração de minerais	4,0	0,2	3,9
Fabricação de produtos farmoquímicos e farmacêuticos	3,4	2,5	0,9
Manutenção, reparação e instalação de máquinas e equipamentos	3,0	0,9	2,1
Fabricação de bebidas	2,9	3,2	-0,2
Fabricação de produtos alimentícios	2,5	14,0	-11,5
Extração de minerais metálicos	nd	3,9	nd
Extração de carvão mineral	-	0,1	-

Unidades locais industriais de empresas com cinco ou mais pessoas ocupadas (CNAE 2.0)
nd- embora o IBGE não possa divulgar o dado desagregado para este setor, a comparação da soma do valor de transformação de outros setores com o total informado pelo órgão mostra que a contribuição do segmento é desprezível

Fonte: Pesquisa Industrial Anual — Empresa — IBGE. Elaboração dos autores.

A tabela 3 apresenta as principais diferenças entre a estrutura da indústria de transformação do Rio de Janeiro e a do restante do país. Além da forte participação dos segmentos associados ao petróleo, a indústria manufatureira de produtos *alimentícios* do Rio de Janeiro é relativamente pequena em relação à média nacional, decorrência da pequena participação do setor agrícola no PIB. O setor *metalúrgico* é proporcionalmente grande, mas o de *produtos de metal* — com maior agregação de tecnologia — apresenta participação inferior à média. Outro segmento com padrão tecnológico elevado pouco presente no Rio de Janeiro é o de equipamentos de *informática, produtos eletrônicos e ópticos*.

A presença de grandes estaleiros contribui para que o segmento de *manutenção de máquinas e equipamentos* represente 4,7% do PIB da indústria de transformação fluminense, contra apenas 0,9% no restante do país. Este é um segmento que trabalha com carteiras de pedidos cuja execução demanda muito tempo, tornando-o relativamente imune a choques temporários ou ajustes menos traumáticos de política econômica, contribuindo desta forma para reduzir a conformidade cíclica do estado em relação ao restante do país.

Tabela 3
Participação relativa de setores selecionados na indústria de transformação (% do total do VTI do setor)*
(principais diferenças do Rio de Janeiro em relação aos demais estados da federação, média 2007-09)

	Rio de Janeiro	Brasil ex Rio	Diferença em pp Rio — Brasil
Fabricação de coque, de produtos derivados do petróleo e de biocombustíveis	30,1	11,2	18,9
Fabricação de produtos alimentícios	4,0	14,9	-11,0
Metalurgia	12,9	7,5	5,4
Manutenção, reparação e instalação de máquinas e equipamentos	4,7	0,9	3,8
Fabricação de veículos automotores, reboques e carrocerias	7,3	11,0	-3,7
Fabricação de máquinas e equipamentos	1,9	5,4	-3,5
Fabricação de equipamentos de informática, produtos eletrônicos e ópticos	0,4	3,1	-2,7
Fabricação de produtos farmoquímicos e farmacêuticos	5,3	2,7	2,7
Fabricação de celulose, papel e produtos de papel	1,2	3,9	-2,6
Fabricação de máquinas, aparelhos e materiais elétricos	0,5	3,0	-2,5
Fabricação de produtos de metal, exceto máquinas e equipamentos	3,3	4,5	-1,2

*Os valores foram ordenados pelo módulo da diferença em pontos percentuais entre Rio de Janeiro e Brasil.
Unidades locais industriais de empresas industriais com cinco ou mais pessoas ocupadas (CNAE 2.0)
Fonte: Pesquisa Industrial Anual — Empresa — IBGE. Elaboração dos autores.

Alguns dos segmentos mais sensíveis aos instrumentos tradicionais de política econômica, como os bens duráveis (*automóveis, eletrodomésticos, eletrônicos*), possuem participação no estado inferior à média nacional, mesmo caso do setor de bens de capital. Pelas características listadas acima, como veremos adiante, o Rio de Janeiro apresenta o ciclo industrial menos sincronizado ao ciclo nacional entre as unidades da federação economicamente mais relevantes.

Nos 20 anos entre 1992 e 2011, a indústria fluminense cresceu acima da média nacional. Segundo a pesquisa mensal da indústria do IBGE (PIM-PF), a produção industrial fluminense teria crescido neste período 75,3% (ou 2,8% a.a.), contra 67,3% (2,6%) da média brasileira. O resultado agregado, no entanto, oculta peculiaridades, como o fato de a indústria de transformação ter crescido apenas 2,1% no período, com diminuição absoluta da produção nos primeiros 10 anos e recuperação na década seguinte. A indústria extrativa, portanto, respondeu integralmente pelo crescimento do PIB industrial fluminense nestes 20 anos, com uma taxa acumulada de 238%.

Houve ainda diferenças marcantes entre os resultados de subperíodos específicos. Na primeira década do período analisado, entre 1992 e 2001, a indústria fluminense cresceu apenas por influência do setor petrolífero, talvez refletindo um possível *crowding out* dos outros segmentos.[3] Depois disso, desacelerou, chegando a entrar no terreno negativo nos últimos três anos observados. A indústria de transformação do estado, por sua vez, registrou diminuição da produção entre 1992 e 2002, voltando a crescer, desde então, a taxas inferiores à média nacional até 2008 e iguais ou superiores à média a partir de 2009, resultado que parece sinalizar uma possível recuperação da atividade manufatureira no Rio de Janeiro.

A figura 1 mostra o crescimento médio da indústria geral do Rio de Janeiro (extrativa e transformação) e do Brasil em subperíodos selecionados.

Apesar de ter perdido peso econômico nos últimos anos, o setor industrial apresenta um perfil cíclico que favorece seu uso como referência em estudos desta natureza, além de dispor de séries estatísticas longas e de qualidade. Neste capítulo, a análise dos ciclos regionais brasileiros num período mais longo (de 20 anos), portanto, é realizada exclusivamente com base no desempenho industrial. No período mais recente, a partir de 2002, o estudo incorpora os ciclos mais abrangentes do produto interno bruto, tendo como referência *proxy* de alta frequência o Índice Mensal de Atividade Econômica do Banco Cen-

---

[3] Ver mais sobre esta questão no capítulo de Mauricio Canêdo Pinheiro neste volume.

Figura 1
Crescimento médio da produção física nas indústrias
fluminense e nacional (geral, extrativa e transformação, em %)

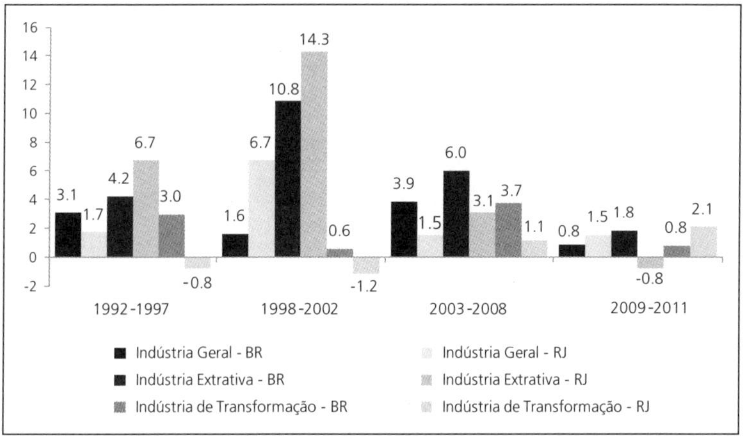

Período	Indústria Geral - BR	Indústria Extrativa - BR	Indústria de Transformação - BR	Indústria Geral - RJ	Indústria Extrativa - RJ	Indústria de Transformação - RJ
1992-1997	3.1	4.2	3.0	1.7	6.7	-0.8
1998-2002	1.6	6.7	0.6	3.9	10.8	-1.2
2003-2008	3.9	6.0	3.1	3.7	14.3	1.1
2009-2011	0.8	1.5	1.8	0.8	2.1	-0.8

Fonte: Pesquisa Industrial Mensal — Produção Física — IBGE. Elaboração dos autores.

tral (IBC-BR),[4] para o país, e os Índices Mensais de Atividade Econômica Regionais do Banco Central (IBC-R), para as unidades da federação.

3. Análise dos ciclos econômicos fluminenses

A maioria dos dados disponíveis sobre a atividade econômica dos estados brasileiros é limitada temporalmente ou por cobertura amostral. As séries de produção industrial da PIM-PF atendem aos requisitos necessários por sua representatividade amostral e temporal, apesar de cobrirem somente os segmentos extrativo e de transformação.[5] No presente estudo, foram usadas séries de produção física da Indústria Geral (PIM-PF) de todos os estados das regiões Sul e Sudeste, e dos seguintes estados das demais regiões do país: Amazonas,

---

[4] O IBC-BR é um indicador mensal produzido pelo Banco Central do Brasil, que reproduz a metodologia do PIB Trimestral do IBGE, guardadas as limitações da menor disponibilidade de dados em alta frequência. Apesar disso, tanto o indicador nacional quanto seu equivalente regional (os IBC-R) vêm apresentando um bom desempenho como antecedentes dos resultados trimestrais. A série do índice nacional inicia-se em 2003 e a dos indicadores regionais, em 2002.
[5] As Contas Nacionais classificam como indústria os seguintes setores: extrativo, transformação, construção civil e serviços industriais de utilidade pública.

Bahia, Ceará, Goiás, Pará e Pernambuco, além da série de produção industrial do Brasil (BR). No caso de Amazonas, Goiás e Pará, as séries têm início em janeiro de 2002. Para os demais estados, a amostra começa em janeiro de 1991.

O estudo sobre as relações existentes entre os ciclos da produção industrial do Rio de Janeiro e demais unidades federativas propostas neste capítulo tem início com a análise da correlação existente entre os ciclos da produção industrial regionais. O primeiro passo, portanto, é a decomposição das séries de produção industrial entre seus componentes tendenciais de longo prazo e o ciclo propriamente dito, o que é feito mediante a aplicação do filtro de Hodrick-Prescott (HP). Os ciclos expressos como desvio da tendência são chamados na literatura de ciclos de crescimento (*growth cycles*).

O algoritmo do filtro HP suaviza a série original para estimar a série da tendência de longo prazo. O componente cíclico é a diferença entre a série original e a tendência. As tabelas 4a e 4b apresentam a correlação de Pearson entre o ciclo do Brasil e os de cada unidade da federação, medido tanto pela produção industrial (4a) quanto pelos IBC (4b). Em ambos os casos, o ciclo do Rio de Janeiro apresenta menor sincronismo que os estados do Sul e do Sudeste, tendo o Paraná como exceção.

Tabela 4a
Correlação entre os ciclos da Indústria Geral do Brasil e os ciclos industriais das unidades da federação

SP	0,956
MG	0,936
ES	0,836
SC	0,828
RS	0,806
RJ	**0,714**
AM	0,668
BA	0,561
CE	0,542
PE	0,498
PR	0,478
PA	0,469
GO	0,403

Fonte: Pesquisa Industrial Mensal — Produção Física — IBGE. Elaboração dos autores.

Tabela 4b
Correlação entre os ciclos do IBC-BR e os ciclos dos IBC-R

MG	0,895
SP	0,875
ES	0,820
RS	0,766
SC	0,755
RJ	**0,677**
BA	0,626
CE	0,624
PE	0,622
PR	0,613
PA	0,598
AM	0,584
GO	0,498

Fonte: Banco Central do Brasil. Elaboração dos autores.

As tabelas 5a e 5b mostram a correlação entre os ciclos da produção industrial do Rio de Janeiro e do IBC-RJ e os ciclos respectivos de 12 unidades federativas e do país (BR), entre janeiro de 2002 e dezembro de 2011.

Tabela 5a
Correlação entre o ciclo da indústria geral do Rio de Janeiro e os ciclos da indústria geral brasileira e de unidades da federação selecionadas

BR	0,714
MG	0,699
ES	0,655
SP	0,629
RS	0,549
SC	0,538
BA	0,472
AM	0,446
PE	0,424
CE	0,382
PA	0,332
GO	0,286
PR	0,256

Fonte: Pesquisa Industrial Mensal — Produção Física — IBGE. Elaboração dos autores.

Tabela 5b
Correlação entre o ciclo do IBC-RJ e os ciclos dos IBC-R

MG	0,729
SP	0,714
ES	0,712
BR	0,677
CE	0,640
PE	0,629
PA	0,598
BA	0,567
RS	0,539
AM	0,532
SC	0,517
GO	0,457
PR	0,412

Fonte: Banco Central do Brasil. Elaboração dos autores.

As tabelas de correlação comprovam a existência de assimetrias entre os ciclos dos principais estados da federação. Seja pelas distâncias físicas, pela composição setorial ou por características idiossincráticas, há relevante heterogeneidade cíclica. No caso da indústria, São Paulo e Minas apresentam forte sincronia em relação ao ciclo nacional. A aderência vai se reduzindo até chegar aos ciclos industriais de Paraná, Pará e Goiás, razoavelmente distantes da média nacional. No caso do IBC, há menor dispersão, mas os três estados mais alinhados ao ciclo nacional se repetem, com Santa Catarina assumindo a posição do Pará entre os menos correlacionados.

Em virtude da proximidade geográfica e dos fortes laços comerciais, o ciclo do Rio de Janeiro apresenta maiores correlações com os estados da região Sudeste. Entre os estados com menor correlação cíclica com o Rio de Janeiro, destacam-se o Paraná e Goiás, ambos com forte presença do agronegócio. A seguir, no caso industrial, os estados do Norte e Nordeste. Em relação a estes, além da distância geográfica, há que se considerarem outras possíveis fontes de diferença, como políticas públicas que incluam incentivos fiscais, zonas francas e outros estímulos.

A correlação relativamente baixa dos ciclos fluminenses com os de outros estados parece estar relacionada à composição setorial do PIB da indústria e a fatores idiossincráticos. A importância crescente da cadeia petrolífera, setor em fase de expansão e com uma dinâmica peculiar, contribui para parte da perda de aderência. Já a retomada dos estaleiros na região na última década, assim como a presença de outros segmentos menos "cíclicos", está entre os fatores que têm levado o ciclo do Rio de Janeiro a apresentar menor volatilidade na comparação com as demais unidades da federação.

Para medir a volatilidade dos ciclos, foi usada a média dos valores em termos absolutos (em módulo) das séries, cujos valores oscilam positiva e negativamente em torno da tendência de longo prazo.[6] Uma média baixa, portanto, com pouca oscilação em torno da tendência de longo prazo, caracteriza um ciclo de baixa volatilidade. Um ciclo pouco volátil, por sua vez, é geralmente o retrato de uma região econômica que reage mais lentamente a choques exógenos, assim como a guinadas nas políticas monetária e fiscal. A economia fluminense apresenta este resultado possivelmente em função da combinação de baixo coeficiente de exportações, participação elevada dos serviços, e a participação pequena do agronegócio e dos segmentos industriais muito voláteis, como os duráveis e bens de capital.

Tabela 6
Volatilidade dos ciclos de produção da Indústria Geral por UF
Média dos valores da série de ciclo em termos absolutos (módulo)
Período: jan./2002 — dez./2011

ES	6,4
AM	5,7
PR	4,8
GO	4,2
CE	4,1
MG	4,1

(continua)

---

[6] O *ranking* de volatilidades pouco se altera ao se adotar uma medida mais tradicional de volatilidade, como a variância das séries de ciclo ou mesmo das séries originais.

(continuação)

PA	3,9
BA	3,8
SP	3,5
SC	3,4
PE	3,3
RS	3,1
BR	2,8
RJ	2,3

Fonte: PIM-PF/ IBGE. Elaboração dos autores.

Entre os estados com maior volatilidade cíclica estão os fortemente exportadores Espírito Santo e Pará; os mais ligados ao agronegócio, como Paraná e Goiás; e o Amazonas, cuja indústria é bastante presente no segmento de duráveis (eletrônicos e eletrodomésticos).

Outra forma muito difundida de análise dos ciclos econômicos é a identificação dos pontos de máximos e mínimos locais das séries em nível. No âmbito nacional, esses pontos são usados como referência para as mudanças de fase dos ciclos (*turning points*), entre expansão e recessão (ou vice-versa). No contexto regional, esta caracterização específica pode ser discutível mas, para fins deste estudo, consideraremos um ponto de mínimo local da série original como o marco de início para um período de *expansão* e o ponto de mínimo como o marco de uma *recessão*.

Os exercícios de datação dos ciclos foram realizados somente com as séries da PIM-PF, disponíveis para um período mais longo. A identificação dos *turning points* foi feita por intermédio do algoritmo de Bry-Boschan (1971), rotina criada no americano National Bureau of Economic Research, para dar suporte às decisões do Comitê de Datação dos Ciclos daquele país.

Os resultados das datações dos ciclos do Rio de Janeiro, do Brasil e de outras unidades federativas são apresentados na tabela a seguir. Entre os estados que dispõem de séries de produção industrial desde 1991, o Rio de Janeiro apresenta o menor número de recessões. Analogamente, o Rio de Janeiro é um dos estados em que as recessões duraram menos tempo. A exceção encontrada foi o Espírito Santo, estado cujo dinamismo da indústria extrativa no período o permitiu atravessar com relativa facilidade algumas das fases de retração observadas em outras UF. O resultado geral das datações confirma, portanto, a menor volatilidade da indústria fluminense em relação à de outros estados. Os *turning points* das séries datadas estão resumidos nas tabelas 11 e 12 e nas figuras 1 e 2 do Apêndice.[7]

Tabela 7
Análise das recessões industriais

Estado	Número de recessões	Recessões comuns com o RJ	Tempo médio (meses)
PE	6	3	14
BA	8	5	13
PR	6	1	13
SP	6	5	13
CE	8	5	12
RS	6	4	12
MG	6	5	11
SC	7	5	11
RJ	5	-	10
BR	6	5	8
ES	7	4	8

Fonte: Elaboração dos autores.

A última forma de se observar as relações cíclicas neste capítulo se refere aos estudos das causalidades, no sentido de Granger, eventualmente existentes entre os ciclos estaduais. É de se esperar que, caso exista antecedência entre os ciclos de determinado estado X em relação ao estado Y, ocorra antecedência no sentido de Granger do estado X em relação a Y e não ocorra causalidade de Y em relação a X. Se ocorrer causalidade de X em relação a Y e de Y em relação a X, pode-se afirmar que os ciclos destes dois estados são coincidentes. E, por fim, caso não se encontre causalidade entre X e Y em nenhuma direção, pode-se dizer que não existe relação entre os dois.

A tabela 13 (ver Apêndice) apresenta os resultados completos do teste de causalidade de Granger aplicados dois a dois (RJ em relação a cada um dos demais estados) e suas respectivas conclusões em termos de causalidade. A informação "*lags*" no topo de cada teste sinaliza o *lag* ótimo obtido para

---

[7] Ver apêndice ao final do capítulo.

cada par de dados, com base no critério de Schwarz. Foi analisado o período de 10 anos entre janeiro de 2002 e dezembro de 2011.

Os ciclos da produção industrial do Rio de Janeiro são antecedidos, no sentido de Granger, pelos ciclos do Brasil, de São Paulo, do Espírito Santo, de Minas Gerais e do Rio Grande do Sul. Quatro estados possuem ciclos considerados coincidentes com o Rio de Janeiro: Santa Catarina, Pernambuco, Bahia e Ceará. No caso de Goiás, não foi encontrada relação com as defasagens testadas. Os estados do Paraná, do Amazonas e do Pará se mostraram defasados em relação ao Rio de Janeiro ou, vendo de outra forma, tiveram seus ciclos "causados" por este.

Os testes de causalidade foram também aplicados aos componentes cíclicos dos Índices de Atividade Econômica Regionais do Banco Central do Brasil (IBC-R). A tabela 14 (ver Apêndice) mostra os resultados dos testes de causalidade de Granger aplicados dois a dois (Índice de Atividade Econômica Regional — RJ em relação a cada um dos demais índices regionais). O período da amostra vai de janeiro de 2002 a dezembro de 2011 — com exceção dos índices para o Brasil e Pernambuco, que se iniciam em janeiro de 2003. As tabelas 8a e 8b comparam os resultados dos dois exercícios.

Síntese dos testes de causalidade
Período: jan./2002 — dez./2011[8]

Tabela 8a
Resultados do Teste de Causalidade de Granger para os ciclos da Produção Industrial

BR – RJ	BR antecede RJ
AM – RJ	RJ antecede AM
BA – RJ	coincidente
CE – RJ	coincidente
ES – RJ	ES antecede RJ
GO – RJ	sem relação
MG – RJ	MG antecede RJ

(continua)

Tabela 8b
Resultados do Teste de Causalidade de Granger para os ciclos dos Índices de Atividade Econômica regionais do BCB

BR – RJ	BR antecede RJ
AM – RJ	Coincidente
BA – RJ	BA antecede RJ
CE – RJ	RJ antecede CE
ES – RJ	ES antecede RJ
GO – RJ	GO antecede RJ
MG – RJ	MG antecede RJ

(continua)

---

[8] Com exceção do IBC-BR e do IBC-R de Pernambuco, ambos com início em janeiro de 2003.

(continuação)

PA – RJ	RJ antecede PA
PE – RJ	coincidente
PR – RJ	RJ antecede PR
RS – RJ	RS antecede RJ
SC – RJ	coincidente
SP – RJ	SP antecede RJ

(continuação)

PA – RJ	RJ antecede PA
PE – RJ	Coincidente
PR – RJ	sem relação
RS – RJ	RS antecede RJ
SC – RJ	SC antecede RJ
SP – RJ	SP antecede RJ

Fonte: Pesquisa Industrial Mensal — Produção Física — IBGE e Banco Central do Brasil. Elaboração dos autores.

O teste de causalidade de Granger aplicado aos indicadores regionais do Banco Central confirma a relação de antecedência dos estados do Espírito Santo, Minas Gerais, Rio Grande do Sul e São Paulo em relação ao estado do Rio de Janeiro.

Os testes de causalidade foram também replicados no caso da PIM-PF para o período mais longo que vai de janeiro de 1991 até dezembro de 2011 e confirmam a relação de causalidade do Rio de Janeiro com os estados do Espírito Santo, Minas Gerais e com o ciclo agregado brasileiro. Mas a inserção deste período mais conturbado da economia brasileira não confirma a causalidade entre Rio de Janeiro e Rio Grande do Sul e São Paulo verificada mais recentemente.[9]

Uma razão costumeiramente encontrada para as assimetrias de ciclos regionais é a estrutura setorial do PIB nas diferentes unidades da federação. Para testar essa hipótese, foram analisadas as relações de causalidade entre alguns segmentos da indústria brasileira com elevada correlação entre si.

As relações encontradas no plano nacional foram razoavelmente alinhadas aos resultados encontrados em outros países. O segmento de não duráveis, por ser menos volátil, não costuma causar outros segmentos, mas é causado por alguns deles. O de duráveis, por ser fortemente sensível às oscilações de política monetária, costuma causar o de não duráveis e, dependendo do período pesquisado, também o de bens de capital ou outros.

---

[9] O teste de Granger é realizado para apenas duas séries, sem levar em consideração outros fatores. Sendo um exercício no âmbito da econometria, pode eventualmente gerar resultados diferentes em outros períodos de tempo, caso as condições econômicas que motivaram a causalidade do período original se alterem.

Características dos ciclos econômicos do estado do Rio de Janeiro

Tabela 9
Período: Jan./1991 — dez./2011

Resultados do Teste de Causalidade de Granger
para osciclos da Produção Industrial

BR - RJ	BR antecede RJ
BA - RJ	sem relação
CE - RJ	CE causa RJ
ES - RJ	ES antecede RJ
MG - RJ	MG antecede RJ
PE - RJ	sem relação
PR - RJ	sem relação
RS - RJ	sem relação
SC - RJ	sem relação
SP - RJ	sem relação

Fonte: Pesquisa Industrial Mensal — Produção Física — IBGE e Banco Central do Brasil. Elaboração dos autores.

Tabela 10
Participação relativa das categorias de uso na Indústria Geral e na Indústria de Transformação (% do total do Valor da Transformação Industrial)
(Rio de Janeiro e demais estados da federação, média de 2007 a 2010)

	Indústria Geral		Indústria de Transformação	
	Rio	Brasil ex Rio	Rio	Brasil ex Rio
bens intermediários	78,6%	56,6%	68,2%	53,3%
bens de consumo não duráveis	12,7%	24,1%	18,9%	25,9%
bens de consumo duráveis	2,3%	9,8%	3,4%	10,6%
bens de capital	6,4%	9,5%	9,5%	10,2%

Fonte: Pesquisa Industrial Anual — Empresa — IBGE. Elaboração dos autores.

No caso do Rio de Janeiro, os resultados encontrados no plano nacional, compatíveis com fatos estilizados encontrados em diversos países, contribuem pouco para explicar a defasagem encontrada entre o ciclo do estado e de outras unidades da federação. Apenas dois resultados seguem uma linha consistente: os subsetores de metalurgia básica e refino de petróleo, importantes na indústria de transformação fluminense, foram antecedidos mais vezes por outros setores do que o contrário. Mas a categoria de uso bens intermediários, majoritária no Rio de Janeiro, como mostra a tabela 10, não apresentou relação ou até antecipa outros segmentos.

Por este motivo, as diferenças encontradas entre os ciclos estaduais e o do Rio de Janeiro dependem de explicações mais detalhadas, seja em relação à composição setorial, seja por questões idiossincráticas. Em primeiro lugar, os testes mostram que a indústria extrativa do Rio é "causada" pela indústria extrativa do restante do Brasil. Isso pode se dever às características específicas da indústria extrativa fluminense, concentrada em petróleo, assim como do período pesquisado, fase em que o Brasil não era exportador de petróleo e o Rio de Janeiro vivenciou fases alternadas de forte crescimento e de estabilidade da produção. Com esta dinâmica particular, parte da produção da cadeia petrolífera naquele período pode ser considerada como acíclica, por depender somente da colocação em operação de poços previamente descobertos. Outra parte expressiva reagiria ao crescimento econômico de outros segmentos com defasagem (caso de combustíveis e lubrificantes) ou mediante acelerações e desacelerações dos investimentos decorrentes das oscilações da arrecadação tributária.

No plano nacional, foi detectada ainda uma tendência à antecipação do segmento extrativo de petróleo pelo segmento extrativo de minerais metálicos, um produto exportado em larga escala pelo Brasil sendo, portanto, bastante relacionado aos ciclos externos, que por sua vez teriam forte influência sobre o ciclo nacional.

4. Conclusões

Este estudo identificou as principais características dos ciclos econômicos do estado do Rio de Janeiro por meio de comparações desses com os ciclos do país e dos demais estados da federação.

Inicialmente, analisou-se a composição do PIB Total e Industrial do estado do Rio de Janeiro. Em comparação aos demais estados da federação, o Rio caracteriza-se por uma presença acima da média dos setores serviços e da indústria extrativa (petróleo e gás) e por uma participação relativamente menor da agropecuária e de alguns dos segmentos manufatureiros ciclicamente mais voláteis.

Em termos de desempenho, destaca-se a evolução da indústria extrativa, inteiramente responsável pelo crescimento do PIB industrial fluminense entre 1992 e 2011, com uma variação acumulada de 238% nos 20 anos.

Em seguida, aprofundou-se a investigação inicial através do uso de técnicas de análise dos ciclos econômicos, como o estudo das correlações lineares entre os ciclos de crescimento, a datação dos ciclos pela rotina de Bry-Boschan e os testes de causalidade de Granger. Observou-se que os ciclos econômicos do Rio de Janeiro estão mais correlacionados aos dos estados do Sudeste e do Sul do país, resultado em linha com os obtidos por Portugal e Moraes (2007).

Os ciclos do Rio de Janeiro, no entanto, apresentaram menor sincronismo em relação ao ciclo nacional que o destas grandes unidades da federação. Além disso, a aplicação do teste de causalidade de Granger mostrou que os ciclos do Rio de Janeiro foram antecedidos, entre 2002 e 2011, pelos ciclos dos estados de Minas Gerais, São Paulo, Espírito Santo e Rio Grande do Sul.

A datação dos ciclos industriais identificou cinco recessões no Rio de Janeiro entre 1991 e 2011, com duração média de 10 meses. O número relativamente pequeno de recessões e de suas durações médias pode advir do peso da atividade de produção e refino do petróleo no estado.

O perfil menos volátil do ciclo da indústria do Rio de Janeiro também ajuda a explicar a defasagem do ciclo fluminense em relação ao nacional e dos estados com estrutura produtiva mais próxima à média. Mas o principal fator encontrado para explicar esta menor aderência parece ser o peso da indústria do petróleo e suas idiossincrasias. A produção de petróleo no Brasil ainda não atingiu plena maturidade, apresentando, no período analisado, fortes períodos de expansão (associados a investimentos anteriores e descobertas de novos poços) e períodos de relativa estabilidade.

Nos próximos anos, o peso da cadeia do petróleo deve manter-se muito grande na economia do Rio de Janeiro. Mas a dinâmica cíclica pode se alterar, a partir do momento em que a fase de forte expansão produtiva do setor se estabilizar e o Brasil gradualmente se consolide como exportador líquido do óleo. A partir desse ponto, o país eventualmente ajustaria seus níveis conjunturais de produção de acordo com a dinâmica dos ciclos internacionais, e o setor apresentaria ciclos mais alinhados ao nacional.

Referências

BRASILI, A.; BRASILI, C. *Italian regional cycle*: synchronization and structural aspects. Paper apresentado na Conferência Ciret 2006, em Roma.

BRY, G.; BOSCHAN, C. *Cyclical analysis of time series*: selected procedures and computer programs. Nova York: National Bureau of Economic Research, 1971.

BURNS, A.; MITCHELL, W. *Measuring business cycles*. Nova York: National Bureau of Economic Research, 1946.

CARLINO, G.; DEFINA, R. The differential regional effects of monetary policy. *Review of Economics and Statistics*, MIT Press, v. 80, n. 4, p. 572-587, Nov. 1998.

CHAUVET, M. An econometric characterization of business cycle dynamics with factor structure and regime switching. *International Economic Review*, v. 39, p. 969-996, 1998.

_____. *Leading indicators of inflation for Brazil*. Working Papers Series 7, Banco Central do Brasil, Departamento de Pesquisa, 2000.

_____. A monthly indicator of Brazilian PIB. *Brazilian Review of Econometrics*, v. 21, p. 1-48, 2001.

_____. The Brazilian business cycle and growth cycles. *Revista Brasileira de Economia*, n. 56, p. 75-106, 2002.

CONTADOR, C. R. *Ciclos econômicos e indicadores de atividade*. Rio de Janeiro: Inpes/Ipea, 1977. 237 p.

CORREIA, L. B. *Sincronia dos ciclos econômicos regionais*: um estudo de caso aplicado aos estados brasileiros. Tese (doutorado) — Fundação Getulio Vargas, Rio de Janeiro, 2012.

EWING, B. T.; THOMPSON, M. A. State-level analysis of business cycle asymmetry. *Bulletin of Economic Research*, 2010.

ISSLER, J. V.; NOTINI, H. H.; RODRIGUES, C. F. *Constructing coincident and leading economic activity indexes for the Brazilian economy*. EPGE Working papers, 2008.

PICCHETTI, P. *Cycles across Brazilian states*: a functional data analysis. Paper apresentado na Conferência Ciret 2010, em Nova York.

PORTUGAL, M.; MORAES, I. Um novo índice coincidente para a atividade industrial do estado do Rio Grande do Sul. *Estudos Econômicos*, São Paulo, v. 37, n. 1, p. 35-70, 2007.

STOCK, J.; WATSON, M. A new approach to leading economic indicators. Harvard University, Kennedy School of Government, 1988a. Mimeografado.

_____. *A probability model of the coincident economic indicators.* NBER Working Paper n. 2772, 1988b.

_____. New indexes of coincident and leading economic indicators. *NBER Macroeconomics Annual*, p. 351-395, 1989.

_____. A probability model of the coincidence indicators. In: LAHIRI, K.; MOORE, G. (Ed). *Leading economic indicators*: new approaches. Cambridge: Cambridge University Press, 1991.

_____. A procedure for predicting recessions with leading indicators: econometric issues and recent experience. In: STOCK, J.; WATSON, M. (Ed.). *New research on business cycles, indicators and forecasting*. Chicago: University of Chicago Press, 1993a.

_____. Introduction to business cycles, indicators and forecasting. In: STOCK, J.; WATSON, M. (Ed.). *New research on business cycles, indicators and forecasting*. Chicago: University of Chicago Press, 1993b.

Apêndice

Tabela 11
Datações Bry-Boschan

RJ		BR		NE	
Picos	Vales	Picos	Vales	Picos	Vales
1991.10	1992.4	1991.8	1991.12		1993.11
		1994.12	1995.5	1994.12	1995.5
1997.3	1997.11	1997.10	1998.12	1998.8	2000.1
2000.12	2001.10	2000.12	2001.10	2000.4	2001.10
2002.8	2003.12	2002.10	2003.6	2002.7	2003.11
				2004.9	2005.10
2008.1	2009.2	2008.7	2008.12	2007.12	2009.4
2011.2		2011.3		2010.5	2011.2

Fonte: Elaboração dos autores

Tabela 12
Datações Bry-Boschan

AM		BA		CE		ES		GO		MG	
Picos	Vales	Picos	Vales	Picos	Vales	Picos	Vales	Picos	Vales	Picos	Vales
		1991.8	1993.11	1992.6	1993.11	1992.2	1992.8			1991.9	1992.11
		1994.12	1995.5	1994.12	1996.2	1994.8	1995.11			1994.12	1995.8
		1996.5	1997.3	1997.4	1997.8	1998.7	1998.10			1997.10	1998.11
		1998.8	1998.11	2000.6	2001.10	2000.11	2001.12			2000.12	2001.6
2002.12	2003.5	2002.8	2003.11	2002.12	2003.7	2002.11	2003.6	2005.4	2006.1		
2005.6	2006.12	2005.12	2006.7	2004.9	2005.9						
2008.1	2009.4	2008.2	2009.5	2008.3	2009.6	2008.5	2009.1	2008.2	2009.2	2008.7	2008.12
		2009.12	2011.2	2010.1		2011.3				2011.2	

PA		PR		PE		RS		SC		SP	
Picos	Vales	Picos	Vales	Picos	Vales	Picos	Vales	Picos	Vales	Picos	Vales
			1992.8		1992.2	1994.12	1991.12 / 1995.8	1991.9	1992.7	1991.7	1992.1
		1995.1	1995.8	1992.10	1994.1	1997.7	1998.11	1995.3	1995.6	1995.3	1995.8
		1998.7	1999.12	1995.1	1996.2	2000.7	2001.5	1997.9	1998.3	1997.10	1998.12
	2002.9	2001.1	2002.7	1997.10	1999.12	2002.11	2003.7	2001.7	2003.7	2001.2	2003.7
		2004.9	2006.2	2001.2	2002.1	2004.7	2006.4	2004.9	2005.9		
2008.10	2009.5	2008.5	2009.6	2008.1	2009.2	2008.2	2008.12	2008.4	2009.3	2008.6	2008.12
		2010.3	2010.10	2010.3	2011.1			2010.3		2011.3	

Fonte: Elaboração dos autores.

Tabela 13
Causalidade de Granger entre os ciclos da PIM-PF

Período: 2002M01
2011M12

Lags: 1	Obs.	Estatística F	Prob.	Ciclo
RJ não Granger causa BR	119	0,3089	0,5794	BR antecedente
BR não Granger causa RJ		20,2696	0,0000	

Lags: 1	Obs.	Estatística F	Prob.	Ciclo
RJ não Granger causa SP	119	2,0390	0,1560	SP antecedente
SP não Granger causa RJ		11,5560	0,0009	

Lags: 1	Obs.	Estatística F	Prob.	Ciclo
RJ não Granger causa ES	119	2,1546	0,1448	ES antecedente
ES não Granger causa RJ		13,6144	0,0003	

Lags: 1	Obs.	Estatística F	Prob.	Ciclo
RJ não Granger causa MG	119	2,0972	0,1503	MG antecedente
MG não Granger causa RJ		22,8132	0,0000	

Lags: 1	Obs.	Estatística F	Prob.	Ciclo
RJ não Granger causa RS	119	3,7770	0,0544	RS antecedente
RS não Granger causa RJ		8,6438	0,0040	

Lags: 1	Obs.	Estatística F	Prob.	Ciclo
RJ não Granger causa SC	119	4,1211	0,0446	Coincidentes
SC não Granger causa RJ		12,9595	0,0005	

Lags: 1	Obs.	Estatística F	Prob.	Ciclo
RJ não Granger causa PE	119	4,0651	0,0461	Coincidentes
PE não Granger causa RJ		5,3912	0,0220	

Lags: 1	Obs.	Estatística F	Prob.	Ciclo
RJ não Granger causa BA	119	5,5967	0,0197	Coincidentes
BA não Granger causa RJ		6,9270	0,0096	

Lags: 1	Obs.	Estatística F	Prob.	Ciclo
RJ não Granger causa CE	119	4,6332	0,0334	Coincidentes
CE não Granger causa RJ		4,8998	0,0288	

Lags: 3	Obs.	Estatística F	Prob.	Ciclo
RJ não Granger causa PR	117	3,3279	0,0223	RJ antecedente
PR não Granger causa RJ		1,2783	0,2855	

(continua)

(continuação)

Lags: 1	Obs.	Estatística F	Prob.	Ciclo
RJ não Granger causa AM	119	11,6559	**0,0009**	RJ antecedente
AM não Granger causa RJ		1,4741	0,2272	

Lags: 1	Obs.	Estatística F	Prob.	Ciclo
RJ não Granger causa PA	119	5,8862	**0,0168**	RJ antecedente
PA não Granger causa RJ		0,0047	0,9452	

Lags: 1	Obs.	Estatística F	Prob.	Ciclo
RJ não Granger causa GO	119	3,0654	0,0826	Sem relação
GO não Granger causa RJ		1,6630	0,1998	

Fonte: Pesquisa Industrial Mensal — Produção Física — IBGE. Elaboração dos autores.

Tabela 14
Causalidade de Granger entre os ciclos dos índices
de atividade regionais do BCB

Período: 2002M01 2011M12 (2003M01 2011M12 para BR e PE)				
Lags: 1	Obs.	Estatística F	Prob.	Ciclo
IBCR-RJ não Granger causa IBC-BR	107	0,7161	0,3994	BR antecedente
IBC-BR não Granger causa IBCR-RJ		25,6592	**0,0000**	

Lags: 1	Obs.	Estatística F	Prob.	Ciclo
IBCR-RJ não Granger causa IBCR-SP	119	1,9924	0,1608	SP antecedente
IBCR-SP não Granger causa IBCR-RJ		31,5939	**0,0000**	

Lags: 1	Obs.	Estatística F	Prob.	Ciclo
IBCR-RJ não Granger causa IBCR-ES	119	0,0631	0,8021	ES antecedente
IBCR-ES não Granger causa IBCR-RJ		26,7076	**0,0000**	

Lags: 1	Obs.	Estatística F	Prob.	Ciclo
IBCR-RJ não Granger causa IBCR-MG	119	0,1383	0,7106	MG antecedente
IBCR-MG não Granger causa IBCR-RJ		31,8328	**0,0000**	

Lags: 1	Obs.	Estatística F	Prob.	Ciclo
IBCR-RJ não Granger causa IBCR-RS	119	1,7331	0,1906	RS antecedente
IBCR-RS não Granger causa IBCR-RJ		8,2629	**0,0048**	

(continua)

(continuação)

Lags: 1	Obs.	Estatística F	Prob.	Ciclo
IBCR-RJ não Granger causa IBCR-SC	119	0,8368	0,3622	SC antecedente
IBCR-SC não Granger causa IBCR-RJ		11,6566	0,0009	

Lags: 1	Obs.	Estatística F	Prob.	Ciclo
IBCR-RJ não Granger causa IBCR-PE	117	7,6677	0,0066	Coincidentes
IBCR-PE não Granger causa IBCR-RJ		7,4333	0,0074	

Lags: 1	Obs.	Estatística F	Prob.	Ciclo
IBCR-RJ não Granger causa IBCR-BA	119	2,0234	0,1576	BA antecedente
IBCR-BA não Granger causa IBCR-RJ		15,0049	0,0002	

Lags: 3	Obs.	Estatística F	Prob.	Ciclo
IBCR-RJ não Granger causa IBCR-CE	117	3,2847	0,0235	RJ antecedente
IBCR-CE não Granger causa IBCR-RJ		0,8078	0,4922	

Lags: 1	Obs.	Estatística F	Prob.	Ciclo
IBCR-RJ não Granger causa IBCR-PR	119	0,7421	0,3908	Sem relação
IBCR-PR não Granger causa IBCR-RJ		0,4463	0,5054	

Lags: 1	Obs.	Estatística F	Prob.	Ciclo
IBCR-RJ não Granger causa IBCR-AM	119	6,2595	0,0137	Coincidentes
IBCR-AM não Granger causa IBCR-RJ		4,6456	0,0332	

Lags: 1	Obs.	Estatística F	Prob.	Ciclo
IBCR-RJ não Granger causa IBCR-PA	119	8,8778	0,0035	RJ antecedente
IBCR-PA não Granger causa IBCR-RJ		1,1331	0,2893	

Lags: 1	Obs.	Estatística F	Prob.	Ciclo
IBCR-RJ não Granger causa IBCR-GO	119	3,0948	0,0812	GO antecedente
IBCR-GO não Granger causa IBCR-RJ		9,7766	0,0022	

Fonte: Banco Central do Brasil. Elaboração dos autores.

Figura 2
Produção industrial — Indústria Geral — BR

Fonte: Pesquisa Industrial Mensal — Produção Física — IBGE.

Figura 3
Produção industrial — Indústria Geral — RJ

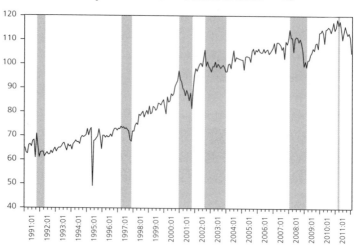

Fonte: Pesquisa Industrial Mensal — Produção Física — IBGE.

Capítulo **3**

O petróleo na economia fluminense: produtividade e encadeamento

Mauricio Canêdo Pinheiro *

1. Introdução

É senso comum que nos últimos anos o setor de petróleo e gás tem se tornado cada vez mais importante para a economia fluminense. No entanto, a literatura recente tem enfatizado praticamente apenas uma dimensão dessa importância, o impacto dos *royalties* e participações especiais no estado (em particular para os municípios do Rio de Janeiro que concentram o recebimento desses recursos) e, eventualmente, seus efeitos em termos de indicadores socioeconômicos [ver, por exemplo, Caselli e Michaels (2009), Postali (2009)] e no esforço de arrecadação [ver, por exemplo, Queiroz e Postali (2010)]. O impasse levantado pela possibilidade de mudança da divisão desses recursos aparentemente aprofundou a concentração do debate em torno desse tema.

Trata-se de uma dimensão importante da discussão econômica em torno do setor de petróleo e gás, mas não a única. Este capítulo busca justamente avançar em duas outras dimensões dessa discussão. Em primeiro lugar, a extração de petróleo e gás, por ser pouco intensiva em mão de obra, tende a apresentar produtividade do trabalho superior aos demais setores. Desse modo, ainda que dentro dos setores não se observe incrementos de produtividade, o

---

* Pesquisador do Ibre/FGV e professor da Ebef/FGV. O autor agradece a Henrique Brasiliense de Castro Pires pela ajuda na tabulação dos dados e a Fernando Veloso, Armando Castelar e diversos participantes dos seminários quinzenais do Ibre/FGV pelos comentários. Obviamente, os erros remanescentes são de inteira responsabilidade do autor.

simples aumento da participação da extração de petróleo e gás tende a gerar ganhos de produtividade na economia fluminense.

Em segundo lugar, a extração de petróleo e gás tende a gerar aglomeração de outras atividades em seu entorno, em particular serviços, o que também pode induzir mudanças importantes na estrutura da economia do estado do Rio de Janeiro, inclusive com reflexos na produtividade do trabalho.

Além dessa introdução, o capítulo conta com quatro seções. A seção 2 descreve os dados utilizados e alguns fatos estilizados. A seção aborda a questão da produtividade do trabalho na economia fluminense, bem como a importância do setor de petróleo e gás para explicar sua evolução. Por sua vez, a seção trata dos encadeamentos do setor de petróleo e gás na economia do estado do Rio de Janeiro. Por fim, a seção 5 apresenta breves considerações finais.

2. Dados e alguns fatos estilizados preliminares

As informações utilizadas neste capítulo têm basicamente origem em duas fontes. O valor adicionado em cada setor (no Rio de Janeiro e no resto do Brasil) é extraído das Contas Regionais publicadas pelo IBGE (2011) e expresso a preços constantes de 2009. Note-se que em cada setor foi usado um índice de preços específico para deflacionar a série de valor adicionado, que compreende o período 1995-2009. Além disso, o valor adicionado está expresso em preços básicos, ou seja, descontados impostos indiretos e margens de comercialização e transporte. Um caso especial foi o setor de petróleo e gás. Nas Contas Regionais ele não aparece discriminado das atividades extrativas minerais. Para calcular o valor adicionado desse setor, foram usadas as estatísticas de produção de petróleo e gás da Agência Nacional do Petróleo, Gás Natural e Biocombustíveis (ANP). De modo resumido, calculou-se o valor adicionado do setor na economia fluminense em termos reais como proporção da produção do estado no Brasil. O restante da indústria extrativa (Extrativa — Outras) foi calculado como resíduo.

Para o pessoal ocupado em cada setor na economia fluminense foram usadas como ponto de partida as informações da Pesquisa Nacional por Amostra de Domicílios (Pnad) do IBGE.[1] No entanto, as estatísticas da Pnad subestimam sistematicamente o pessoal ocupado no Brasil como um todo, tal como calculado nas Contas Nacionais. Assim, optou-se também por ajustar os dados da Pnad de modo a garantir que a soma do pessoal ocupado na economia fluminense e no resto do Brasil coincida com o pessoal ocupado no Brasil das Contas Nacionais. O ajuste foi feito da seguinte forma: calculou-se a razão entre o pessoal ocupado no Rio de Janeiro e no Brasil para os dados da Pnad e aplicou-se essa razão ao pessoal ocupado no mesmo setor no Brasil das Contas Nacionais. Ou seja, preservou-se a participação do Rio de Janeiro no total da mão de obra do Brasil em cada setor (tal como extraído dos dados da Pnad), mas os valores foram ajustados para garantir que no Brasil o pessoal ocupado de cada setor fosse igual ao das Contas Nacionais.

Nota-se que os resultados para a economia fluminense com e sem ajuste dos dados da Pnad são bastante semelhantes para a maioria dos setores (figura 1). Uma exceção é o setor de serviços industriais de utilidade pública (Siup), cuja evolução é similar, mas com diferença no nível da produtividade. Outra exceção marcante é o setor outros serviços, em que a principal diferença se refere ao ano de 2002. Enquanto sem o ajuste a produtividade nesse setor aumenta entre 2001 e 2002, com ajuste o contrário ocorre. Como a produtividade calculada sem ajuste se comporta de modo mais parecido com o restante do Brasil, optou-se por utilizar a mão de obra sem o ajuste.[2]

Combinando o valor adicionado e o pessoal ocupado é possível calcular a produtividade do trabalho em cada setor. A figura 2 apresenta os resultados encontrados para a economia fluminense e para os demais estados tomados como um todo. Em primeiro lugar, percebe-se que, a despeito da diferença de nível, a produtividade do trabalho de ambas as economias evoluiu de modo semelhante (ver último painel da figura 2).

Além disso, nota-se que a produtividade no Rio de Janeiro é superior quando comparada ao resto do Brasil. O período 1995-98 é caracterizado por incremento da produtividade, embora no Rio de Janeiro esse aumento tenha sido maior (crescimento médio de 1,63% a.a. contra 1,36% no resto do Bra-

---

[1] Por conta do *Censo Demográfico*, a Pnad não foi realizada em 2000. Desse modo, não foi possível calcular o pessoal ocupado para esse ano no estado do Rio de Janeiro.
[2] Saliente-se que, a despeito das diferenças na evolução da produtividade, os principais resultados deste capítulo são robustos à presença ou ausência de ajuste (ou mesmo a ajustes alternativos).

sil). Por sua vez, o período seguinte (1998-2003) caracteriza-se por queda na produtividade, sendo essa mais acentuada na economia fluminense (redução de 1,06% a.a. em média, contra 0,70% no resto do Brasil). Por fim, o período mais recente (2003-09) é de retomada da produtividade, embora essa tenha sido mais fraca no Rio de Janeiro (0,68% a.a. contra 1,24% no resto do Brasil). Tomando-se o período 1995-2009 como um todo, observa-se um crescimento modesto da produtividade, sendo esse inferior no Rio de Janeiro (média de 0,26% a.a. contra 0,57% no resto do Brasil).

A evolução da produtividade também foi semelhante no Rio de Janeiro e no resto do Brasil em boa parte dos setores. Ademais, com exceção dos Siup e do setor financeiro, a produtividade na economia fluminense se mostrou superior à dos demais estados tomados como um todo. Chama atenção a evolução da indústria de transformação, na qual a produtividade no Rio de Janeiro caiu mais rápido do que no resto do Brasil, a ponto de eliminar quase completamente a diferença entre as duas economias.

Outra diferença entre as economias se refere à participação de cada setor no total da mão de obra (figura 3). Em primeiro lugar, chama atenção a participação crescente do setor de petróleo e gás no Rio de Janeiro, cuja importância é maior do que quando comparada ao resto do Brasil. Outra diferença diz respeito à maior participação de setores ligados aos serviços na economia fluminense, em particular do setor outros serviços, que, além disso, apresentou aumento expressivo em sua importância. A contrapartida desse fato é a menor participação relativa da agricultura e da indústria de transformação no Rio de Janeiro.

3. Petróleo e produtividade na economia fluminense

Com relação à produtividade da economia fluminense, é possível separar o período 1995-2009 em três fases. O período 1995-98, caracterizado por aumento na produtividade do trabalho, o período 1998-2003, no qual a produtividade do trabalho sofreu redução, e o período 2003-09, em que a produtividade novamente aumentou, embora a taxas inferiores às do primeiro período (seção 2). Nesse sentido, o objetivo dessa seção é investigar em que medida a evolução da produtividade fluminense foi influenciada pela atividade extrativa de petróleo.

O petróleo na economia fluminense: produtividade e encadeamento

Figura 1
Produtividade setorial da economia fluminense (R$ de 2009 anuais por trabalhador) — com ajuste e sem ajuste

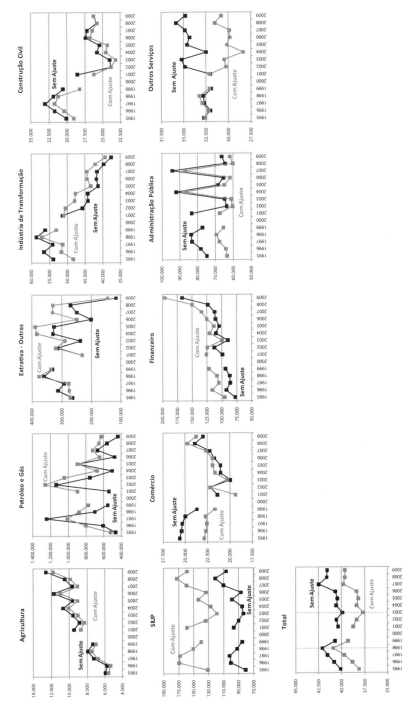

Fonte: Elaboração própria a partir de IBGE (2011) e dados da Pnad.

Rio de Janeiro: um estado em transição

Figura 2
Produtividade setorial da economia fluminense e do resto do Brasil (R$ de 2009 anuais por trabalhador)

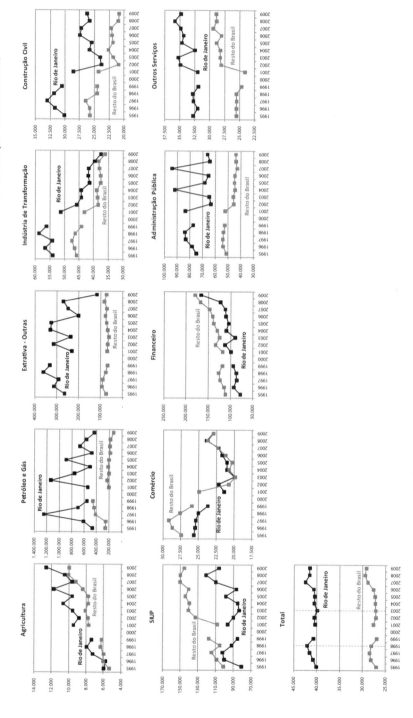

Fonte: Elaboração própria a partir de IBGE (2011) e dados da Pnad.

O petróleo na economia fluminense: produtividade e encadeamento

Figura 3
Participação setorial na mão de obra na economia fluminense e no resto do Brasil

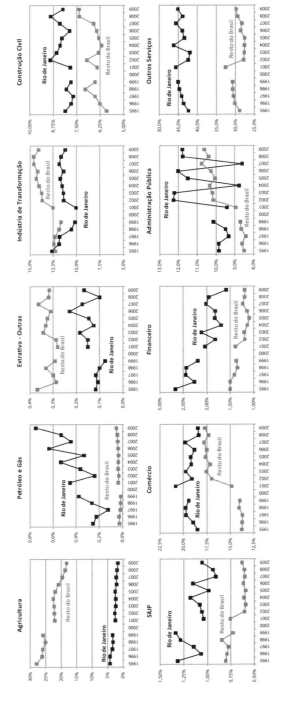

Fonte: Elaboração própria a partir de dados da Pnad.

Para tanto, mostra-se útil decompor o crescimento da produtividade agregada em dois efeitos (Bernard e Jones, 1996a, b):

$$g(p) \equiv \frac{\Delta p}{p_0} = \underbrace{\sum_{j=1}^{j} \frac{\Delta p_j}{p_0} \overline{s}_j}_{\substack{\text{Efeito Crescimento} \\ \text{da Produtividade} \\ (ECR)}} + \underbrace{\sum_{j=1}^{j} \frac{\overline{p}_j}{p_0} \Delta s_j}_{\substack{\text{Efeito Composição} \\ (ECP)}} , \quad (1)$$

em que os subscritos j e 0 indicam, respectivamente, setor e ano t_0, p indica produtividade do trabalho (valor adicionado por trabalhador), $\overline{p}$ a média de p entre t e t_0, $g(p)$ indica variação percentual de p entre t e t_0, Δ indica variação entre t e t_0, s são as participações setoriais no total da mão de obra e $\overline{s}$ a média de s entre t e t_0.

Em (1), a parcela de cada setor no efeito composição será sempre positiva quando um setor aumentar sua participação no total da mão de obra. No entanto, idealmente um setor deveria ter contribuição negativa para o efeito composição se aumenta sua participação na força de trabalho e tem produtividade abaixo da média de economia. Assim, optou-se por uma decomposição ligeiramente diferente. Somando-se e subtraindo-se $\frac{\overline{p}}{p_0} \Delta s_j$ em cada parcela do efeito composição em (1) tem-se:

$$g(p) \equiv \frac{\Delta p}{p_0} = \sum_{j=1}^{j} \frac{\Delta p_j}{p_0} \overline{s}_j + \sum_{j=1}^{j} \frac{\overline{p}_j - \overline{p}}{p_0} \Delta s_j + \sum_{j=1}^{j} \frac{\overline{p}}{p_0} \Delta s_j, \quad (2)$$

Como em (2) o último somatório é nulo chega-se a:

$$g(p) \equiv \frac{\Delta p}{p_0} = \underbrace{\sum_{j=1}^{j} \overbrace{\frac{\Delta p_j}{p_0} \overline{s}_j}^{ECR_j}}_{\substack{\text{Efeito Crescimento} \\ \text{da Produtividade} \\ (ECR)}} + \underbrace{\sum_{j=1}^{j} \overbrace{\frac{\overline{p}_j - \overline{p}}{p_0} \Delta s_j}^{ECP_j}}_{\substack{\text{Efeito Composição} \\ (ECP)}}. \quad (3)$$

O efeito crescimento (*ECR*) se refere às variações na produtividade, mantida constante a estrutura produtiva da economia. O efeito composição (*ECP*) mede alterações na estrutura produtiva, mantendo-se inalterada a produtividade relativa de todos os setores. De fato, a produtividade de uma economia pode crescer se a produtividade de cada um dos setores aumenta e/ou se ela se mantém constante, mas a economia migra para os setores relativamente mais produtivos. Os setores que experimentam aumento de produtividade têm *ECR* positivo, cuja magnitude é maior quão mais elevada sua importância no total da mão de obra. Por sua vez, os setores, cuja participação da mão de obra se eleva, que possuem produtividade acima da média, têm *ECP* positivo, com magnitude maior quão mais elevada for a sua produtividade relativamente aos demais setores.[3]

Em particular, a atividade extrativa mineral, pouco intensiva em mão de obra, possui produtividade muito mais alta que os demais setores da economia fluminense. Assim, quando a estrutura da economia se desloca em sua direção (o que tem ocorrido no Rio de Janeiro), a tendência é que o efeito composição ganhe importância.

A tabela 1 apresenta os resultados da decomposição exposta em (3). Para o período 1995-98 nota-se que o *ECR* foi preponderante para explicar o incremento de produtividade. Na verdade, ele mais do que compensou a contribuição negativa do efeito composição. Nesse sentido, a extração de petróleo e gás explicou 33% do crescimento da produtividade no período, em particular por conta do *ECR*. A indústria de transformação, embora tenha experimentado crescimento na produtividade do trabalho, contribuiu negativamente para o incremento da produtividade da economia fluminense, por conta da redução de sua importância no total da mão de obra do Rio de Janeiro. Para o resto do Brasil (tabela 2), percebe-se uma menor importância do *ECR* e uma contribuição positiva do efeito composição, esse último principalmente pela redução da importância da agricultura. Ademais, nos outros estados a importância da extração de petróleo e gás para explicar a evolução da produtividade é significativamente menor, refletindo o menor peso relativo do setor em comparação ao Rio de Janeiro.

O período 1998-2003 é caracterizado por queda generalizada da produtividade do trabalho, tanto na economia fluminense como nos demais estados.

---

[3] Note-se que o efeito composição é o mesmo nas decomposições apresentadas em (1) e (3). A diferença é apenas na contribuição de cada setor.

No caso do Rio de Janeiro, exceções feitas para agropecuária, petróleo e gás, financeiro e outros serviços. No Brasil, exceções feitas para agropecuária, Siup e outros serviços. Convém ressaltar que a queda foi relativamente mais pronunciada no Rio de Janeiro (5,2% em cinco anos, contra 3,5% no resto do Brasil), mas que em ambos os casos ela foi amenizada pelo efeito composição, principalmente pelo aumento da importância da administração pública e, no caso particular da economia fluminense, do deslocamento de mão de obra para a extração de petróleo e gás (tabela 1). No resto do Brasil, a redução da importância da agricultura também foi relevante para explicar o efeito composição (tabela 2).

Por fim, a produtividade do trabalho recuperou-se ligeiramente no período 2003-09, sendo o crescimento relativamente mais acentuado no resto do Brasil (7,7% em seis anos, contra 4,1% no Rio de Janeiro). Entretanto, enquanto nos outros estados a maior parte da recuperação (59% — tabela 2) pode ser creditada ao *ECR*, no Rio de Janeiro o incremento de produtividade é em grande medida resultado do efeito composição (115% — tabela 1). Na verdade, para a economia fluminense o *ECR* se mostrou negativo. Por um lado, a contribuição negativa do *ECR* no Rio de Janeiro é resultado da redução da produtividade nas indústrias extrativas — petróleo e gás, principalmente —, na indústria de transformação e em outros serviços, mais do que compensando o crescimento da produtividade nos demais setores. Por outro lado, a preponderância do *ECP* na economia fluminense é em grande medida relacionada com o aumento da participação da mão de obra nos setores de petróleo e gás (de 0,4% para 0,7%).

Ou seja, no período mais recente o impacto da extração de petróleo e gás na produtividade fluminense tem apresentado certa dualidade. Por um lado, a queda de produtividade do setor contribuiu significativamente para o pior desempenho da produtividade do Rio de Janeiro relativamente aos demais estados, ao contrário do que ocorreu nos anos anteriores. Por outro lado, o aumento de sua importância no total da mão de obra mais do que contrabalançou esse efeito negativo.[4]

---

[4] Para avaliar a robustez dos resultados no período mais recente (2009 foi um ano de crise), optou-se

Tabela 1
Decomposição do crescimento da produtividade — Rio de Janeiro

	1995-98			1998-2003			2003-09		
	ECR	ECP	Total	ECR	ECP	Total	ECR	ECP	Total
Agropecuária	0,002 [4%]	0,008 [16%]	0,010 [20%]	0,001 [-2%]	0,007 [-13%]	0,008 [-15%]	0,002 [4%]	0,006 [14%]	0,007 [17%]
Petróleo e gás	0,015 [30%]	0,001 [3%]	0,016 [33%]	0,004 [-8%]	0,016 [-31%]	0,020 [-39%]	-0,044 [-107%]	0,054 [130%]	0,010 [23%]
Extrativa — outros	0,003 [5%]	-0,001 [-2%]	0,001 [3%]	-0,004 [8%]	0,005 [-10%]	0,001 [-2%]	-0,005 [-13%]	-0,001 [-1%]	-0,006 [-14%]
Indústria de transformação	0,013 [27%]	-0,008 [-16%]	0,006 [11%]	-0,038 [73%]	0,002 [-4%]	-0,036 [69%]	-0,019 [-45%]	0,000 [0%]	-0,019 [-45%]
Construção civil	0,004 [7%]	0,000 [0%]	0,004 [8%]	-0,016 [30%]	-0,002 [3%]	-0,017 [33%]	0,005 [11%]	0,001 [3%]	0,006 [14%]
Siup	0,004 [7%]	0,000 [-1%]	0,003 [7%]	-0,002 [5%]	-0,002 [4%]	-0,005 [9%]	0,006 [15%]	0,000 [-1%]	0,006 [14%]
Comércio	-0,003 [-6%]	-0,005 [-10%]	-0,008 [-16%]	-0,024 [46%]	0,000 [0%]	-0,024 [45%]	0,015 [35%]	0,006 [15%]	0,021 [50%]
Financeiro	0,006 [12%]	-0,002 [-5%]	0,003 [7%]	0,002 [-3%]	-0,004 [7%]	-0,002 [4%]	0,036 [86%]	-0,012 [-28%]	0,024 [58%]
Administração pública	0,022 [43%]	-0,003 [-7%]	0,018 [37%]	-0,049 [94%]	0,021 [-41%]	-0,027 [53%]	0,004 [11%]	-0,003 [-6%]	0,002 [5%]
Outros serviços	0,001 [2%]	-0,005 [-10%]	-0,004 [-9%]	0,025 [-48%]	0,005 [-9%]	0,030 [-57%]	-0,005 [-11%]	-0,005 [-11%]	-0,009 [-22%]
Total	0,065 [132%]	-0,016 [-32%]	0,050 [100%]	-0,101 [193%]	0,049 [-93%]	-0,052 [100%]	-0,006 [-15%]	0,047 [115%]	0,041 [100%]

Fonte: Elaboração própria a partir de IBGE (2011) e dados da Pnad.

---

por decompor o crescimento da produtividade também para o período 2003-08. Em termos qualitativos, os resultados não mudaram muito. A taxa de crescimento é praticamente a mesma (4,2%). Entretanto, o *ECP* perde importância, principalmente por conta do setor petróleo e gás, cuja variação da participação na mão de obra foi menor entre 2003 e 2008 (de 0,4% para 0,5%) do que entre 2003 e 2009 (de 0,4% para 0,7%).

Tabela 2
Decomposição do crescimento da produtividade — resto do Brasil

	1995-98			1998-2003			2003-09		
	ECR	ECP	Total	ECR	ECP	Total	ECR	ECP	Total
Agropecuária	0,010 [23%]	0,023 [55%]	0,032 [78%]	0,015 [-44%]	0,020 [-58%]	0,035 [-101%]	0,014 [18%]	0,029 [38%]	0,043 [56%]
Petróleo e gás	0,001 [3%]	-0,001 [-2%]	0,000 [1%]	-0,002 [6%]	0,002 [-6%]	0,000 [0%]	-0,001 [-1%]	0,001 [1%]	0,000 [0%]
Extrativa — outros	0,000 [1%]	-0,001 [-2%]	0,000 [-1%]	-0,002 [5%]	0,000 [0%]	-0,001 [4%]	0,001 [2%]	0,000 [0%]	0,001 [1%]
Indústria de transformação	0,002 [4%]	-0,003 [-7%]	-0,001 [-2%]	-0,035 [101%]	0,010 [-28%]	-0,025 [72%]	-0,012 [-16%]	0,001 [1%]	-0,011 [-14%]
Construção civil	-0,003 [-7%]	-0,001 [-2%]	-0,004 [-9%]	-0,006 [19%]	0,001 [-3%]	-0,005 [15%]	-0,003 [-3%]	-0,003 [-3%]	-0,005 [-7%]
Siup	0,001 [3%]	0,001 [3%]	0,002 [6%]	0,009 [-26%]	-0,009 [25%]	0,000 [-1%]	0,001 [1%]	0,002 [2%]	0,003 [3%]
Comércio	0,001 [2%]	0,000 [0%]	0,001 [2%]	-0,044 [126%]	-0,005 [14%]	-0,048 [139%]	0,020 [26%]	0,000 [-1%]	0,020 [26%]
Financeiro	0,008 [20%]	-0,005 [-13%]	0,003 [7%]	-0,001 [2%]	-0,005 [14%]	-0,006 [17%]	0,024 [32%]	0,000 [-1%]	0,024 [31%]
Administração pública	0,007 [18%]	0,001 [4%]	0,009 [21%]	-0,025 [72%]	0,012 [-35%]	-0,013 [38%]	-0,007 [-9%]	0,003 [3%]	-0,005 [-6%]
Outros serviços	0,000 [0%]	-0,001 [-3%]	-0,001 [-3%]	0,028 [-81%]	0,001 [-2%]	0,029 [-84%]	0,007 [9%]	0,000 [0%]	0,008 [10%]
Total	0,028 [68%]	0,013 [32%]	0,042 [100%]	-0,062 [179%]	0,027 [-79%]	-0,035 [100%]	0,045 [59%]	0,031 [41%]	0,077 [100%]

Fonte: Elaboração própria a partir de IBGE (2011) e dados da Pnad.

Ademais, embora a extração de petróleo e gás tenha ganhado importância na economia fluminense e tenha contribuído para o crescimento da produtividade (no período mais recente, principalmente pelo efeito composição), o estado do Rio de Janeiro ainda é eminentemente ligado aos serviços. Desse modo, o ciclo de crescimento da produtividade recentemente observado na economia fluminense, embora tenha relação com a extração de petróleo e gás, também está ligado ao comportamento dos serviços, em especial comércio e financeiro, responsáveis respectivamente por 50% e 58% do crescimento da produtividade fluminense entre 2003 e 2009. Essa importância relativa é bem menor no resto do Brasil (26% e 31%, respectivamente).

Por fim, no sentido contrário, também chama atenção o comportamento do setor outros serviços, que contribuiu negativamente para o crescimento da produtividade no Rio de Janeiro mais recentemente (no resto do Brasil a contribuição é positiva). Trata-se de setor pouco produtivo e parte dessa contribuição negativa se deve ao aumento significativo de sua participação no total da mão de obra fluminense (de 42% para 45,1%).

É possível usar uma decomposição similar à apresentada em (1) para entender a relação entre evolução da produtividade e do PIB:

$$g(V) \equiv \frac{\Delta V}{V_0} = \underbrace{\sum_{j=1}^{j}\frac{\Delta p_j}{V_0}\overline{L}_j}_{\text{Efeito Produtividade} \atop (EP)} + \underbrace{\sum_{j=1}^{j}\frac{\Delta \overline{p}_j}{V_0}\Delta L_j}_{\text{Efeito Emprego} \atop (EE)}. \qquad (4)$$

em que os subscritos j e 0 indicam, respectivamente, setor e ano t_0, V indica valor adicionado, g(V) indica variação percentual de V entre t e t_0, Δ indica variação entre t e t_0, L é o total da mão de obra, $\overline{L}$ a média de L entre t e t_0, e as demais variáveis são definidas como em (1).

De (4) nota-se que o PIB de uma economia pode crescer se a produtividade do trabalho (p) dentro dos setores é incrementada (EP) ou se aumenta o número de trabalhadores empregados (EE). A tabela 3 e a tabela 4 apresentam os resultados dessa decomposição para o Rio de Janeiro e o resto do Brasil.

No período 1995-98 nota-se que o PIB da economia fluminense cresceu menos do que o do resto do Brasil (2,4% contra 5,2%). Em termos do efeito do crescimento da produtividade dentro dos setores (EP) as economias praticamente se equivaleram. A diferença de desempenho é quase que inteiramente explicada pelo EE. Este efeito foi negativo para a economia fluminense (por conta da redução do emprego, principalmente nos setores indústria de transformação, financeiro e administração pública) — ver tabela 3 — e positivo para o resto do Brasil (tabela 4). Também chama atenção a maior importância relativa dos setores petróleo e gás, outros serviços e administração pública no crescimento do PIB da economia fluminense em comparação com os demais estados tomados como um todo.

Entre 1998 e 2003 novamente o PIB do Rio de Janeiro cresceu menos do que o do resto do Brasil (7,3% contra 10,7%). No entanto, dessa vez a diferença é parte explicada pelo *EP* (mais negativo no Rio de Janeiro) e parte pelo *EE* (maior no resto do Brasil). Mais uma vez merece destaque a maior importância do setor petróleo e gás no Rio de Janeiro, principalmente por conta do aumento do emprego (tabela 3).

Finalmente, no período 2003-09 mais uma vez o PIB fluminense teve taxa de crescimento inferior à do resto do Brasil (19,5% contra 24,6%). A maior parte dessa diferença se refere ao *EP*, praticamente o dobro no resto do Brasil quando comparado ao Rio de Janeiro, principalmente por conta da queda de produtividade no setor petróleo e gás (tabela 3) na economia fluminense. Ou seja, embora na economia fluminense o crescimento da produtividade tenha sido significativo em setores como Siup, financeiro e comércio, ela foi mais do que compensada pela queda de produtividade na extração de petróleo e gás, setor relativamente mais importante no Rio de Janeiro do que nos demais estados (tabela 3).

Tabela 3
Decomposição do crescimento do PIB — Rio de Janeiro

	1995-98			1998-2003			2003-09		
	EP	EE	Total	EP	EE	Total	EP	EE	Total
Agropecuária	0,002 [8%]	-0,002 [-7%]	0,000 [0%]	0,001 [2%]	-0,001 [-2%]	0,000 [0%]	0,002 [1%]	-0,001 [-1%]	0,000 [0%]
Petróleo e gás	0,015 [63%]	0,000 [2%]	0,015 [65%]	0,004 [6%]	0,025 [35%]	0,030 [41%]	-0,049 [-25%]	0,074 [38%]	0,026 [13%]
Extrativa — outros	0,003 [11%]	-0,002 [-7%]	0,001 [4%]	-0,004 [-6%]	0,008 [11%]	0,003 [4%]	-0,006 [-3%]	0,000 [0%]	-0,005 [-3%]
Indústria de transformação	0,013 [56%]	-0,033 [-139%]	-0,020 [-83%]	-0,040 [-55%]	0,029 [39%]	-0,012 [-16%]	-0,020 [-10%]	0,015 [8%]	-0,005 [-3%]

(continua)

(continuação)

Construção civil	0,004 [15%]	-0,002 [-8%]	0,002 [7%]	-0,017 [-23%]	0,011 [15%]	-0,006 [-8%]	0,005 [3%]	0,006 [3%]	0,011 [5%]
Siup	0,004 [15%]	-0,001 [-5%]	0,002 [10%]	-0,003 [-3%]	-0,001 [-2%]	-0,004 [-5%]	0,007 [3%]	0,003 [2%]	0,010 [5%]
Comércio	-0,003 [-12%]	0,005 [21%]	0,002 [8%]	-0,025 [-35%]	0,014 [19%]	-0,012 [-16%]	0,016 [8%]	0,008 [4%]	0,023 [12%]
Financeiro	0,006 [24%]	-0,006 [-25%]	0,000 [-1%]	0,002 [2%]	-0,001 [-1%]	0,001 [1%]	0,038 [19%]	-0,009 [-5%]	0,028 [15%]
Administração pública	0,021 [90%]	-0,012 [-49%]	0,010 [41%]	-0,052 [-72%]	0,076 [104%]	0,024 [32%]	0,005 [2%]	0,022 [11%]	0,027 [14%]
Outros serviços	0,001 [3%]	0,011 [45%]	0,012 [49%]	0,027 [36%]	0,022 [30%]	0,048 [66%]	-0,005 [-3%]	0,086 [44%]	0,081 [42%]
Total	0,049 [207%]	-0,025 [-107%]	0,024 [100%]	-0,055 [-76%]	0,128 [176%]	0,073 [100%]	0,044 [23%]	0,151 [77%]	0,195 [100%]

Fonte: Elaboração própria a partir de IBGE (2011) e dados da Pnad.

Tabela 4
Decomposição do crescimento do PIB — resto do Brasil

	1995-98			1998-2003			2003-09		
	EP	EE	Total	EP	EE	Total	EP	EE	Total
Agropecuária	0,010 [18%]	-0,006 [-11%]	0,004 [8%]	0,016 [15%]	0,001 [1%]	0,018 [17%]	0,015 [6%]	-0,004 [-2%]	0,011 [4%]
Petróleo e gás	0,001 [3%]	-0,001 [-2%]	0,000 [1%]	-0,002 [-2%]	0,003 [3%]	0,000 [0%]	-0,001 [-1%]	0,002 [1%]	0,000 [0%]
Extrativa — outros	0,000 [1%]	-0,001 [-2%]	-0,001 [-1%]	-0,002 [-2%]	0,002 [1%]	0,000 [0%]	0,001 [1%]	0,001 [0%]	0,002 [1%]
Indústria de transformação	0,002 [4%]	-0,005 [-9%]	-0,003 [-6%]	-0,038 [-35%]	0,058 [55%]	0,021 [19%]	-0,013 [-5%]	0,035 [14%]	0,022 [9%]
Construção civil	-0,003 [-6%]	0,011 [21%]	0,008 [16%]	-0,007 [-6%]	0,002 [2%]	-0,005 [-5%]	-0,003 [-1%]	0,017 [7%]	0,015 [6%]
Siup	0,001 [2%]	0,002 [4%]	0,003 [6%]	0,010 [9%]	-0,007 [-7%]	0,002 [2%]	0,001 [0%]	0,007 [3%]	0,008 [3%]
Comércio	0,001 [2%]	0,005 [9%]	0,006 [11%]	-0,047 [-44%]	0,051 [48%]	0,004 [4%]	0,022 [9%]	0,023 [10%]	0,045 [18%]

(continua)

(continuação)

Financeiro	0,008 [16%]	-0,006 [-12%]	0,002 [4%]	-0,001 [-1%]	0,002 [1%]	0,001 [1%]	0,026 [11%]	0,010 [4%]	0,036 [15%]
Administração pública	0,007 [14%]	0,005 [9%]	0,012 [23%]	-0,027 [-25%]	0,054 [50%]	0,026 [25%]	-0,008 [-3%]	0,035 [14%]	0,027 [11%]
Outros serviços	0,000 [0%]	0,02 [38%]	0,020 [38%]	0,030 [28%]	0,010 [9%]	0,040 [37%]	0,008 [3%]	0,072 [29%]	0,080 [32%]
Total	0,042 [80%]	0,011 [20%]	0,052 [100%]	-0,037 [-35%]	0,144 [135%]	0,107 [100%]	0,083 [34%]	0,163 [66%]	0,246 [100%]

Fonte: Elaboração própria a partir de IBGE (2011) e dados da Pnad.

4. O petróleo e seu encadeamento na economia fluminense

A produção em um determinado setor da economia tem dois possíveis destinos: ser usada como insumo intermediário em outros setores ou demandada para consumo das famílias, investimento, gastos do governo ou exportação (no caso de economias estaduais, para outros países ou outros estados). Assim, é possível escrever a produção no *j*-ésimo setor como:

$$X_j = \sum_{k=1}^{K} X_{jk} + \underbrace{C_j + I_j + G_j + E_j}_{Y_j}, \qquad (5)$$

em que X_j indica produção no setor *j*, com *j* = 1, ..., *j*, X_{jk} é a produção do setor *j* demandado como consumo intermediário do setor *k*, C_j consumo privado, I_j demanda de investimentos, G_j consumo do governo e E_j exportação de produtos do setor *j*. Por sua vez, $Y_j = C_j + I_j + G_j + E_j$ é a demanda final pelos produtos do setor *j*.

Fazendo-se a hipótese de que o consumo intermediário é proporção fixa da produção total de cada setor, é possível reescrever (5) como:

$$X_j = \sum_{k=1}^{K} a_{jk} X_k + Y_j \qquad (6)$$

em que $a_{jk} = \frac{X_{jk}}{X_k}$ é o coeficiente técnico que determina o montante de produção do setor j que é necessário para gerar uma unidade de produto no setor k.

A expressão (6) também pode ser escrita na forma matricial:

$$X = AX + Y,$$
$$X = \underbrace{(I - A)^{-1}}_{Z} Y \qquad (7)$$

em que $X = \begin{bmatrix} X_1 \\ \vdots \\ X_J \end{bmatrix}$, $A = \begin{bmatrix} a_{11} & \cdots & a_{1j} \\ \vdots & \ddots & \vdots \\ a_{j1} & \cdots & a_{jj} \end{bmatrix}$, I é matriz identidade de dimensão J e $\begin{bmatrix} Y_1 \\ \vdots \\ Y_J \end{bmatrix}$.

A matriz quadrada Z (matriz de Leontief) permite calcular os efeitos diretos e indiretos da variação dos componentes da demanda final (Y) na produção dos setores (X). Por exemplo, é possível calcular o impacto da redução da exportação de petróleo na produção de todos os demais setores da economia fluminense.

Do ponto de vista algébrico, não é difícil compreender a relação expressa em (7). No entanto, como fazê-lo do ponto de vista econômico? Pós-multiplicando a matriz A por $(I+A+A^2+\ldots+A^n)$ chega-se a $(I-A^{n+1})$. Como todos os coeficientes da matriz A estão entre zero e a unidade, fazendo-se n aumentar indefinidamente, conclui-se que $(I-A)^{-1} = (I+A+A^2+\ldots+A^n)$. Assim, um aumento na demanda pelos produtos do setor j gera um efeito direto, correspondente à matriz identidade. Além disso, há um efeito indireto gerado pelos insumos fornecidos ao setor cuja demanda foi incrementada, denotada pela matriz A. Por sua vez, esses fornecedores também demandam insumos, gerando uma segunda rodada de efeitos indiretos (A^2), menores do que a rodada anterior. Tal encadeamento segue indefinidamente e cada rodada implica a inclusão de um termo adicional. O efeito indireto total é dado pela soma de todos os termos.

A matriz A pode ser separada em quatro blocos (Guilhoto et al., 2005):

$$A = \begin{bmatrix} A_{jj} & A_{jr} \\ A_{rj} & A_{rr} \end{bmatrix}, \qquad (8)$$

em que A_{jj} e A_{rr} são, respectivamente, matrizes quadradas de insumos dentro do setor j e do resto da economia (todos os setores menos o j-ésimo), e A_{jr} e A_{rj}

são matrizes retangulares indicando os insumos diretos comprados pelo setor j do resto da economia e os insumos comprados pelo resto da economia do setor j, respectivamente.

Combinando-se (7) e (8) tem-se que (Guilhoto et al., 2005):

$$\begin{bmatrix} X_j \\ X_r \end{bmatrix} = \begin{bmatrix} \Delta_{jj} & 0 \\ 0 & \Delta_{rr} \end{bmatrix}, \begin{bmatrix} \Delta_J Y_J + \Delta_J A_{rj} \Delta_r Y_r \\ \Delta_r A_{rj} \Delta_J Y_J + \Delta_r Y_r \end{bmatrix} \quad (9)$$

em que $\Delta_j = (I - A_{jj})^{-1}$, $\Delta_r = (I - A_{rr})^{-1}$, $\Delta_{jj} = (I - \Delta_j A_{jr} \Delta_r A_{rj})^{-1}$ e $\Delta_{rr} = (I - \Delta_r A_{rj} \Delta_j A_{jr})^{-1}$. Note-se que Δ_j e Δ_r são os multiplicadores externos do setor j e do resto da economia e Δ_{jj} e Δ_{rr} são os multiplicadores internos. Além disso, $A_{jr} \Delta_r$ é a demanda final externa ao setor j e, portanto, $A_{jr} \Delta_r Y_r$ é o impacto direto da demanda final dos demais setores sobre o setor j (Guilhoto et al., 2010). As definições de $A_{rj} \Delta_j$ e $A_{rj} \Delta_j Y_j$ são análogas.

A partir de (9) é possível definir índices puros de ligação para trás e para frente (Guilhoto et al., 2005):

$$\begin{aligned} \eta_j^{\text{PARA TRÁS}} &= \Delta_r A_{rj} \Delta_j Y_j, \\ \eta_j^{\text{PARA FRENTE}} &= \Delta_j A_{jr} \Delta_r Y_r. \end{aligned} \quad (10)$$

Note-se que $\eta_j^{\text{PARA TRÁS}}$ mede o impacto puro da produção do setor j sobre os demais setores: impacto livre da demanda de insumos dentro do próprio setor j e livre dos retornos do resto da economia para o setor j e vice-versa [Guilhoto et al., 2010]. Analogamente, $\eta_j^{\text{PARA FRENTE}}$ fornece o impacto puro da produção do resto da economia sobre o setor j.

Como estes dois índices são expressos em valores monetários, é possível fazer uma normalização para efeito de comparação entre duas economias diferentes (ou entre a mesma economia em períodos distintos):

$$\begin{aligned} \hat{\eta}_j^{\text{PARA TRÁS}} &= \frac{\eta_j^{\text{PARA TRÁS}}}{\sum_{j=1}^{J} X_j} \\ \hat{\eta}_j^{\text{PARA FRENTE}} &= \frac{\eta_j^{\text{PARA FRENTE}}}{\sum_{j=1}^{J} X_j} \end{aligned} \quad (11)$$

Ou seja, em (11) os índices de ligação são expressos como proporção do valor da produção na economia, permitindo comparar economias de tamanhos diferentes. Para a análise da economia fluminense os índices de ligação serão calculados a partir da matriz insumo-produto do Rio de Janeiro e dos demais estados calculadas para o ano de 2004 em Guilhoto e Sesso Filho (2005, 2010) e Guilhoto e colaboradores (2010). Inicialmente pretendia-se calcular matrizes insumo-produto para o Rio de Janeiro para os anos analisados na seção anterior (1995-2009). No entanto, tal cálculo se revelou estar além do escopo deste capítulo — seria preciso modelar o fluxo de comércio interestadual, tarefa demasiadamente complexa — e optou-se por usar as matrizes apresentadas em Guilhoto e Sesso Filho (2005, 2010) e Guilhoto e colaboradores (2010). Como os coeficientes técnicos da matriz insumo-produto não costumam sofrer alterações abruptas, as perdas por não utilizar dados mais recentes tendem a ser pequenas.

Em comparação com as seções 2 e 3, será usada uma classificação de setores diferente, mais desagregada para a indústria de transformação, mas que não permite a separação da extração do petróleo e gás do restante da indústria extrativa. Entretanto, essa impossibilidade não traz maiores problemas, na medida em que a extração de petróleo responde por uma parcela muito grande da indústria extrativa fluminense. A correspondência entre as classificações é apresentada na tabela 5.

Os resultados são apresentados na figura 4 e na figura 5. Em primeiro lugar, para a grande maioria dos setores, a economia fluminense é menos encadeada (para frente e para trás) do que a economia dos demais estados tomados como um todo. Trata-se de resultado esperado, na medida em que o Rio de Janeiro é uma economia relativamente pequena, se comparada ao resto do país. Algumas exceções chamam atenção. Quando comparado ao restante do Brasil, o encadeamento para trás da mineração e do refino de petróleo é maior no Rio de Janeiro. Além disso, a mineração também é mais demandada pelos demais setores no Rio de Janeiro. Tais resultados também eram esperados, uma vez que a economia que gira em torno do petróleo é mais importante no Rio de Janeiro do que na maioria dos outros estados.

O encadeamento das economias do Rio de Janeiro e do resto do Brasil pode ser observado com mais detalhes nas tabelas 6 a 9. Na tabela 6 e na tabe-

Tabela 5
Classificação setorial — compatibilização entre seções 2 e 3 e seção 4

Seções 2 e 3	Seção 4
Agropecuária	Agropecuária (1)
Petróleo e gás	Mineração (2)
Extrativa — outras	
Indústria de transformação	Indústria de minerais não metálicos (3)
	Metalurgia (4)
	Máquinas e equipamentos (5)
	Material elétrico e eletrônico (6)
	Material de transporte (7)
	Madeira, mobiliário, papel (8)
	Refino de petróleo e coque (9)
	Outros químicos e farmacêuticos (10)
	Têxtil, vestuário, calçados (11)
	Produtos alimentícios (12)
	Indústrias diversas (13)
Siup	Energia elétrica (14)
	Siup — outros (15)
Construção civil	Construção civil (16)
Comércio	Comércio (17)
Financeiro + outros serviços	Transportes (18)
	Serviços privados (19)
Administração pública	Administração pública (20)

Nota: Outros serviços = serviços privados + transportes − financeiro.

O petróleo na economia fluminense: produtividade e encadeamento

Figura 4
Índice puro de ligação para trás normalizado

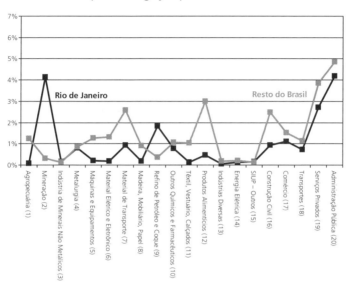

Fonte: Elaboração própria a partir de Guilhoto e Sesso Filho (2005, 2010) e Guilhoto e colaboradores (2010).

Figura 5
Índice puro de ligação para frente normalizado

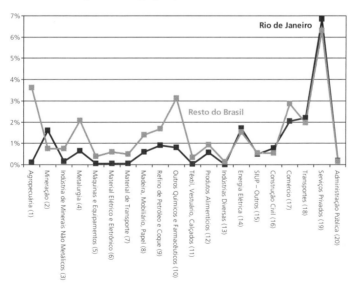

Fonte: Elaboração própria a partir de Guilhoto e Sesso Filho (2005, 2010) e Guilhoto e colaboradores (2010).

107

la 7 as colunas representam o setor que demanda insumos e cada linha, o setor demandado. A última linha se refere à soma de todos os encadeamentos provocados pelo setor e replica os resultados expostos na figura 4 e na figura 5. Para identificar os encadeamentos mais importantes, as células cujos valores são superiores a 0,5% estão marcadas na cor cinza escuro e as células com valores entre 0,15% e 0,5% estão marcadas na cor cinza claro. A maior prevalência de células cinza no resto do Brasil confirma a constatação de que, por ser uma economia maior, ela é mais encadeada do que a economia fluminense. Esta diferença é especialmente marcante nos setores ligados à indústria de transformação.

Conforme salientado, as duas exceções mais importantes são mineração e refino de petróleo, cujo encadeamento para trás é relativamente mais importante na economia fluminense do que no resto do Brasil. O primeiro setor, que no estado do Rio de Janeiro é dominado pela extração de petróleo e gás, demanda relativamente muito mais insumos dos setores ligados aos serviços (principalmente transportes e serviços privados) do que os demais estados tomados como um todo. Provavelmente trata-se dos serviços de apoio associados à extração de petróleo e gás, que necessariamente são prestados na região na qual a atividade extrativa é desenvolvida. Em outras palavras, a extração de petróleo e gás naturalmente dá origem a uma aglomeração de atividades em seu entorno, o que explica seu encadeamento na economia fluminense. O mesmo ocorre com o refino de petróleo, que tende a se localizar perto das regiões no qual ele é extraído e também demanda uma série de serviços que somente podem ser prestados localmente.

Na tabela 8 e na tabela 9 as colunas representam os setores demandados e as linhas, os setores que demandam insumos. Analogamente, a última linha é a soma da produção gerada pela demanda de insumos de todos os outros setores, cujos valores encontram contrapartida na figura 4 e na figura 5. Do mesmo modo, as células mais importantes foram marcadas em tons de cinza. Novamente, o encadeamento da economia do resto do Brasil é maior do que o da economia fluminense, principalmente nos setores associados à indústria de transformação. Nas duas economias os setores de serviços são muito demandados pelos demais setores, mas chama atenção o fato de que no Rio de Janeiro o setor de mineração tem uma importância relativa muito maior (principal-

Tabela 6
Índice puro de ligação para trás normalizado — Rio de Janeiro

	1	2	3	4	5	6	7	8	9	10	11	12	13	14	15	16	17	18	19	20
1	-	0,00%	0,00%	0,00%	0,00%	0,00%	0,00%	0,00%	0,00%	0,01%	0,00%	0,07%	0,00%	0,00%	0,00%	0,00%	0,00%	0,00%	0,02%	0,00%
2	0,00%	-	0,02%	0,08%	0,01%	0,00%	0,02%	0,00%	1,14%	0,04%	0,00%	0,01%	0,00%	0,02%	0,02%	0,05%	0,03%	0,07%	0,05%	0,04%
3	0,00%	0,00%	-	0,00%	0,00%	0,00%	0,01%	0,00%	0,00%	0,01%	0,00%	0,01%	0,00%	0,00%	0,00%	0,08%	0,00%	0,00%	0,02%	0,01%
4	0,00%	0,03%	0,01%	-	0,08%	0,03%	0,25%	0,01%	0,00%	0,03%	0,00%	0,02%	0,01%	0,00%	0,00%	0,14%	0,01%	0,00%	0,02%	0,02%
5	0,00%	0,02%	0,00%	0,00%	-	0,00%	0,01%	0,00%	0,00%	0,00%	0,00%	0,00%	0,00%	0,00%	0,00%	0,00%	0,00%	0,00%	0,00%	0,00%
6	0,00%	0,00%	0,00%	0,00%	0,01%	-	0,01%	0,00%	0,00%	0,00%	0,00%	0,00%	0,00%	0,00%	0,00%	0,00%	0,00%	0,00%	0,01%	0,00%
7	0,00%	0,01%	0,00%	0,00%	0,01%	0,00%	-	0,00%	0,00%	0,00%	0,00%	0,01%	0,00%	0,00%	0,00%	0,01%	0,01%	0,01%	0,01%	0,00%
8	0,00%	0,03%	0,00%	0,00%	0,00%	0,00%	0,01%	-	0,00%	0,02%	0,00%	0,01%	0,00%	0,00%	0,00%	0,00%	0,03%	0,01%	0,36%	0,09%
9	0,01%	0,13%	0,02%	0,07%	0,01%	0,01%	0,03%	0,01%	-	0,07%	0,01%	0,02%	0,01%	0,02%	0,00%	0,05%	0,07%	0,20%	0,11%	0,09%
10	0,01%	0,04%	0,01%	0,04%	0,01%	0,02%	0,08%	0,03%	0,02%	-	0,01%	0,05%	0,00%	0,00%	0,01%	0,07%	0,03%	0,02%	0,16%	0,18%
11	0,00%	0,00%	0,00%	0,00%	0,00%	0,00%	0,00%	0,00%	0,00%	0,00%	-	0,00%	0,00%	0,00%	0,00%	0,00%	0,00%	0,00%	0,01%	0,00%
12	0,02%	0,03%	0,00%	0,00%	0,00%	0,00%	0,00%	0,00%	0,01%	0,01%	0,00%	-	0,00%	0,00%	0,00%	0,00%	0,00%	0,01%	0,42%	0,06%
13	0,00%	0,00%	0,00%	0,00%	0,00%	0,00%	0,00%	0,00%	0,00%	0,00%	0,00%	0,00%	-	0,00%	0,00%	0,00%	0,00%	0,00%	0,00%	0,00%
14	0,00%	0,59%	0,02%	0,10%	0,01%	0,01%	0,05%	0,01%	0,09%	0,07%	0,01%	0,03%	0,00%	-	0,03%	0,03%	0,11%	0,03%	0,32%	0,19%
15	0,00%	0,11%	0,01%	0,06%	0,00%	0,00%	0,02%	0,00%	0,02%	0,02%	0,00%	0,01%	0,00%	0,00%	-	0,01%	0,02%	0,01%	0,10%	0,09%
16	0,00%	0,18%	0,00%	0,00%	0,00%	0,00%	0,01%	0,00%	0,02%	0,01%	0,00%	0,00%	0,00%	0,00%	0,00%	-	0,01%	0,00%	0,22%	0,30%
17	0,01%	0,28%	0,02%	0,08%	0,02%	0,03%	0,13%	0,03%	0,05%	0,13%	0,04%	0,11%	0,01%	0,01%	0,01%	0,19%	-	0,12%	0,53%	0,26%
18	0,01%	0,91%	0,02%	0,13%	0,01%	0,01%	0,07%	0,02%	0,14%	0,08%	0,01%	0,06%	0,00%	0,01%	0,02%	0,07%	0,20%	-	0,31%	0,13%
19	0,01%	1,71%	0,03%	0,19%	0,04%	0,05%	0,22%	0,07%	0,31%	0,27%	0,03%	0,13%	0,01%	0,07%	0,06%	0,21%	0,56%	0,24%	-	2,71%
20	0,00%	0,06%	0,00%	0,01%	0,00%	0,00%	0,01%	0,01%	0,01%	0,01%	0,00%	0,00%	0,00%	0,00%	0,00%	0,01%	0,02%	0,01%	0,06%	-
Total	0,09%	4,13%	0,16%	0,79%	0,20%	0,17%	0,92%	0,18%	1,83%	0,77%	0,13%	0,48%	0,05%	0,14%	0,16%	0,93%	1,12%	0,72%	2,72%	4,18%

Fonte: Elaboração própria a partir de Guilhoto e Sesso Filho (2005, 2010) e Guilhoto e colaboradores (2010).

Notas: As células com valores superiores a 0,5% estão marcadas na cor cinza escuro e aquelas com valores entre 0,15% e 0,5% na cor cinza claro. De acordo com a tabela 5, a correspondência entre os números e os setores é definida como: Agropecuária (1); Mineração (2); Industria de minerais não metálicos (3); Metalurgia (4); Máquinas e equipamentos (5); Material elétrico e eletrônico (6); Material de transporte (7); Madeira, mobiliário, papel (8); Refino de petróleo e coque (9); Outros químicos e farmacêuticos (10); Têxtil, vestuário, calçados (11); Produtos alimentícios (12); Industrias diversas (13); Energia elétrica (14); Siup — outros (15); Construção civil (16); Comércio (17); Transportes (18); Serviços privados (19); Administração pública (20).

Tabela 7
Índice puro de ligação para trás normalizado — resto do Brasil

	1	2	3	4	5	6	7	8	9	10	11	12	13	14	15	16	17	18	19	20
1	-	0,00%	0,00%	0,01%	0,01%	0,01%	0,03%	0,11%	0,01%	0,09%	0,13%	2,74%	0,01%	0,00%	0,00%	0,03%	0,02%	0,01%	0,31%	0,12%
2	0,03%	-	0,01%	0,10%	0,04%	0,03%	0,05%	0,02%	0,12%	0,06%	0,01%	0,06%	0,00%	0,01%	0,02%	0,08%	0,02%	0,04%	0,05%	0,04%
3	0,01%	0,00%	-	0,01%	0,01%	0,02%	0,04%	0,01%	0,00%	0,01%	0,00%	0,02%	0,00%	0,00%	0,00%	0,49%	0,01%	0,00%	0,06%	0,05%
4	0,03%	0,02%	0,01%	-	0,42%	0,23%	0,52%	0,06%	0,01%	0,06%	0,02%	0,12%	0,03%	0,00%	0,00%	0,29%	0,03%	0,02%	0,11%	0,09%
5	0,01%	0,01%	0,00%	0,03%	-	0,03%	0,08%	0,02%	0,01%	0,02%	0,02%	0,04%	0,00%	0,03%	0,00%	0,05%	0,01%	0,01%	0,04%	0,02%
6	0,01%	0,01%	0,00%	0,01%	0,07%	-	0,11%	0,01%	0,01%	0,01%	0,02%	0,03%	0,00%	0,01%	0,00%	0,06%	0,02%	0,02%	0,14%	0,05%
7	0,01%	0,00%	0,01%	0,01%	0,06%	0,02%	-	0,01%	0,00%	0,01%	0,01%	0,03%	0,00%	0,00%	0,00%	0,02%	0,08%	0,10%	0,10%	0,03%
8	0,02%	0,01%	0,01%	0,02%	0,02%	0,05%	0,08%	-	0,00%	0,05%	0,05%	0,11%	0,02%	0,01%	0,00%	0,15%	0,07%	0,02%	0,53%	0,17%
9	0,10%	0,03%	0,01%	0,05%	0,05%	0,09%	0,10%	0,05%	-	0,16%	0,06%	0,19%	0,01%	0,03%	0,01%	0,13%	0,10%	0,29%	0,20%	0,16%
10	0,43%	0,03%	0,02%	0,15%	0,14%	0,19%	0,43%	0,23%	0,06%	-	0,23%	0,67%	0,05%	0,01%	0,02%	0,35%	0,13%	0,10%	0,50%	0,37%
11	0,01%	0,01%	0,00%	0,00%	0,01%	0,01%	0,01%	0,03%	0,00%	0,02%	-	0,04%	0,01%	0,00%	0,00%	0,02%	0,02%	0,02%	0,11%	0,03%
12	0,20%	0,00%	0,00%	0,01%	0,01%	0,01%	0,02%	0,02%	0,00%	0,05%	0,09%	-	0,00%	0,01%	0,00%	0,02%	0,03%	0,02%	0,50%	0,19%
13	0,00%	0,00%	0,00%	0,01%	0,00%	0,00%	0,01%	0,00%	0,00%	0,00%	0,00%	0,00%	-	0,00%	0,00%	0,01%	0,00%	0,01%	0,04%	0,04%
14	0,04%	0,03%	0,01%	0,08%	0,06%	0,06%	0,12%	0,06%	0,02%	0,08%	0,08%	0,17%	0,01%	-	0,01%	0,08%	0,12%	0,04%	0,29%	0,20%
15	0,01%	0,00%	0,01%	0,04%	0,02%	0,02%	0,04%	0,02%	0,01%	0,04%	0,01%	0,04%	0,00%	0,00%	-	0,03%	0,03%	0,02%	0,10%	0,10%
16	0,00%	0,00%	0,00%	0,00%	0,00%	0,01%	0,03%	0,00%	0,00%	0,01%	0,00%	0,01%	0,00%	0,02%	0,01%	-	0,01%	0,01%	0,17%	0,27%
17	0,14%	0,02%	0,01%	0,07%	0,10%	0,16%	0,30%	0,10%	0,02%	0,14%	0,19%	0,56%	0,02%	0,02%	0,01%	0,27%	-	0,11%	0,53%	0,31%
18	0,08%	0,05%	0,01%	0,09%	0,08%	0,09%	0,19%	0,08%	0,03%	0,10%	0,08%	0,31%	0,01%	0,01%	0,02%	0,12%	0,24%	-	0,32%	0,16%
19	0,13%	0,08%	0,02%	0,15%	0,19%	0,30%	0,45%	0,17%	0,07%	0,25%	0,16%	0,56%	0,02%	0,08%	0,04%	0,31%	0,59%	0,32%	-	2,57%
20	0,00%	0,00%	0,00%	0,01%	0,00%	0,01%	0,01%	0,01%	0,00%	0,01%	0,00%	0,02%	0,00%	0,00%	0,00%	0,01%	0,02%	0,01%	0,05%	-
Total	1,25%	0,31%	0,13%	0,84%	1,28%	1,32%	2,59%	0,89%	0,37%	1,06%	1,02%	3,00%	0,19%	0,22%	0,14%	2,49%	1,53%	1,14%	3,85%	4,86%

Fonte: Elaboração própria a partir de Guilhoto e Sesso Filho (2005, 2010) e Guilhoto e colaboradores (2010).

Notas: As células com valores superiores a 0,5% estão marcadas na cor cinza escuro e aquelas com valores entre 0,15% e 0,5% na cor cinza claro. De acordo com a Tabela 5, a correspondência entre os números e os setores é definida como: Agropecuária (1); Indústria de minerais não metálicos (3); Metalurgia (4); Máquinas e equipamentos (5); Material elétrico e eletrônico (6); Material de transporte (7); Madeira, mobiliário, papel (8); Refino de petróleo e coque (9); Outros químicos e farmacêuticos (10); Têxtil, vestuário, calçados (11); Produtos alimentícios (12); Indústrias diversas (13); Energia elétrica (14); Siup — outros (15); Construção civil (16); Comércio (17); Transportes (18); Serviços privados (19); Administração pública (20).

Tabela 8
Índice puro de ligação para frente normalizado — Rio de Janeiro

	1	2	3	4	5	6	7	8	9	10	11	12	13	14	15	16	17	18	19	20
1	-	0,00%	0,00%	0,00%	0,00%	0,00%	0,00%	0,00%	0,01%	0,02%	0,00%	0,02%	0,00%	0,00%	0,00%	0,00%	0,01%	0,01%	0,01%	0,00%
2	0,00%	-	0,00%	0,02%	0,02%	0,00%	0,00%	0,00%	0,03%	0,02%	0,00%	0,00%	0,00%	0,64%	0,11%	0,19%	0,22%	0,99%	1,75%	0,06%
3	0,02%	0,00%	-	0,01%	0,00%	0,00%	0,00%	0,00%	0,02%	0,01%	0,00%	0,00%	0,00%	0,02%	0,01%	0,00%	0,03%	0,02%	0,03%	0,00%
4	0,06%	0,00%	0,00%	-	0,00%	0,00%	0,00%	0,00%	0,07%	0,05%	0,00%	0,00%	0,00%	0,11%	0,07%	0,00%	0,08%	0,13%	0,16%	0,01%
5	0,00%	0,00%	0,00%	0,09%	-	0,01%	0,01%	0,00%	0,00%	0,01%	0,00%	0,00%	0,00%	0,01%	0,00%	0,00%	0,02%	0,01%	0,03%	0,00%
6	0,00%	0,00%	0,00%	0,03%	0,00%	-	0,00%	0,00%	0,00%	0,02%	0,00%	0,00%	0,00%	0,01%	0,00%	0,00%	0,03%	0,01%	0,04%	0,00%
7	0,00%	0,01%	0,01%	0,25%	0,01%	0,01%	-	0,01%	0,02%	0,07%	0,00%	0,00%	0,00%	0,03%	0,01%	0,01%	0,12%	0,05%	0,17%	0,00%
8	0,00%	0,00%	0,00%	0,01%	0,00%	0,00%	0,00%	-	0,00%	0,05%	0,00%	0,00%	0,00%	0,02%	0,01%	0,00%	0,04%	0,03%	0,07%	0,00%
9	0,00%	1,39%	0,00%	0,00%	0,00%	0,00%	0,00%	0,00%	-	0,02%	0,00%	0,00%	0,00%	0,02%	0,01%	0,00%	0,02%	0,04%	0,13%	0,00%
10	0,01%	0,01%	0,01%	0,03%	0,00%	0,00%	0,00%	0,02%	0,08%	-	0,00%	0,01%	0,00%	0,07%	0,03%	0,00%	0,15%	0,08%	0,28%	0,01%
11	0,00%	0,00%	0,00%	0,00%	0,00%	0,00%	0,00%	0,00%	0,00%	0,01%	-	0,00%	0,00%	0,01%	0,00%	0,00%	0,04%	0,01%	0,02%	0,00%
12	0,09%	0,00%	0,01%	0,02%	0,00%	0,00%	0,00%	0,01%	0,02%	0,06%	0,00%	-	0,00%	0,03%	0,01%	0,00%	0,14%	0,06%	0,11%	0,00%
13	0,00%	0,00%	0,00%	0,01%	0,00%	0,00%	0,00%	0,00%	0,00%	0,01%	0,00%	0,00%	-	0,00%	0,00%	0,00%	0,00%	0,00%	0,00%	0,00%
14	0,00%	0,04%	0,00%	0,00%	0,00%	0,00%	0,00%	0,00%	0,05%	0,00%	0,00%	0,00%	0,00%	-	0,00%	0,00%	0,03%	0,01%	0,14%	0,00%
15	0,00%	0,05%	0,00%	0,00%	0,00%	0,00%	0,00%	0,00%	0,01%	0,02%	0,00%	0,00%	0,00%	0,06%	-	0,00%	0,01%	0,04%	0,11%	0,00%
16	0,00%	0,03%	0,09%	0,16%	0,00%	0,00%	0,00%	0,00%	0,04%	0,07%	0,00%	0,00%	0,00%	0,01%	0,00%	-	0,20%	0,05%	0,17%	0,00%
17	0,00%	0,00%	0,00%	0,01%	0,00%	0,00%	0,01%	0,04%	0,07%	0,03%	0,00%	0,00%	0,00%	0,15%	0,03%	0,00%	-	0,27%	0,68%	0,02%
18	0,00%	0,00%	0,00%	0,00%	0,00%	0,00%	0,02%	0,01%	0,36%	0,03%	0,00%	0,00%	0,00%	0,03%	0,02%	0,00%	0,19%	-	0,36%	0,01%
19	0,01%	0,00%	0,02%	0,01%	0,00%	0,01%	0,00%	0,45%	0,08%	0,16%	0,01%	0,53%	0,01%	0,35%	0,11%	0,28%	0,58%	0,32%	-	0,07%
20	0,00%	0,00%	0,00%	0,01%	0,00%	0,00%	0,00%	0,04%	0,06%	0,16%	0,00%	0,01%	0,00%	0,13%	0,08%	0,28%	0,18%	0,07%	2,62%	-
Total	0,11%	1,60%	0,15%	0,65%	0,05%	0,04%	0,05%	0,59%	0,90%	0,81%	0,03%	0,56%	0,01%	1,71%	0,50%	0,78%	2,05%	2,21%	6,86%	0,19%

Fonte: Elaboração própria a partir de Guilhoto e Sesso Filho (2005, 2010) e Guilhoto e colaboradores (2010).

Notas: As células com valores superiores a 0,5% estão marcadas na cor cinza escuro e aquelas com valores entre 0,15% e 0,5% na cor cinza claro. De acordo com a Tabela 5, a correspondência entre os números e os setores é definida como: Agropecuária (1); Mineração (2); Indústria de minerais não metálicos (3); Metalurgia (4); Máquinas e equipamentos (5); Material elétrico e eletrônico (6); Material de transporte (7); Madeira, mobiliário, papel (8); Refino de petróleo e coque (9); Outros químicos e farmacêuticos (10); Têxtil, vestuário, calçados (11); Produtos alimentícios (12); Indústrias diversas (13); Energia elétrica (14); Siup — outros (15); Construção civil (16); Comércio (17); Transportes (18); Serviços privados (19); Administração pública (20).

Tabela 9
Índice puro de ligação para frente normalizado — Resto do Brasil

	1	2	3	4	5	6	7	8	9	10	11	12	13	14	15	16	17	18	19	20
1	-	0,03%	0,00%	0,02%	0,00%	0,00%	0,01%	0,01%	0,14%	0,95%	0,02%	0,22%	0,00%	0,05%	0,00%	0,00%	0,23%	0,11%	0,11%	0,00%
2	0,00%	-	0,00%	0,04%	0,03%	0,01%	0,00%	0,01%	0,03%	0,04%	0,01%	0,00%	0,00%	0,06%	0,01%	0,01%	0,03%	0,10%	0,16%	0,00%
3	0,00%	0,03%	-	0,02%	0,01%	0,00%	0,00%	0,03%	0,03%	0,07%	0,01%	0,00%	0,00%	0,04%	0,03%	0,00%	0,05%	0,04%	0,05%	0,01%
4	0,00%	0,20%	0,02%	-	0,04%	0,00%	0,00%	0,02%	0,05%	0,28%	0,00%	0,00%	0,01%	0,15%	0,08%	0,00%	0,10%	0,16%	0,19%	0,00%
5	0,00%	0,01%	0,00%	0,50%	-	0,08%	0,06%	0,02%	0,02%	0,09%	0,01%	0,00%	0,00%	0,03%	0,01%	0,00%	0,08%	0,05%	0,14%	0,00%
6	0,00%	0,00%	0,02%	0,27%	0,02%	-	0,01%	0,04%	0,08%	0,18%	0,00%	0,00%	0,00%	0,04%	0,01%	0,00%	0,16%	0,07%	0,27%	0,01%
7	0,00%	0,00%	0,03%	0,54%	0,07%	0,11%	-	0,05%	0,03%	0,37%	0,01%	0,00%	0,00%	0,07%	0,02%	0,02%	0,25%	0,13%	0,31%	0,01%
8	0,17%	0,00%	0,02%	0,08%	0,02%	0,01%	0,00%	-	0,03%	0,32%	0,04%	0,00%	0,00%	0,07%	0,03%	0,00%	0,12%	0,09%	0,15%	0,01%
9	0,00%	0,34%	0,00%	0,01%	0,01%	0,01%	0,00%	0,00%	0,36%	-	0,00%	0,02%	0,00%	0,02%	0,01%	0,00%	0,01%	0,04%	0,11%	0,00%
10	0,15%	0,09%	0,03%	0,10%	0,05%	0,02%	0,01%	0,10%	0,03%	0,21%	0,03%	0,07%	0,00%	0,15%	0,08%	0,01%	0,29%	0,18%	0,43%	0,01%
11	0,09%	0,00%	0,00%	0,01%	0,02%	0,00%	0,01%	0,04%	0,03%	-	-	0,08%	0,00%	0,07%	0,01%	0,00%	0,18%	0,06%	0,09%	0,00%
12	3,11%	0,00%	0,02%	0,09%	0,03%	0,01%	0,00%	0,07%	0,05%	0,22%	0,02%	-	0,00%	0,12%	0,03%	0,00%	0,48%	0,23%	0,34%	0,01%
13	0,00%	0,00%	0,00%	0,04%	0,00%	0,01%	0,00%	0,04%	0,01%	0,06%	0,01%	0,00%	-	0,00%	0,00%	0,00%	0,02%	0,01%	0,01%	0,00%
14	0,00%	0,01%	0,00%	0,01%	0,00%	0,00%	0,00%	0,01%	0,05%	0,00%	0,00%	0,01%	0,00%	-	0,00%	0,00%	0,03%	0,01%	0,13%	0,00%
15	0,00%	0,05%	0,00%	0,00%	0,00%	0,07%	0,00%	0,00%	0,01%	0,04%	0,00%	0,00%	0,01%	0,04%	-	0,00%	0,01%	0,05%	0,08%	0,00%
16	0,00%	0,02%	0,55%	0,28%	0,04%	0,05%	0,00%	0,12%	0,06%	0,27%	0,01%	0,00%	0,01%	0,01%	0,00%	-	0,21%	0,05%	0,16%	0,00%
17	0,00%	0,00%	0,00%	0,02%	0,00%	0,02%	0,11%	0,08%	0,09%	0,13%	0,03%	0,02%	0,01%	0,16%	0,03%	0,01%	-	0,35%	0,80%	0,02%
18	0,00%	0,00%	0,00%	0,00%	0,00%	0,03%	0,18%	0,02%	0,53%	0,11%	0,02%	0,00%	0,01%	0,04%	0,02%	0,00%	0,15%	-	0,46%	0,01%
19	0,08%	0,00%	0,03%	0,03%	0,02%	0,16%	0,10%	0,67%	0,13%	0,39%	0,13%	0,62%	0,06%	0,31%	0,10%	0,23%	0,51%	0,29%	-	0,06%
20	0,01%	0,00%	0,01%	0,04%	0,00%	0,01%	0,00%	0,07%	0,08%	0,23%	0,00%	0,10%	0,03%	0,13%	0,08%	0,25%	0,17%	0,07%	2,43%	-
Total	3,62%	0,75%	0,76%	2,07%	0,38%	0,61%	0,49%	1,39%	1,67%	3,13%	0,33%	0,94%	0,13%	1,51%	0,54%	0,54%	2,86%	1,96%	6,30%	0,17%

Fonte: Elaboração própria a partir de Guilhoto e Sesso Filho (2005, 2010) e Guilhoto e colaboradores (2010).

Notas: As células com valores superiores a 0,5% estão marcadas na cor cinza escuro e aquelas com valores entre 0,15% e 0,5% na cor cinza claro. De acordo com a Tabela 5, a correspondência entre os números e os setores é definida como: Agropecuária (1); Mineração (2); Indústria de minerais não metálicos (3); Metalurgia (4); Máquinas e equipamentos (5); Material elétrico e eletrônico (6); Material de transporte (7); Madeira, mobiliário, papel (8); Refino de petróleo e coque (9); Outros químicos e farmacêuticos (10); Têxtil, vestuário, calçados (11); Produtos alimentícios (12); Indústrias diversas (13); Energia elétrica (14); Siup — outros (15); Construção civil (16); Comércio (17); Transportes (18); Serviços privados (19); Administração pública (20).

mente para transportes e serviços privados) e que a indústria fluminense é relativamente menos demandada pelos setores de serviços.

Em resumo, apesar do aumento da importância da extração de petróleo e gás nos últimos anos no estado do Rio de Janeiro, os setores associados aos serviços ainda são preponderantes na economia fluminense. A propósito, a participação dos serviços na mão de obra fluminense tem aumentado nos últimos anos (principalmente do setor outros serviços — seção 3). No entanto, examinando o modo como os setores são encadeados, percebe-se que parte desse efeito deve ser creditada à extração de petróleo e gás, pois o aumento da participação dos serviços na economia fluminense é em grande medida resultado do encadeamento proporcionado pela atividade extrativa.

5. Considerações finais

O objetivo deste capítulo foi investigar a importância do setor de petróleo e gás na economia fluminense. Primeiro, com relação a seu impacto na evolução da produtividade do trabalho no estado. No período mais recente, observou-se uma sensível redução na produtividade do setor no Rio de Janeiro, mas o deslocamento da economia em direção à extração de petróleo e gás (atividade ainda relativamente mais produtiva que as demais) ajudou a evitar um crescimento ainda menor da produtividade e do PIB no estado. Nesse sentido, cabe se perguntar por quanto tempo a produtividade do Rio de Janeiro continuará crescendo por conta do deslocamento da economia entre os setores e não pelo crescimento da produtividade dentro dos mesmos.

Entretanto, nota-se que a contribuição dos setores associados aos serviços para o crescimento da produtividade também foi importante. O Rio de Janeiro ainda é um estado eminentemente ligado aos serviços, cuja participação na mão de obra também aumentou nos anos mais recentes. No entanto, provavelmente parte da mudança estrutural da economia fluminense na direção dos setores de serviços (principalmente outros serviços) pode ser creditada ao setor de petróleo e gás, que possui fortes encadeamentos na economia fluminense, em particular nos serviços. Em resumo, a demanda das empresas ligadas à extração de petróleo e gás por serviços tem ajudado a fomentar esse último no âmbito da economia fluminense.

Ademais, somente se analisaram os encadeamentos gerados pela demanda por insumos intermediários de cada setor, especialmente do setor de petróleo e gás. É bastante provável que, ao incluir também os investimentos associados a esse setor, o encadeamento do mesmo na economia fluminense seja ainda maior do que o estimado. Por fim, uma questão em aberto, e não tratada neste capítulo, é em que medida as políticas públicas (principalmente em âmbito estadual) podem potencializar os encadeamentos gerados pela extração de petróleo e gás na economia fluminense.

Referências

BERNARD, A. B.; JONES, C. I. Productivity across industry and countries: time series theory and evidence. *Review of Economic and Statistics*, v. 78, p. 135-146, 1996a.

____; ____. Productivity and convergence across U.S. States and industries. *Empirical Economics*, v. 21, p. 113-135, 1996b.

CASELLI, F.; MICHAELS, G. Do oil windfalls improve living standards? Evidence from Brazil. *NBER Working Paper*, n. 15550, 2009.

GUILHOTO, J. J. M. et al. Linkages and multipliers in a multiregional framework: integration of alternative approaches. *Australasian Journal of Regional Studies*, v. 11, p. 75-89, 2005.

____ et al. *Matriz de insumo-produto do Nordeste e estados*: metodologia e resultados. Fortaleza: Banco do Nordeste do Brasil, 2010.

____; SESSO FILHO, U. A. Estimação da matriz insumo-produto a partir de dados preliminares das contas nacionais. *Economia Aplicada*, v. 9, p. 277-299, 2005.

____; ____. Estimação da matriz insumo-produto utilizando dados preliminares das Contas Nacionais: aplicação e análise de indicadores econômicos para o Brasil em 2005. *Economia & Tecnologia*, v. 23, p. 53-62, 2010.

IBGE. *Contas regionais do Brasil 1995-2009*. Rio de Janeiro: IBGE, 2011.

POSTALI, F. A. S. Petroleum royalties and regional development in Brazil: the economic growth of recipient towns. *Resources Policy*, v. 34, p. 205-213, 2009.

QUEIROZ, C. R. A.; POSTALI, F. A. S. Rendas do petróleo e eficiência tributária dos municípios brasileiros. In: ENCONTRO NACIONAL DE ECONOMIA, XXXVIII, 2010, Salvador. *Anais...* Salvador: Anpec, 2010.

Capítulo 4

Oportunidades de desenvolvimento agroindustrial no estado do Rio de Janeiro

Mauro de Rezende Lopes
Ignez Vidigal Lopes
Daniela de Paula Rocha
Rafael de Castro Bomfim[*]

1. Introdução

Com a valorização dos produtos agroindustriais no Brasil, o Rio de Janeiro desperta o interesse de investidores, em razão de sua proximidade de grandes centros de consumo, além de sua boa logística portuária. O estado não tem, porém, potencial na produção de cereais, grãos, fibras e oleaginosas, que exigem grandes extensões de solos planos e propícios à mecanização, o que não é o caso da topografia fluminense. Assim, a tecnologia e a escala técnica e econômica adequadas a esses produtos são incompatíveis com a topografia tipo "mar de morros" do estado.

Nesse sentido, o potencial do Rio de Janeiro está no aproveitamento de terrenos ondulados, aptos para o plantio de eucalipto, várzeas para a exploração da pecuária leiteira e bovinocultura, e campos para a produção de olerícolas.[1] Além disso, novas atividades começam a despontar no estado, como a fruticultura, a floricultura, a apicultura, a horticultura hidropônica e orgânica, a

---
[*] Da equipe de pesquisa de Economia Aplicada, do Ibre — FGV/RJ.
[1] Como alface, couve-flor, agrião, repolho, espinafre, além de outros.

silvicultura e a pesca. A horticultura, em particular, é uma atividade muito bem-sucedida no estado, sendo o carro-chefe dos pequenos produtores.

Nesse contexto, os objetivos deste capítulo são caracterizar o setor agropecuário fluminense, avaliar seu desempenho recente, identificar oportunidades e propor iniciativas que permitam ao setor avançar mais rapidamente no futuro. Sempre que possível, se tenta contrastar o caso do Rio com o de outros estados da região Sudeste ou regiões com bom desempenho no setor agropecuário.

Além desta introdução, o capítulo está organizado da seguinte forma. A segunda seção faz um breve relato do desempenho recente da agropecuária no estado, comparando-o com o de outros estados da região Sudeste. A terceira seção apresenta as características estruturais da agropecuária fluminense, caracterizando o uso da terra e uma série de indicadores tecnológicos e econômicos, todos analisados segundo o tamanho das propriedades rurais. A quarta seção discute a capacidade de o setor no estado gerar renda — elemento essencial para garantir investimentos no futuro e crescimento do setor. São analisados o número de estabelecimentos por classe de renda líquida e o nível de instrução dos proprietários — essa última variável-chave na geração de renda.

A quinta seção examina o potencial de crescimento do setor, como subsídio para uma política de atração de investidores para a agropecuária fluminense. Isso é feito individualmente para cada um dos subsetores que respondem pela maior parte do PIB agropecuário estadual.

A sexta seção é dedicada aos óbices ao crescimento setorial, focando as dimensões de tecnologia, crédito e financiamento. Ao mesmo tempo que se identificam os obstáculos, se sugerem soluções, baseadas em experiências bem-sucedidas em outros estados brasileiros, através de uma resenha acerca de consórcios e condomínios agrários, alianças mercadológicas e arranjos produtivos locais.

O capítulo termina com uma seção de conclusões.

2. Desempenho recente

O desempenho do Rio de Janeiro em culturas tradicionais, como cana, café, carne bovina e leite, mostra crescimento moderado nos anos recentes, mas inferior ao de outros estados do Sudeste, como Minas Gerais e Espírito Santo, que têm estruturas fundiárias similares ao estado, com 80% dos estabelecimentos com até 50 hectares.

No caso da cana-de-açúcar, a produção no estado cresceu 14,7% de 1990 a 2010, enquanto em Minas Gerais e Espírito Santo esse crescimento foi de 2,5 vezes no período. Já no caso do café, a produção do estado cresceu 7% entre 1998 e 2010, em contraste, no mesmo período, com as quedas de 6% no Espírito Santo e 12,2% em Minas Gerais, ambos importantes estados produtores de café (IBGE, 2012e).

Apesar do bom desempenho relativo na produção de café, o estado perdeu competitividade na agroindústria cafeeira: das 66 torrefadoras instaladas no estado nos anos 1990, hoje restam aproximadamente 34 unidades. Isso reflete a concentração do processamento de café (torrado e moído) e sua industrialização (produção de café solúvel) em outros estados aparentemente mais competitivos em termos de escala, tecnologia e custo.

Na pecuária leiteira, o Rio tem apresentado um crescimento sustentado desde 1990. No período 1990-2010, a produção de leite aumentou 25,2%, enquanto em Minas Gerais e Espírito Santo essa alta alcançou, respectivamente, 95% e 55% (IBGE, 2012b). Esse resultado foi fruto de uma campanha de todas as instituições[2] ligadas ao setor no sentido de construir no Rio de Janeiro uma bacia leiteira, ou microbacias leiteiras, com qualidade comparável às melhores do país, conforme veremos adiante neste capítulo.

Na pecuária bovina, devido à falta de oferta de animais, em qualidade e volume, em bases diárias, para abate compatível com um frigorífico no nível de excelência do benchmarking da atividade, de cerca de 1.000 cabeças abatidas/dia, o Rio de Janeiro tem perdido competitividade. O número de animais abatidos no Rio de Janeiro cresceu 65% entre 1998 e 2011, enquanto no Espírito Santo o número duplicou e em Minas mais do que dobrou (IBGE, 2012d).

---

[2] O apoio do Serviço Brasileiro de Apoio às Micro e Pequenas Empresas (Sebrae), da Federação da Agricultura do Estado do Rio de Janeiro (Faerj), da Secretaria de Estado de Agricultura e Pecuária do Rio de Janeiro (Seapec), da Federação das Indústrias do Rio de Janeiro (Firjan) e da Organização das Cooperativas do Estado do Rio de Janeiro foi decisivo para sustentar o crescimento do estado na agricultura. Crescimento esse muito modesto para os padrões brasileiros.

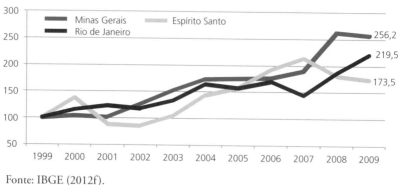

Gráfico 1
Valor adicionado da agropecuária
Índice de Variação Anual / Base 1999 =100

Fonte: IBGE (2012f).

O desempenho da agropecuária do estado pode ser mais bem avaliado pela evolução do valor adicionado, nas Contas Regionais do IBGE. De 1999 a 2009, o valor adicionado da agropecuária no estado aumentou 119%. É um crescimento menor que o de Minas Gerais, de 156%, mas bem maior que o do Espírito Santo, de 74% no mesmo período (gráfico 1). Apesar do crescimento substancial do Rio de Janeiro em termos de valor adicionado da agropecuária, o setor respondeu por apenas 0,42% do PIB total do estado em 2009 (último ano disponível das contas regionais). Em outros estados da região Sudeste essa participação é mais alta: de 7,9% em Minas Gerais, 5,5% no Espírito Santo e 1,4% em São Paulo. A julgar por esses dados, a agropecuária do Rio tem espaço para aumentar sua contribuição para o PIB estadual.

3. Características estruturais da agropecuária fluminense

3.1 Introdução

O propósito desta seção é o de contrastar os estabelecimentos rurais no Rio de Janeiro em relação aos demais estados da região e ao Brasil. O foco nesta parte vai recair sobre o porte dos produtores. A classificação por tamanho é uma abordagem necessária, em razão de as novas políticas públicas destinadas ao setor conterem mecanismos diferenciados pelo porte da propriedade.

A análise em termos de hectares é a tradicionalmente feita para os estudos da ocupação das terras nos censos agropecuários e nos trabalhos acadêmicos.

Entretanto, embora acreditemos que o hectare seja uma medida conveniente e universal, essa medida sofre de uma limitação decorrente da variedade de solos, climas, relevos, características dos cultivos e aptidão agropecuária que caracterizam um país da dimensão do Brasil. Um hectare no Sul é diferente de um hectare no Nordeste, por exemplo. Assim, em vez de hectare, usamos a medida do módulo fiscal. Este reflete não apenas o tamanho em hectares, mas também o potencial produtivo desse hectare, na medida em que leva em conta a combinação predominante dos cultivos no município e seu potencial de geração de renda. Torna-se, assim, mais adequado para efeito de comparação do desempenho do conjunto de propriedades rurais entre municípios, estados e regiões.[3] No estado do Rio de Janeiro o tamanho mais frequente do módulo fiscal é de 10 hectares, sendo o mínimo de cinco e o máximo de 35 hectares. O tamanho do imóvel, segundo módulos fiscais, é definido em: pequeno (um a quatro módulos), médio (quatro a 15 módulos) e grande (mais de 15 módulos). Essa classificação é usada para definir o porte do produtor nas próximas seções.

3.2 Evolução do número e área das propriedades

O número de estabelecimentos rurais encolheu acentuadamente no estado entre 1985 e 2006, de acordo com os censos agropecuários, caindo 36% nesse período, comparado à redução bem menor de 7,3% no Sudeste e 11% no Brasil. A queda da área total dos estabelecimentos agropecuários no Rio de Janeiro também foi maior no estado, superando a observada na região Sudeste e em nível nacional: entre 1985 e 2006, essa caiu 40% no estado, 27% no Sudeste e 12% no Brasil, indicando uma queda. A redução concomitante do número e da área total dos estabelecimentos sugere que a urbanização tenha evoluído no sentido de ocupar parte da área outrora rural do estado.

No estado do Rio de Janeiro, os pequenos estabelecimentos, classificados segundo o módulo fiscal, representam 87% do total, os médios, 7,3%, e os grandes, 2,4%, segundo os microdados do Censo Agropecuário de 2006 (tabela 1).[4] Esse perfil é praticamente o mesmo que predomina na região Sudes-

---

[3] O módulo fiscal tem sido usado, entre outros fins, para cálculo do Imposto Territorial Rural (ITR).
[4] O acesso aos microdados foi realizado na Sala de Sigilo do IBGE, no Rio de Janeiro, entre dezembro de 2010 e setembro de 2011.

te e no restante do país. Portanto, em princípio, não seria a estrutura fundiária um impedimento ao crescimento do setor no estado.

Tabela 1
Número de estabelecimentos, por tamanho

Tamanho	Rio de Janeiro		Sudeste		Brasil	
	(un)	(%)	(un)	(%)	(un)	(%)
Não informantes	1.912	3,3	19.517	2,1	255.019	4,9
Pequenos	50.889	87,0	811.694	88,0	4.590.448	88,7
Médios	4.286	7,3	69.937	7,6	238.425	4,6
Grandes	1.406	2,4	20.949	2,3	91.744	1,8
Total	58.493	100,0	922.097	100,0	5.175.636	100,0

Fonte: IBGE (2011). Elaboração própria a partir dos microdados.

O estado do Rio de Janeiro acompanhou a tendência observada na ocupação das terras no país e no Sudeste, de forte queda nas áreas de pastagens naturais e elevação das pastagens plantadas. Mas teve comportamento contrário nas áreas de lavouras, tanto permanentes quanto temporárias, que declinaram entre 1985 e 2006. No Sudeste e no restante do país, as áreas de lavouras cresceram nesse período.

3.3 Geração das receitas da produção vegetal, animal e total

No que concerne à geração de receita da produção vegetal — isto é, o valor resultante da subtração do autoconsumo do valor bruto da produção de lavouras —, a maior parcela é atribuída aos pequenos estabelecimentos, que são responsáveis por 72% do total da receita no estado (gráfico 2). No total do Brasil, a maior parcela é proveniente dos médios e grandes (62,2%), sendo os pequenos responsáveis por menos de 40% do total dessa receita. Não é surpresa a maior fatia das receitas ser proveniente dos pequenos no Rio, especialmente pela relevância do conjunto de atividades de alto valor desenvolvidas pelos pequenos produtores, como a horticultura e a produção de frutas no Norte Fluminense. Não se pode desprezar a importância da horticultura no estado, que ficou evidente, em janeiro de 2011, com os problemas na oferta desses produtos durante as fortes chuvas ocorridas na região serrana do estado.

O padrão do estado do Rio de Janeiro não é o mesmo observado no país em termos de relevância dos pequenos estabelecimentos na geração da receita da produção vegetal. Na média, no Brasil, a geração de renda entre os grandes estabelecimentos é muito maior do que no Rio de Janeiro. Isso se deve a que no restante do país há grandes extensões de terras, com cultivos mecanizados, topografia favorável e grande escala de produção.

Gráfico 2
Participação na receita da produção vegetal (%)

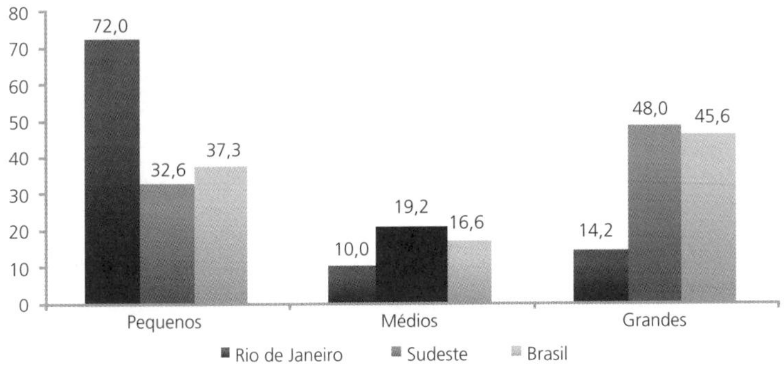

	Pequenos	Médios	Grandes
Rio de Janeiro	72,0	10,0	14,2
Sudeste	32,6	19,2	48,0
Brasil	37,3	16,6	45,6

Fonte: IBGE (2011). Elaboração própria a partir dos microdados.

A análise da participação do número de estabelecimentos que praticam a horticultura comercial revela a preponderância das pequenas propriedades nessa atividade de alto valor (*high cash crops*). No estado do Rio, 72% dos pequenos estabelecimentos comercializaram produtos da horticultura, superando a participação dos estabelecimentos do Sudeste (22%) e do país (18%) no conjunto dos pequenos dedicados à atividade (gráfico 3).

3.4 Nível tecnológico dos produtores

A utilização de insumos como adubos, agroquímicos, corretivos, medicamentos e rações é um indicador do nível tecnológico dos estabelecimentos. O padrão de uso sugere que os gastos com esses insumos como proporção das despesas é três vezes a proporção do consumo dos médios e grandes estabelecimentos no Rio de Janeiro (gráfico 4), em termos percentuais. Esse padrão difere do que se observa no restante do país, onde o consumo dos grandes é mais que o dobro do de pequenos e médios. Isso pode ser explicado pela importância da horticultura e da fruticultura do estado, com forte presença dos

Gráfico 3
Participação de pequenos, médios e grandes na
horticultura — Rio de Janeiro, Sudeste e Brasil (%)

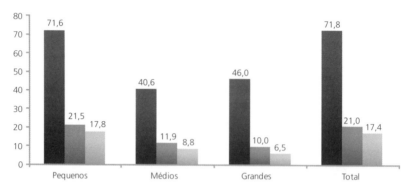

Fonte: IBGE (2011). Elaboração própria a partir dos microdados.

pequenos estabelecimentos. Nos demais estados predominam os cultivos de grãos, cereais, fibras e oleaginosas, igualmente intensivos no uso daqueles insumos, atividades com forte participação de grandes produtores. A produção de grãos não é uma vocação do Rio de Janeiro, em razão de obstáculos como relevo e escala técnica.

Gráfico 4
Participação na despesa com insumos modernos (%)

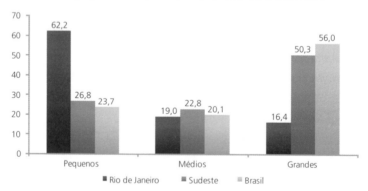

Fonte: IBGE (2011). Elaboração própria a partir dos microdados.

No setor de horticultura, o padrão de tecnologia e qualidade praticado no Rio não deixa nada a dever aos estados concorrentes, entre eles São Paulo. No estado há três polos de produção que podem abastecer toda a demanda dos mercados do Rio de Janeiro: Teresópolis, Petrópolis e Sumidouro.

Em seguida, é analisado o padrão tecnológico da atividade de bovinocultura no conjunto dos estados do Rio, Sudeste e no Brasil. Isso pode ser visto no gráfico 5.

Gráfico 5
Participação dos estabelecimentos que fizeram suplementação alimentar e transferência de embriões em bovinos dentre aqueles que possuem bovinos (%)

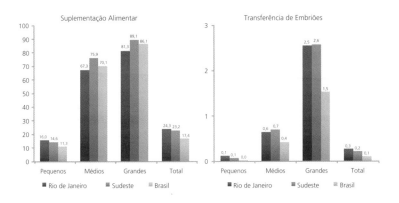

Fonte: IBGE (2011). Elaboração própria a partir dos microdados.

Partimos, na nossa análise, da tecnologia mais simples que essa atividade pecuária requer: a suplementação alimentar (cana com ureia, silagem, ração etc.). Nesse quesito, os criadores do estado estão em ligeira desvantagem em relação ao Sudeste e ao Brasil, sobretudo entre os médios e grandes.

Na tecnologia mais avançada na bovinocultura — a transferência de embriões — os produtores médios e grandes do Rio de Janeiro estão em absoluta igualdade de condições com o Sudeste. Vale lembrar que no Sudeste há importantes estados com tecnologia de ponta, como Minas Gerais e São Paulo.

3.5 Acesso à orientação técnica

Em todas as atividades agropecuárias, a tecnologia é fator de sobrevivência dos produtores. Entretanto, embora seja condição necessária para o crescimento do setor, ela não é suficiente. É preciso haver também assistência técnica – principalmente para os pequenos produtores, uma vez que, para os médios e grandes produtores, há a chamada difusão de tecnologia, uns produtores ensinando uns aos outros. No entanto, o Gráfico 6 mostra que, tanto para os pequenos produtores, como no total, o Rio tem participação de estabelecimentos que tiveram acesso à orientação técnica próxima do Sudeste e maior que a média do Brasil.

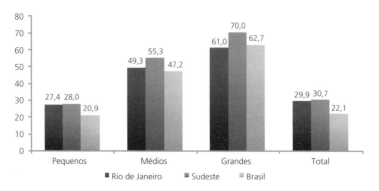

Gráfico 6
Participação dos estabelecimentos
que recebem orientação técnica (%)

Fonte: IBGE (2011). Elaboração própria a partir dos microdados.

A orientação técnica aos produtores rurais no Brasil tem sido prestada por diversos agentes, sendo os mais importantes o governo, as cooperativas, as empresas integradoras (que atuam nos segmentos de aves e suínos, fornecendo matrizes, rações e tecnologia) e os próprios produtores, através de seus experimentos com cultivos dentro da propriedade. A importância desses agentes para pequenos, médios e grandes produtores é analisada a partir dos microdados do Censo Agropecuário 2006, contrastando o estado do Rio de Janeiro com os estados do Sudeste e o Brasil (gráfico 6).

Os dados revelam que as cooperativas no Rio de Janeiro têm uma importância relativamente menor na transferência de tecnologia tanto para pequenos, médios e principalmente os grandes produtores (gráfico 7). Por outro lado, o papel dos órgãos governamentais[5] é bastante destacado no estado, superando por larga margem a atuação de outros órgãos no Sudeste e no Brasil, com atuação predominante junto aos pequenos, seguido dos médios e dos grandes produtores.

---

[5] "Quando a orientação técnica for prestada por técnicos da Embrapa, das universidades, das Secretarias de Agricultura, das empresas de extensão rural como Emater, Empaer, EpagriI, Casa da Agricultura e outras" (IBGE, 2007).

Gráfico 7
Participação de cooperativas e governo na prestação de orientação técnica (%)

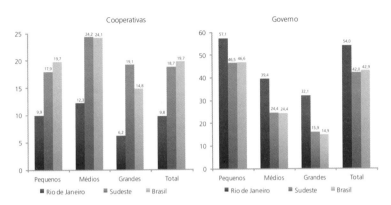

Fonte: IBGE (2011). Elaboração própria a partir dos microdados.

Os produtores são chamados "melhoristas" e promovem com frequência experimentação com variedades, cultivares e insumos de toda ordem em suas propriedades. Os pequenos produtores, por falta de assistência técnica e acesso à tecnologia e a recursos, não fazem experimentação própria. Os médios e grandes produtores, em percentuais elevados — por volta de 45% dos estabelecimentos no primeiro caso e cerca de 60% no segundo —, praticam experimentação própria, orientando suas técnicas de cultivo e exploração agropecuária (gráfico 8).

Gráfico 8
Participação do produtor e de outras fontes*
na prestação de orientação técnica (%)

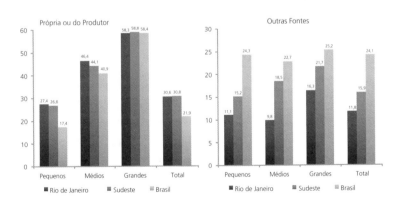

Fonte: IBGE (2011). Elaboração própria a partir dos microdados.
* Inclui: empresas integradoras, empresas privadas de planejamento, ONGs e outras.

3.6 Nível de instrução dos produtores

A tecnologia agropecuária — a decodificação dos pacotes tecnológicos — é exigente quanto à capacidade de o produtor individual reunir todo o conhecimento disponível e aplicá-lo no seu estabelecimento. Isso torna o nível educacional do dirigente rural um fator relevante para a geração de renda. O estado do Rio de Janeiro detém situação favorável, em relação ao Sudeste e ao Brasil, em termos do número de dirigentes não alfabetizados em todas as categorias de porte dos estabelecimentos: pequenos, médios e grandes proprietários/dirigentes: apenas 8%, 4% e 2,7%, respectivamente (gráfico 9).

Gráfico 9
Participação de estabelecimentos com dirigente que
não sabe ler e escrever e com ensino médio completo (%)

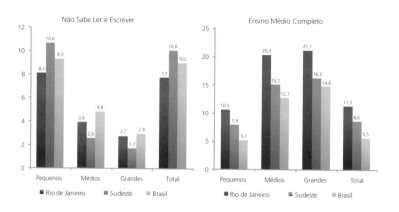

Fonte: IBGE (2011). Elaboração própria a partir dos microdados.

Em relação aos dirigentes com ensino médio completo, os pequenos (os médios e grandes também) estabelecimentos do estado do Rio de Janeiro estão igualmente em situação vantajosa em relação ao Sudeste e ao país.

Finalmente, em relação à formação técnica agrícola e curso superior, o estado está em situação desvantajosa em relação ao Sudeste, principalmente entre os médios e grandes dirigentes rurais (gráfico 10). Não se pode deixar de notar, também, seu baixo nível educacional, quando se constata que entre os grandes (em geral os melhores colocados) 26% tem curso superior completo, 4,7% possui curso de técnico agrícola, e 22% tem ensino médio completo (IBGE, 2011).

Esse é um dos principais entraves à inclusão de maior número de produtores nos benefícios da tecnologia e no bom momento da agropecuária brasileira.

Gráfico 10
Participação de estabelecimentos com dirigente técnico agrícola
e dirigente com ensino superior completo (%)

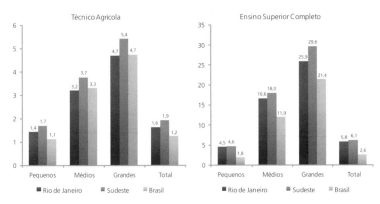

Fonte: IBGE (2011). Elaboração própria a partir dos microdados.

Se os dirigentes rurais têm dificuldade de acesso às novas tecnologias, resta-lhes a opção de aprender por tradição e tentativa e erro, o que consome tempo e não leva a resultados satisfatórios, tendo em vista a evolução da biotecnologia e da genética modernas.

No passado, o ensino fundamental incompleto era satisfatório para decodificar as práticas recomendadas pelas novas tecnologias. Atualmente, dado o nível de sofisticação das tecnologias de ponta, essenciais para a sobrevivência no setor, esse nível de instrução será suficiente somente se aos dirigentes for oferecido treinamento de qualidade sobre práticas agrícolas específicas das atividades que exploram.

Preocupa, em particular, o nível de instrução dos pequenos produtores, se a maior inclusão desse segmento no mercado for uma das metas do processo de desenvolvimento da agropecuária no Rio de Janeiro. O capítulo sobre educação no Rio, neste volume, mostra que a qualidade do ensino médio no Rio é baixa.

3.7 Experiência do produtor

A experiência na propriedade agrícola é importante no domínio da tecnologia recomendada e na geração de renda. Não basta deter os conhecimentos, como também testá-los e adequá-los às características específicas da propriedade.

A condução dos negócios no setor agropecuário, as decisões de quanto, como e onde plantar e que atividade pecuária a ser explorada depende da experiência na atividade. Entretanto, não se pode esquecer que um maior número de produtores mais jovens e bem treinados pode resultar em menor "paralisia" de paradigmas no momento de decisões estratégicas, podendo ter ainda uma percepção dos mercados de insumos e produtos mais adequados à realidade. Além disso, espera-se que, quanto mais jovem, possivelmente maior a propensão a tomar riscos.

O estado do Rio aproxima-se do padrão nacional, no qual os dirigentes rurais com mais de 10 anos de experiência de direção, recenseados em 2006, predominam à frente da propriedade, com participação entre 56% e 60% do total de dirigentes (gráfico 11). No Rio, a proporção de dirigentes com experiência entre cinco e 10 anos era maior que no Sudeste e no país, para pequenos, médios e grandes produtores, variando entre 15% e 20% dos dirigentes. Esse mesmo padrão se observa para dirigentes rurais com experiência entre um e cinco anos (entre 14% e 20%) (IBGE, 2011).

Gráfico 11
Participação de estabelecimentos com produtor que dirige o estabelecimento entre cinco e menos de 10 anos e com 10 e mais anos (%)

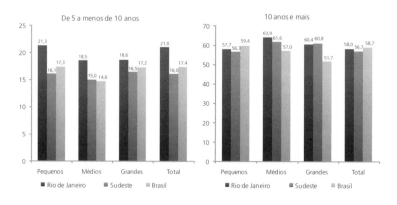

Fonte: IBGE (2011). Elaboração própria a partir dos microdados.

Os dados sugerem a predominância de dirigentes rurais com mais de 10 anos de experiência (em torno de 60%), o que parece ser uma característica comum a todas as regiões analisadas. Ainda assim, não se pode deixar de notar a presença de jovens dirigentes à frente dos estabelecimentos no estado do Rio de Janeiro. Em geral, isso é parte do processo de transferência das propriedades dos pais para os filhos.

3.8 Força de trabalho qualificada

A qualificação da força de trabalho é importante para o desempenho da agricultura, que depende, cada vez mais, do conhecimento de práticas e técnicas de plantio, de controle de pragas e doenças, de manejo do solo, de colheita etc. No Rio de Janeiro, o profissional qualificado é extremamente escasso entre os pequenos produtores. Esse resultado é preocupante, principalmente quando levamos em consideração que são justamente os pequenos produtores que se dedicam à produção de hortaliças e verduras, cultivos intensivos em conhecimento. Nessa atividade, a falta de capacitação da mão de obra é um fator primordial em termos de orientação na aplicação de agroquímicos e defensivos em geral. Isso sem falar na necessidade absoluta de higienização dos processos, da colheita e embalagem, principalmente de hortaliças.

O estado segue o padrão observado no Sudeste e no país com relação à qualificação da força de trabalho nas propriedades. Entre as pequenas propriedades, a proporção de trabalhadores qualificados (6,3%) suplanta a do Sudeste (5,4%) e a do país (3,5%). Entre as médias propriedades, o estado acompanha o padrão (15%); e entre os grandes equivale à posição do Sudeste (24%) e suplanta a do país (20%) (gráfico 12).

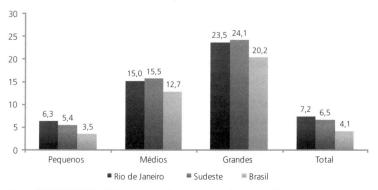

Gráfico 12
Participação dos estabelecimentos que possuem pessoas com qualificação profissional (%)

Fonte: IBGE (2011). Elaboração própria a partir dos microdados.

Vale destacar que, em todas as categorias e regiões, a proporção da força de trabalho com qualificação profissional é baixa, para uma atividade tão exigente em conhecimento.

3.9 Investimentos na agropecuária

A medida do nível de investimento — a proporção das propriedades que fizeram inversões nos seus negócios — é importante para se saber o nível de expectativas de dirigentes e investidores sobre o futuro da agropecuária no estado, no Sudeste e no país, o nível de prospecção de novos negócios e a existência de modelos de negócios viáveis. Vale assinalar que o Rio de Janeiro apresenta uma proporção de estabelecimentos que fizeram investimentos muito inferiores aos demais estados, nos três níveis de porte de produtores (gráfico 13).

Gráfico 13
Participação dos estabelecimentos que fizeram investimento (%)

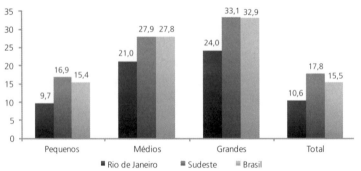

Fonte: IBGE (2011). Elaboração própria a partir dos microdados.

4. Capacidade de geração de renda nas propriedades

A associação entre o nível de instrução do dirigente do estabelecimento e sua capacidade de reunir os conhecimentos disponíveis, adotar tecnologias e gerir adequadamente seus fatores de produção está bem estabelecida na literatura. Mais do que os fatores de produção, são os fatores intangíveis, os ativos do conhecimento (tais como nome e reputação do produtor, marca, experiência, redes de relacionamento e reconhecimento no mercado), que determinam a geração de renda na agricultura moderna e a inserção do pequeno produtor.

Esta seção desenvolve uma análise segundo a classe de renda dos estabelecimentos no estado do Rio de Janeiro, computada a partir dos microdados do Censo Agropecuário 2006 e delimitada segundo metodologia definida em estudo feito pelo Centro de Estudos Agrícolas do Instituto Brasileiro de Economia (Ibre). Nesse estudo foram delimitadas três classes de renda nos estabelecimentos rurais brasileiros (classes A/B, C e D/E) com base na renda líquida definida como o valor líquido da produção (valor bruto da produção menos gastos com insumos) acrescida das rendas procedentes de aposentadorias e pensões, trabalho fora do imóvel rural e transferências do governo obtidas no ano (Lopes et al., 2012).

A classe C foi definida no intervalo de renda líquida entre o limite inferior de R$ 1.261,00 e o superior de R$ 5.438,00 (valores mensais) ou R$ 15.143,00 e R$ 65.264,00 (valores anuais), todos em valores de julho de 2012.

Os mesmos valores de separação das classes foram aplicados para delimitar as 58.493 propriedades do estado do Rio de Janeiro. Esta seção desenvolve uma análise segundo as classes de renda dos estabelecimentos rurais. São analisados o número de produtores, a geração de receitas e o nível de instrução, segundo os grupos de renda.

4.1 Número de estabelecimentos agropecuários segundo classes de renda

Pela análise da distribuição dos estabelecimentos segundo as classes de renda, observa-se que para as classes A/B e C o estado do Rio de Janeiro encontra-se em uma posição intermediária entre as participações dessas mesmas classes no Sudeste e no Brasil, ou seja, menor do que o Sudeste e maior do que o país. Em relação à classe D/E, obtém-se uma participação semelhante à do Sudeste (60%) e menor que a do Brasil (70%), isto é, essa classe é a predominante também no estado, da mesma forma que na região, ainda que seja menor ao compararmos com o Brasil (tabela 2).

Tabela 2
Número de estabelecimentos, por classes de renda

Tamanho	Rio de Janeiro (un)	(%)	Sudeste (un)	(%)	Brasil (un)	(%)
Não informantes	8.783	15,0	104.929	11,4	433.156	8,4
A/B	4.069	7,0	83.408	9,0	300.963	5,8
C	10.530	18,0	179.837	19,5	796.173	15,4
D/E	35.111	60,0	553.923	60,1	3.645.344	70,4
Total	58.493	100,0	922.097	100,0	5.175.636	100,0

Fonte: IBGE (2011). Elaboração própria a partir dos microdados.

4.2 Geração das receitas da produção vegetal, animal e total

Ao compararmos os estabelecimentos segundo classes de renda (A/B, C e D/E), observa-se que as maiores proporções da receita, no total Brasil, são atribuídas à classe A/B de renda (80,4%), seguida da classe C (12,9%) e D/E (6,7%). Esse comportamento é similar ao que se observa no Rio de Janeiro, em que a classe A/B participa com 63,7%, a C, com 22,5%, e a D/E, com 13,8%. Constata-se, porém, que no Rio de Janeiro o percentual da classe A/B na geração de receita é um pouco menor quando comparado ao Brasil. Essa menor participação se repete na geração da receita tanto de lavouras quanto na pecuária (tabelas 3 e 4).

Tabela 3
Rio de Janeiro: receita da produção vegetal, animal e total, por classes de renda

Receitas	Unidade	Não informantes	A/B	C	D/E	Total
Produção vegetal	R$ 1.000	–	531.812	156.446	92.105	780.363
	(%)	–	68,1	20,0	11,8	100,0
Produção de origem animal	R$ 1.000	176	243.802	116.928	76.902	437.807
	(%)	0,0	55,7	26,7	17,6	100,0
Receita total	R$ 1.000	176	787.357	277.416	170.389	1.235.337
	(%)	0,0	63,7	22,5	13,8	100,0

Fonte: IBGE (2011). Elaboração própria a partir dos microdados.

Tabela 4
Brasil: receita da produção vegetal, animal e total, por classes de renda

Receitas	Unidade	Não informantes	A/B	C	D/E	Total
Produção vegetal	R$ 1.000	–	81.986.595	10.250.867	4.648.507	96.885.969
	(%)	–	84,6	10,6	4,8	100,0
Produção de origem animal	R$ 1.000	31.250	25.712.758	7.040.152	4.334.571	37.118.731
	(%)	0,1	69,3	19,0	11,7	100,0
Receita total	R$ 1.000	31.250	107.699.353	17.291.019	8.983.076	134.004.698
	(%)	0,0	80,4	12,9	6,7	100,0

Fonte: IBGE (2011). Elaboração própria a partir dos microdados.

Uma explicação para a menor participação relativa da classe A/B é que o tamanho médio das propriedades do estado não é compatível com a produção intensiva exigida para a geração de renda na agropecuária, conforme é praticada nas demais regiões do país.

4.3 Nível de instrução dos produtores segundo classes de renda

Os dados mostram com clareza que a classe A/B possui níveis mais elevados de instrução que as classes C e D/E, principalmente a partir do ensino médio completo. Os dirigentes com ensino médio completo no Rio de Janeiro possuem uma participação maior que no Sudeste e no país (tabela 5). A situação do estado é menos satisfatória no curso técnico agrícola e ensino superior completo, apresentando em ambos os casos percentagens menores que a do Sudeste.

Tabela 5
Participação de estabelecimentos por nível de instrução do dirigente (%)

	Não sabe ler e escrever				Ensino fundamental (incompleto)				Ensino fundamental (completo)			
	A/B	C	D/E	Total	A/B	C	D/E	Total	A/B	C	D/E	Total
Rio de Janeiro	3,2	5,7	9,1	7,7	46,7	49,2	52,7	50,1	11,0	13,0	12,2	12,4
Sudeste	2,0	4,9	13,9	10,0	33,1	41,3	44,2	41,9	13,6	12,2	9,4	10,8
Brasil	4,6	6,5	10,0	9,0	37,9	48,2	39,2	40,3	12,1	10,1	6,8	7,9

Fonte: IBGE (2011). Elaboração própria a partir dos microdados.

Tabela 5
Participação de estabelecimentos por nível
de instrução do dirigente (%) (continuação)

	Ensino médio (completo)				Técnico agrícola (completo)				Ensino superior (completo)			
	A/B	C	D/E	Total	A/B	C	D/E	Total	A/B	C	D/E	Total
Rio de Janeiro	16,3	13,4	9,1	11,3	2,7	2,4	1,1	1,6	13,0	7,5	4,0	5,8
Sudeste	15,1	10,3	6,1	8,6	4,2	2,3	1,3	1,9	18,7	7,3	3,2	6,1
Brasil	12,1	7,6	4,1	5,5	3,5	1,7	0,9	1,2	11,9	3,8	1,2	2,6

Fonte: IBGE (2011). Elaboração própria a partir dos microdados.

Uma conclusão relevante da análise é que a importância relativa da classe A/B, a de mais alta renda, cresce com os níveis mais elevados de instrução, com destaque no nível superior completo. O oposto se verifica na classe D/E, a de renda mais baixa: quanto maior o nível de escolaridade, menor a participação dessa classe. Isso se verifica no Rio de Janeiro, no Sudeste e no Brasil, fornecendo evidência adicional para a importância da escolaridade na geração de renda na agropecuária.

5. Potencial de crescimento

Recentes diagnósticos das cadeias agropecuárias do leite, café e cana no estado mostram um grande potencial de crescimento (Sebrae-RJ/Faerj, 2006, 2007, 2010a, 2010b).

5.1 Pecuária de corte e leite

No leite, há fazendas com até 80 hectares (média estadual) — isto é, que têm potencial de associação e adesão ao cooperativismo, que são formas de melhorias tecnológicas no Brasil — nas quais em apenas 19% há a ordenha mecânica e 6,7% possuem resfriadores. Antes de serem indicadores que desanimam, pelo contrário, esses índices mostram que há potencial de crescer justamente nesses setores.

Em relação ao potencial da pecuária de corte e leite, onde prevalecem produtores pequenos e médios, há a presença no estado de rebanhos servidos por reprodutores de elevados padrões genéticos, com alto nível de sanidade, com técnicas modernas de manejo de pastagens e dos rebanhos. Aumentos percentuais moderados e médios nas duas atividades fariam diferença na contribuição da pecuária no estado.

Esse crescimento depende de substancial melhoria das pastagens, que se traduziria em maior capacidade de suporte — passando de 0,5 cabeça/ha para 1 cabeça/ha — e maior e melhor produção de leite — dobrando a produtividade média de 10% dos produtores para 1.000 litros/dia. São metas já alcançadas por criadores em outros estados do Sudeste.

Finalmente, para a pecuária (bovinos e leite), metas comuns de certificação das propriedades, rastreamento dos animais, campanhas de controle da aftosa, para que o Rio de Janeiro seja declarado como zona livre da doença sem vacinação, são objetivos importantes, assim como o controle e combate de zoonoses. Metas e ações individuais nessas atividades produzem elevados índices de benefício/custo e, quando adotadas em conjunto, têm resultados em valor maiores do que a soma dos resultados individuais das ações — são estratégias sinérgicas que poderiam aumentar substancialmente o *market share* da agroindústria no estado, nos mercados de carne bovina, leite e produtos lácteos.

5.2 Lavouras permanentes

No caso das lavouras permanentes de cana-de-açúcar e café, nos demais estados líderes de produção desses cultivos, como São Paulo e Paraná — que competem com o Rio de Janeiro de forma competente —, a colheita de ambos os produtos é mecanizada. Uma meta de colheita mecânica de café não é viável porque esse tipo de tecnologia não está disponível para terrenos com forte ondulação, pelo menos por enquanto. Mas, no caso da cana-de-açúcar, a colheita mecânica não só está disponível como é condição fundamental para a sobrevivência da atividade no estado. Uma meta de colheita mecânica em 30% do estado é imperiosa para a competitividade do setor (Sebrae-RJ/Faerj, 2008).

A cana tem rendimento de 65 toneladas por hectare. Pode atingir 70 toneladas facilmente (Sebrae-RJ/Faerj, 2008). Baixos índices tecnológicos indicam grande potencial para crescimento, pois no Brasil as tecnologias já estão disponíveis. Alguns estados já atingiram seu potencial e, com sua moderna tecnologia, pouco têm a ganhar com novas práticas que elevariam os rendimentos. Tal é o caso da cana de São Paulo.

Uma meta importante é o avanço da genética com variedades de café *conillon* e a renovação do plantel varietal da cana-de-açúcar.

Em termos de *market share* do etanol, o estado tem condições de atender 70% da demanda estadual; e, além disso, o bagaço de cana pode atingir elevados índices de aproveitamento em produção de bioenergia. A fixação de metas como essas propostas e a concentração de ações podem revitalizar ambos os setores.

5.3 Reflorestamento

Esse é um setor para o qual é possível almejar metas ambiciosas. O estado tem condições de clima e de relevo com grande vocação para o reflorestamento. De acordo com técnicos e engenheiros florestais do setor privado, é possível atingir o dobro da produtividade do eucalipto, passando para 35 metros cúbicos por hectare/ano. Portanto, pode-se dobrar a produção atual na mesma área (Sebrae-RJ/Faerj, 2008). A produção do estado poderá mais do que dobrar, com a incorporação de novas áreas.

Para se atingir essa meta, é indispensável haver formas de associação de produtores para garantir de forma confiável a produção da matéria-prima suficiente para atrair uma indústria de papel e celulose, e para abrir um canal de fornecimento de eucalipto/carvão para os produtores de ferro-gusa em Minas Gerais.

A meta pode ser atingida com uma associação de produtores/fornecedores de eucalipto e uma central de negócios florestais, com produção planejada para plantio, programada para a colheita e compromissada com compradores.

5.4 Setor de horticultura e fruticultura

O Rio de Janeiro perdeu a posição que detinha no passado de grande produtor de banana e laranja. Depende hoje da importação de outros estados para o abastecimento de frutas em seus mercados. O estado tem uma produção pujante de hortícolas, embora ainda dependa da "importação" de outros estados, pagando um elevado frete. As frutas gravadas pelos fretes — como a laranja de mesa — podem ter metas de produção ambiciosas porque a qualidade da fruta — laranja seleta de Rio Bonito, por exemplo — comanda um preço muito mais elevado do que a laranja de mesa comum de São Paulo.

O potencial da fruticultura irrigada de seis municípios no Norte do estado — cujo município mais importante é Campos dos Goytacazes — é muito pouco explorado. Há oportunidade de fornecimento de elevado volume de frutas para uma planta processadora (Indústria Bela Joana) de produção de sucos, que é um produto cuja demanda cresce no Brasil e no mundo a taxas superiores a 15% anuais, dependendo do tipo de suco e da embalagem.

No setor de horticultura, o padrão de tecnologia e qualidade não deixa nada a dever desse setor em relação a estados que competem com o Rio de Janeiro (São Paulo). No estado há três polos de produção que podem abastecer toda a demanda dos mercados do Rio de Janeiro: Teresópolis, Petrópolis e Sumidouro.

Há espaço para melhorias nesses setores, como obter melhoria na qualidade da apresentação com uso de embaladoras (e embalagens) de menores custos, mas que assegurem melhor aparência do que o acondicionamento em embalagens de caixa de madeira.

É possível otimizar o uso de recursos em um conjunto de atividades inter-relacionadas que, como tal, permitem ações complementares (estratégias sinérgicas) com geração de externalidades em cultivos nos quais o estado tem vantagens comparativas (solos, clima e mão de obra experiente) e competitivas (baixos custos de fretes, mercados dos produtores, Ceasa etc.), além de estar próximo a talvez um dos maiores mercados consumidores do país. As metas de crescimento dessas atividades podem ser ambiciosas, tanto mais porque as sementes de hortaliças e verduras apresentam elevados padrões de produtividade.

Entre as estratégias sinérgicas, capazes de gerar externalidades para todos os cultivos do setor, destacam-se a utilização, aplicação e controle de teores de toxidade dos produtos agroquímicos. Essa é uma estratégia que atende a duas exigências: a ambiental e a demanda de consumidores conscientizados da importância de menores teores de agrotóxicos nos alimentos. Com algumas ações nessa linha é possível abastecer o dobro do que a produção estadual já abastece os mercados do estado, ou seja, atingir 60% do que os fluminenses consomem (Sebrae-RJ/Faerj, 2008).

O maior potencial do estado está na organização de um setor, ainda muito desestruturado, onde há espaço para se reduzir custos e viabilizar muitas associações de negócios. As vantagens de associação de negócios estão claras e há múltiplos exemplos no Brasil, onde os produtores estão descobrindo as vantagens de trabalhar em conjunto, e criar cadeias de negócios para buscar, em conjunto, novos mercados para prospectar novos negócios. A experiência recente do agronegócio brasileiro mostra que o que mais favorece a criação de um ambiente inovador na organização é a valorização do capital humano, novos paradigmas de competência, baixa dependência do Estado, integração avançada entre a agroindústria e fornecedores de matéria-prima, prospecção de novos negócios e agregação de valor. Seguindo estes passos, o Rio de Janeiro pode aos poucos descobrir as experiências bem-sucedidas no Brasil — o Brasil agrícola que está dando certo.

6. Principais obstáculos ao crescimento

Na agropecuária brasileira há muitos obstáculos ao crescimento. Muitas das dificuldades são transversais, afetam muitas atividades do setor, como a insegurança jurídica e regulatória, em larga medida associadas às legislações trabalhistas e ambientais. Esta seção se concentrará nos obstáculos mais importantes.

6.1 Obstáculos comuns a diversos setores

6.1.1 Efeitos das legislações e regulamentações na agropecuária

A legislação e as subsequentes regulamentações pertinentes à conservação e preservação ambiental contêm inúmeros dispositivos que não são muito claros. Há uma latitude de interpretação pelos agentes de fiscalização que é ampla demais para uma questão tão grave. O que se sabe é que muitos produtores se defrontam com elevados passivos ambientais, sem possibilidades de administrá-los, apesar do desejo de muitos de cumprir a lei e os regulamentos.

Para fazer frente às exigências das legislações e regulamentações, os produtores estão sujeitos a ações que acarretam custos elevados, como contratar: a) quadro reforçado de pessoal da contabilidade; b) serviços advocatícios nas áreas tributária, trabalhista e até penal (um processo na área ambiental desdobra-se em um cível e outro penal); c) advogado especializado na área ambiental; d) consultorias nas áreas ambiental e florestal; d) especialista em georreferenciamento; e e) despachante para acompanhar a tramitação de todos os processos na área de conhecimento em questão.

O custo mais elevado ocorre quando todos esses processos impactam a vontade de seguir produzindo com o empenho que a eficiência necessária exige para manter a competitividade. Tem se verificado através do contato direto com produtores que muitas vezes eles possuem os recursos para investir, mas hesitam em razão do risco muito elevado de multas e penalidades. Em relação a esses custos, os pequenos e médios produtores estão em desvantagem, pois as penalidades podem inviabilizar sua permanência no setor, enquanto o grande produtor tem maior capacidade de arcar com eles.

Além disso, deve-se levar em consideração o custo de oportunidade das terras deixadas em reserva legal, que pode parecer um ponto pacífico (a reserva), mas não é, principalmente no estado do Rio, onde a terra é um recurso escasso e 50,8 mil de um total de 58,5 mil estabelecimentos recenseados em 2006 são de pequeno porte (até quatro módulos).

Todos esses custos decorrem e variam diretamente com o risco institucional, para o qual não há seguro. É, portanto, elevado o risco decorrente da falta de garantia de regras estáveis para a gestão ambiental nas propriedades e de soluções aceitáveis pelas disputas na questão das multas.

6.1.2 Efeitos da tecnologia

Outro entrave ao crescimento do agronegócio no Rio de Janeiro é a disponibilidade de soluções tecnológicas capazes de assegurar condições de se competir com estados relativamente mais eficientes.

A tecnologia biológica (sementes e fertilizantes) pode não depender tanto de escala, sendo acessível aos pequenos produtores — que são em maior número no Rio de Janeiro. Entretanto, a tecnologia mecânica (tratores e colheitadeiras) depende essencialmente de escala. Assim, as limitações de ordem tecnológica impedem o crescimento no estado de alguns cultivos rentáveis, como café e cana.

Os produtores pedem a geração de tecnologia com assistência técnica, difusão de tecnologias, orientação técnica eficiente e disponibilidade de técnicos em número adequado. Contudo, muito do que se necessita é incompatível com o tamanho das propriedades.

6.1.3 Efeito do financiamento

Outro empecilho importante é o financiamento das atividades agropecuárias no estado. O crédito é escasso no Brasil como um todo. Todas as regiões, estados, atividades agropecuárias e produtores individuais competem por recursos escassos, porquanto a agropecuária é percebida como um setor de maior risco relativo. Esse é reconhecidamente um obstáculo para a agropecuária do estado atingir elevados níveis de desempenho, mas pouco se pode fazer porquanto a competição por fundos de crédito rural se processa, em escala, de novo, nacional e por atividades e propriedades, com base em projetos. O agente financeiro prioriza as garantias, mas não dispensa projetos economicamente viáveis. O Rio de Janeiro não tem apresentado projetos que atraiam recursos dos bancos públicos e privados à altura de suas necessidades. Isso tem sido citado, com frequência, pelos dirigentes do agronegócio no estado, levando a crer que seja uma questão crônica de investidores com recursos próprios limitados.

6.2 Investimento estratégico em ações específicas

Com o êxodo rural, uma linha de ação que desfruta de relativa unanimidade entre os dirigentes e empreendedores na agroindústria do estado é a formação, capacitação e treinamento da mão de obra especializada. Hoje, de acordo com depoimentos de empresários e técnicos no estado, há escassez, em ordem de importância, na especialidade de produção intensiva de leite; na especialização de produção de lácteos; em higienização de instalações de processamento e industrialização de produtos lácteos; e outros técnicos nessa linha, uma vez que esse setor está em franco crescimento no estado.

É claro que essa linha de ação não é suficiente para resolver o problema de escassez de mão de obra no campo no Rio de Janeiro. Não podemos esquecer todos os demais setores demandantes de uma força de trabalho qualificada. A mão de obra está escassa em todas as atividades.

O estado dispõe de um serviço de treinamento profissional que tem ações relevantes para se resolver, pelo menos em parte, dentro das limitações de recursos, a questão da quantidade e qualidade do trabalho no campo através das linhas de ação do Serviço Nacional de Aprendizado Rural (Senar).

A partir de 2007 (até 2011), o Senar realizou, no estado do Rio de Janeiro, 1.698 eventos de treinamento, que envolveu 32.513 participantes e 42.593 horas de carga horária na linha da formação profissional rural. Na linha de capacitação para a promoção social, foram realizados 411 eventos, com a participação de 8.204 trabalhadores rurais, com uma carga horária de 12.032 horas de aulas.

Finalmente, outra vertente de ação é a de melhoria das condições de comercialização. Esse é outro investimento estratégico a ser priorizado.

As cadeias do setor agropecuário são frágeis, no sentido de falta de organização e governança — a julgar por experiências de outros produtores, em outros estados em condições idênticas às do Rio de Janeiro. Em mercados agrícolas, a produção é atomizada e os compradores são poucos. A organização dos produtores não tem o objetivo de criar uma situação de confrontação entre produtores e agentes de mercado, mas de criar valor adicionado da "porteira da fazenda para fora", nas etapas de transporte, beneficiamento, processamento e industrialização, agregando-se valor da matéria-prima a alimentos.

A organização da comercialização começa na organização da produção. Essa organização é o primeiro e mais importante passo na melhoria das condições de comercialização.

No Brasil, há inúmeras formas de organização da produção que tiveram impacto na eficiência e na lucratividade da agropecuária. O regime de consórcios e condomínios agrários foi bem-sucedido em quase todas as atividades agropecuárias, independentemente do porte do produtor e do local.

Os consórcios e condomínios agrários são opções de organização de produtores visando a exploração comum de um negócio agropecuário. Um condomínio pode ser formado para administrar um conjunto de propriedades ou arrendar terra de proprietários e nela instalar uma exploração agropecuária. Um consórcio pode servir para os associados comprarem máquinas e explorarem uma área em forma associativa para atingir a escala que as máquinas modernas exigem.

A formação de um consórcio é uma forma flexível e desburocratizada que permite não somente o arrendamento ou parceria de terras, mas também a aquisição de bens de capital necessários para a atividade agropecuária, pois o financiamento por meio do crédito é muito oneroso.[6]

---

[6] Existem muitos consórcios e condomínios no Brasil. Os mais antigos são os da Lagoa de Três Cantos, no Rio Grande do Sul, onde os produtores organizaram uma "patrulha mecanizada" para prestar serviços de preparo do solo e colheita para os produtores do condomínio. Outro exemplo importante está no alto rio Jacuí, onde a Cooperativa Cotrijal fomentou o crescimento para terminação de suínos, in-

No estado há dificuldades de negócios associativos em diversos setores. A falta de espírito associativo prejudica os investimentos, porquanto reduz a capacidade empresarial de decisões coletivas ou decisões tomadas somando-se todo conhecimento e experiência de um aprendizado coletivo. Muitos negócios, produtores e empresas precisam de competência para encontrar uma saída diante de baixa rentabilidade, perda de competitividade e/ou endividamento. A experiência de outras regiões do país tem mostrado que, nas formas associativas, havendo propósito e liderança, é possível encontrar saída para gargalos e dificuldades dos empreendimentos na agropecuária.

No tocante à associação de negócios, tem havido o crescimento, como nunca no país, do arrendamento de parcelas de terra e propriedades inteiras; de consórcios e condomínios agrários para a exploração de propriedades, utilização coletiva de maquinário e de unidades de armazenamento; de consórcios para compra de insumos e formas associativas de venda da produção. Em Minas Gerais e em São Paulo têm prosperado associações de produtores (suinocultura) e associação de cooperativas (leite); alianças mercadológicas (no caso da carne bovina) e outras formas de parcerias pecuárias; e arranjos produtivos locais. São formas de associações de negócios que visam à redução de custos na compra de insumos, na armazenagem e na comercialização.

É difícil hoje a sobrevivência no setor sem a soma, dentro de um grupo de produtores, de conhecimentos, experiências e competências, em formas de alianças mercadológicas, tanto mais porque a agricultura é uma indústria aberta — não tem barreiras à entrada de novos concorrentes — e a indústria dos frigoríficos é concentrada — com poder de mercado na compra dos animais de abate —, uma combinação desvantajosa para pequenos e médios produtores pecuários.

Experiências bem-sucedidas indicam que não há progresso onde os produtores de uma comunidade ou uma dada região dedicam-se apenas aos aspectos tecnológicos e operacionais dentro das propriedades, desconsiderando a questão mercadológica.

---

clusive cedendo um veterinário para trabalhar tempo integral nesses condomínios. Hoje eles cresceram muito. Dois condomínios do Mato Grosso são muito importantes: o Condomínio Marechal Rondom e o condomínio chamado de Consórcio de Produtores Rurais Campo Novo dos Parecis. Hoje se estima que haja mais de 300 arranjos associativos dessa natureza no Brasil. Para o leitor interessado, recomendamos o acesso ao site: <www.maurorezendelopes.com.br/vivaTerra/index.html>.

Para a pecuária bovina — e para quase todas as atividades agropecuárias — as formas de os produtores fazerem um reposicionamento mercadológico são as alianças mercadológicas. Elas nasceram a partir da consciência dos produtores de que haveria aproveitamento de oportunidades e nichos de mercado para a oferta de um produto diferenciado. Essa percepção de mercado partia de maiores exigências de alguns consumidores das classes mais elevadas de renda. A crescente importância dos super e hipermercados exigia coordenação e governança das cadeias de suprimento, com produção programada e garantida de produtos de rígidos padrões de qualidade.[7] Além disso, o mercado exigia diferenciação através de marcas e selos de qualidade, surgindo alianças estratégicas entre processadores, produtores e distribuidores.[8]

Uma dificuldade muito comum no setor agropecuário brasileiro, que limita o desenvolvimento da agroindústria do estado, é a falta de arranjos produtivos locais (APLs). APLs são formas avançadas de organização agroindustrial capazes de gerar capacidade competitiva, por meio de organização para um conjunto de produtores e agroindústria se beneficiar de economias de escala e escopo. Quando atingem os mais elevados níveis de amadurecimento, tornam-se agriclusters[9] — uma das formas mais encontradas em regiões com elevados padrões de organização, com compromisso com a competitividade.

De acordo com Michael Porter (1998), os APLs (que evoluíam em muito maior escala para clusters e agriclusters) são "Uma concentração de empresas e instituições que geram capacidade de inovação e conhecimento favorecendo a construção de vantagens competitivas".

---

[7] Pesquisas dos autores em revistas especializadas.

[8] O sistema teve início na produção de novilhos precoces no Mato Grosso do Sul, para atender a demanda exigente do frigorífico Naviraí e do supermercado Carrefour. No Rio Grande do Sul as alianças passaram a oferecer produtos diferenciados para os supermercados Zaffari, para os frigoríficos Mega e Extremo Sul. Selos de qualidade foram criados para atender a especificação de carnes em cortes especiais para o Zaffari. Criou-se ainda nova aliança na categoria de carne no topo das preferências dos consumidores, como no caso do Gold Beef. Mais tarde aderiram a essas alianças os frigoríficos, como o caso do Bertin e de supermercados como o Sé e o Pão de Açúcar.

[9] Um cluster é um conglomerado de empresas que pela complementaridade geram elevados padrões de competitividade. Ele existe no setor industrial. Quando um cluster produz produtos agrícolas, ele é chamado de agricluster. Um APL é um agricluster em formação, porquanto, ao contrário do agricluster, faltam ainda instalar no local empresas fornecedoras de produtos e serviços essenciais. No APL, os produtos provêm de outros estados e regiões.

Os APLs e os agriclusters são formas avançadas de organização do agronegócio. É uma expressão de sinergia de negócios associativos: o conjunto do negócio vale mais que a soma dos negócios individuais.

O estado está nesse caminho. Já têm APLs em diversos níveis de maturidade, inclusive alguns caminhando para o *status* de agriclusters. Os casos mais conhecidos são os mencionados a seguir (quadro 1), onde identificamos os setores agroindustriais e suas localizações.

Quadro 1

Setores	Localizações
Cana-de-açúcar	Campos dos Goytacazes
Hortifrutícolas	Teresópolis, Petrópolis e Sumidouro
Flores e plantas ornamentais	Nova Friburgo, Teresópolis e Petrópolis
Frutas cítricas	Rio Bonito
Fruticultura irrigada	Campos dos Goytacazes e mais cinco municípios
Leite	Campos, Itaperuna e Valença
Carne bovina	Cachoeiras de Macacu, Paraíba do Sul e Silva Jardim
Agroindustrialização	Itaperuna e Três Rios (diversos produtos)
Aves e ovos	Vale de São José do Vale do Rio Preto e mais seis municípios

Fonte: Levantamento feito pelos autores.

Nesse quesito importante o estado vai se superando, mas há potencial para esses APLs se tornarem agriclusters.

7. Conclusões

O desempenho da agropecuária indica que o estado não está usando todo o seu potencial na produção de cana-de-açúcar, das atividades de pecuária de corte e leite e da fruticultura. Há espaço para aumentar a produtividade em muitas destas atividades e, por meio da tecnologia, abrir novas áreas de atuação, principalmente diante do potencial de sua inserção em um dos maiores mercados consumidores do Brasil, e das vantagens competitivas que isso representa. O estado tem muito boas condições logísticas.

Com custos crescentes dos fretes, que gravam as linhas de suprimento de produtos, provenientes de outros estados, a produção local e estadual estará em vantagem em relação a outros estados e regiões que abastecem os mercados do estado.

O estado tem capacidade ociosa em termos de terra, infraestrutura e capital humano (se treinado). Não está usando todo o capital empresarial que possui, podendo ser valorizada a agroindústria fluminense se selecionadas atividades voltadas para o mercado; como no caso, muito bem-sucedido, da horticultura. Outros estados próximos aos centros de consumo não apresentam o mesmo potencial do Rio, porque já plenamente ocupados e com tecnologia de ponta.

Na agroenergia, por exemplo, a região de Campos pode expandir-se e formar um conglomerado de usinas com poder competitivo. Na região há seis usinas, alimentadas por cerca de 8 mil fornecedores de cana, tudo isso muito perto dos centros de consumo de etanol, com possibilidades de geração de energia elétrica com o bagaço de cana.

Em relação aos aspectos que dificultam os avanços do setor agropecuário do estado, pode-se citar a insegurança jurídica como um dos fatores que mais contribuem para inibir os investimentos capazes de acelerar o crescimento do setor agroindustrial no estado. Em alguns setores, como no setor sucroalcooleiro, que é importante para o Rio de Janeiro, embora os produtores e as usinas disponham de recursos para investir, os custos de cumprir a legislação são elevados o suficiente para desmotivar novas inversões na atividade. Isso também ocorre em grande parte do Sudeste.

Outro entrave ao crescimento do agronegócio no Rio de Janeiro é a baixa disponibilidade de soluções tecnológicas capazes de assegurar condições de se competir com estados relativamente mais eficientes. Há a necessidade de desenvolvimento de variedades e práticas de varejo adaptadas às microrregiões do estado.

O estado carece ainda de formas avançadas de organização do agronegócio, como os consórcios e condomínios agrários — para criação de sinergias e escalas econômicas. Carece de alianças mercadológicas — para a organização da comercialização —, ambos pontos nevrálgicos no crescimento do setor agropecuário fluminense. Sem empatia entre produtores e entre esses e os agentes de mercado, o agronegócio encontrará dificuldades de prosperar no estado.

Os arranjos associativos em nível local avançaram no Brasil na prospecção de novos negócios e novos mercados. Não se pode deixar de conhecer experiências vivenciadas por comunidades de produtores em outros estados nas mesmas condições dos produtores do estado.

Por último, o Rio de Janeiro não está usando a vantagem que detém, pela proximidade de um grande centro de formação de capital humano. Outro capítulo deste livro mostra que a qualidade da educação no Rio de Janeiro, como no resto do país, é baixa.

Referências

IBGE. *Censos agropecuários* — vários anos. Disponível em: <www.sidra.ibge.gov.br>. Acesso em: 16 jul. 2012a.

_____. *Censos demográficos de 1980 e 2010*. Disponível em: <www.sidra.ibge.gov.br>. Acesso em: 16 jul. 2012b.

_____. *Manual do recenseador do censo agropecuário 2006*. Rio de Janeiro, 2007.

_____. *Microdados do censo agropecuário 2006*. Rio de Janeiro, 2011.

_____. *Pesquisa pecuária municipal*. Disponível em: <www.sidra.ibge.gov.br>. Acesso em: 16 jul. 2012c.

_____. *Pesquisa trimestral de abates de animais*. Disponível em: <www.sidra.ibge.gov.br>. Acesso em: 16 jul. 2012d.

_____. *Produção agrícola municipal*. Disponível em: <www.sidra.ibge.gov.br>. Acesso em: 16 jul. 2012e.

_____. *Produto Interno Bruto dos municípios*. Disponível em: <www.sidra.ibge.gov.br>. Acesso em: 16 jul. 2012f.

LOPES, I. V. et al. Perfis das classes de renda rural no Brasil. *Revista de Política Agrícola*, n. 2, p. 21-28, abr./maio/jun. 2012.

LOPES, M. R. *Cenário e perspectivas do agronegócio fluminense*. Sebrae-RJ; Faerj; Ibre, Rio de Janeiro, 2007.

_____. Rio de Janeiro: a última fronteira. *Conjuntura Econômica*, v. 64, n. 3, p. 66-67, mar. 2010.

MAPA. Ministério da Agricultura, Pecuária e Abastecimento. *Zoneamento agroecológico do estado do Rio de Janeiro*. Boletim de Pesquisa e Desenvolvimento n. 33, Embrapa. Rio de Janeiro: Embrapa Solos, 2003. 113 p.

PORTER, M. Clusters and the new economics of competition. *Harward Business Review*, v. 76, n. 6, p. 77-90, Nov./Dec.1998.

SEBRAE-RJ/FAERJ. *Coleção fazenda legal*. Diversos volumes. Rio de Janeiro, 2007.

_____. *Diagnóstico da cadeia produtiva da cana-de-açúcar do estado do Rio de Janeiro*. Rio de Janeiro, 2006.

_____. *Diagnóstico da cadeia produtiva da pecuária de corte do estado do Rio de Janeiro*. Rio de Janeiro, 2010a.

_____. *Diagnóstico da cadeia produtiva do leite do estado do Rio de Janeiro*. Rio de Janeiro, 2010b.

_____. *Diagnóstico da cafeicultura do estado do Rio de Janeiro*. Rio de Janeiro, 1999.

_____. *Seminário fazenda legal*: direcionamento estratégico do agronegócio fluminense. Vassouras, RJ, 20 a 22 de fevereiro de 2008. Em associação com o Sebrae-RJ. Disponível em: <www.faerj.com.br/downloads/PLANEJ%20ESTRAT.pdf>.

Capítulo 5

As exportações fluminenses: a maldição dos recursos naturais?

*Lia Valls Pereira**

1. Introdução[1]

O debate sobre a "maldição dos recursos naturais" ganhou intensidade no Brasil nos últimos anos a partir da escalada dos preços dos produtos básicos de exportação. Essa maldição se refere à aparente contradição de que uma melhora dos termos de troca do país, ao par dos ganhos de curto prazo em termos de poder de compra, possa ter consequências negativas de médio prazo. No caso, estas estariam associadas à "primarização" da pauta de exportações e ao consequente aumento da vulnerabilidade das contas externas, assim como à valorização cambial e à desindustrialização, fatores que passaram a ser conhecidos como sintomas da "doença holandesa".

O estado do Rio de Janeiro oferece um bom estudo de caso para analisar esse processo, ainda que, por não ter uma taxa de câmbio independente, os efeitos da doença holandesa no estado tendessem a se manifestar mais lentamente. O Rio passou da nona para a terceira posição no *ranking* dos estados exportadores brasileiros entre 2000 e 2008. Essa significativa melhora de posição está associada principalmente aos ganhos obtidos com as exportações de óleos brutos de petróleo, que passaram a representar, em média, cerca de 60%

---
* Ibre/FGV e FCE/Uerj.
[1] Agradeço o apoio técnico na elaboração das estatísticas de André Luiz Silva de Souza, funcionário do Ibre/FGV, Claudio Amaral Azzi, bolsista CNPq, e Valeria Soares de Andrade, estagiária do Ibre/FGV.

a 70% das exportações fluminenses, a partir de meados da primeira década do século XXI.[2]

Como visto em outros capítulos deste livro, esse aumento da importância do setor petróleo alterou de forma relevante a estrutura produtiva do estado. Este capítulo não pretende, porém, avaliar se e em que escala o estado sofre de uma doença holandesa. Seu objetivo é mais modesto. Trata-se de mostrar, principalmente através de uma descrição gráfica, a evolução das exportações fluminenses no período 2000-11. A hipótese que norteia essa análise é a de que o "petróleo" abriu novas oportunidades na pauta de exportações e, além disso, que existem outras iniciativas no âmbito dos municípios.

O capítulo está organizado da seguinte forma. Além dessa introdução, a seção dois apresenta as principais características que marcaram o desempenho das exportações fluminenses no período 2000-11, onde são apresentados indicadores de concentração da pauta. A terceira seção apresenta uma análise das exportações da indústria de transformação, com o objetivo de avaliar a pauta exclusive petróleo e identificar novos setores exportadores. É destacada nessa seção a diversificação espacial das exportações por municípios. Em seguida, são sugeridos os principais setores que poderão alavancar as exportações do estado. Por último, a seção quatro conclui o trabalho.

2. Principais características dos fluxos de comércio exterior fluminense

A corrente de comércio exterior (exportações mais importações) do Brasil cresceu a uma média anual de 14% entre 2000 e 2011, passando de US$ 110 bilhões para US$ 486 bilhões. No estado do Rio de Janeiro, a média anual de expansão superou a do Brasil — 20% — com a soma de exportações e importações subindo de US$ 6,8 bilhões para US$ 48,4 bilhões.[3]

O crescimento da corrente de comércio fluminense foi liderado pelas exportações. Entre 2000 e 2011, a taxa de expansão média anual das exportações fluminenses foi de 28,7%, contra 15% para o Brasil (gráfico 1). Nas importações (gráfico 2), a diferença é pequena — Brasil, 13,6%, e Rio de Janeiro, 13%.

---

[2] No ano 2000, a participação do petróleo era de 8,6% no total exportado pelo estado.
[3] No Brasil, as estatísticas de comércio exterior consideram as exportações por estado segundo o local produzido e por município, o domicílio fiscal da empresa exportadora.

Gráfico 1
Crescimento médio anual das exportações: Brasil e estado do Rio de Janeiro

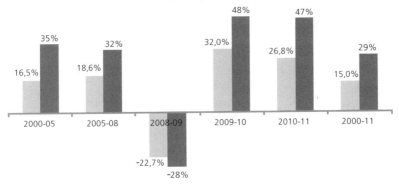

Fonte: Secex/MDIC. Elaboração: Ibre/FGV.

Gráfico 2
Crescimento médio anual das importações: Brasil e estado do Rio de Janeiro

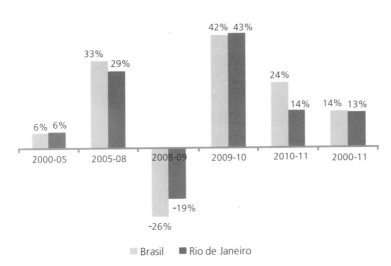

Fonte: Secex/MDIC. Elaboração: Ibre/FGV.

Qual a importância do comércio exterior para o estado? O crescimento do comércio exterior elevou o coeficiente de abertura comercial do estado de

9% para 14,6% entre 2000 e 2009.[4] No entanto, em 2009 o comércio mundial registrou uma queda de 12% (comparação entre 2008 e 2009, em termos de quantidade). Todos os coeficientes relativos ao comércio exterior caíram e, logo, destacamos para efeito de comparação o ano de 2008, quando o grau de abertura comercial foi de 18% no estado. O aumento de nove pontos percentuais em comparação ao resultado desse indicador no ano 2000 foi devido, principalmente, ao desempenho das exportações — a participação dessas no PIB fluminense passou de 2,4% para 10%, e das importações, de 6,6% para 7,8%.

A importância do comércio exterior na economia fluminense, porém, é menor do que no Brasil, que registrou coeficiente de abertura comercial de 22,5%, no ano de 2008, sendo o coeficiente exportado de 12% e o coeficiente importado de 10,5%. Quando comparamos com a maior economia do país — estado de São Paulo —, os resultados mostram que, assim como para o Brasil, a principal diferença está no coeficiente de importação, que foi 4,5 pontos de percentagem (pp) acima do fluminense, enquanto o coeficiente exportado foi 0,7 pp menor.[5] Assim, o aumento de importância do comércio exterior na economia do estado não resultou em uma melhoria no *ranking* da abertura comercial entre os estados brasileiros — desde 2004 o Rio de Janeiro é o 13º colocado.

No *ranking* dos estados exportadores, porém, o estado passou de nono para terceiro colocado entre 2000 e 2008 e se mantém nessa posição, exceto em 2009 (gráfico 3). O aumento da participação das exportações fluminenses, de 3,3% para 11,5% no total das exportações brasileiras entre 2000 e 2011, é explicado pela crescente importância dos produtos que o estado exporta na

---

[4] O coeficiente de abertura comercial é a participação da soma das exportações e importações no produto interno bruto. O último dado oficial do PIB dos estados brasileiros é do ano de 2009.

[5] Possíveis explicações para o menor coeficiente de importações fluminense: a oferta de facilidades para desembaraço das importações em outros estados (isenções fiscais, como nos portos do Espírito Santo, e/ou qualidade da infraestrutura portuária e dos aeroportos); logística de distribuição (a densidade industrial do Rio de Janeiro comparada com São Paulo, por exemplo). O estudo de Campos Neto e colaboradores (2009) classificou o Porto do Rio de Janeiro em terceiro lugar a partir de um conjunto de critérios: área geográfica de influência; porte (grande, médio ou pequeno); participação do porto no comércio internacional do Brasil; número de setores de atividade econômica atendidos (acima de US$ 100 milhões); âmbito de atuação dos portos (nacional, regional ou local); e valor agregado médio dos produtos transacionados. No *ranking* dos portos classificados pela participação de suas importações nas importações totais do Brasil, porém, o porto do Rio está em quinto lugar.

pauta brasileira. Dois indicadores confirmam esse fato. A participação das exportações totais de produtos brasileiros coincidentes com as exportações fluminenses na pauta brasileira passou de 42% para 63% no período analisado. A razão entre as exportações do estado e as exportações brasileiras desses mesmos produtos cresceu de 8% para 18%.

Gráfico 3
Posição do estado do Rio de Janeiro
e participação nas exportações brasileiras

Fonte: Secex/MDIC. Elaboração: Ibre/FGV.

A participação das exportações fluminenses no total Brasil ainda está longe do primeiro colocado — São Paulo (23,4% em 2011). A diferença em relação a Minas Gerais, o segundo colocado, porém, foi apenas de 4,7 pontos percentuais (pp) em 2011. Em 2000, a diferença com São Paulo era de 32,6 pp e com Minas Gerais de 8,9 pp.

Todos os indicadores mostram, portanto, melhora no desempenho exportador do Estado do Rio de Janeiro no período de 2000 a 2011.

2.1 O perfil das exportações fluminenses: "a primarização da pauta"

O aumento no preço das principais commodities agrícolas e minerais associado ao efeito China levou a uma mudança na pauta das exportações brasileiras na primeira década do século XXI. Em 2000, as manufaturas respondiam por 59% do total exportado pelo país, e, em 2011, esse percentual havia caído para 36% (gráfico 4).

Gráfico 4
Participação (%) por fator agregado das exportações brasileiras

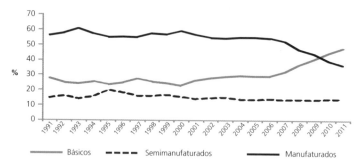

Fonte: Secex/MDIC. Elaboração: Ibre/FGV.

No caso do Rio de Janeiro, essa mudança foi mais acentuada. Entre 1991 e 1999, a média da participação das manufaturas nas exportações fluminenses foi de 83%, enquanto nas exportações totais brasileiras a média foi de 57%. No entanto, a partir de 1999 teve início um movimento de queda dessa participação. Assim, em 2011, 22% das exportações fluminenses eram de produtos manufaturados e 68% de produtos básicos (gráfico 5).

Gráfico 5
Participação (%) por fator agregado das exportações fluminenses

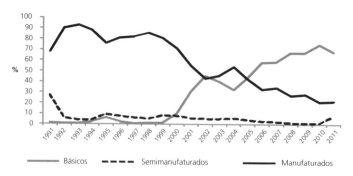

Fonte: Secex/MDIC. Elaboração: Ibre/FGV.

As exportações fluminenses: a maldição dos recursos naturais?

Existe, entretanto, uma diferença importante entre a "primarização" da pauta fluminense e a brasileira. No Brasil, a cesta de produtos básicos é relativamente diversificada. No ano de 2011, a participação dos principais produtos no total das exportações de produtos básicos foi: minério de ferro (34%); óleos brutos de petróleo (18%); farelo e soja em grão (18%); carnes (11%); e café em grão (6,5%). Sessenta e cinco produtos explicam 99% da pauta de produtos básicos. No caso do estado do Rio de Janeiro, somente um produto — óleos brutos de petróleo — explicou 68% do total exportado e 99,8% das exportações de básicos, no ano de 2011. O petróleo contribui com 72% para o aumento das exportações do estado entre 2000 e 2011.

Deve ser destacado que as exportações fluminenses de petróleo não só são importantes para o estado, como também determinam o desempenho das exportações brasileiras desse produto. O gráfico 6 mostra que as exportações brasileiras coincidem em valor com as fluminenses no ano 2000 — US$ 158 milhões. A partir desse ano foi iniciado o "*boom*" das exportações de petróleo, que cresceram a uma taxa média anual de 56% (Brasil) e 55% (estado do Rio de Janeiro). A participação do estado nas exportações totais do país foi de 92% em 2011.

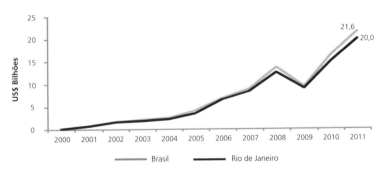

Gráfico 6
As exportações de óleos brutos de petróleo brasileiras e fluminenses (US$ bilhões)

Fonte: Secex/MDIC. Elaboração: Ibre/FGV.

A importância do petróleo no comércio exterior fluminense está igualmente presente na pauta de importações, em que a média anual de crescimento entre 2000 e 2011 foi de 11%.[6] A participação do produto nas importações

---

[6] O Brasil precisa importar petróleo leve, pois a sua produção é de petróleo pesado.

totais do estado variou entre 36% e 44%, entre os anos 2000 e 2008. No último triênio analisado caiu e ficou entre 27% e 29%.

O petróleo é, portanto, um dos principais determinantes no saldo da balança comercial fluminense (gráfico 7). O saldo da conta petróleo passou de um déficit da ordem de US$ 1 bilhão para um superavit de US$ 16,4 bilhões entre 2000 e 2011. O estado registrou superavits no saldo total a partir do ano 2004, e chegou em 2011 a um valor de US$ 10,5 bilhões.

A crescente participação do petróleo nas exportações levou ao aumento do grau de concentração medido pelo índice de Herfindahl-Hirschman (IHH).[7] O IHH das exportações do estado do Rio de Janeiro cresceu 1.598% entre 2000 e 2011; entre 2000 e 2002, a variação foi de 666%, e, no período de 2002 a 2011, de 121% (gráfico 8). Comparamos o comportamento do IHH das exportações dos sete principais estados exportadores entre 2002 e 2011 (gráfico 9). O IHH fluminense é o mais elevado no ano de 2011 e o crescimento no período só foi menor do que o de Minas Gerais (238% entre 2002 e 2011).

Gráfico 7
Saldo da balança comercial fluminense de petróleo e total (US$ bilhões)

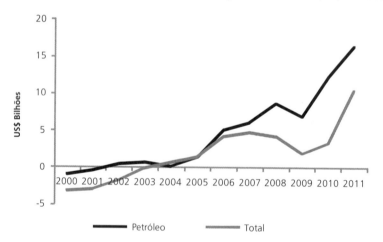

Fonte: Secex/MDIC. Elaboração: Ibre/FGV.

---

[7] A concentração foi medida pelo índice de Herfindahl-Hirschman, ou IHH, que é a soma do quadrado das participações das exportações (classificadas pela Nomenclatura Comum do Mercosul 8 dígitos). O índice foi multiplicado por 100 e varia de 1 a 100.

As exportações fluminenses: a maldição dos recursos naturais?

Gráfico 8
Índice de Herfindahl-Hirschman (IHH) das exportações fluminenses

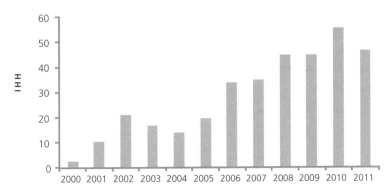

Fonte: Secex/MDIC. Elaboração: Ibre/FGV.

Gráfico 9
IHH dos principais estados exportadores do Brasil — 2002 e 2011

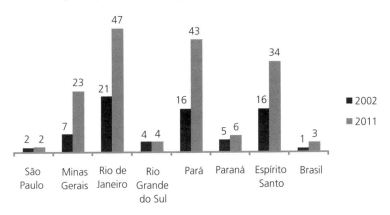

Fonte: Secex/MDIC. Elaboração: Ibre/FGV.

Existe alguma relação entre a composição da pauta exportadora e seu grau de concentração? O gráfico 10 mostra que os estados com pautas exportadoras concentradas em produtos básicos no ano de 2011 foram também os que registraram os maiores IHH. A correlação simples entre a participação de básicos e o índice de concentração foi de 0,6 em 2002, e de 0,8 em 2011. No entanto, no Rio Grande do Sul, apesar da elevação da participação das exportações de básicos, o IHH se manteve estável. Como seria esperado, o que determina a concentração não é a natureza da exportação, mas a abrangência da cesta.

Gráfico 10
A participação (%) dos produtos básicos nas exportações dos principais estados

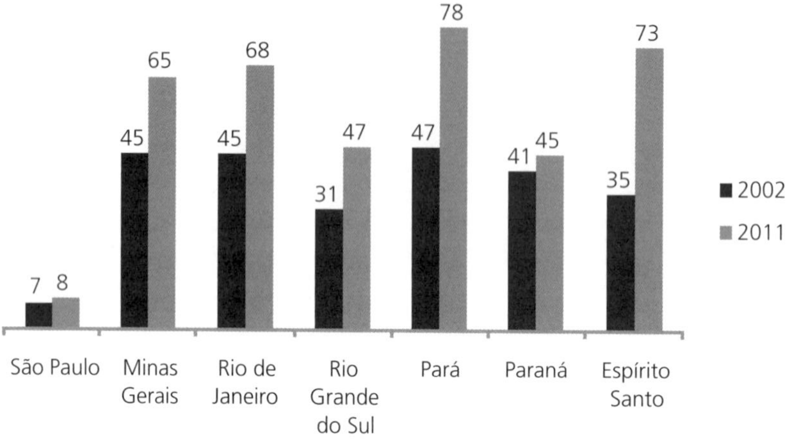

Estado	2002	2011
São Paulo	7	8
Minas Gerais	45	65
Rio de Janeiro	45	68
Rio Grande do Sul	31	47
Pará	47	78
Paraná	41	45
Espírito Santo	35	73

Fonte: Secex/MDIC. Elaboração: Ibre/FGV.

Por que essa questão é importante?

Mesmo uma pauta diversificada de commodities tenderia a ser mais vulnerável a choques externos, dada a maior volatilidade dos preços dos produtos agrícolas e minerais e a correlação elevada que tende a prevalecer em cada um desses dois grupos. Se a pauta está concentrada em um único produto, como no Rio de Janeiro, a vulnerabilidade se acentua.[8]

O petróleo explica o aumento da concentração da pauta fluminense, mas o que ocorre com o restante das exportações? O IHH das exportações sem petróleo e o IHH das manufaturas caem para valores similares ao padrão brasileiro (gráfico 11). Os dois picos de concentração, nos anos de 2004 e 2011, podem ser explicados. O primeiro se refere a uma grande exportação, em valor, de em-

---

[8] Foge ao escopo deste capítulo analisar de forma detalhada possíveis instrumentos que podem ser utilizados para criar um colchão de segurança para pautas concentradas em commodities. Por exemplo, fundos soberanos e estoques reguladores podem ser acionados. De qualquer forma, dependendo da magnitude do choque externo, o impacto sobre o preço é inevitável.

barcações flutuantes e o segundo, ao início das exportações de produtos siderúrgicos da Companhia Siderúrgica Atlântica (CSA).[9] Excluindo esses anos, o IHH exclusive petróleo fica estável — cai de 3,3 para 3,2 —, mas o da manufatura diminui de 4,2 para 3,7 entre 2002 e 2010. Logo, o índice aponta uma diversificação da pauta de manufatura ao longo da primeira década dos anos 2000. Volta-se a esse tema na terceira seção, onde se analisa a composição setorial da indústria de transformação, para identificar a origem da diversificação da pauta.

Gráfico 11
O IHH das exportações fluminenses sem petróleo e das manufaturas

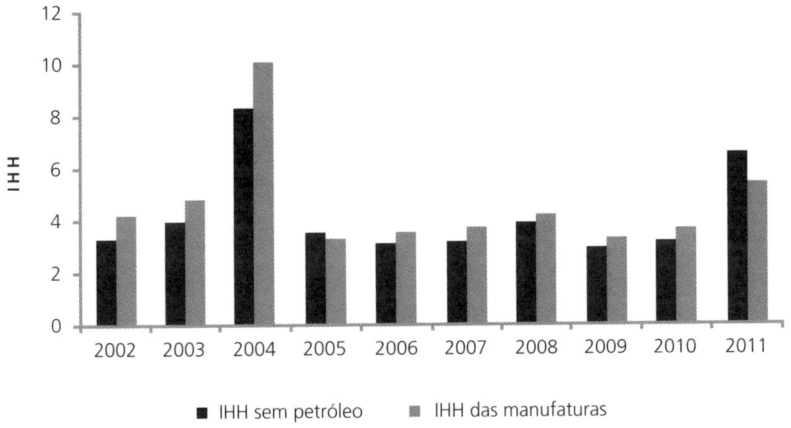

■ IHH sem petróleo   ■ IHH das manufaturas

Fonte: Secex/MDIC. Elaboração: Ibre/FGV.

2.2 O crescimento das exportações fluminenses: índices de preços e quantidade e mercados de destino

Calculamos as fontes de crescimento das exportações fluminenses (entre 2000 e 2011) através do modelo de *constant market share* (CMS) utilizado por Pereira e Souza (2011). Os resultados para o período 2002-08 mostraram a seguinte distribuição dos efeitos: crescimento do comércio mundial (34%); composição da pauta (33%); e efeito competitividade (33%). Para o período

---
[9] Os dados da Secretaria de Comércio Exterior (www.desenvolvimento.gov.br) mostram que, em 2004, o segundo produto exportado foi barcos/faróis/guindastes/diques flutuantes — participação de 18% nas exportações totais do estado. Não há registro da exportação desse produto em 2003 e nem em 2005 na lista dos principais produtos exportados pelo estado. No caso dos produtos siderúrgicos, ver Boletim "Rio Exporta", disponível em: <www.firjan.org.br>.

2008-10, o único efeito positivo foi o da competitividade (resíduo) — 330%. Entre 2008 e 2010, as exportações fluminenses aumentaram 7%, enquanto o comércio mundial caiu 6%. A pauta de exportações fluminenses não se alterou e o óleo bruto de petróleo continuou sendo o principal produto exportado, com percentual de participação ao redor de 70%. Como a competitividade é um resíduo, o modelo atribuiu a esse componente todo o aumento da exportação, pois os outros dois efeitos (comércio mundial e composição da pauta) foram negativos.

Resolvemos, portanto, analisar de forma mais detalhada a evolução dos índices de preços e quantidade das exportações fluminenses, pois o modelo de CMS foi aplicado às variações de valor ao longo do período 2000-11.[10]

A decomposição do valor exportado mostra que o efeito quantidade tende a predominar sobre o efeito preço ao longo dos trimestres, do ano 2000 ao de 2011 (gráfico 12).[11] Como esse resultado se compara ao do Brasil? A variação total no índice de preços e quantidade do estado do Rio de Janeiro foi de 210% e de 415%, respectivamente, entre os anos 2000 e 2011. Para o Brasil, essas taxas foram de 142% e 92%, respectivamente (gráficos 13 e 14). Logo, as exportações fluminenses cresceram beneficiadas por aumentos de quantidades e preços superiores aos registrados para as exportações brasileiras.

A análise descrita nos gráficos 15 e 16 mostra que, tanto em termos de preços como de quantidades, a variação média anual no estado supera a do Brasil. No auge da crise mundial, em 2008 e 2009, porém, houve uma queda mais acentuada do índice de preços no estado (36%) do que no Brasil (13%). No entanto, nesse mesmo período, a quantidade exportada aumentou 13% no Rio, enquanto no Brasil caiu 11%. O resultado para o estado é explicado pela venda de óleos combustíveis — 67% do valor exportado e variação de 30% na quantidade. Logo, mesmo no auge da crise, a exportação de um produto com baixa elasticidade de substituição (pelo menos no médio prazo) garantiu aumento do *quantum*, mas não do valor exportado, que caiu 27% entre 2008 e 2009.

---

[10] É possível usar o modelo de CMS com índices de preços e quantidade, mas optou-se por outra abordagem, dada a concentração da pauta em poucos produtos. Para a utilização do modelo CMS na forma antes mencionada, ver Pinheiro e Bonelli (2007).

[11] A decomposição é calculada considerando a variação de um período em relação ao outro imediatamente anterior.

Gráfico 12
Estado do Rio de Janeiro: decomposição da variação do valor exportado em variações de preço e *quantum**

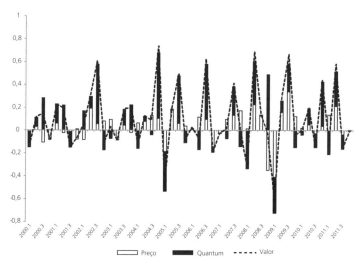

Fonte: Banco de dados Funcex. Elaboração: Ibre/FGV.
*A Funcex utiliza o índice de Fischer, de forma que a soma da variação dos preços e das quantidades é próxima à variação no valor. As variações não estão em percentagem.

Gráfico 13
A evolução do índice de preço e *quantum* das exportações fluminenses: base 2000

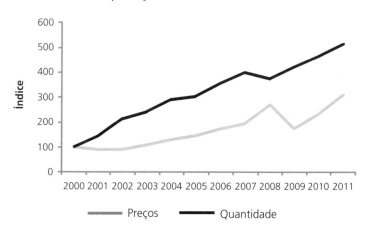

Fonte: Banco de dados Funcex. Elaboração: Ibre/FGV.

Gráfico 14
**A evolução do índice de preço e *quantum*
das exportações brasileiras: base 2000**

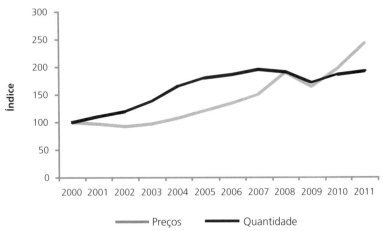

Fonte: Banco de dados Funcex. Elaboração: Ibre/FGV.

Gráfico 15
**Variação percentual (%): média anual dos índices de
preço das exportações brasileiras e fluminenses**

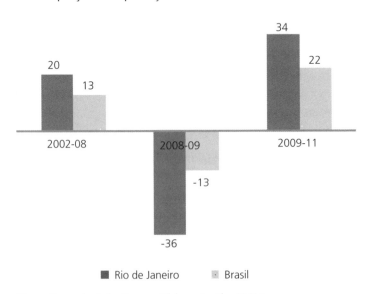

Fonte: Banco de dados Funcex. Elaboração: Ibre/FGV.

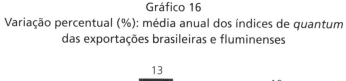

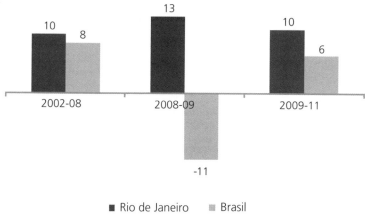

Fonte: Banco de dados Funcex. Elaboração: Ibre/FGV.

Para efeito de comparação, os gráficos 17 e 18 mostram o comportamento dos índices de preços e quantidades das importações fluminenses e do Brasil. Novamente, o resultado em termos de preços é similar ao exportado — a variação da média anual dos preços das importações fluminenses supera a das importações brasileiras em todos os períodos. Na comparação da quantidade importada, o resultado é o inverso.

A "primarização" da pauta em um cenário de elevação dos preços das commodities levou a um ganho de bem-estar medido pelos termos de troca para o estado e o país. No entanto, o ganho foi maior para o estado (gráfico 19). Entre 2000 e 2008, o índice dos termos de troca aumentou 36% no estado e 10% no Brasil. Na crise, a queda foi maior para o estado e os dois índices se aproximaram — 106 (Rio de Janeiro) e 107 (Brasil). Depois disso, os termos de troca se recuperaram e, novamente, o desempenho do estado foi melhor do que para o Brasil. O menor grau de diversificação das exportações fluminenses torna o estado mais vulnerável às variações dos preços internacionais. No entanto, a evolução do preço do petróleo tem sido, de forma geral, favorável ao Rio de Janeiro.

A melhora nos termos de troca do Brasil está associada à elevação dos preços das commodities, que foi impulsionada pelo aumento da demanda

Gráfico 17
Variação percentual (%): média anual dos índices de preços das importações brasileiras e fluminenses

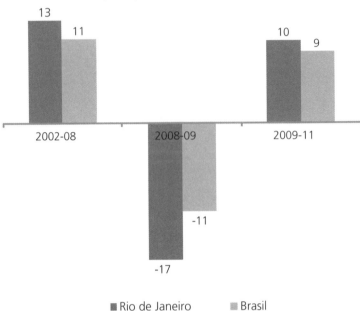

Fonte: Banco de dados Funcex. Elaboração: Ibre/FGV.

Gráfico 18
Variação percentual (%): média anual dos índices de *quantum* das importações brasileiras e fluminenses

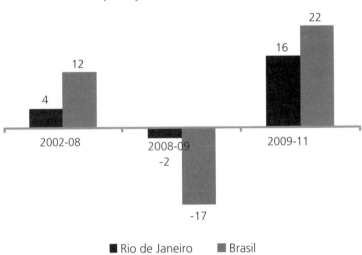

Fonte: Banco de dados Funcex. Elaboração: Ibre/FGV.

As exportações fluminenses: a maldição dos recursos naturais?

Gráfico 19
Termos de troca: Brasil e estado do Rio de Janeiro. Base 2000

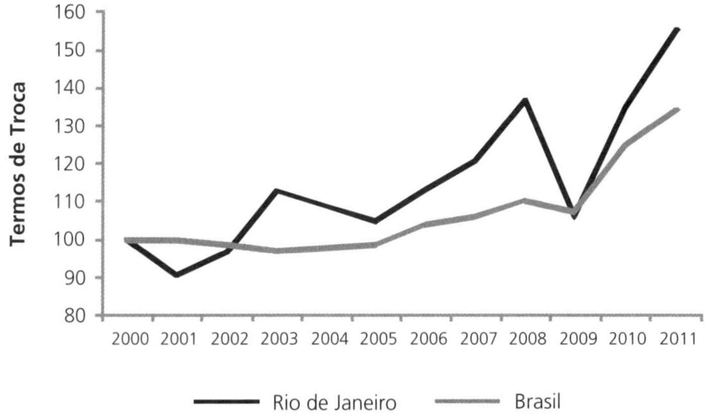

Fonte: Banco de dados Funcex. Elaboração: Ibre/FGV.

asiática, em especial da China. Ao lado da "primarização" da pauta, outra mudança marcante na pauta de exportações do país foi, portanto, a ascensão da China como principal mercado de exportação do país. No estado do Rio de Janeiro ocorreu algo similar, como ilustra o gráfico 20. No ano de 2011, tanto no Rio de Janeiro como no Brasil, a participação da China foi de 17%.

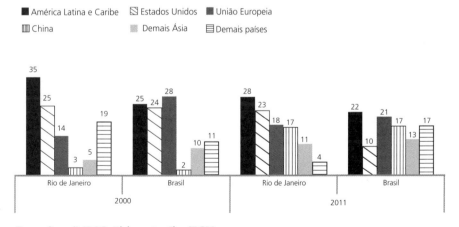

Gráfico 20
A participação percentual (%) dos principais mercados de destino no total das exportações brasileiras e fluminenses

Fonte: Secex/MDIC. Elaboração: Ibre/FGV.

Há diferenças, porém. No Brasil, a participação dos Estados Unidos caiu de 24% para 10% entre 2000 e 2011, enquanto no Rio de Janeiro essa queda foi de apenas dois pontos percentuais. A região da América Latina e do Caribe diminuiu sua participação em sete pontos percentuais no estado e três pontos percentuais no país. Essa queda na região latina é explicada pelo Mercosul — a participação do bloco nas exportações fluminenses passou de 15% para 5%.

Essas mudanças de participação refletem as diferentes taxas de crescimento das exportações para essas regiões/países.[12] Assim, no Brasil, entre 2000 e 2011, a maior contribuição em termos de região foi da Ásia (35%) e, de país, da China (22%). A região da América Latina e Caribe contribuiu com 22%, sendo 10% atribuídos ao Mercosul. Os Estados Unidos registraram uma contribuição de 6%. No estado do Rio de Janeiro, as contribuições foram: Ásia, 29%; Estados Unidos, 23%; China, 18%; e América Latina e Caribe, 27%, sendo a contribuição do Mercosul de 5%. A União Europeia teve contribuição similar nos dois casos, ao redor de 18%.

Obviamente, as diferenças nos resultados estão associadas à composição das pautas exportadoras. Assim, no Rio de Janeiro, os três principais mercados de exportações — Estados Unidos, China e Santa Lúcia — explicaram 50% do total exportado e, para todos, óleo bruto de petróleo foi o principal produto, no ano de 2011. No Brasil, os três principais destinos das exportações foram: China, Estados Unidos e Argentina. Os três responderam por 36% do total exportado, sendo diferente o principal produto para cada um.[13]

Se mantida a mesma estrutura das exportações no estado do Rio de Janeiro, o desafio será garantir sempre ganhos nos mercados já conquistados (depende de preços e crescimento da demanda) e contínuo esforço de entrada em novos mercados (países que demandem o tipo de petróleo que o estado produz). A diversificação da pauta é desejável.

---

[12] A contribuição é a participação da variação absoluta das exportações por mercados de destino na variação absoluta do total exportado.
[13] O principal produto de exportação para a China foi o minério de ferro, petróleo para os Estados Unidos e automóveis para a Argentina.

3. Além do petróleo

Quando classificamos as exportações do estado por setores de atividade, o mesmo quadro emerge quanto à principal mudança estrutural da pauta — sua "primarização".[14] A tabela 1 mostra a distribuição por setor das exportações fluminenses. A participação da indústria de transformação cai de 99% para 29,3% entre os anos de 1997-99 e 2011, enquanto a indústria extrativa, que se confunde no estado com a indústria de petróleo e gás, aumenta sua participação de 0,3% para 70%.

Tabela 1
Rio de Janeiro: participação (%) média dos setores nas exportações por períodos selecionados[15]

Setores CNAE	1997-99	2000-02	2003-08	2009-10	2011	2000-11
Agricultura, pecuária, produção florestal, pesca e aquicultura	0,3	0,3	0,1	0,0	0,0	0,1
Indústrias extrativas	0,3	35,0	58,4	71,5	69,7	63,5
Extração de petróleo e gás natural	0,2	35,0	58,3	71,4	69,6	63,5
Indústrias de transformação	99,1	64,6	41,5	27,2	29,3	36,0
Serviços	0,3	0,1	0,0	1,3	1,0	0,6
TOTAL	100,0	100,0	100,0	100,0	100,0	100,0

Fonte: Secex/MDIC. Elaboração: Ibre/FGV.

A oferta de exportações depende da estrutura produtiva da economia. A baixa participação da agropecuária é condizente com o pequeno peso desse setor no valor adicionado do estado. A participação da indústria de transformação caiu entre os anos de 1995-2003 e 2003-09, mas bem menos do que a queda constatada nas exportações fluminenses. Por último, o estado é identificado como uma "economia de serviços", o que sugere um potencial exportador a ser explorado.[16]

A próxima subseção analisa a contribuição dos setores da indústria de transformação para as exportações fluminenses e ressalta sua relação com a distribuição espacial das atividades produtivas. Em seguida, destaca o tema do potencial exportador do estado.

---

[14] As exportações foram classificadas pelo código CNAE 2.0.
[15] A compatibilização dos dados de exportações com a classificação CNAE foi elaborada no Ibre.
[16] Para uma análise da participação dos setores no valor adicionado no estado do Rio de Janeiro, ver o capítulo de Regis Bonelli e Fernando Veloso neste livro.

3.1 As exportações por setores e a diversificação espacial

No período 1997-2001, os principais setores manufatureiros exportadores do Rio de Janeiro eram: metalurgia, produtos químicos e derivados de petróleo. Esses três setores responderam por 60% do total exportado pela indústria de transformação fluminense nesse período (tabela 2). No período de 2002 a 2011, a pauta setorial se diversificou. Os três setores citados continuaram na lista dos principais exportadores, que passou a incorporar também os setores de equipamentos de transporte e veículos automotores. Consequentemente, cinco setores explicaram 62,5% do total exportado pela indústria de transformação do estado, o que indica uma queda no grau de concentração da pauta.

Tabela 2
Rio de Janeiro: participação (%) dos setores na indústria
de transformação nas exportações do estado

Setores CNAE	1997-2001	2002-08	2009-11	2002-11
Metalurgia	32,0	23,6	28,1	25,3
Equipamentos de transporte, exceto veículos automotores	1,9	10,1	8,0	9,3
Veículos automotores	2,1	9,0	11,6	10,0
Derivados de petróleo, coque e biocombustíveis	10,4	19,3	15,1	17,7
Produtos químicos	17,7	10,8	10,2	10,6
Máquinas e equipamentos	3,9	7,0	7,8	7,3
Produtos de borracha e material plástico	4,0	3,7	5,8	4,5
Farmoquímicos e farmacêuticos	2,8	2,7	2,9	2,8
Produtos de metal	2,9	3,0	2,7	2,9
Produtos de alimentos	4,0	1,6	1,4	1,5
Produtos diversos	3,7	1,7	1,4	1,6
Produtos de minerais não metálicos	3,5	2,7	1,6	2,3
Celulose e produtos de papel	0,6	0,7	1,0	0,8
Equipamentos de informática, eletrônicos e ópticos	5,3	0,9	0,5	0,8
Vestuário e acessórios	0,7	0,5	0,4	0,5
Produtos têxteis	1,9	0,7	0,3	0,6
Impressão e reprodução de gravações	0,2	0,1	0,2	0,1
Máquinas e aparelhos elétricos	1,4	1,3	0,7	1,0
Bebidas	0,3	0,2	0,1	0,2
Produtos de couro	0,2	0,1	0,1	0,1
Fabricação de móveis	0,1	0,0	0,0	0,0
Produtos de madeira, exceto móveis de madeira	0,0	0,0	0,0	0,0
Produtos de fumo	0,2	0,2	0,0	0,1
Total	100	100	100	100

Fonte: Secex/MDIC. Elaboração: Ibre/FGV.

Ressalta-se aqui o período de diversificação da pauta, a partir de 2002. Entre 2002 e 2011, a exportação da indústria de transformação passou de US$ 1,75 bilhão para US$ 8,32 bilhões, um crescimento médio anual de 19%. É aconselhável dividir o período entre antes e pós-crise.

Na primeira fase, de 2002 a 2008, a exportação da indústria de transformação cresceu em média, anualmente, 20%. As principais contribuições no aumento de US$ 1,7 bilhão para US$ 5,2 bilhões das exportações nesse período foram dos setores de derivados de petróleo, equipamentos de transporte, automotores e produtos químicos. O setor de metalurgia, apesar de liderar a pauta em termos de participação, teve uma contribuição de apenas 2,4% nessa expansão. Na segunda fase (2009-11), as exportações cresceram a uma média anual de 45% (pularam de US$ 3,7 bilhões para US$ 8,3 bilhões). O setor de metalurgia respondeu por 53% desse aumento.[17] Equipamentos de transporte e automotores continuaram entre os principais responsáveis pelo aumento das exportações.[18]

Diversificação espacial

O índice HH da participação dos municípios nas exportações do estado do Rio de Janeiro mostra tendência de queda até 2008, conforme ilustrado no gráfico 21. A diversificação da pauta por municípios inclui o impacto da indústria de petróleo. O município de Angra dos Reis lidera as exportações do estado desde meados dos anos 2000.[19] No ano de 2011, de fato, ocupou a primeira posição na lista dos principais municípios exportadores do Brasil (tabela 3).

A diversificação espacial, além da exploração do petróleo, está associada aos incentivos concedidos à indústria de transformação. É o caso de Porto Real, Resende, Itatiaia e Itaguaí. Não se mensura aqui a relação custo/benefício dos incentivos concedidos, na maioria dos casos na forma de isenções fiscais. Apenas

---

[17] Esse resultado, como já mencionado, se deve ao início das operações da Companhia Siderúrgica Atlântica. Entre 2010 e 2011, as exportações do setor metalúrgico passaram de US$ 840 milhões para US$ 3 bilhões.
[18] A tabela com as contribuições por setor está no anexo.
[19] Nota-se, porém, que o registro das exportações nos municípios é por domicílio fiscal de saída do produto e não pelo local original da produção, como é feito para os estados. No caso do petróleo, o principal ponto de escoamento do produto é o Terminal Marítimo da Baía de Ilha Grande (Tebig) da Petrobras, em Angra dos Reis.

Gráfico 21
IHH das exportações fluminenses agregadas por municípios

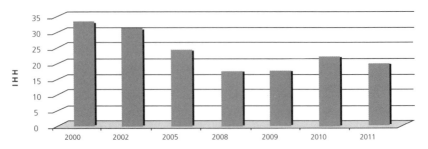

Fonte: Secex/MDIC. Elaboração: Ibre/FGV.

Tabela 3
Os 20 principais municípios exportadores fluminenses — 2011

Posição no Brasil	Posição no estado	Município	Part% nas exportações do estado	Valor em milhões	Principal produto exportado
1	1	Angra dos Reis	48,6	14.297	petróleo
4	2	Rio de Janeiro	22,3	6.565	petróleo, siderurgia
13	3	Macaé	11,8	3.467	petróleo
20	4	Itaguaí	8,3	2.440	minério de ferro, siderurgia
22	5	Niterói	7,8	2.300	petróleo, siderurgia
40	6	Duque de Caxias	4,9	1.442	óleos combustíveis
100	7	Porto Real	1,7	508	automóveis e motores
110	8	Resende	1,5	441	chassis e tratores
307	9	Volta Redonda	0,3	99	siderurgia
325	10	Três Rios	0,3	93	produtos alimentícios
374	11	Itatiaia	0,3	74	pneus
425	12	Belford Roxo	0,2	61	siderurgia
433	13	São Gonçalo	0,2	60	material elétrico
435	14	Piraí	0,2	59	papel para cigarro
451	15	Barra do Piraí	0,2	54	peças para automóveis
473	16	Barra Mansa	0,2	50	siderurgia
478	17	Petrópolis	0,2	49	lentes para óculos, tecidos e prótese dentária
574	18	Queimados	0,1	32	produtos de tratamento capilar
643	19	Rio das Ostras	0,1	24	siderurgia
656	20	Campos dos Goytacazes	0,1	23	ácido lácteo e material para solda

Fonte: Secex/MDIC. Elaboração: Ibre/FGV.

se registra que essa prática integra as políticas dos municípios fluminenses. Um exemplo recente é o município de Três Rios, que concede isenção do Imposto sobre Propriedade e Território Urbano (IPTU) por 25 anos, redução do Imposto sobre Serviços (ISS) para 2%, além da alíquota de 2% sobre o Imposto sobre Circulação de Mercadorias (ICMS), desde 2009. A instalação da fábrica da Nestlé no município está associada aos benefícios concedidos, além da possibilidade de utilizar o gado leiteiro na região. Três Rios integra a lista dos principais exportadores do estado, com foco em produtos alimentícios.

Apesar da pequena participação nas exportações fluminenses, é importante ressaltar a exploração de nichos específicos de mercados, como é o caso de Petrópolis (lentes para óculos) e Queimados (cosméticos/tratamento capilar).

A diversificação espacial da produção e das exportações do estado é desejável. A utilização de isenções fiscais é compreensível, e talvez inevitável, num cenário de postergação da reforma tributária, embora não seja a melhor política, já que confunde a questão da eficiência tributária com instrumentos da política industrial e de comércio exterior. Além disso, uma questão crucial no projeto de diversificação espacial das exportações é a qualificação da mão de obra local para que as novas atividades gerem empregos nas regiões.[20]

3.2 O potencial exportador do estado

Há quatro grupos de bens e serviços em que o estado tem um bom potencial exportador. O primeiro está associado aos investimentos já planejados e que procuram explorar as vantagens comparativas do estado, ao mesmo tempo que criam oportunidades para inclusão/aumento de produtos nos fluxos de vendas externas do estado. Aqui citamos o documento "Decisão Rio Investimentos 2012/2014" da Federação das Indústrias do Estado do Rio de Janeiro (Firjan, 2012). Segundo esse documento, são esperados investimentos de R$ 211,5 bilhões no estado para o triênio 2012-2014. O setor de petróleo irá receber 50,9% desse total, seguido de projetos em: infraestrutura (24,1%); indústria de transformação (19,2%); instalações para as Olimpíadas (4,1%); turismo (0,8%); e outros (0,9%). Na indústria de transformação, os investimentos, no valor de R$ 40,5 bilhões, se dividem nos seguintes setores: naval (38%); siderúrgico (24,8%); petroquímico (15,1%); automotivo (15,1%); e outros (7%).

A motivação dessa onda de investimento é identificada com o cenário de expectativas favoráveis para o estado, associado à exploração do petróleo, grandes eventos esportivos e um ambiente geral de estabilidade macroeconômica no país.

Vários dos investimentos propostos poderão contribuir para o aumento do

---

[20] Segundo entrevista com técnico da Firjan, esse é um gargalo constantemente relatado pelas empresas que estão sediando ou planejam sediar investimentos nos municípios fora da grande região metropolitana do Rio de Janeiro. No caso de Três Rios, por exemplo, informações da Prefeitura do município relatam a entrada de 900 empresas no período de 2009 a 2011. Em adição, existe um projeto para a instalação de uma fábrica chinesa de trens.

potencial exportador do estado, seja em mercadorias ou serviços (turismo, por exemplo). Destacamos, porém, dois projetos que, se realizados conforme previsto, terão grande impacto no estado.

Um deles é o Complexo Petroquímico do Rio de Janeiro (Comperj). Além da exportação de petroquímicos básicos, é prevista uma unidade de produção de resinas termoplásticas. Espera-se que as firmas da indústria de produtos plásticos sejam atraídas a fazerem investimentos no estado. Dessa forma, o Comperj poderá beneficiar um número expressivo de municípios e garantir a "bênção dos recursos naturais" em vez da "maldição".[21] Como garantir essa atração? Estudo da Firjan (2008a) elaborado com apoio técnico da Fundação Getulio Vargas sugere que, além de uma boa infraestrutura e qualificação de mão de obra, os incentivos fiscais e creditícios devam fazer parte do pacote.

Outro projeto se refere ao Complexo Portuário do Açu, em São João da Barra, norte fluminense, que dotará o estado com um dos principais portos do mundo. Ao mesmo tempo, é prevista uma área industrial com a instalação de firmas siderúrgicas, fábricas de cimento, uma unidade de construção naval, uma termelétrica, indústrias de tecnologia da informação, um polo metalomecânico e uma unidade para tratamento de petróleo.

Somente esses dois empreendimentos garantiriam um novo patamar para as exportações fluminenses, como foi o efeito da exploração do petróleo na primeira década do século XXI. Nota-se que um depende de decisões do governo (leia-se Petrobras), enquanto o segundo é uma iniciativa do capital privado. No momento, é difícil avaliar se os investimentos irão produzir todos os efeitos esperados.[22]

É importante ressaltar que os investimentos planejados abrangem todas as regiões do estado e, logo, auxiliam na diversificação espacial das exportações. Essa talvez seja uma das principais contribuições da nova etapa de desenvolvimento do estado.[23]

---

[21] A preocupação é que não se repita o que ocorreu no Polo de Camaçari na Bahia, onde os insumos são exportados para outros estados, que então os utilizam na produção de produtos plásticos (Firjan, 2008a). O mesmo estudo estima num cenário otimista que 14 municípios possam ser beneficiados.

[22] No caso do Comperj, a atual presidência da Petrobras anunciou em junho de 2012, segundo notícias veiculadas pela imprensa, que os investimentos estão garantidos, mas que o cronograma de desembolsos poderá ser adiado.

[23] Segundo o documento da Decisão Rio Investimentos, a distribuição espacial dos investimentos é:

O segundo grupo está associado às exportações de pequeno valor no conjunto do estado, mas que podem gerar novas fontes de renda para os municípios. Destaca-se o caso de Queimados e a exportação de produtos cosméticos, conforme ilustrado na lista dos principais municípios exportadores do estado (tabela 3). Outros produtos/municípios poderão ser incorporados a essa lista. De forma geral, as isenções fiscais têm sido a política de atração de novos investimentos nesses casos. É a forma que os municípios têm utilizado para criarem vantagens comparativas.[24]

O terceiro grupo é o de produtos associadas à "Marca Rio". Aqui o destaque são as exportações de vestuário. O crescimento médio anual do setor de vestuário e acessórios foi de 8,4% entre 2000 e 2011, bem abaixo do resultado para as exportações totais fluminenses, que foi de 28,7%. No entanto, a análise comparativa do estado nas exportações totais brasileiras mostra ganhos para o setor.[25] No ano 2000, a participação do estado do Rio nas exportações totais brasileiras de vestuário era de 3,6%, marca que em 2011 havia subido para 13,4%, um aumento de quase 10 pontos percentuais. O estado é o terceiro maior exportador, atrás de São Paulo, que é o primeiro, e Santa Catarina. Ademais, conforme ressaltado no Boletim Rio Exporta da Firjan (2011), enquanto São Paulo e Santa Catarina exportam produtos a peso (commodities de vestuário), que concorrem com os produtos asiáticos, o Rio exporta produtos com *design* e em pequenos lotes. Dessa forma, o preço médio por quilo da exportação dos produtos fluminenses é superior aos dos demais estados.[26]

---

município do Rio de Janeiro (16,3%); Norte Fluminense (12,3%); Sul Fluminense (6,7%); Baixada Fluminense (6,9%); Leste Fluminense (5,4%); e abrangem diversas regiões (51,6%). O dado relativo a "abrangem diversas regiões" se refere, segundo o documento, a projetos que compreendem mais de uma região, como o Comperj.

[24] O município de Queimados, além de conceder alíquota do ICMS de 2%, como permitido pelo governo estadual, anunciou, em julho de 2012, isenção de IPTU e redução da cobrança do imposto sobre serviços.

[25] Nesse caso, a análise foi feita a partir da soma dos capítulos 61 (vestuário e seus acessórios, de malha) e 62 (vestuário e seus acessórios, exceto de malha) da Nomenclatura do Mercosul (NCM) para que a comparação com outros estados fosse possível. O crescimento médio anual é quase idêntico ao obtido na classificação Cnae, sendo de 8,5%.

[26] Segundo o Boletim Rio Exporta citado, no Rio de Janeiro o preço médio foi de US$ 85,3 por quilo e, em São Paulo, US$ 47,3 por quilo, no ano de 2010.

O sucesso do estado no setor de vestuário é apoiado por ações que combinam promoção de eventos (Fashion Rio) com feira de negócios (Fashion Business). Segundo entrevista com técnicos da Firjan, essa seria a diferença do Rio em relação a São Paulo, que também tem uma semana dedicada à moda, mas não promove ao mesmo tempo a Fashion Business. O exemplo é interessante, pois ilustra estratégias que podem ser estendidas para outros segmentos onde se identifique a possibilidade de criação de uma "Marca Rio".

O quarto grupo se refere às exportações de serviços. Na tabela 2, a participação de serviços foi de 0,6% no acumulado de 2000-11. No entanto, no triênio 2009-11, o percentual de 1,3% indica aumento desse setor nas exportações fluminenses. Além das exportações de energia e outras utilidades não especificadas, chama a atenção o aumento das exportações de atividades artísticas, criativas e espetáculos. O valor é pequeno, US$ 5,2 milhões, mas em 2000 foi bem menor, de US$ 403 mil. Esses dados, porém, não fornecem as informações necessárias para mapearmos as exportações de serviços do estado. A classificação pela Cnae partiu do registro das exportações de mercadorias pela Nomenclatura Comum do Mercosul (NCM) e, logo, o que está registrado como serviço é algum tipo de mercadoria associada ao serviço prestado.

O registro das exportações de serviços é feito no Balanço de Pagamentos pelo Banco Central e aqui nos deparamos com um problema, pois não são disponibilizados os dados por unidades da federação. No entanto, o início da operação do Sistema Integrado de Comércio Exterior de Serviços, Intangíveis e Outras Operações que Produzam Variações no Patrimônio (Siscoserv), prevista para 1º de agosto de 2012, deverá sanar esse problema. O objetivo é replicar o sistema de registro de mercadorias do comércio exterior, que permite o acompanhamento detalhado desses fluxos. Entrementes, o que se tem é um boletim divulgado pelo Ministério de Desenvolvimento, Indústria e Comércio sobre o comércio de serviços (MDIC, 2012), onde o estado do Rio de Janeiro aparece como o segundo maior exportador de serviços — participação de 29,6% nas exportações totais de serviços do Brasil, em 2011. O primeiro colocado é o estado de São Paulo, com 57,5%. Não há informações sobre a pauta de serviços exportados por estados. No entanto, a principal receita de exportações de serviços do Brasil (ano 2011) se refere aos serviços empresariais, profissionais e técnicos (25,4%), seguidos de viagens internacionais (14,5%). Não deve ser diferente no estado do Rio de Janeiro.

No setor de serviços, conforme o dado da Cnae sugere, uma das vantagens está associada à indústria criativa. Estudo da Firjan (2008b) divide a indústria criativa em três segmentos: núcleo (são as atividades essencialmente de criação e, logo, de serviços como *design*, artes visuais, arquitetura, artes cênicas); atividades relacionadas diretamente aos segmentos de provisão de bens e serviços ao núcleo; e atividades de apoio.[27] A estimativa apresentada para o ano de 2006 em termos de participação no PIB é de 17,8% para o estado do Rio de Janeiro e 16,3% para o Brasil. A divisão pelos segmentos no estado é: núcleo (4%), atividades diretas (4,3%) e apoio (9,5%). No Brasil: núcleo (2,6%), diretas (5,4%) e apoio (8,4%). Não há estimativas para o estado de São Paulo. O que interessa ressaltar aqui, porém, é o potencial exportador das atividades criativas no estado, em especial, os seus serviços do núcleo. O caso do vestuário, onde o diferencial do Rio de Janeiro é o *design*, é um exemplo. Além disso, no estado está sediada a maior empresa de comunicação do país e que exporta serviços audiovisuais.[28]

Estudos sobre exportação de serviços no Brasil carecem, pelo menos até o momento, de uma base de dados detalhada. No entanto, análises com os dados possíveis associadas a investigações de campo sugerem que o país tem vantagens comparativas potenciais que não se resumem ao turismo (Pereira et al., 2009). O caso do estado do Rio de Janeiro não é diferente.

4. Conclusões

O capítulo mostrou a mudança na pauta de exportações fluminense associada à exploração de petróleo no estado. O índice de concentração das exportações fluminenses aumentou 1.598% entre 2000 e 2011. No entanto, o objetivo do capítulo foi indicar que o petróleo não exaure a análise das exportações do estado.

Primeiro, excluído o petróleo, a pauta de exportações registra índices de

---

[27] No estudo é dado um exemplo. A criação musical é o núcleo, a compra de instrumentos e a gravação são atividades diretamente relacionadas, e a comercialização da gravação é atividade de apoio.
[28] As exportações das novelas da Rede Globo.

concentração similares ao do Brasil. Na comparação entre os anos de 1997-2002 e 2002-11 fica clara a diversificação da pauta. No período inicial (1997-2002), metalurgia, produtos químicos e derivados de petróleo explicavam 60% das exportações. Ao longo da primeira década do século XXI, porém, o estado presenciou o crescimento das exportações de equipamentos de transportes e automotores, que junto com os outros três citados passaram a representar cerca de 60% das exportações fluminenses.

Segundo, o petróleo auxiliou na diversificação espacial das exportações fluminenses. Ao mesmo tempo, porém, foi ressaltado que os municípios passaram a promover políticas ativas de atração de investimentos, que acabaram tendo repercussões na pauta de exportações. Aqui o tema a ser explorado é o uso de incentivos fiscais como principal instrumento dessa política. É reconhecido que a estrutura tributária brasileira causa distorções através da cadeia em cascata dos impostos indiretos. No entanto, isenções de impostos sobre a propriedade urbana (IPTU) e reduções generalizadas de impostos indiretos comprometem a receita tributária dos municípios e, logo, a capacidade de honrarem o pagamento das despesas sob sua responsabilidade. É preciso, portanto, dar transparência, através de análises custo/benefício, dessas isenções. Não se condena, na ausência de uma reforma tributária ampla, essas isenções, mas se considera que, além do risco da "guerra fiscal", é preciso que a população local entenda o uso dado à renúncia da receita tributária.

Terceiro, foram ressaltados os principais grupos de bens e serviços com potencial exportador do estado. Além dos investimentos planejados associados ao polo petroquímico e projetos de infraestrutura, foi destacada a exploração de produtos/serviços com a "Marca Rio" — caso do vestuário — e dos serviços da economia criativa.

Ao longo da primeira década do século XXI, a pauta de exportações fluminenses viu cair a participação das manufaturas de 71% para 21%. A "maldição dos recursos naturais", entendida aqui como um processo de desindustrialização na pauta de exportações, seria mais pertinente para o estado do que para o Brasil, dado a evolução dessa participação. No entanto, essa é uma conclusão precipitada. A exploração do petróleo trouxe para o estado uma onda de investimentos que poderá alavancar as exportações de outros setores.

Por último, o capítulo não explorou o potencial do comércio exterior do estado via importações. A construção dos novos portos, como o de Açu, e a melhoria anunciada para o Porto do Rio poderão alavancar as importações fluminenses. A atividade importadora gera receita e pode levar à criação de novas atividades.

Referências

BASE DE DADOS FUNCEX. Disponível em: <www.funcex.org.br/>.

CAMPOS NETO, C. A. S. et al. Portos brasileiros 2009. *Texto para Discussão* nº 1048. Rio de Janeiro: Ipea, jun. 2009.

FIRJAN. COMPERJ. Potencial do Desenvolvimento Produtivo. *Estudos para o desenvolvimento do estado do Rio de Janeiro* nº 1, Firjan, maio 2008a. Disponível em: <www.firjan.org.br/data/pages/2C908CE921AC42820121C190E6D00125.htm>.

_____. *Decisão Rio 2012/2014*. Firjan, 2012. Disponível em: <www.firjan.org.br/main.jsp?lumChannelId=2C908CEC32686D3D01326EBA0BB952BA>.

_____. Cadeia da Indústria Criativa no Brasil. *Estudos para o desenvolvimento do estado do Rio de Janeiro* nº 2, Firjan, maio 2008b. Disponível em: <www.firjan.org.br/data/pages/2C908CE921AC42820121C190E6D00125.htm>.

FIRJAN. *Rio Exporta/Boletim de Comércio Exterior do Estado do Rio de Janeiro*, mar. 2011. Disponível em: <www.firjan.org.br>.

MDIC. Serviços. *Panorama do comércio internacional.* Dados consolidados de 2011. 2012. Disponível em: <www.desenvolvimento.gov.br/arquivos/dwnl_1343139171.pdf>.

PEREIRA, L. V. et al. Brazil's emergence as the regional export leader in services: a case of specialization in business services. *Série de Comércio Internacional*, nº 94, Cepal, Santiago do Chile, 2009.

PEREIRA, L. V.; SOUZA, A. L. S. Exportações brasileiras na primeira década do século XXI: desempenho e fontes de crescimento. In: BONELLI, R. (Org). *A agenda de competitividade do Brasil*. Rio de Janeiro: Editora FGV, 2011. p. 323-378.

PINHEIRO, A. C.; BONELLI, R. Comparative advantage or economic policy? Stylized facts and reflections on Brazil's insertion in the world economy — 1994-2005. *Texto para Discussão* nº 1275a, Ipea, Rio de Janeiro, abr. 2007.

SECEX/MDIC. Disponível em: <http://aliceweb2.mdic.gov.br/>.

Anexo

Tabela
Contribuição percentual (%) dos setores para o aumento das exportações da indústria de transformação entre os períodos selecionados

Setores CNAE	2002-08	2009-11	2002-11
Metalurgia	2,4	52,9	38,8
Equipamentos de transporte, exceto veículos	18,1	24,1	17,1
Veículos automotores	15,3	11,0	12,3
Derivados de petróleo, coque e biocombustíveis	19,8	0,4	6,3
Produtos químicos	11,9	5,1	7,1
Máquinas e equipamentos	7,8	4,5	7,5
Produtos de borracha e material plástico	7,2	2,7	4,9
Farmoquímicos e farmacêuticos	3,4	-0,7	1,6
Produtos de metal	7,0	-1,3	1,6
Produtos de alimentos	2,3	0,3	1,1
Produtos diversos	1,4	0,6	0,8
Produtos de minerais não metálicos	1,4	0,0	0,4
Celulose e produtos de papel	0,8	0,2	0,7
Equipamentos de informática, eletrônicos e ópticos	0,1	0,0	-0,3
Vestuário e acessórios	0,3	0,1	0,2
Produtos têxteis	-0,2	0,2	0,0
Impressão e reprodução de gravações	0,0	0,4	0,2
Máquinas e aparelhos elétricos	1,1	-0,3	-0,1
Bebidas	0,1	0,1	0,1
Produtos de couro	0,0	0,0	0,0
Fabricação de móveis	0,0	0,0	0,0
Produtos de madeira, exceto móveis de madeira	0,0	0,0	0,0
Produtos de fumo	-0,2	0,0	-0,1
Total	100,0	100,0	100,0

Fonte: Secex/MDIC. Elaboração: Ibre/FGV.

Capítulo 6

O setor financeiro fluminense

*Armando Castelar Pinheiro**

1. Introdução

O setor financeiro brasileiro teve origem no Rio de Janeiro, começando com a fundação do Banco do Brasil, primeiro em 1808 e depois em 1852.[1] Foi também no Rio de Janeiro que se fundou o Banco Comercial do Rio de Janeiro, em 1838, posteriormente fundido com o Banco do Brasil (BB), e depois a Caixa Econômica Federal (CEF), em 1861. Da mesma forma, foi no Rio de Janeiro que surgiu a primeira Bolsa de Valores do país, em 1845.

Isso significou, essencialmente, que por mais de um século o Rio foi o grande centro financeiro do país. Para isso contribuía a localização da Bolsa de Valores no Rio — e, portanto, da maioria das corretoras e distribuidoras de valores mobiliários —, assim como estarem sediados no Rio a CEF e o BB, que respondiam por grande parte do total do crédito bancário. De fato, na média do período de 1945 a 1970, o Banco do Brasil respondeu sozinho por 49% do crédito bancário no país. Ainda que muito do crédito desses dois bancos se destinasse a famílias, empresas e agricultores em outros estados, e, portanto, muito da atividade financeira no país se localizasse fora do estado, era no Rio de Janeiro que se concentrava o centro de decisões das duas instituições.

---

* Coordenador de Economia Aplicada e professor do IE (UFRJ). O autor agradece os comentários e trocas de ideias com Alessandra A. Souza, Arminio Fraga, Eduarda la Rocque, Fernando Veloso, José Marcelo Boavista, José Marcos Treiger, Marco Antonio Castro, Regis Abreu e Regis Bonelli.
[1] O primeiro Banco do Brasil faliu em 1829, sendo outro banco com o mesmo nome fundado por Irineu Evangelista de Sousa, visconde de Mauá, já no Segundo Império.

179

Três fatores adicionais contribuíram para aumentar a importância do Rio de Janeiro como principal centro financeiro do país. O primeiro foi a criação do Banco Nacional de Desenvolvimento Econômico, nome original do BNDES, em 1952. Outro, a fundação também no Rio do Banco Nacional da Habitação (BNH), que desempenhou um papel central no desenvolvimento dos setores imobiliário e de saneamento entre meados dos anos 1960 e início dos anos 1980. Terceiro, mas não menos importante, até 1964 o BB exercia também o papel de Banco Central e sua localização no Rio de Janeiro foi fundamental para que também aqui se desenvolvesse o mercado de títulos públicos.

Os anos 1960 foram provavelmente o período de auge do Rio de Janeiro como centro financeiro do país. Nas décadas seguintes, porém, esse quadro iria gradualmente se alterar, tanto em termos de o estado perder participação no PIB do setor financeiro como de este setor perder peso na economia do estado. Um dos motivos seria a transferência de grandes instituições como o BB e a CEF, assim como do próprio comando do Banco Central, para a nova capital do país. O Distrito Federal, cujo setor financeiro era inexistente até meados da década de 1960, em 2009 respondia por 5,4% do PIB do setor financeiro. Mais importante, porém, seria a progressiva migração do setor financeiro para São Paulo, processo que em certo sentido culminou com a quebra da Bolsa do Rio de Janeiro em 1989 e sua posterior venda para a Bolsa Mercantil de Futuros.

Em que pese o setor financeiro ter atualmente uma participação no PIB do estado inferior à média nacional, muitos analistas enxergam que o Rio de Janeiro, por ter uma vocação para o setor de serviços, em especial aqueles de maior sofisticação, pode voltar a ser um importante polo na área de serviços financeiros. Essa vocação resultaria de um conjunto de fatores, como a qualidade da força de trabalho, em função da concentração de universidades de bom nível em sua região metropolitana, a presença de órgãos reguladores e o próprio histórico da capital do estado, em que o setor financeiro já ocupou um papel de destaque. A recente expansão do segmento de gestão de patrimônio no Rio de Janeiro parece confirmar essa impressão.

Este capítulo trata dessas duas partes, passado e futuro, do setor financeiro fluminense. Ele está estruturado em quatro seções, incluindo esta introdução. Na seção dois damos uma visão panorâmica de como o setor financeiro evoluiu no estado e qual a situação atual em termos de acesso a esse tipo de serviço. A seção três é mais exploratória e busca avaliar quais as principais avenidas de expansão futura desse setor no estado. Uma última seção resume os principais pontos e faz algumas recomendações.

2. Grandes números e evolução histórica

A principal característica histórica do setor financeiro do estado do Rio é sua perda de significância econômica a partir do início dos anos 1960, tendência que se aprofunda nas duas décadas seguintes. O gráfico 1 mostra esse fato a partir da evolução da participação do estado no PIB do setor desde 1950.[2] Assim, observa-se que essa participação caiu de 28,3% em 1950 para 19,6% em 1980, 10,9% em 2000 e 9,5% em 2009. Neste ano, essa participação foi inferior à do estado no PIB total, de 10,9%. O grande ganhador com esse processo, como fica evidente no gráfico, foi o estado de São Paulo, cuja participação no PIB do setor financeiro saiu de 32,7% para 50,4% nesses 59 anos.[3]

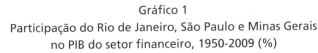

Gráfico 1
Participação do Rio de Janeiro, São Paulo e Minas Gerais
no PIB do setor financeiro, 1950-2009 (%)

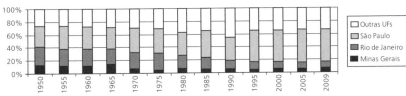

Fonte: Ipeadata.

O gráfico 2 mostra esse mesmo processo de perda relativa sob outro ângulo: o da queda da participação do setor financeiro no PIB do estado do Rio de Janeiro em termos absolutos e em comparação à média nacional. Como se vê,

---

[2] PIB a preços básicos (valor adicionado) do setor de serviços de intermediação financeira, medido a R$ de 2000.
[3] Observe que embora o Rio de Janeiro seja o centro financeiro do país, em termos de ser sede das maiores instituições financeiras e local em que se concentravam os principais mercados de ações e títulos de dívida, já em 1950 o estado respondia por uma parcela do PIB do setor financeiro inferior à de São Paulo.

a parcela do PIB estadual oriunda do setor financeiro subiu na década de 1950 e estabilizou-se no patamar de 10% a 12% entre 1960 e 1980. Nesse período, essa participação superou sistematicamente a que esse setor tinha no PIB nacional, na faixa de 6% a 8%. A superinflação dos anos 1980 e início dos anos 1990 inflou, efetiva e contabilmente, a participação do setor de intermediação financeiro no PIB, como se sabe. Com a estabilização de preços em 1994 essa participação voltou a patamares mais razoáveis, porém já aí se vê não apenas que esse setor perdeu importância no PIB do Rio, mas que essa participação caiu no estado para uma proporção inferior à média do país. Essa participação atinge um mínimo de 4,2% do PIB estadual em 2000, recuperando-se parcialmente nos anos seguintes, até chegar a 5,4% em 2009. Essas taxas se comparam com 4,8% e 6,2%, respectivamente, para a média do país. A migração do setor financeiro para fora do Rio de Janeiro atingiu tal grau que esse se tornou menos importante para a economia do estado do que para o resto do país.

A perda de participação do estado do Rio de Janeiro no PIB do setor serviços de intermediação financeira se deve, portanto, pelo menos em parte, à perda de relevância desse setor na economia fluminense. Mas, terá sido esse o único fator? Um simples exercício de decomposição mostra que não: também relevante foi o menor dinamismo da economia do Rio em comparação com o resto do Brasil nessas quase seis décadas. De fato, o menor crescimento do PIB fluminense *vis-à-vis* a expansão do PIB brasileiro explica 50% da perda de participação do estado no total do PIB do setor financeiro nacional, enquanto a queda relativamente mais forte da participação do setor financeiro no PIB no Rio de Janeiro do que no Brasil responde pelos outros 50% da queda total.[4] Nesse período se observam, porém, duas etapas bem distintas:

- Na primeira metade desse período, entre 1950 e 1980, o efeito diferencial de crescimento do PIB responde por 88% da perda de participação do estado do Rio de Janeiro no PIB do setor financeiro nacional. Isso é consistente com o resultado no gráfico 2, que mostra ter esse setor mantido uma participação no PIB estadual superior à média nacional.

---

[4] Esse resultado foi obtido a partir da seguinte decomposição: $\frac{SF_{Rio}}{SF_{BR}} = \left(\frac{SF_{Rio}}{PIB_{Rio}} / \frac{SF_{BR}}{PIB_{BR}} \right) \frac{PIB_{Rio}}{PIB_{BR}}$. Tomando a diferença em logs entre 1950 e 2009 se obtém o resultado desejado. Observe-se que o primeiro termo da decomposição reflete a variação relativa da participação do setor financeiro no Rio de Janeiro *vis-à-vis* a mesma relação para o país como um todo.

- Já na segunda metade, de 1980 a 2009, o efeito diferencial de participação do setor financeiro no PIB responde por cerca de 2/3 dessa queda (68%), enquanto o menor crescimento do PIB do estado do Rio de Janeiro foi responsável pelo outro terço (32%).

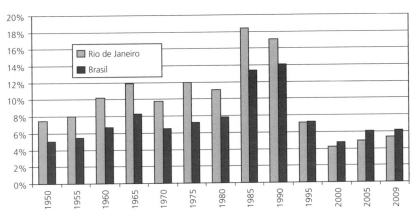

Gráfico 2
Participação do setor financeiro no PIB do
Rio de Janeiro e do Brasil, 1950-2009 (%)

Fonte: Ipeadata.

Esse histórico contrasta com o observado para São Paulo, onde o aumento da participação do setor financeiro no PIB do estado explica mais do que integralmente o aumento de participação de São Paulo no PIB nacional do setor. De fato, no todo das seis décadas aqui consideradas, São Paulo perdeu participação no PIB nacional. A abertura em dois subperíodos, por outro lado, mostra que esse aumento de participação do setor financeiro no PIB do estado foi especialmente relevante em 1980-2009, coincidindo com a fase em que houve uma queda de participação de São Paulo no PIB brasileiro.

A tabela 1 permite analisar a relevância do setor financeiro no Rio de Janeiro por outro lado, o do mercado de trabalho. Os números nela apresentados mostram que dessa perspectiva o setor financeiro fluminense é mais relevante para a economia do estado e o total setorial no país do que na perspectiva do PIB. Em termos do emprego no estado, a tabela mostra que o setor financeiro é relativamente pouco importante, com participação de 1,6% no total da população ocupada, mas que essa proporção é superior à média nacional, de 1,2%. Essa conclusão é válida, em particular, para a região metropolitana do Rio de Janeiro, onde essa participação atinge 1,9%. Note-se, porém, que a importância do setor para o total da população ocupada no estado caiu na década passada, assim como também diminuiu a diferença entre essas proporções no Rio de Janeiro e no Brasil.

Tabela 1
Emprego no setor financeiro do Rio de Janeiro

	2001	2009
População Ocupada Total		
Brasil	75.458.172	92.689.253
RJ	6.049.007	7.254.494
RJ — RM	4.508.829	5.331.054
RJ — NRM	1.540.178	1.923.440
População Ocupada no Setor Financeiro		
Brasil	1.035.355	1.131.833
RJ	119.472	115.201
RJ — Região Metropolitana	103.675	99.452
RJ — Demais municípios	15.797	15.749
Setor Financeiro como % da População Ocupada Total		
Brasil	1,4%	1,2%
RJ	2,0%	1,6%
RJ — Região Metropolitana	2,3%	1,9%
RJ — Demais municípios	1,0%	0,8%
População Ocupada RJ % do Brasil		
Total	8,0%	7,8%
Setor Financeiro	11,5%	10,2%

Fonte: Pnad/IBGE.

Da mesma forma, a participação do Rio de Janeiro no total da população ocupada no setor financeiro no Brasil é superior à participação do estado no PIB do setor e no total da população ocupada total. Mais uma vez, porém, se nota que o estado vem perdendo relevância no setor, com queda de 1,3 ponto percentual no total das ocupações no setor financeiro entre 2000 e 2009.

Note-se, ainda, que essa proporção era inferior à participação do estado no PIB nacional.

A tabela 2 apresenta um quadro de como evoluiu na última década e meia a participação do estado do Rio de Janeiro no total de instituições financeiras do país. Como se poderia esperar dos resultados vistos, a tendência geral foi de queda, até atingir uma proporção inferior à do estado no PIB. Obviamente, essas proporções são uma medida um pouco crua, já que não levam em conta o tamanho das instituições, mas ainda assim permitem inferir alguns traços relevantes do setor no estado. Assim, o Rio de Janeiro manteve uma proporção significativa das entidades ligadas ao mercado de capitais, como bancos de investimento, corretoras de câmbio e corretoras e distribuidoras de valores mobiliários. A própria permanência da Comissão de Valores Mobiliários (CVM) no estado pode ter ajudado nessa capacidade de o Rio manter essa elevada participação nessas atividades. Por outro lado, o estado sedia uma proporção pequena, considerando sua contribuição para o PIB nacional, de empresas de *leasing*, cooperativas de crédito e administradoras de consórcio.

Tabela 2
Quantidade de instituições financeiras no Rio de Janeiro por tipo

	Número					% Brasil				
	1998	2002	2006	2010	2011	1998	2002	2006	2010	2011
Banco Múltiplo	31	20	15	13	13	17,8%	14,0%	10,9%	9,5%	9,4%
Banco Comercial	2	2	3	3	3	7,1%	8,7%	14,3%	15,8%	15,0%
Banco de Desenvolvimento	1	1	1	1	1	16,7%	25,0%	25,0%	25,0%	25,0%
Banco de Investimento	3	5	0	3	3	13,6%	21,7%	0,0%	20,0%	21,4%
Soc. de Crédito, Financ. e Investimento	3	3	3	2	2	6,8%	6,5%	16,7%	3,3%	3,4%
Soc. Corretora de Tít. e Valores Mobiliários	50	26	2	15	16	21,5%	16,1%	3,9%	14,6%	16,2%
Soc. Corretora de Câmbio		9	14	7	7		21,4%	12,1%	15,9%	14,9%
Soc. Distrib. de Títulos e Valores Mobiliários	62	35	8	30	30	29,5%	23,2%	16,7%	24,0%	23,8%
Soc. de Arrendamento Mercantil — Leasing	13	6	34	1	1	15,7%	9,2%	25,6%	3,1%	3,2%
Caixa Econômica	0	0	1			0,0%	0,0%	2,4%	0,0%	0,0%

(continua)

(continuação)

Soc. de Créd. Imob. + Assoc. de Poupança e Empréstimo	2	2	2	1	2	9,5%	11,1%	11,1%	7,1%	14,3%
Companhia Hipotecária	0	0	0	1	1	0,0%	0,0%	0,0%	14,3%	12,5%
Agência de Fomento e/ou Desenvolv.	0	0	1	1	1		0,0%	8,3%	6,7%	6,3%
Soc. de Crédito ao Microempreendedor	0	11	84	3	3		29,7%	13,9%	6,7%	7,1%
Subtotal 1	167	120	96	81	83	20,2%	16,4%	6,6%	13,0%	13,3%
Cooperativa de Crédito	101	107	8	80	72	8,4%	7,5%	14,3%	5,8%	5,5%
Subtotal 2	268	227	188	161	155	13,2%	10,5%	8,9%	8,1%	8,0%
Administradora de Consórcio	24	26	19	14	13	5,7%	6,9%	5,7%	4,7%	4,6%
TOTAL	292	253	207	175	168	11,9%	10,0%	8,5%	7,6%	7,6%

Fonte: Banco Central.

O quadro relativo à cobertura do atendimento bancário, mostrado na tabela 3, permite mais de uma interpretação. Assim, um resultado favorável é a elevada cobertura, em termos da proporção de municípios que têm mais de uma agência bancária. Em particular, vê-se que há algum tempo todos os municípios fluminenses têm pelo menos uma agência bancária e uma elevadíssima proporção de mais de uma. Esse padrão contrasta com a média do país, para o qual um terço dos municípios não conta com nenhuma agência e outro terço com apenas uma agência.

O resultado negativo é que a proporção de agências no estado é inferior à sua participação no PIB, revelando, portanto, uma cobertura menos que proporcional. O mesmo vale para os postos de atendimento bancário. A série temporal não sugere que essa cobertura menos que proporcional esteja em vias de ser corrigida, já que a participação do estado no total de agências e postos de atendimento se mostra estável desde início da década passada. Por outro lado, se a comparação é feita com base na participação do estado na população do país, o quadro é ligeiramente favorável, pois apenas 8,4% da população brasileira vivem no Rio de Janeiro.

Finalmente, a tabela 4 apresenta a desagregação do total de agências no estado entre capital e interior. Como já sugerido pelos números de emprego,

O setor financeiro fluminense

há uma grande concentração dessas unidades na capital, em que se localizam cerca de 60% das agências. À guisa de comparação, o município do Rio tem uma população equivalente a pouco menos de 40% do total do estado. Note-se, ainda, que o quadro no Rio de Janeiro contrasta com a média do resto do país. De fato, no Brasil como um todo, apenas um terço das agências bancárias está nas capitais estaduais.

Tabela 3
Cobertura do atendimento bancário

	Agências: Rio de Janeiro / Brasil	Postos de Atendimento Bancário Rio de Janeiro / Brasil	% Municípios com uma Agência		% Municípios sem Atendimento	
			Rio de Janeiro	Brasil	Rio de Janeiro	Brasil
1994	8,4%	8,6%	12,7%	28,0%	1,3%	22,7%
1998	9,1%	8,1%	23,1%	25,7%	4,4%	31,1%
1999	9,4%	8,1%	23,1%	24,9%	2,2%	29,8%
2000	9,5%	7,9%	20,9%	24,7%	0,0%	29,4%
2001	9,8%	8,5%	21,7%	24,7%	1,1%	29,7%
2002	9,8%	8,8%	16,3%	24,8%	1,1%	29,4%
2003	9,7%	8,9%	16,3%	25,0%	1,1%	28,7%
2004	9,4%	8,1%	17,4%	28,5%	0,0%	31,2%
2005	9,4%	8,6%	15,2%	27,5%	0,0%	N.D.
2006	9,4%	8,2%	13,0%	26,9%	0,0%	40,1%
2007	9,5%	8,3%	13,0%	26,3%	0,0%	40,7%
2008	9,5%	8,4%	8,7%	26,2%	1,1%	39,4%
2009	10,1%	8,6%	8,7%	27,2%	0,0%	35,7%
2010	9,4%	8,6%	1,1%	35,4%	0,0%	35,3%
2011	9,4%	8,7%	1,1%	33,9%	0,0%	33,4%

Fonte: Banco Central.

Tabela 4
Agências bancárias no Rio de Janeiro — capital e interior

	Total de Agências	Agências na Capital	% Agências na Capital
2000	1.565	1.009	64,5%
2001	1.650	1.071	64,9%
2002	1.665	1.078	64,7%
2003	1.626	1.046	64,3%
2004	1.627	1.034	63,6%
2005	1.659	1.043	62,9%
2006	1.709	1.072	62,7%
2007	1.762	1.097	62,3%
2008	1.824	1.121	61,5%
2009	2.019	1.254	62,1%
2010	1.865	1.140	61,1%
2011	1.992	1.186	59,5%

Fonte: Banco Central.

O setor de seguros brasileiro também se estabeleceu originalmente no Rio de Janeiro, com destaque para as grandes seguradoras independentes, como a SulAmérica, a Atlântica-Boavista e a Internacional Seguros. Nos anos 1970 e 1980, porém, o setor migraria em grande parte para São Paulo, fruto de um duplo processo: a própria ida de parte relevante do setor bancário para a capital paulista e a forte expansão dos bancos no setor de seguros, adquirindo algumas das seguradoras e transformando as agências bancárias em importantes canais de distribuição de vários tipos de seguros. Em 2010, Bradesco (19%), Itaú Unibanco (19,5%, incluindo a Porto Seguro e a Azul) e BB (12,8%, incluindo a Mapfre) responderam por mais da metade do mercado, medido pelo volume de prêmios.

A tabela 5 mostra que o Rio de Janeiro respondeu em 2010 por pouco menos de 10% do mercado de seguros, registrando uma queda em relação aos três anos anteriores. Ainda que essa seja uma proporção semelhante à que o estado detém do PIB nacional, há um claro contraste com São Paulo, onde a proporção de prêmios arrecadados é bem superior à do PIB. Por outro lado, duas das cinco maiores seguradoras do país, Bradesco e SulAmérica, se situam no Rio de Janeiro, assim como as maiores empresas de resseguro do país, o Instituto de Resseguros do Brasil e a Lloyds.

Tabela 5
Principais mercados regionais de seguros no Brasil

Principais estados	Exercício findo em 31 de dezembro			
	2007 (%)	2008 (%)	2009 (%)	2010 (%)
São Paulo	48,4	46,7	47,1	47,3
Rio de Janeiro	10,7	10,1	10,4	9,4
Minas Gerais	6,8	7,1	7,3	7,4
Rio Grande do Sul	7,0	7,0	7,1	7,0
Paraná	6,3	6,4	6,3	6,4
Outros	20,8	22,7	21,9	22,5
Total	100,0	100,0	100,0	100,0

Fonte: Susep, apud SulAmérica.

As tabelas 6 e 7 apresentam a distribuição do patrimônio líquido e do número de fundos no Brasil de acordo com a localização do administrador e do gestor do fundo, respectivamente. Os fundos de investimento, também conhecidos como *master funds*, são os fundos que acumulam os recursos dos poupadores e investem em ativos diversos. Os fundos de investimentos em cotas funcionam mais como *feeder funds* dos fundos de investimento, sendo tipicamente distribuídos em agências bancárias para clientes de varejo, ainda que nem sempre seja esse o caso.

As tabelas deixam claro que o Rio de Janeiro ocupa um papel de destaque na indústria de fundos, com *grosso modo* um terço do patrimônio dos fundos de investimento sendo administrado e gerido por instituições com sede no estado. Registre-se, porém, que uma parcela bastante alta dessa participação resulta da presença no estado da DTVM do BB, que é a maior administradora e gestora de fundos do país. Mesmo excluindo a BB DTVM, porém, o estado mantém uma participação significativa nessa indústria, em especial em relação à gestão de fundos. Observe-se, ainda, o elevado número de fundos administrados e geridos no Rio de Janeiro, alguns com tamanho relativamente pequeno para o total da indústria.

Tabela 6
Distribuição geográfica dos fundos de investimento de acordo com localização do administrador (31 de maio de 2012)

	Fundos de Investimento		Fundos de Investimentos em Cotas	
	Patrimônio Líquido (R$ Milhões)	Nº Fundos	Patrimônio Líquido (R$ Milhões)	Nº Fundos
Rio de Janeiro	680.646	2.319	295.631	1.450
São Paulo	1.161.515	3.949	589.770	3.071
Outros	253.044	1.208	94.364	397
Total	2.095.204	7.476	979.765	4.918

Fonte: Anbima (consulta direta à associação).

Tabela 7
Distribuição geográfica dos fundos de investimento de acordo com localização do gestor (31 de maio de 2012)

	Fundos de Investimento		Fundos de Investimentos em Cotas	
	Patrimônio Líquido (R$ Milhões)	Nº Fundos	Patrimônio Líquido (R$ Milhões)	Nº Fundos
Rio de Janeiro	698.048	1.826	237.874	1.079
São Paulo	1.229.053	4.736	644.008	3.522
Outros	168.103	914	97.882	317
Total	2.095.204	7.476	979.765	4.918

Fonte: Anbima.

3. Perspectivas para o setor financeiro fluminense

A análise anterior mostrou que o Rio de Janeiro perdeu participação no PIB do setor financeiro, em partes mais ou menos iguais, em função do menor crescimento da economia do estado e da perda de participação relativa desse setor no PIB estadual. Segue-se, portanto, que políticas voltadas para reverter esse processo deveriam focar essas duas vertentes, com a óbvia ressalva de que não se trata de desfazer o passado, mas de buscar novas avenidas que levem ao objetivo almejado.

A expectativa é que o Rio de Janeiro venha a crescer acima da média nacional nos próximos anos, em função da exploração do pré-sal, dos investimentos associados às Olimpíadas e outros eventos internacionais importantes, e da melhoria do clima de investimento no estado, em especial a partir da queda dos índices de violência. Essa tendência já se revela nos muitos anúncios de projetos de investimento, de fábricas a portos e centros de pesquisa. Naturalmente, de forma mais ampla, o aumento da renda *per capita* no estado vai ampliar a demanda por serviços financeiros, especialmente os de varejo, cujos canais de distribuição são usualmente locais.

O desafio no que tange ao setor financeiro, nessa dimensão, é como fazer para que essa expansão alavanque a geração de negócios diversos — crédito, seguros e outros serviços financeiros — por empresas estabelecidas no estado. Já se observa algo nesse sentido em relação ao setor de óleo e gás, em que instituições estabelecidas no estado desempenham um papel importante no financiamento dos fornecedores da Petrobras. Por outro lado, a própria Petrobras ainda exerce a função de grande financiadora de alguns fornecedores, atividade em que poderia ser substituída por instituições financeiras.

Também no setor de seguros algumas das atividades localizadas na cidade refletem não apenas aspectos históricos, mas também a perspectiva de desenvolvimento do estado, em especial nas atividades ligadas ao setor de óleo e gás, onde a existência de grandes riscos, associados a plataformas e navios, requer um tipo de profissional e operação distintos do que se tem nos ramos de automóveis, por exemplo. Soma-se a esse a oportunidade de negócios aberta pela realização de grandes eventos internacionais na cidade do Rio de Janeiro, em especial as Olimpíadas e várias das atividades relacionadas à Copa do Mundo.

A outra dimensão para o desenvolvimento do setor financeiro é mais promissora, mas também mais difícil. Trata-se de tentar transformar o estado, e em particular sua capital, em um centro nacional de alguns tipos de serviços financeiros, aproveitando em especial algumas áreas em que o Rio mantém uma participação relevante no mercado nacional e em que a presença dos órgãos reguladores serve de alavanca adicional.

A figura 1 ajuda a organizar o raciocínio sobre quais são as características do Rio de Janeiro que podem ser consideradas vantagens comparativas do

Figura 1
Pré-requisitos e diferenciais dos principais centros financeiros globais

Principais lições aprendidas dos estudos de caso:	NYC	LON	SGP	HKG	DUB	PAR
PRÉ-REQUISITOS						
Intensidade de **comércio** e **estabilidade** macroeconômica	✓	✓	✓	✓	✓	✓
Infraestrutura desenvolvida	✓	✓	✓	✓	✓	✓
Talentos, tanto internos quanto do exterior	✓	✓	✓	✓	✓	✓
Fluência em línguas, particularmente inglês	✓	✓	✓	✓	✓	✓
Alinhamento público/privado para desenvolver o polo	✓	✓	✓	✓	✓	✓
Proatividade governamental	✓	✓	✓	✓	✓	✓
DIFERENCIAIS						
Regulação favorável aos negócios		✓	✓	✓	✓	
Impostos: simples, idealmente limitados			✓	✓	✓	
Um **porto seguro** em uma região arriscada			✓	✓	✓	
Foco em **inovação** como vantagem competitiva	✓	✓				
Excelência em sua **região** ou **nicho**			✓		✓	
Taxa de **crescimento** do mercado interno	✓					✓
Criação de uma zona **offshore**					✓	

Fonte: Brain (2011).

estado e quais são áreas em que é preciso progredir, em termos de transformar o estado — e sua capital, em particular — em um centro financeiro. Em termos dos pré-requisitos, a existência de "talentos" e da proatividade governamental podem ser consideradas pontos fortes. A estabilidade macroeconômica é um item que transcende ao governo do estado, mas, no que tange à questão fiscal, tanto o governo estadual como o da capital apresentam indicadores acima da média nacional.[5]

Em dois pré-requisitos o estado aparece em uma situação intermediária: intensidade de comércio e alinhamento público/privado. Com dois dos principais portos do país, o Rio de Janeiro é um dos estados brasileiros com maior integração comercial com o resto do mundo.[6] Não obstante, o Brasil como um todo permanece um país relativamente fechado. Em termos do alinhamento público/privado com vista à criação de um polo financeiro no Rio de Janeiro, há sem dúvida bastante trabalho sendo feito, mas é sempre possível envolver mais instituições nesse esforço.

Finalmente, em termos de línguas — entendido como a proporção da população fluente em inglês — e infraestrutura, em suas várias dimensões, o Rio de Janeiro possivelmente tem indicadores melhores do que a média nacional, mas, assim como o país como um todo, não está bem classificado em nenhuma das duas dimensões.[7] Voltamos à questão da infraestrutura mais adiante neste texto.

Em termos de elementos diferenciais, também se chega a um diagnóstico intermediário. Um elemento importante, já citado, é a perspectiva de crescimento econômico do estado acima da média nacional, na esteira dos projetos voltados para a exploração e comercialização do pré-sal, assim como das várias atividades correlatas, da pesquisa às questões legais. O Rio de Janeiro também pode ser considerado um dos melhores locais para a realização de negócios no país, mas isso em grande medida reflete mais a má situação do país nesse quesito do que uma vantagem comparativa autêntica. O desenvolvimento de uma regulação favorável aos negócios financeiros — e aos negócios em geral — parece uma clara direção de trabalho para melhorar a atratividade do estado.[8] O mesmo vale para a questão tributária, em que simplicidade e baixo custo administrativo podem ser quase tão importantes quanto a magnitude das alíquotas em si.

---

[5] A esse respeito, ver o capítulo de Mansueto Almeida neste volume.

[6] Ver o capítulo escrito por Lia Valls Pereira neste volume para uma discussão sobre o comércio exterior no estado.

[7] Na questão de línguas e internacionalização dos estudos, ver Diagrama 22 de Brasil Investimentos e Negócios (Brain, 2011).

[8] Uma das iniciativas, nesse sentido, é fomentar o uso da arbitragem como forma de resolução de disputas envolvendo agentes cariocas nos contratos a serem aqui firmados. O Rio de Janeiro já conta com a câmara de arbitragem mantida pela Fundação Getulio Vargas (FGV). A esse respeito, ver Souza, La Rocque e Boavista (2011).

Uma abordagem complementar a tentar melhorar o ambiente de negócios do setor financeiro em geral é focar em determinados nichos. No caso de se adotar essa estratégia, o exemplo em geral apontado como passível de ser seguido pelo Rio de Janeiro é o da cidade de Boston, que, sem chegar a rivalizar com Nova York enquanto centro financeiro dos EUA, concentra uma elevada parcela do mercado nas áreas de gestão de patrimônio e seguros. Nesse modelo, o Rio de Janeiro funcionaria como centro nacional — e, futuramente, até latino-americano — em certos setores, mas com forte interação com São Paulo, onde permaneceriam as matrizes dos grandes bancos comerciais (junto com Brasília) e de investimento.

Existem no Rio certos nichos que parecem especialmente promissores e que se somariam ao espectro mais amplo de atividades financeiras que poderiam se desenvolver na esteira da aceleração do crescimento econômico no estado.

O primeiro desses nichos é o segmento de gestão de ativos e de patrimônio (*Asset Management* e *Wealth Management*). Como visto acima, esse segmento já tem uma presença importante no Rio de Janeiro. Em especial, mesmo deixando de lado as grandes instituições, vê-se que há várias outras desse tipo no estado, beneficiando-se da possibilidade de funcionar com unidades relativamente pequenas que, em geral, operam com canais de distribuição indiretos. Uma parte dos recursos administrados é de famílias e empresas situadas no Rio, mas há também a possibilidade de captar recursos fora do estado, seja diretamente aos donos dos recursos, seja por meio de instituições financeiras.

Facilita, no caso dos gestores de ativos e de patrimônio, a presença dos principais fundos de pensão do país no Rio de Janeiro, clientes naturais desse tipo de serviço. A acentuada queda dos juros pagos pelos títulos públicos, aliás, vai abrir novas oportunidades para esses gestores, na medida em que os grandes fundos vão ter de procurar alternativas de investimento que lhes permitam atingir as metas atuariais de rendimento.

Um segundo nicho é o das corretoras e distribuidoras de valores, que, como visto na tabela 2, ainda permanecem em número elevado no Rio de Janeiro. Isso é o resultado do tamanho da economia do estado, mas também da inércia histórica, cabendo ao setor público criar condições para que elas aqui permaneçam de forma competitiva. Como no caso dos gestores, a distância física de São Paulo e das bolsas de valores e derivativos não é um grande empecilho a partir do momento que, cada vez mais, todo o processo de operação é feito por via remota.

Um elemento central, tanto no caso dos gestores de patrimônio e ativos, como no das corretoras, porém, é a qualidade da infraestrutura. Destacam-se nesse caso as condições de telecomunicações — banda e velocidade da comunicação de dados, em especial — e a segurança no fornecimento de eletricidade. Esses dois serviços, telecomunicações e eletricidade, são essenciais para garantir a qualidade das operações como também, e talvez principalmente, baixo risco operacional. Este, por sua vez, ajuda na atração de novos clientes.

Como mostra a figura 2, o Rio de Janeiro tem uma oferta de serviços de telecomunicações que se compara desfavoravelmente aos países com maiores centros financeiros, e mesmo a São Paulo, em termos de custo e velocidade de transmissão de dados. O estado vem apostando no Porto Maravilha, as novas instalações comerciais e empresariais que vêm sendo construídas na região do Porto do Rio, para fornecer esse tipo de infraestrutura, associada a um meio urbanístico de qualidade e a certa conglomeração física de instituições que também pode ajudar na realização de negócios.

A intenção do projeto de revitalização da zona portuária do Rio de Janeiro é dotar uma área central da cidade, hoje em situação de abandono, com modernas instalações empresariais, integradas ao resto da cidade e a outras regiões do país, de forma a suprir as necessidades das empresas ali instaladas. O exemplo que vem inspirando o governo local é o da área de Londres conhecida como Canary Wharf, também uma zona portuária, que depois de um período de decadência nos anos 1970 e 1980 foi reconstruída e transformada em importante centro comercial e financeiro.

É de se esperar que com a localização dos centros de mídia da Copa de 2014 e das Olimpíadas de 2016 no Porto, a qualidade da infraestrutura de comunicações e fornecimento de eletricidade nessa área urbana seja muito boa. Infelizmente, porém, nossa história mostra que nem sempre essa lógica prevalece: frequentemente se recorre a expedientes de emergência para garantir o bom funcionamento das atividades relacionadas a eventos internacionais enquanto esses duram, mas sem que se deixe uma herança adequada uma vez concluídos. Se há efetivamente a intenção de tornar o Rio de Janeiro um centro financeiro importante, a preocupação com telecomunicações e energia não pode ficar na dependência do que será feito para esses eventos esportivos: deve haver um plano atendendo as necessidades de gestores, corretoras e outras instituições financeiras que possam no curto e médio prazos se instalar na região.

Figura 2
Situação das telecomunicações no Rio de Janeiro e São Paulo

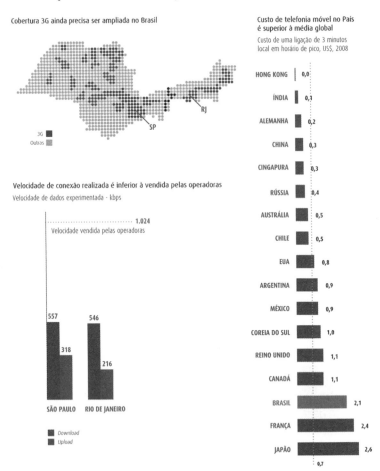

Fonte: Atlas Brasileiro de Telecomunicações, ITU, Revista Info, apud Brain (2011).

Outra dimensão infraestrutural importante do Porto Maravilha é a proximidade relativa dos dois principais aeroportos da cidade. Em um setor tão integrado com outras capitais no Brasil e no exterior, a possibilidade de rápida locomoção é um adicional competitivo. A facilidade desse acesso aos aeroportos é um diferencial relevante, notadamente em uma estratégia em que os segmentos que se desenvolvem no Rio complementam outros centrados em São Paulo e interagem com investidores no exterior.

Duas outras iniciativas poderiam potencializar essa vantagem. Uma, a privatização do Galeão: um bom operador privado possivelmente seria mais bem-sucedido em transformar o Rio em importante *hub* aeroportuário, algo que não deveria ser difícil, considerando-se o grau de saturação com que operam os grandes aeroportos do país, sendo o Galeão uma rara exceção. Outra, a extensão do metrô até aquele aeroporto, possivelmente passando pela ilha do Fundão. Alunos, professores e funcionários da UFRJ, além de moradores das ilhas do Governador e do Fundão devem gerar tráfego suficiente para justificar comercialmente essa linha, que possivelmente poderá ser de superfície. Como mostra a figura 3, o Rio de Janeiro tem uma densidade demográfica próxima à da Cidade do México e à de Londres, com uma fração da disponibilidade de metrô que há nessas duas cidades. Naturalmente, essas iniciativas trariam benefícios que transcenderiam o setor financeiro, mas, no que tange a este, aproximaria o Rio de Janeiro um pouco mais de outras cidades importantes.

Figura 3
Mobilidade urbana no Rio de Janeiro

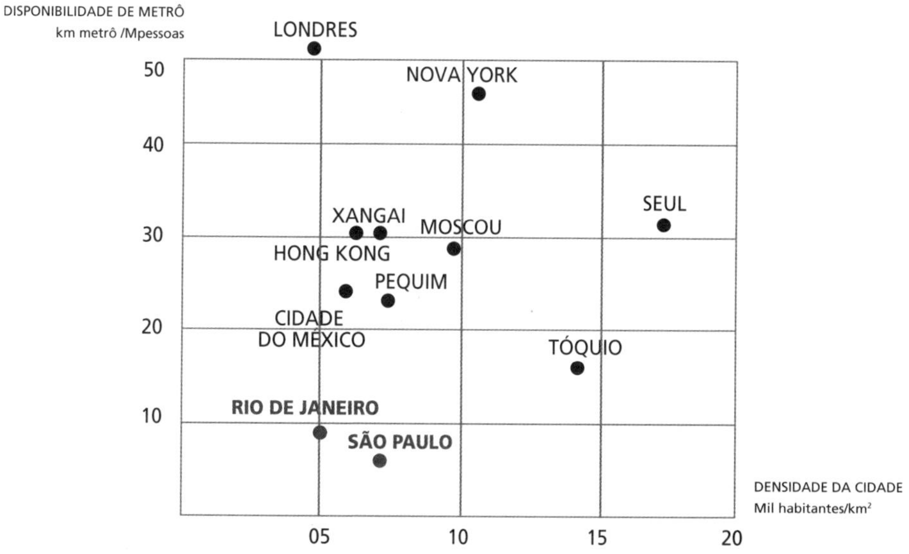

Fonte: Brain (2011).

Outras iniciativas em curso complementam esse quadro de possibilidades. A primeira é criar no Rio o Centro Nacional de Resseguros; a segunda, atrair para a capital fluminense uma bolsa de valores; outra ainda, centralizar no Rio de Janeiro o desenvolvimento de fundos, produtos financeiros e plataformas de negociação de ativos ligados à questão da sustentabilidade ambiental, a exemplo da BV RIO. Há ainda propostas envolvendo produtos financeiros lastreados em ativos imobiliários, a atração de atividades de *back office* e pesquisa de instituições financeiras, e a atração de grandes eventos de economia e finanças para o Rio de Janeiro.[9]

A proposta de criação no Rio de Janeiro do Centro Nacional de Resseguros visa assegurar a liderança do estado nesse setor e até fortalecê-la em termos nacionais e internacionais. O estado detém essa liderança por força da história do setor no país, em especial do monopólio de que gozava o Instituto de Resseguros (IRB) até 2007. Nos anos seguintes, com a abertura do setor, outros 35 resseguradores se instalaram no país, a maioria indo para São Paulo, de forma a ficarem próximos das seguradoras, seus clientes. A maioria dos corretores de resseguros ainda permanece, porém, no Rio de Janeiro e também aqui se estabeleceram vários novos resseguradores, como o Lloyds, segunda maior empresa do setor. Vale mencionar que também estão no estado o órgão regulador do setor de seguros, as várias entidades de representação do setor, a principal escola de seguros do país e duas das principais seguradoras do Brasil, a Bradesco Seguros e a SulAmérica.

Há dois itens na pauta de políticas voltadas para tornar o Centro Nacional de Resseguros uma realidade. O primeiro é a redução do ISS do setor, cobrindo resseguradoras e corretores de resseguros, para o mínimo constitucional de 2%, contra 5% atualmente. Outras importantes capitais estaduais já têm esse imposto sendo cobrado com alíquota de 2% para esse setor. Naturalmente, a questão é que, com a maior parcela do mercado nacional, o custo para o município do Rio de Janeiro de reduzir esse imposto é maior do que em outras capitais. Há um projeto de lei em discussão na Câmara dos Vereadores que promove essa redução.

O segundo item é o estabelecimento físico desse Centro, envolvendo um empreendimento imobiliário no qual as resseguradoras possam todas ficar a curta distância umas das outras. Dada a forma de funcionamento do setor, em que o contato pessoal, inclusive e especialmente com a intermediação dos corretores, é fundamental, isso aumentaria significativamente a atratividade do município do Rio de Janeiro. Esse, pelo menos, é o exemplo de outros grandes

---

[9] A esse respeito ver Souza, La Rocque e Boavista (2011).

centros, como Londres, onde as resseguradoras estão todas situadas fisicamente muito próximas entre si. Também as seguradoras situadas no Rio de Janeiro, os corretores e vários outros profissionais que atuam nesse setor, como advogados, peritos e contadores especializados, poderiam se beneficiar dessa proximidade. Novamente, o Porto Maravilha, pela disponibilidade de espaço e instalações modernas, surge como o local mais provável onde concentrar as principais instituições do setor.

Desde a compra das principais bolsas de valores e mercadorias pelas Bolsas de Valores de São Paulo e de Mercadorias e Futuros, que depois se fundiram em uma única instituição, a BM&FBovespa, esta passou a oferecer a única plataforma de negociação de valores mobiliários com contraparte central no país. Estão em curso, todavia, várias iniciativas no sentido de mudar esse quadro. Assim, a Cetip, por exemplo, já anunciou sua intenção de instituir uma *clearing* (câmara de compensação) que lhe permita estabelecer-se como uma plataforma de negociação de derivativos e títulos privados de renda fixa.

Da mesma forma, duas bolsas estrangeiras, a Direct Edge e a Bats, já manifestaram interesse em se instalar no país, em especial no Rio de Janeiro, no caso da primeira. A presença de um número relativamente alto de corretoras no estado é um fator que pode fazer prosperar essas iniciativas devido às economias de aglomeração. Por outro lado, o desafio para estas bolsas será maior do que para a Cetip, que já tem sistemas conectados a todas as grandes instituições do país e já faz a custódia de derivativos de balcão e títulos de dívida privada, como CDBs e debêntures.

Em particular, há duas barreiras fundamentais. Primeiro, é preciso acabar com o monopólio regulatório da BM&FBovespa, algo que está em discussão na CVM, que precisaria autorizar a operação de outras bolsas, inclusive da câmara de compensação da Cetip. Esse tema já está em discussão, mas ainda não há decisão tomada.[10] Segundo, as bolsas no exterior fornecem apenas as plataformas de negociação, mas não as câmaras de compensação e custódia, serviços que são fornecidos por outras empresas. No Brasil, a única empresa que faz isso é a Companhia Brasileira de Liquidação e Custódia (CBLC), de propriedade da BVMF, que não tem interesse em prover serviços para outras

---

[10] Para orientar o debate a CVM contratou estudo da Oxera (2012), em que se encontra uma discussão das principais questões envolvidas.

bolsas.[11] A Cetip também já declarou que pretende desenvolver essa atividade exclusivamente para uso próprio.[12]

Relacionada a esse tema está a instalação no Rio de Janeiro de uma plataforma de negociação de ativos ambientais, a Bolsa Verde do Rio de Janeiro (BVRio). O objetivo dessa bolsa é viabilizar a negociação de ativos essencialmente relacionados a regulações ambientais — por exemplo, compensações ambientais para projetos de investimento, cotas de emissão de carbono etc.[13] Dessa forma, em vez de realizar diretamente o investimento relacionado ao cumprimento de obrigações de natureza ambiental, uma empresa poderá adquirir de outra parte ativos que caracterizem o cumprimento dessa obrigação.

No seu atual estágio, a BVRio está desenhando os contratos (ativos) que serão objeto de negociação, o que depende de regulações públicas, tanto em termos de quais as obrigações a serem negociadas, ainda que estas sejam definidas de forma voluntária, quanto de formas de verificação que permitam a esses contratos ter um baixo custo de negociação. Uma vez concluída essa fase, que até certo ponto é uma atividade permanente de uma bolsa, será necessário pensar também na questão do chamado *post-trading*, aí incluída a questão da câmara de compensação. Em princípio, a BVRio também se encarregará do registro e custódia dos ativos ambientais ali negociados.[14]

Ainda em relação à fixação de uma ou mais bolsas de valores no Rio de Janeiro, Souza, La Rocque e Boavista (2011) citam a possibilidade de tentar atrair para o Rio de Janeiro a Bolsa Brasileira de Mercadorias (BBM) e a Bovespa Mais.[15] Como exposto por Souza, La Rocque e Boavista (2011):

---

[11] Em entrevista ao *Valor Econômico* (19 jun. 2012:C3), o presidente da BM&FBovespa declarou acreditar que "as bolsas interessadas em entrar no mercado brasileiro precisarão ter sua própria estrutura de *clearing*".

[12] Sobre os planos da Cetip, ver "Cetip se prepara para atuar como bolsa" (*Valor Econômico*, 19 jun. 2012:C3).

[13] Outros exemplos citados são efluentes da Guanabara, logística reversa e reciclados e reposição florestal. A respeito da BVRio, ver também o capítulo de Suzana Kahn Ribeiro neste volume.

[14] Uma questão interessante é se, futuramente, a BVRio também deveria abrir espaço para a negociação do que Souza, La Rocque e Boavista (2011) chamam de "produtos/setores identificados como vocações cariocas": além daqueles ligados à economia verde, os relacionados ao mercado de energia e à indústria de óleo e gás.

[15] A BBM é uma entidade sem fins lucrativos, com sede em São Paulo e participação majoritária da BM&FBovespa, voltada para oferecer uma plataforma eletrônica que possa ser usada pelos setores público e privado para negociar bens e serviços diversos. O sistema de negociação é operado via internet e funciona em três modalidades: pregão eletrônico (aquisições de bens e serviços), cotação eletrônica de preços (pregão simplificado para aquisições) e leilão eletrônico (venda de bens e serviços). Ver, a esse

A ideia é que, com o aumento do volume de negócios dos serviços da Bolsa por parte dos setores público e privado cariocas, se busque pleitear a transferência da sede da BBM para o município do Rio de Janeiro. Uma eventual mudança de sede deve se constituir, na visão do GFC (Grupo Financeiro Carioca), em um marco que contribui para gerar externalidades positivas, induzindo um ciclo virtuoso de desenvolvimento do mercado financeiro na cidade. Seria um "símbolo" do projeto de revitalização — uma Bolsa voltando ao Rio —, em cujo entorno podem ser criadas novas oportunidades e nichos de mercado, além de produtos financeiros associados. Isso funcionaria como força de atração para que partes interessadas — bancos, corretoras, cadeia de fornecedores etc. — se instalassem também na cidade, ampliando a arrecadação ligada a seus serviços.

Outra linha de atuação consiste em desenvolver o mercado de eventos financeiros no Rio de Janeiro. Na capital fluminense estão situadas várias das maiores empresas abertas do Brasil — Petrobras, Vale, Eletrobras, PDG e as empresas do grupo EBX, por exemplo —, os maiores fundos de pensão do país e vários dos maiores gestores, assim como órgãos reguladores importantes, como a CVM e a Superintendência de Seguros Privados (Susep). Não obstante, com a concentração dos bancos de investimento, o chamado *sell side*, em São Paulo, investidores e gestores cariocas lá têm de ir para encontrar com as empresas sediadas no Rio de Janeiro. Há, claramente, uma ineficiência nessa situação.

Para reverter esse quadro, trazendo negócios e talentos nessa área para o Rio de Janeiro, se criou o Rio Investors' Day, um evento anual que reúne as diversas partes do mercado em rodadas de negócio. Idealmente, esse tipo de evento deveria se tornar mais frequente, talvez buscando cortes mais setoriais.

4. Observações finais

O Rio de Janeiro já foi o grande centro financeiro do Brasil, posição que ostentou por mais de século e meio de história. Inquestionavelmente, porém, essa situação se devia em grande medida aos benefícios diretos e indiretos de ser a capital do país. A partir dos anos 1960, em alguma escala difícil de precisar, a mudança da capital para Brasília e a perda de dinamismo econômico que se seguiu

---

respeito, Souza, La Rocque e Boavista (2011). Já a Bovespa Mais é uma plataforma de negociação voltada para empresas de pequeno porte.

contribuíram para que o Rio de Janeiro fosse perdendo participação no setor financeiro nacional: de 28,3% em 1950 para 19,6% em 1980, 10,9% em 2000 e 9,5% em 2009, quando essa participação foi inferior à do estado no PIB do país.

Atribuir a responsabilidade pela perda da importância do setor financeiro do Rio de Janeiro à mudança da capital nos parece, porém, um equívoco: primeiro, porque o centro financeiro nacional não migrou para Brasília, mas para São Paulo; segundo, porque a maior parte da queda de participação se deu a partir dos anos 1980. Nesse sentido, mostramos que a perda de participação do Rio de Janeiro no PIB do setor financeiro se deve, sim, à perda de relevância desse setor na economia fluminense, que pode ser atribuída à migração de instituições e atividades financeiras para fora do estado, mas também se deve, em igual medida, ao menor dinamismo da economia do estado em relação ao resto do país, como caracterizado pela queda da sua participação no PIB brasileiro.

Um fato relevante nesse sentido é que esses dois fatores — perda de importância do setor na economia fluminense e menor dinamismo desta — têm contribuições bem distintas quando se consideram separadamente os subperíodos 1950-80 e 1981-2009. No primeiro, a perda de participação do estado no PIB do setor financeiro se deve quase que exclusivamente (88%) ao ritmo mais lento de crescimento do Rio de Janeiro: o setor perdeu participação quase que na mesma proporção observada para o todo da economia fluminense. Já no segundo subperíodo as coisas se invertem e é a perda de participação do setor financeiro na economia do Rio de Janeiro que majoritariamente explica por que o Rio de Janeiro passou a ser menos relevante no setor financeiro nacional. Esse segundo fator, por sua vez, se relaciona provavelmente à piora do ambiente de negócios — violência, deterioração da infraestrutura etc. — que se observou no estado nesse período.

Olhando prospectivamente, é também nesses dois elementos que se deve focar a análise. Em outras palavras, o setor financeiro fluminense vai ganhar relevância no cenário nacional se o estado for capaz de combinar um crescimento robusto com o estabelecimento de um ambiente de negócios favorável às atividades financeiras.

Em relação ao primeiro ponto, o Rio de Janeiro não vem conseguindo, infelizmente, superar o resto do país em termos de crescimento do PIB: na média dos últimos cinco ou 10 anos, por exemplo, o Rio foi o estado que menos cresceu na região Sudeste. O setor de óleo e gás aparece como um potencial dinamizador da economia fluminense e pode oferecer uma oportunidade para

O setor financeiro fluminense

que o estado consiga ganhar participação no PIB nacional. Para que isso permita alavancar o setor financeiro fluminense, porém, é importante que o dinamismo desse setor se reflita em oportunidades de negócios locais, seja em termos de financiamento — por exemplo, para fornecedores da Petrobras e outras empresas de energia —, seja em outros serviços financeiros, como seguros.

Em termos de ambiente de negócios, tem havido sinais mais positivos, como a melhora na segurança pública, mas é preciso avançar mais. As questões tributária — em termos de alíquotas, complexidade e previsibilidade — e regulatória, nesta incluída a burocracia envolvida em licenças e outras exigências governamentais, são importantes, mas não os únicos fatores que contam. Assim, é importante garantir a competitividade tributária e buscar regras que, até mesmo quando fora da esfera decisória local, possam beneficiar ou pelo menos não prejudicar as áreas em que o Rio de Janeiro tem vantagens competitivas, como resseguros e gestão de recursos.

Por outro lado, o estudo do Brain realça outros fatores que também precisam ser trabalhados, como infraestrutura, comprometimento governamental e seu alinhamento com o setor privado, existência de talentos etc. Há aqui uma agenda de trabalho que precisa ser perseguida possivelmente por mais de uma administração. O tema da infraestrutura merece atenção especial, no contexto em que a realização de importantes eventos internacionais no Rio tem levado a grandes investimentos nessa área. Seria importante que em projetos como o Porto Maravilha se procurasse criar condições para que, passados os eventos, o Rio conte com melhores condições para aqui desenvolver negócios e empreendimentos no setor financeiro.

Finalmente, há também espaço para projetos pontuais mais emblemáticos e geradores de importantes externalidades. Este é o caso, por exemplo, da instalação no Rio de Janeiro de um Centro Nacional de Resseguros e de uma bolsa de valores, que pode ser a BVRio, a BBM ou outra de mesmo porte e simbolismo.

Essas linhas de atuação não são excludentes. Pelo contrário, a melhora do ambiente de negócios será fundamental para atrair esses projetos emblemáticos e, da mesma forma, acelerar o próprio crescimento do estado. Os importantes eventos internacionais que devem se realizar no estado do Rio de Janeiro nos próximos anos, em especial a Olimpíada de 2016, têm galvanizado esforços em termos de atacar alguns problemas que atrapalham os negócios em geral. Mas é preciso tomar cuidado para não focar excessivamente nessas oportunidades, buscando construir uma agenda que garanta a continuidade das políticas entre gestões e o envolvimento do setor privado e da sociedade civil.

Referências

BRAIN. Brasil Investimentos e Negócios. *Atratividade do Brasil como polo internacional de investimentos*. 2011. Disponível em: <www.brainbrasil.org/media/BRAiN%20-%20 Atratividade%20do%20Brasil%20como%20polo%20internacional%20de%20investimentos%20e%20neg%C3%B3cios.pdf>.

OXERA. The costs and benefits of changing the competitive structure of the market for trading and post-trading services in Brazil? 2012.

SOUZA, A. A.; LA ROCQUE, E. C. de; BOAVISTA, J. M. S. Revitalizando a economia do município do Rio de Janeiro: o mercado financeiro. *Texto Preliminar para Discussão*, n. 3, Secretaria Municipal de Fazenda, Rio de Janeiro, maio 2011.

SULAMÉRICA. *O mercado de seguros*. Disponível em: <www.mzweb.com.br/sulamerica-ri/web/conteudo_pt.asp?idioma=0&tipo=10622&conta=28>.

Capítulo 7

Formalização e ambiente de negócios para micro e pequenas empresas no Rio de Janeiro[1]

Adriana Fontes*
Valéria Pero**

Este capítulo foi pensado originalmente com a presença do André Urani, nosso querido amigo e inspirador de caminhos para a virada do Rio. Bebemos muito nas ideias presentes nos artigos e livros recentes, em suas palestras e inúmeras discussões sobre o Rio, mas nada melhor do que ressaltar suas próprias palavras:[2]

> O crescimento econômico do estado do Rio de Janeiro nos últimos anos tem sido pouco efetivo em se traduzir numa redução da pobreza. Isto porque, ao contrário do que tem ocorrido na grande maioria das outras unidades da federação, a desigualdade, por aqui, não tem diminuído. Há duas explicações, complementares, para que isto esteja ocorrendo: a natureza concentradora (possivelmente mais até que a do país como um todo) do modelo de desenvolvimento que estamos adotando e a incipiência, ineficiência e ineficácia das políticas sociais que foram adotadas, no âmbito social, até aqui.
>
> *"Na surdina", nov. 2011*

---

[1] As autoras agradecem a Fabrícia Guimarães pela assistência à pesquisa com levantamento das leis e iniciativas estaduais para formalização dos negócios e a Armando Castelar, Fernando Veloso e Gustavo Morelli pelos comentários à versão preliminar.
* Pesquisadora do Iets e consultora da Macroplan.
** Professora do Instituto de Economia da UFRJ e pesquisadora associada ao Iets.
[2] Citações retiradas das colunas que escrevia semanalmente para o jornal *O Dia*.

Nossos problemas e nossas oportunidades têm em comum o fato de serem enfrentáveis apenas através de estratégias de interesse público que só podem vingar em prazos mais longos que os mandatos governamentais. Precisamos de instituições democráticas que tenham a capacidade de trabalhar nestes prazos.

"Instituições de novo tipo", ago. 2011

O maior desafio que temos hoje, porém, talvez seja o de transformar este momento mágico num processo, necessariamente de longo prazo, de reinvenção da nossa região metropolitana e de nosso estado. É preciso lembrar que a recuperação em curso está se dando depois de quase meio século de decadência econômica, política e social. Oportunidades não nos faltam: podemos construir novas vantagens competitivas em setores tão diversos quanto a energia, a sustentabilidade, a logística, a economia criativa e o entretenimento. E as Olimpíadas são uma excelente oportunidade para aprendermos a adotar governanças adequadas para fazer frente a este tipo de desafio.

"A Hora da Virada", maio 2011

Deixo vocês com um apanhado desconjuntado de frases que pode nos ajudar a refletir sobre o futuro do Rio.

"Subdesenvolvimento não se improvisa. É obra de séculos." (Nelson Rodrigues)

"Para qualquer coisa na vida, é preciso ter ciência, consciência e paciência." (dito popular de Mauriti, cidadezinha cearense a 500 quilômetros de Fortaleza)

"Reconhece a queda, e não desanima — levanta, sacode a poeira e dá a volta por cima!" (Paulo Vanzolini)

"Frases", fev. 2011

Concluímos essa homenagem com saudades e com um agradecimento ao André por todo seu legado de ideias e de realizações, por seu otimismo, criatividade e capacidade de pensar o futuro que, como ele gostava de citar, não é mais como era antigamente, para nós e para o nosso Rio... Vamos em frente inspirados em suas razões e paixões para, na convivência com as diferenças, construir um Rio melhor para todos!

1. Introdução

O Rio de Janeiro passa por um ponto de inflexão. Da decadência social e econômica e do ceticismo da população com relação ao futuro do estado passamos a uma situação em que viver em um lugar seguro, com maiores oportunidades econômicas e socialmente mais justo é um objetivo que volta a fazer parte do imaginário dos fluminenses. Essa mudança reflete transformações em áreas diversas, da segurança pública às descobertas do pré-sal. A economia é um dos destaques nesse quadro de mudanças.

A melhora do desempenho econômico do estado decorre de uma série de fatores como: i) o desenvolvimento do setor de óleo e gás; ii) a obtenção do grau de investimento na classificação das principais agências de risco; iii) o alinhamento das três esferas de governo; iv) o processo de pacificação das favelas e a redução das taxas de homicídio; v) os avanços na gestão pública; e vi) os grandes eventos internacionais que serão sediados na cidade.

Esse cenário favorável abre uma janela de oportunidades para enfrentar os enormes desafios do desenvolvimento do Rio. Um deles é a questão da informalidade, que, comparada aos estados vizinhos do Sul e Sudeste, é elevada, apresentando níveis próximos aos do Nordeste. Trata-se de um fenômeno multifacetado, presente na sociedade em várias dimensões, como nas empresas que não possuem registro formal, nos empregos que não são cobertos pela legislação trabalhista, nos indivíduos que não contribuem para a previdência social, nas habitações que não possuem titulação ou mesmo no consumo de serviços de utilidade pública. Embora sejam fenômenos distintos, há certa correlação entre as diferentes formas de informalidade: o fato de um indivíduo estar descumprindo a legislação em determinada área pode levá-lo a se comportar da mesma forma em outras áreas.

Do ponto de vista da economia, a informalidade dos negócios é possivelmente a mais prejudicial. Ela tem seus impactos negativos sobre eficiência econômica e arrecadação fiscal, além de consequências sobre o bem-estar da população. Para atuar sobre ela é preciso entender que o espírito empreendedor depende da percepção de oportunidade de geração de renda, mas também é resultado de estratégias de sobrevivência, decorrentes da falta de acesso ao mercado de trabalho formal. Assim, milhares de trabalhadores por conta própria e micro e pequenos empreendedores conseguem "se virar" na informalidade, mas não têm capacidade de crescer e desenvolver seus negócios.

O discurso da cultura da informalidade no Rio pode até explicar uma parte desse fenômeno. Porém, a informalidade está, em alguma medida, relacionada ao ambiente de negócios, ou seja, às condições de formalização, em termos da complexidade dos procedimentos e do tempo e do custo para abertura dos negócios, assim como do seu eventual fechamento. O Rio não apresenta um bom ambiente de negócios. Em 2006, o Banco Mundial divulgou a pesquisa *Doing business no Brasil* (World Bank, 2006) comparando 13 cidades e estados brasileiros. Segundo essa pesquisa, o Distrito Federal era o lugar mais fácil de fazer negócios no Brasil e o Ceará, o pior. O Rio de Janeiro ficou em oitavo lugar, à frente de Santa Catarina e São Paulo e atrás de Minas Gerais, que ficou na terceira posição.

O pior desempenho do Rio de Janeiro se dá nos indicadores relacionados a dificuldades para pagamento de impostos (nono lugar) e à carga tributária. Segundo estimativa do Banco Mundial, a renda gasta com pagamento de todos os impostos representava em 2006, em média, o dobro do lucro bruto das empresas. Outro indicador que vai nessa direção é o percentual da renda familiar gasto em impostos, contribuições etc. Segundo a Pesquisa de Orçamento Familiar (POF) do IBGE, em 2009 o estado do Rio de Janeiro apresentava o maior percentual de pagamento familiar de tributos entre os estados do Brasil, de 15%, contra 11% em São Paulo e Minas Gerais e 10% em Santa Catarina. No que tange à facilidade para abertura de empresas e registro de propriedade, o Rio ocupava uma posição melhor, o quinto lugar. Abrir uma empresa no Rio de Janeiro envolvia, segundo o relatório, 15 procedimentos burocráticos e levava, em média, 68 dias. Já em Minas Gerais, são 10 procedimentos e apenas 19 dias.

Assim, uma das formas de reduzir a informalidade é por meio da simplificação da burocracia e desoneração de custos para as micro e pequenas empresas (MPEs). Neste sentido, inovações recentes no plano federal — com destaque para a aprovação da Lei Geral da Micro e Pequena Empresa (MPE), em 2006, e a criação da figura do Empreendedor Individual (EI) — podem estimular e modificar o ambiente de negócios para as micro e pequenas empresas. Aliados a isso, nos últimos anos, esforços para simplificar o processo de abertura de uma empresa têm sido feitos pelo Governo do Estado do Rio de Janeiro e pela Prefeitura da capital fluminense.

Em 2005, foram constituídas 27,6 mil empresas no estado do Rio de Janeiro, número que em 2011 subiu para 40,6 mil. Esse aumento de 47% no número de empresas constituídas foi superior ao do Brasil (24%) e do Sudeste (41%). O número de MPEs formais cresceu 16% no estado entre 2005 e 2010. Não obstante, a participação das MPEs na massa de remuneração dos empregados formais caiu de 24,5% em 2005 para apenas 22,5% em 2010. Isso pode estar indicando que nesse período a formalização do emprego foi ainda mais significativa do que a das empresas em si.

A despeito dos progressos recentes em direção à maior formalização e à melhora no ambiente de negócios do Rio de Janeiro, o quadro de informalidade e precariedade dos micro e pequenos negócios continua mais frequente no estado relativamente às outras unidades da federação. Consequência do modelo de desenvolvimento do estado e/ou da incipiência de políticas públicas, esse processo parece limitar os efeitos do dinamismo econômico fluminense na redução das desigualdades socioeconômicas.

Este capítulo analisa a evolução recente das MPEs do estado do Rio de Janeiro, comparando-a com a ocorrida em outros estados, especialmente da região Sudeste e em Santa Catarina. Além disso, se investigam as mudanças institucionais no ambiente de negócios do Rio de Janeiro no que diz respeito à formalização dos micro e pequenos negócios. Ele está estruturado em quatro seções, incluindo esta introdução. Na próxima seção se traça um quadro da informalidade empresarial no Rio de Janeiro. A seção três discute os avanços recentes no ambiente de negócios fluminense. Uma última seção resume as principais conclusões.

2. Situação recente do estado do Rio de Janeiro e das micro e pequenas empresas[3]

A retomada econômica do Rio de Janeiro ocorreu a partir do final dos anos 1990, sendo fortemente influenciada pelo setor de óleo e gás. Esse processo se intensificou a partir de 2004 e entre 2004 e 2009 o PIB do estado do Rio cresceu em média 3,3% a.a., 2,5 vezes mais que os cinco anos anteriores.[4] Os avanços sociais também são nítidos. Já alcançamos as metas do milênio fixadas para 2015 no que diz respeito à pobreza e à pobreza extrema.[5] Contudo, em relação ao resto do Brasil avançamos menos. Estamos melhorando, mas menos do que a maior parte das unidades da federação. Comparados a estados como Santa Catarina, os avanços são tímidos.

Os avanços sociais mais lentos podem ser atribuídos ao modelo de desenvolvimento do estado, que não combina crescimento econômico com redução da desigualdade.[6] A desigualdade de renda no estado do Rio de Janeiro (ERJ), medida pelo índice de Gini, não acompanha a trajetória de redução constante observada no Sudeste e no Brasil como um todo, conforme evidencia o gráfico 1, construído com dados da Pnad/IBGE. Em 2003, o ERJ tinha um Gini de 0,56, bem próximo ao do Sudeste e bem abaixo da média brasileira. Em 2009, o estado passa a ter o nível do Brasil (0,54), bem superior ao do Sudeste (de 0,51).

Os dados sugerem que o descasamento entre a trajetória econômica e os indicadores sociais — em especial, a desigualdade de renda — está associado à natureza do crescimento do Rio de Janeiro, que segue um modelo concentrador, baseado em poucos setores e grandes empresas. Já em Santa Catarina,

---

[3] O Observatório das Micro e Pequenas Empresas do Estado do Rio de Janeiro, uma parceria entre Sebrae/RJ e o Instituto de Estudos do Trabalho e Sociedade (Iets), tem produzido e sistematizado informações sobre as MPEs com os objetivos de fornecer diagnósticos para a sociedade e orientar políticas públicas. Parte das análises aqui expostas utilizou como insumos os produtos do Observatório. Para mais informações: <www.sebrae.com.br/uf/rio-de-janeiro/sebrae-no-rio-de-janeiro/estudos-e-pesquisas/>.

[4] A esse respeito, ver neste volume os capítulos de Regis Bonelli e Fernando Veloso e de Mauricio Canêdo Pinheiro.

[5] Barros e Pero (2011).

[6] Há evidências também de um baixo aproveitamento no estado do Rio de Janeiro dos programas federais, como Bolsa Família, Programa Saúde da Família e as iniciativas voltadas para jovens. Não obstante, ver o capítulo de Marcelo Neri neste volume.

Gráfico 1
Desigualdade de renda — Índice de Gini

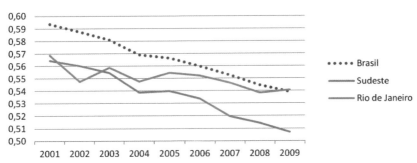

Fonte: Iets, com base nos dados da Pnad/IBGE.

por exemplo, verifica-se um modelo de desenvolvimento diferente, com fortes reduções da desigualdade e pobreza, o que permitiu a erradicação da indigência. Ao contrário do Rio de Janeiro, o estado captura bem programas e recursos federais e tem um modelo em que as micros e pequenas empresas são estruturantes.

As diferenças entre a contribuição da MPE nos dois estados podem ser visualizadas no gráfico 2, que ilustra a participação no emprego formal e na massa salarial.[7] Embora a participação das MPEs no número total de estabelecimentos seja parecida no estado do Rio e no resto do Brasil e no Sudeste (em torno de 98%), a sua contribuição para o total de empregos e para a massa salarial no Rio de Janeiro é bem mais baixa, sobretudo se comparada a Santa Catarina. Isso significa dizer que as micro e pequenas empresas tendem a ser mais precárias no estado do Rio de Janeiro, absorvendo relativamente trabalhadores em menor número, menos produtivos e recebendo salários médios mais baixos.

Isso ocorre porque no Rio de Janeiro o salário médio pago nas MPEs é a metade do salário médio das grandes e médias. Além disso, verifica-se um aumento do diferencial salarial entre as MPEs e as médias e grandes empresas na última década, ao contrário do que ocorreu na média brasileira, no resto do Sudeste e em Santa Catarina, conforme fica evidente no gráfico 3.

---

[7] Um diagnóstico detalhado sobre a situação das MPEs no Estado do Rio de Janeiro na última década, que também baseou as análises aqui presentes, pode ser encontrado em Macroplan (2012).

Gráfico 2
Participação da MPE no emprego formal e na massa salarial

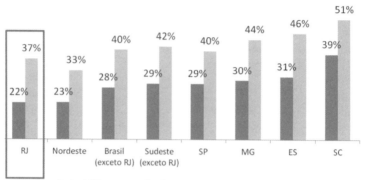

Fonte: Macroplan (2012) com base nos dados da Rais/MTE.

Gráfico 3
Diferencial de salários entre MPEs formais e médias e grandes — 2000 e 2010

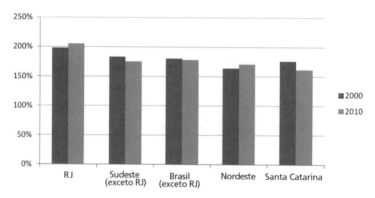

Fonte: Macroplan (2012) com base nos dados da Rais/MTE.

Além da baixa produtividade das MPEs formais, o estado do Rio de Janeiro exibe maiores índices de informalidade nesse segmento empresarial. A elevada informalidade que ainda predomina no estado do Rio de Janeiro, especialmente na sua Região Metropolitana, pode ser constatada nos indicadores dos micro e pequenos empreendedores.[8] A partir da Pnad/IBGE de 2009 é possível

---

[8] Um dos fenômenos recentes mais importantes do mercado de trabalho brasileiro foi a formalização do mercado de trabalho e o Rio de Janeiro acompanhou essa tendência; porém, com um ritmo mais

identificar o percentual de empregadores e trabalhadores por conta própria que possuem CNPJ. O estado do Rio de Janeiro está em 11º lugar em relação a esse índice, com 13% dos trabalhadores por conta própria e 73,6% dos empregadores apresentando um CNPJ. Em São Paulo, esses percentuais se elevam para 26% e 78%, respectivamente, e em Santa Catarina, 28,2% e 86,6%.

A maior informalidade dos micro e pequenos empreendedores pode ser verificada também em termos de contribuição para a previdência. Apesar da tendência recente de formalização, os avanços na Região Metropolitana do Rio de Janeiro (RMRJ) foram mais lentos, como pode ser observado no gráfico 4. Em 2003, a RMRJ tinha um percentual superior ao do Brasil Metropolitano, com um quarto dos trabalhadores por conta própria ou empregadores contribuindo para a Previdência. Em 2011, esse percentual subiu para 29%, posicionando-se abaixo da média do Brasil Metropolitano, de 31%.

Gráfico 4
Percentual de microempreendedores que contribuem para previdência

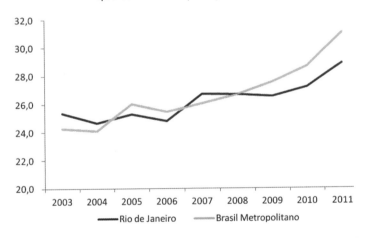

Fonte: Observatório das MPEs do ERJ (Iets-Sebrae/RJ), com base nos dados da PME/IBGE.

lento. O percentual de ocupados com carteira de trabalho assinada na RMRJ subiu de 41%, em 2003, para 49%, em 2011, segundo a Pesquisa Mensal do Emprego (PME/IBGE), enquanto no conjunto das seis regiões metropolitanas cobertas pela pesquisa essa proporção passou de 44% para 53%. No primeiro quadrimestre de 2012, a RMRJ passou a ser a região com menor percentual de empregados com carteira de trabalho assinada, tendo "ultrapassado" a Região Metropolitana de Salvador.

Por fim, uma *proxy* para quão propício a empreender é o ambiente de negócios é o percentual de empregadores em relação ao universo de trabalhadores por conta própria e empregadores. Esse indicador capta a proporção de pessoas que conseguem ter sucesso e se tornar empregadoras entre aquelas que se lançam na abertura de seu próprio negócio. No estado do Rio de Janeiro, apenas 17% dos que abrem seu próprio negócio se tornam empregadores, percentual inferior ao dos outros estados do Sudeste (21%) e ao de Santa Catarina (28%).

A partir desta análise é possível concluir que os índices de informalidade e de precariedade dos micro e pequenos negócios seguem elevados no Rio de Janeiro. Consequência do modelo de desenvolvimento do estado e/ou da incipiência de políticas públicas focadas nas MPEs, esses movimentos têm se refletido em menores avanços em direção a uma sociedade mais justa. A seção seguinte analisa as mudanças institucionais recentes voltadas para formalização dos micro e pequenos negócios.

3. Mudanças institucionais recentes[9]

As instituições,[10] como aponta a literatura institucionalista, exercem um papel determinante no empreendedorismo e no desenvolvimento econômico. A falta de direitos de propriedade bem definidos e assegurados e um quadro regulatório inadequado inibem o investimento, elevam os custos para elaborar e assegurar os contratos, e restringem o acesso a mercados, aos fornecedores, aos compradores, ao mercado de crédito, à tecnologia e aos serviços de infraestrutura.

No Brasil, a capacidade de empreender é limitada pelo ambiente regulatório e institucional. Segundo os dados do Doing Business 2012 (World Bank,

---

[9] Essa seção foi feita com base em um levantamento da legislação e da pesquisa bibliográfica realizada em portais de bibliotecas virtuais. Informações oficiais foram obtidas nos sites das prefeituras, governos estaduais, assembleias legislativas, juntas comerciais, Sebrae nacional e estaduais.
[10] Instituições são entendidas como as regras que dão forma às interações políticas, econômicas e sociais. Elas podem ser informais (sanções, tabus, costumes, tradições e códigos de conduta) ou formais (constituições, leis e direitos de propriedade). Nas palavras de North (1994:3), "Instituições são as regras do jogo numa sociedade ou, mais formalmente, são as restrições impostas pelos homens que moldam as interações humanas" (tradução livre).

2012), o Brasil ocupa o 126º lugar em facilidade de fazer negócios, em um ranking de 183 economias. Das 18 economias da América Latina abordadas no estudo, estamos mais bem situados somente do que Equador, Honduras, Bolívia e Venezuela.

Esse resultado está, em alguma medida, relacionado às especificidades das micro e pequenas empresas no que se refere à sua capacidade de desenvolvimento. A maior escassez de recursos financeiros e a incapacidade de oferecer garantias reais aos fornecedores de crédito colocam barreiras ao crescimento e à modernização dessas empresas. Quando associadas à baixa escolaridade dos empreendedores, que em sua maior parte não completou ensino fundamental, essas geram produtos ou serviços de baixo valor agregado, devido à baixa produtividade do trabalho e do capital, com consequências negativas sobre a sobrevida e o desenvolvimento dos negócios. Além disso, muitas vezes, a baixa produtividade faz com que o negócio só seja viável na informalidade, gerando um círculo vicioso de baixa produtividade do trabalho, baixa lucratividade e informalidade.

Diante desse quadro, uma série de mudanças no ambiente institucional, operadas a partir da Lei Geral da MPE, em 2006, e a criação da figura do Empreendedor Individual (EI), em 2008, têm beneficiado as MPEs. Essas mudanças visam incentivar a formalização dos micro e pequenos negócios com um "tratamento diferenciado e favorecido às MPE". Entre essas estão a facilitação da apuração e da arrecadação de impostos e de contribuições, a partir de um regime único (Simples Nacional), criando-se a figura do EI; uma melhora do acesso aos mercados, com condições favorecidas nas compras públicas; e a simplificação das obrigações relativas à legislação trabalhista, entre outros instrumentos da lei.

Em função do caráter verticalizado da Lei Geral da MPE, a implementação de alguns de seus instrumentos nos estados depende da realidade local. Deste modo, a criação do Simples Nacional, a política de compras governamentais e a formação de um cadastro sincronizado de abertura e fechamento de empresas, exemplos desses instrumentos, ocorrem em ritmos diferentes nos vários estados e municípios do Brasil. Assim, para compreender as mudanças institucionais com a implementação da Lei Geral da Micro e Pequena Empresa, no que segue descrevemos suas principais características com ênfase nas suas repercussões no Rio de Janeiro.

Lei Geral da micro e pequena empresa

A Lei Geral da MPE e a Lei do EI foram aprovadas na Câmara dos Deputados em 2006 e 2008, respectivamente, e visam melhorar o ambiente de negócios para os pequenos negócios no Brasil.

A Lei Geral é voltada para empresas com receita bruta anual de até R$ 2.400.000,00. O principal destaque dessa lei foi a implementação do Simples Nacional, integrando o ICMS e o ISS ao Simples Federal e operacionalizando um novo sistema de alíquotas progressivas e diferenciadas de acordo com a atividade empresarial. Essa lei possui um caráter verticalizado, na medida em que prevê a implementação de leis gerais em estados e municípios, com o objetivo de efetivar políticas da Lei Geral, como as de compras governamentais, de simplificação de registro e de legalização de empresas.

A figura jurídica do EI, criada pela Lei complementar nº 128/2008, passou a vigorar em 1º de julho de 2009. Trata-se de uma política voltada para a formalização do trabalhador por conta própria ou do pequeno empresário, que possua um empregado[11] e não tenha participação em outra empresa, como sócio ou titular. Esse programa criou um regime tributário específico para os empreendedores individuais e um sistema de inscrição simplificado, no qual o processo de abertura dessas empresas é realizado *on-line*. Os valores de receita para enquadramento destes negócios foram alterados em 2011, conforme o quadro 1.

Quadro 1
Limites de enquadramento por tamanho de negócio

Tipo de negócio	Receita Bruta Anual (R$)		
	2007	2009	2012
Empreendedor Individual	–	36.000	60.000
Microempresa	até 240.000		até 360.000
Pequena empresa	de 240.000 até 2.400.000		de 360.000 até 3.600.000

A implementação de algumas medidas da Lei Geral tem se dado em ritmo diferente nos vários estados e municípios. O acompanhamento destes indicadores, feito pelo Sebrae, é apresentado no quadro seguinte.

---

[11] O empregado recebe o salário mínimo ou o piso da categoria.

Quadro 2
Indicadores da implantação da Lei Geral da MPE nos estados

ESTADO	Iniciativas do Governo do Estado							Iniciativas do Sebrae Estadual			
	Regime Especial mais benéfico implantado	Cadastro Sincronizado operando na capital	Valor Agregado na Fronteira Eliminado	Substituição Tributária interna sem ampliação	Diferença de Alíquota interestadual não onerada	Projeto de Compras Governamentais regulamentado no estado	Preferência para MPE nos editais de licitação do Sebrae – UF	Política Estadual de Crédito articulada	Política Estadual de Tecnologia articulada	Grupo Interno de coordenação da Lei Geral, operando
AC	–	–	–	sim	sim	sim	sim	–	–	Sim
AL	–	–	–	sim	–	sim	sim	–	–	Sim
AP	–	–	sim	sim	sim	sim	–	–	–	–
AM	sim	–	–	sim	–	sim	sim	–	–	Sim
BA	–	Sim	–	–	sim	sim	sim	–	–	Sim
CE	–	–	sim	sim	–	–	sim	–	–	Sim
DF	sim	–	–	sim	–	–	sim	–	–	Sim
ES	–	Sim	–	sim	–	sim	sim	–	–	Sim
GO	–	–	–	sim	–	–	sim	–	–	Sim
MA	sim	sim	–	sim	–	–	sim	–	–	–
MT	–	–	–	sim	–	sim	sim	–	–	sim
MS	–	–	–	sim	–	sim	sim	–	–	sim
MG	–	sim	–	–	sim	sim	sim	–	–	sim
PA	–	sim	–	sim	–	sim	sim	–	–	sim
PB	sim	–	–	sim	–	–	sim	–	–	–
PR	sim	sim	–	–	–	–	sim	–	–	–
PE	–	–	sim	sim	–	sim	sim	–	–	sim
PI	–	sim	–	sim	–	–	sim	–	–	–
RJ	sim	–	–	sim	sim	sim	sim	sim	sim	sim
RN	–	sim	–	sim	–	sim	sim	–	–	sim
RS	sim	–	–	–	sim	–	sim	–	–	sim
RO	–	–	–	–	–	–	sim	–	–	–
RR	–	–	–	sim	–	–	sim	–	–	sim
SC	–	–	–	–	–	–	sim	–	–	–
SP	–	–	–	–	sim	Sim	sim	–	–	sim
SE	sim	–	–	–	–	Sim	sim	–	–	–
TO	–	–	–	sim	sim	–	sim	–	–	sim

Fonte: Sebrae Nacional. Disponível em: <www.sebrae.com.br/>. Acesso em: 8 maio 2012.

Pelo quadro 2, verificamos que a implementação varia muito de um estado para outro. Rondônia e Santa Catarina são os estados em que a implementação da Lei Geral parece estar mais atrasada, e Goiás e Roraima aprovaram apenas o projeto de compras governamentais. Esse projeto foi implantado em 15 estados, estando presente nos quatro estados da região Sudeste.

Embora o Simples Nacional funcione em todos os estados, alguns deles têm praticado políticas de ampliação do mecanismo de substituição tributária e da cobrança de ICMS nas fronteiras. Nesse sentido, note-se que os regimes estaduais foram revogados em função do Simples Nacional, mas a Lei dá aos estados a opção de manter ou melhorar os benefícios que já existiam, por meio de nova legislação. De acordo com o Sebrae, oito estados instituíram um regime tributário mais benéfico: Amazonas, Maranhão, Paraíba, Sergipe, Rio de Janeiro, Paraná, Rio Grande do Sul e Distrito Federal.

O quadro 2 mostra o bom desempenho do Rio de Janeiro, em relação tanto às políticas implementadas pelo estado quanto às colocadas em prática pelo Sebrae local. Segundo o Sebrae Nacional, faltaria ao ERJ a implementação do cadastro sincronizado na capital e a eliminação do valor agregado na fronteira.

Muitos municípios já aprovaram a Lei Geral, embora não tenhamos dados do seu estágio de implementação. Os estados do Acre, Roraima, Espírito Santo, Rio de Janeiro, Santa Catarina, Mato Grosso e Distrito Federal (neste caso, apenas um município) já aprovaram a Lei Geral em todos os seus municípios. No Amapá falta apenas um. Os estados com percentual de aprovação abaixo de 50% dos seus municípios são: Minas Gerais (49,24%), Maranhão (48,39%), São Paulo (48,06%), Paraíba (47,53%) e Sergipe (45,33%).

O Simples Nacional

O Simples Nacional é um regime unificado e simplificado de arrecadação de determinados tributos de competência estadual e municipal, incluindo o ICMS e ISS. Sua implantação levou à revogação de regimes especiais de tributação para o segmento das MPEs no âmbito dos estados, como nos casos do Simples paulista e do Simples carioca. Destaca-se que, em relação ao ICMS, não houve recuo na arrecadação tributária em nenhum estado com o Simples Nacional.

Como mostra a tabela 1, a arrecadação do Simples Nacional cresceu em todos os entes federados nos três últimos anos, com destaque para o ano de 2010. O crescimento da arrecadação tem sido maior para os municípios, em seguida, para a União, e, finalmente, para os estados. Em relação à arrecadação de ICMS nos estados, verifica-se que São Paulo, Rio de Janeiro e Minas Gerais somam mais de 50% do total da arrecadação total do Simples Nacional. Sintomaticamente, Santa Catarina ocupa o quarto lugar entre os estados que mais arrecadam, apesar de ter apenas o oitavo maior PIB entre os estados.[12]

Tabela 1
Resumo da arrecadação do Simples Nacional (R$ milhões)

Mês	Quantidade de "DAS"	União	Estados	Municípios	Totais
2007 (ago./dez.)	7.683.842	6.049,78	1.788,83	541,51	8.380,12
2008	19.879.788	17.648,47	4.900,58	1.638,66	24.187,71
2009	20.773.053	19.927,66	5.023,76	1.884,24	26.835,66
2010	25.529.844	26.697,59	6.258,83	2.574,83	35.531,25
2011	30.985.233	31.915,83	7.131,78	3.246,60	42.294,20
Total geral	104.851.760	102.239,33	25.103,78	9.885,84	137.228,95

Fonte: Receita Federal. Disponível em: <www8.receita.fazenda.gov.br/SimplesNacional/Arrecadacao/EstatisticasArrecadacao.aspx>.
Obs.: Remessas processadas do terceiro dia útil do mês de referência até o segundo dia útil do mês seguinte.

Em 2011, na arrecadação do Simples Nacional, a distribuição do ICMS para o Rio de Janeiro foi de R$ 773.362.105,27, o que representa 10,8% da distribuição total, ficando atrás apenas de São Paulo, com 33,9%. Em relação à distribuição do ISS, o valor para a cidade do Rio de Janeiro foi de R$ 272.840.684,03, repetindo sua colocação abaixo de São Paulo. O gráfico 5 mostra a evolução da arrecadação do ICMS nos estados do Sudeste e Santa

---

[12] As estatísticas de arrecadação foram extraídas do site: <www8.receita.fazenda.gov.br/SimplesNacional/>.

Catarina. O Rio de Janeiro se destaca com o segundo maior crescimento, inferior apenas ao do estado do Espírito Santo. A parcela do ICMS no Simples Nacional que cabe ao estado fluminense passou de 9,1%, em 2008, para 10,8%, em 2011.

Gráfico 5
Evolução da arrecadação do ICMS — Simples Nacional (Base: 2007=100)

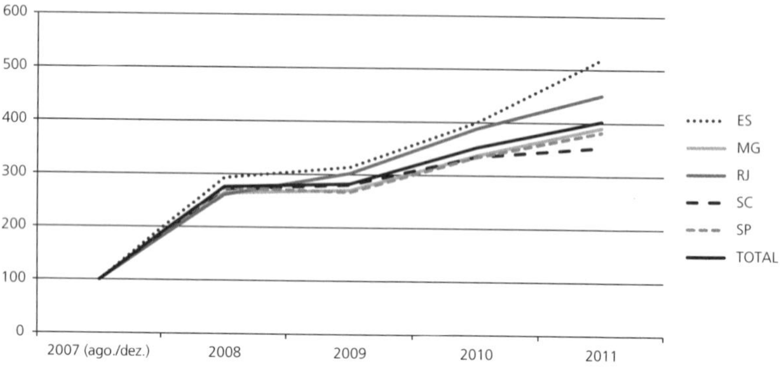

Fonte: Receita Federal. Disponível em: <www8.receita.fazenda.gov.br/SimplesNacional/Arrecadacao/EstatisticasArrecadacao.aspx>.

Antes do Simples Nacional, vigorou entre 1997 e 2007 o Simples Federal, que obteve análises positivas de sua implementação. Corseuil e Moura (2011) focalizaram as empresas industriais optantes do Simples Federal em 1997, no momento de sua implementação, e em 1999, quando houve mudanças no critério de elegibilidade do regime. Ao analisar seu impacto sobre o emprego, concluíram que, em 1997, o Simples contribuiu para aumentar o número de postos de trabalho, especialmente pela redução da burocracia e por evitar o fechamento de firmas menores. Em 1999, com o aperto nos critérios de elegibilidade, o impacto na redução do emprego foi nulo. De forma geral, Corseuil e Moura (2011) concluem que a simplificação burocrática é mais benéfica do que a redução tarifária e que as firmas beneficiadas parecem ser aquelas com faturamento bem modesto. Monteiro e Assunção (2009) mostram o impacto positivo do Simples Federal na formalização de empresas e Delgado e colaboradores (2007) também apontam para a legalização e o moderado crescimento das microempresas com esse programa.

Embora o Simples Nacional seja relativamente recente, alguns estudos já produziram avaliações desse programa. É o caso do estudo de Velloso (2010), que analisou o impacto do Simples Nacional no ambiente de negócios do ERJ. A autora investigou as transições das empresas elegíveis no Simples Nacional entre atividade e inatividade, medidas pelo pagamento ou não do ICMS, nos anos de 2006 a 2008. Os resultados revelam que há um aumento das transições permanentes no sentido da inatividade para atividade, sugerindo que o Simples Nacional contribuiu para a abertura de empresas ou para a retomada de atividade das inativas (Velloso, 2010).

O Empreendedor Individual (EI)

A inscrição neste programa é feita pelo Portal do Empreendedor, lançado em julho de 2009 e atualizado em 2010, quando foi implantada uma nova versão, mais simplificada, que passou a incluir todas as unidades da federação. A adesão ao programa começou pelo Distrito Federal, seguido por São Paulo, Rio de Janeiro e Minas Gerais. A implantação teve de ser paulatina devido a questões técnicas e à necessidade de acordos entre entes da federação. Em setembro foram incluídos os estados de Santa Catarina, Paraná, Rio Grande do Sul, Ceará e Espírito Santo. Em janeiro de 2010 todos os estados estavam integrados ao Portal do Empreendedor. Além disso, modificou-se o processo de inscrição, acabando-se com a necessidade de preencher ou entregar formulários em papel nas juntas comerciais, ou de se assinar documentos presencialmente. Com isso, a inscrição do EI teve seu tempo reduzido, podendo este começar sua atividade de imediato.

Para fazer sua inscrição, o empresário deve, em primeiro lugar, verificar os requisitos na prefeitura para o funcionamento do negócio, como a aprovação do endereço do negócio.[13] Uma vez assegurado que o local do empreendimento é compatível com a atividade a ser desenvolvida, o empreendedor individual deverá efetuar a inscrição pelo Portal do Empreendedor, obtendo imediatamente o CNPJ, a inscrição na Junta Comercial, no INSS e o Alvará Provisório de Funcionamento. Tudo isso é gerado em um documento único, que é o Certificado da Condição de Microempreendedor Individual (CCMEI).

Entre os benefícios do programa está a cobertura previdenciária para o empreendedor e sua família, composta por auxílio-doença, aposentadoria por

---
[13] Trata-se de saber se o local escolhido pelo empresário para estabelecer sua empresa está de acordo com as normas municipais, ou seja, se não há restrição para o exercício daquela atividade empresarial no endereço escolhido (alvará de localização).

idade, salário-maternidade (após carência), pensão e auxílio-reclusão. Essa cobertura é assegurada com o pagamento mensal de 5% do salário mínimo.[14] Outras vantagens são: contratação de um funcionário com menor custo em termos de encargos trabalhistas; isenção de taxas para o registro da empresa; obrigação de realizar uma única declaração do faturamento por ano, dessa forma diminuindo a burocracia; acesso a serviços bancários, inclusive crédito; possibilidade de união para compras em conjunto por meio da formação de consórcio de fins específicos; e redução da carga tributária.

Após um ano em vigor, em julho de 2010, o regime jurídico do EI contava com 406.178 mil registros. Em dezembro de 2011, o total de cadastrados no Brasil já subira para 1.895.533, sendo as atividades econômicas mais procuradas: comércio varejista de vestuário e acessórios; cabeleireiros; lanchonetes, casas de chá, de sucos e similares; minimercados, mercearias e armazéns; confecção sob medida de peças do vestuário, exceto roupas íntimas; bares; obras de alvenaria; reparação e manutenção de computadores; fornecimento de alimentos preparados preponderantemente para consumo domiciliar; e serviços ambulantes de alimentação. Em todas as regiões, vendedores de roupas e acessórios e cabeleireiros são as atividades com maior número de inscrições.

Segundo o Portal do Empreendedor, em dezembro de 2011, os estados com maior número de inscrições eram São Paulo (444.150), Rio de Janeiro (239.869), Minas Gerais (187.555), Bahia (151.946) e Rio Grande do Sul (104.728). E, nos municípios, os destaques eram: São Paulo (151.074), Rio de Janeiro (93.151), Salvador (53.722), Brasília (34.697), Belo Horizonte (35.436), Fortaleza (26.696), Goiânia (20.324), Curitiba (19.553), Recife (18.110) e Campo Grande (15.378).[15] Não há ainda, porém, estudos mostrando por que certos estados/municípios avançaram mais nesse processo de formalização do que outros.[16]

---

[14] Inicialmente esse percentual era de 11%.
[15] Para mais informações: <www.portaldoempreendedor.com.br>.
[16] O BNDES destinará recursos para a Universidade do Estado do Rio de Janeiro (Uerj) e a Universidade Federal da Paraíba (UFPB) para a condução de estudos com o objetivo de diagnosticar a adesão de trabalhadores informais como microempreendedores individuais nos primeiros anos de vigência da Lei Complementar e avaliar o impacto dessa formalização sobre a demanda de crédito, a receita fiscal e a geração de emprego. No Rio de Janeiro, o Instituto de Matemática e Estatística da Uerj realizará essa pesquisa, cobrindo os 92 municípios do Rio de Janeiro.

Em relação ao total de trabalhadores por conta própria, segundo a Pnad/IBGE 2009, o Rio de Janeiro tem o segundo melhor desempenho, sendo este medido pela proporção daqueles que se registraram como EI. Apenas o Distrito Federal atingiu uma proporção superior à do Rio. Como a tabela 2 revela, o número de optantes no estado do Rio de Janeiro chega a 16,6% do total de conta própria, abaixo apenas dos 20% do Distrito Federal e pouco acima da proporção observada no Espírito Santo (16%). Piauí e Maranhão apresentam os piores índices, com menos de 5% de trabalhadores por conta própria registrados como EI.

Tabela 2
Número de Empreendedores Individuais

UF	Total Optantes	Trabalhadores por conta própria	Optantes/ conta própria
Brasil	1.895.533	18.978.498	10,0%
AC	7.399	68.237	10,8%
AL	25.633	249.679	10,3%
AM	21.251	386.263	5,5%
AP	6.673	45.081	14,8%
BA	151.946	1.691.281	9,0%
CE	55.902	975.654	5,7%
DF	35.197	171.874	20,5%
ES	48.744	304.898	16,0%
GO	70.277	622.890	11,3%
MA	28.796	810.533	3,6%
MG	187.555	1.877.335	10,0%
MS	32.036	271.433	11,8%
MT	38.919	297.948	13,1%
PA	51.836	913.703	5,7%
PB	26.366	323.743	8,1%
PE	66.446	954.139	7,0%
PI	16.528	515.915	3,2%
PR	95.553	1.051.653	9,1%
RJ	239.869	1.449.163	16,6%
RN	27.581	320.475	8,6%
RO	15.672	156.332	10,0%
RR	4.361	42.587	10,2%
RS	104.728	1.174.151	8,9%

(continua)

(continuação)

SC	60.432	591.047	10,2%
SE	14.457	216.218	6,7%
SP	444.150	3.370.241	13,2%
TO	17.226	126.025	13,7%

Fonte: Pnad/IBGE 2009 e Receita Federal/MF.

Estudo realizado pelo Observatório das Micro e Pequenas Empresas no Estado do Rio de Janeiro mostra que o crescimento da adesão de empreendedores individuais, entre 2010 e 2011 (até novembro), foi de 34%. O Rio de Janeiro foi o único estado da região Sudeste a ficar abaixo da média nacional de crescimento da adesão, com 22%, tendo um resultado inferior ao de Santa Catarina, com 30%. O Piauí (81%) foi o estado com maior crescimento e São Paulo (75%) ficou em segundo lugar.

Ao analisar a taxa da adimplência, medida pela razão entre o número de Documentos de Arrecadação Simplificada entregues e o total de optantes, conforme mostra o gráfico 6, esse estudo revela que o melhor resultado foi obtido pelo estado de Santa Catarina. O Rio de Janeiro ficou entre os três piores estados em todo o Brasil. No tocante aos estados da região Sudeste, o Espírito Santo ficou em 10º lugar, à frente de Minas Gerais (12º) e São Paulo (15º). Essa pesquisa aponta para a necessidade de se desenvolverem estratégias que vão além da formalização inicial, uma vez que, apesar dos bons resultados em termos de número de empreendedores registrados, a taxa de adimplência mostra-se muito baixa.

Gráfico 6
Taxa de adimplência dos Empreendedores Individuais

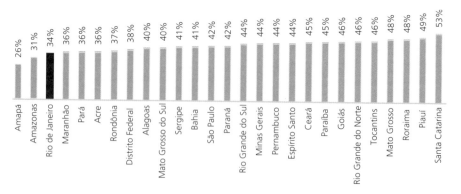

Fonte: Observatório das MPE do ERJ (Iets-Sebrae/RJ), com base nos dados da Receita Federal. Disponível em: <www.sebrae.com.br/uf/rio-de-janeiro/sebrae-no-rio-de-janeiro/estudos-e-pesquisas/>.

Além da maior integração entre os entes federados, permitindo a rápida formalização de negócios de trabalhadores autônomos com o EI, alguns estados criaram mais benefícios para esse grupo de empreendedores. Em 2009, São Paulo contribui para a formalização de microempreendedores com o estabelecimento do licenciamento automático provisório, dispensando a licença de funcionamento para o público do EI nas atividades que não forem exercidas em residência. Também foi aprovada legislação que concede isenção da Taxa de Fiscalização de Estabelecimentos (TFE) e da Taxa de Fiscalização de Anúncios (TFA) ao EI optante pelo Sistema de Recolhimento em Valores Fixos Mensais dos Tributos abrangidos pelo Simples Nacional (Simei). Além disso, o governo paulista criou medidas de apoio ao crédito para os empreendedores individuais através do Banco do Povo.

Nesse mesmo ano, a cidade do Rio de Janeiro adotou um sistema simplificado para que Empreendedores Individuais emitam notas fiscais, permitindo que o empreendedor individual produza seu bloco de notas fiscais no próprio computador, seguindo o modelo exigido e numerando as notas. Além disso, não é necessário ir à Secretaria de Fazenda para obter a autorização para emissão de nota.

Abertura de empresas

Segundo o relatório do Banco Mundial, *Doing business no Brasil 2006*, abrir uma empresa no Rio de Janeiro envolvia 15 procedimentos burocráticos e levava 68 dias. O Rio de Janeiro ocupava uma posição intermediária (sexto lugar) e o relatório destacava Minas Gerais, com 10 procedimentos e 19 dias, como o lugar onde era mais fácil abrir uma empresa no Brasil.[17]

Não há pesquisas comparáveis mais recentes. Sabe-se, porém, que o governo federal tem estimulado um esforço integrado da União, estados e municípios para facilitar e diminuir o custo do procedimento de abertura de empresas no Brasil. Entre essas políticas, os destaques são: i) a criação do cadastro sincronizado, permitindo utilização do número de inscrição no CNPJ como única inscrição cadastral nas três esferas de governo; ii) a Rede Nacional para a Simplificação do Registro e da Legalização de Empresas e Negócios (Redesim); e iii) as Centrais de Atendimento Empresarial. O cadastro unificado e simpli-

---

[17] O relatório analisa procedimentos exigidos para empresas de pequeno e médio porte, dedicadas a atividades comerciais e serviços gerais. São apontados como maiores determinantes do custo total: a impressão de recibos para fins fiscais, o alvará de funcionamento e as taxas de registro, destacando que as exigências costumam ser mais onerosas nos municípios.

ficado nas três esferas da federação ainda está em implantação, mas já vem estimulando estados e prefeituras a adotarem algumas iniciativas.

A Redesim já é uma realidade para os microempreendedores individuais. Seu objetivo é estabelecer diretrizes e procedimentos para a simplificação, desburocratização e integração do processo de registro e legalização de empresários e pessoas jurídicas no âmbito da União, estados, Distrito Federal e municípios, independente do tamanho da empresa. De acordo com o portal do Ministério de Desenvolvimento, Indústria e Comércio Exterior, a Redesim fará a integração de todos os processos dos órgãos e entidades responsáveis pelo registro, inscrição, alteração e baixa das empresas, por meio de uma única entrada de dados e de documentos, acessada via internet.

Um dos resultados desse movimento foi a criação das Centrais de Atendimento Empresarial Fácil nas capitais.[18] O objetivo é que o empreendedor, potencial ou já empresário, encontre em um único local todos os órgãos responsáveis pela abertura de empresas no município e possa tirar dúvidas sobre seu empreendimento. De acordo com o Sebrae, existem 20 capitais com Centrais de Atendimento, variando sua composição e desempenho. Nessas Centrais, o tempo médio de abertura e o número de documentos necessários foram reduzidos significativamente. Maceió possui a Central de Atendimento considerada modelo no país, com média de cinco dias para se processar a abertura de uma empresa e boa governança entre os parceiros integrantes do Fácil. Na implantação nos municípios, o estado de destaque é Minas Gerais, com 23 municípios disponibilizando o sistema.

Em Minas Gerais está disponível o programa Minas Fácil, que é um serviço prestado pela Junta Comercial do Estado de Minas Gerais (Jucemg) em parceria com diversos órgãos — Receita Federal do Brasil (RFB), Secretaria de Estado de Fazenda (SEF/MG), Secretaria de Estado de Meio Ambiente (Semad), Vigilância Sanitária (Visa), Corpo de Bombeiros Militar (CBMMG) e prefeituras municipais — e apoiado pela Secretaria de Estado de Planejamento e Gestão, por meio do Projeto Estruturador Descomplicar. Com isso, o tempo de abertura de empresas é de, no máximo, oito dias.

Villela e Tafner (2011) apresentam dados da Secretaria de Estado de Fazenda do Rio de Janeiro (Sefaz) que mostram que o tempo médio de abertura de empresas no estado caiu de 49 dias no primeiro semestre de 2008 para 33

---

[18] Em alguns locais essas Centrais existem com outras denominações, mas executando a mesma função.

dias no primeiro semestre de 2010.[19] Os autores atribuem a queda ao êxito das iniciativas de desburocratização do processo de abertura de empresas implementadas no Estado (Sefaz Fácil e Cadastro Fácil).[20]

De acordo com as informações das juntas comerciais, conforme o gráfico 7, a constituição de empresas no Brasil cresceu bastante a partir de 2006, coincidindo com o ano de aprovação da Lei Geral da Micro e Pequena Empresa. No estado do Rio de Janeiro, esse fenômeno tem sido ainda mais forte. Entre 2006 e 2011, o número de empresas constituídas no estado aumentou 57%, enquanto no Brasil o crescimento foi de 30%.

O Rio de Janeiro também se destaca, na comparação com os demais estados do Sudeste e o Brasil como um todo, em termos da geração líquida de empresas (subtraindo-se as empresas extintas das constituídas). Conforme o gráfico 8, o saldo líquido de empresas estabelecidas no Rio de Janeiro cresceu 45% entre 2000 e 2010, bem acima do Brasil e do Sudeste, sugerindo maior dinamismo econômico e melhoria do ambiente de negócios no estado.

Gráfico 7
Evolução do número de empresas estabelecidas e extintas no estado do Rio de Janeiro (Base: 2000=100)*

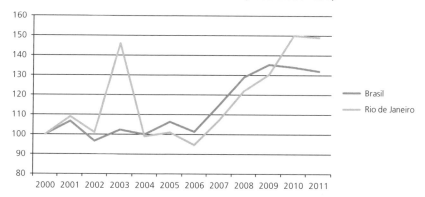

Fonte: Junta Comercial do Rio de Janeiro. Disponível em: <www.jucerja.rj.gov.br/>.
* Não estão incluídos os números referentes ao EI.

---

[19] De acordo com Azevedo e colaboradores (2007), entre janeiro de 2005 e junho de 2007, a maior parte das empresas levou até 88 dias para abrir seus negócios no estado do Rio de Janeiro. Na análise dos municípios, os autores afirmam que esse indicador não parece estar relacionado com o volume de pedidos de abertura de negócios, nem ao grau de especialização do município em determinados tipos de atividades.
[20] Para uma descrição sobre esses programas, ver Villela e Tafner (2011). Há outras iniciativas do estado e da Prefeitura do Rio de Janeiro visando melhorar o ambiente de negócios, tais como: Alvará Já, Empresa Bacana e Poupa Tempo.

Gráfico 8
Variação do saldo líquido de empresas
(estabelecidas — extintas) entre 2000 e 2010*

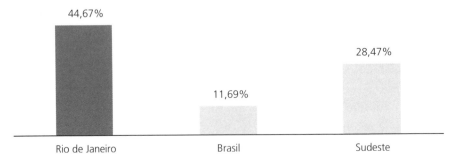

Fonte: Macroplan (2012) com base em dados do Departamento Nacional de Registro do Comércio (DNRC) a partir das Juntas Comerciais.
*Não estão incluídos os números referentes ao EI.

4. Considerações finais

O período recente se caracterizou por uma série de inovações na legislação voltada para formalização de negócios, com tratamento diferenciado para as micro e pequenas empresas. A aprovação da Lei Geral da MPE e do EI são marcos relevantes nesse processo. No caso do EI, uma política que permite a formalização imediata de negócios de trabalhadores autônomos, dentro dos requisitos fixados em lei, é o primeiro passo para o estabelecimento de uma relação entre o estado e um público que era totalmente invisível, tanto ao sistema de arrecadação quanto ao de proteção social. A Lei Geral, por sua vez, vem estimulando os estados e municípios a facilitarem a abertura de empresas e diminuírem seus custos burocráticos.

O estado do Rio de Janeiro vem se destacando positivamente nesse processo de formalização diante de outras unidades da federação:

- É um dos estados mais avançados na implantação dos itens da Lei Geral, com cobertura total da aprovação da Lei em seus municípios;

- Registrou o segundo maior crescimento da arrecadação do ICMS dentro do Simples Nacional do Sudeste, inferior apenas ao do Espírito Santo;

- Tem uma das maiores coberturas do Programa do Empreendedor Individual, em relação ao público potencial; e
- O ritmo de constituição de empresas tem sido mais acelerado do que a média do Sudeste e a brasileira.

Apesar da inegável melhora no ambiente de negócios fluminense, a análise dos indicadores socioeconômicos e, particularmente, das micro e pequenas empresas aponta para uma situação de elevada precariedade e informalidade. A MPE formal tem menor participação no emprego e na renda do que a média brasileira, a informalidade dos pequenos negócios é maior do que em nossos estados vizinhos do Sudeste e do Sul, o índice de inadimplência dos empreendedores individuais é um dos mais elevados do país, apenas para citar algumas evidências que caracterizam a baixa qualidade institucional dos micro e pequenos negócios no Rio de Janeiro.

O fraco desempenho do Rio de Janeiro comparado a outros estados com respeito ao ambiente de negócios revela que está faltando uma "virada fluminense" em relação à informalidade e ao desenvolvimento das MPEs. A "virada" que ainda está por vir passa por uma agenda de desenvolvimento que integre as iniciativas de formalização e legalização a um conjunto de ações e serviços que impactem na produtividade dos trabalhadores e na competitividade das MPEs fluminenses. A melhoria da qualidade das MPEs irá abrir caminho para um modelo de desenvolvimento mais inclusivo para a população fluminense, gerando benefícios mais expressivos para redução das desigualdades socioeconômicas.

Referências

AZEVEDO, J. P. et al. *O ambiente de negócios do estado do Rio de Janeiro: uma nota sobre o tempo de abertura de firmas*. Nota técnica. IPEA. Mercado de Trabalho, 33, jul. 2007. Disponível em: <www.ipea.gov.br/sites/000/2/boletim_mercado_de_trabalho/mt33/02_notatecnica03.pdf>. Acesso em: 2 maio 2012.

BARROS, R. P.; PERO, V. Pobreza no Rio de Janeiro: tendências recentes e desafios futuros. In: URANI, A.; GIAMBIAGI, F. *Rio: a hora da virada*. Rio de Janeiro: Elsevier. 2011.p. 191-212.

BOLETIM SIGA, newsletter n. 5, Rio de Janeiro, dez. 2010. Disponível em: <www.compras.rj.gov.br/publico/docs/newsletter/Newsletter5.pdf>.

CORSEUIL, C.; MOURA, R. O impacto do Simples Federal no nível de emprego da indústria brasileira. *Texto para Discussão* 1643. Brasília: Ipea, 2011.

DELGADO, G. et al. Avaliação do Simples: implicações à formalização previdenciária. *Texto para Discussão* n. 1277, Brasília, maio 2007. Disponível em <www.ipea.gov.br/sites/000/2/publicacoes/tds/td_1277.pdf>. Acesso em: 22 out. 2007.

MACROPLAN. 2030: o futuro das MPE do Rio de Janeiro. Produzido no âmbito do Novo Direcionamento Estratégico do Sebrae/RJ, 2012. Mimeografado.

MONTEIRO, J.; ASSUNÇÃO, J. *Outgoing the shadows*: estimating the impact of bureaucracy simplification and tax cut on formality and investment. Departamento de Economia, Pontifícia Universidade Católica, Rio de Janeiro. 2009. Disponível em: <http://epge.fgv.br/files/2066.pdf>. Acesso em: 15 maio 2012.

MORAES, G. *Pregão eletrônico versus a realidade social e econômica brasileira no contexto da garantia dos direitos fundamentais e dos princípios licitatórios*. Monografia — Pontifícia Universidade Católica do Rio Grande do Sul, Porto Alegre, 2007.

MPOG. Estatísticas das compras governamentais: região e UF. Número de processos/itens e valor de compra — 2011. Disponível em: <www.comprasnet.gov.br/ajuda/Brasil_Econômico_-_Dados_Por_UF_janeiro_a_Dezembro2011.pdf>.

NORTH, D. C. *Institutional change*: a framework of analysis. Economic History Working Paper Archive nº 9412001. St. Louis: EconWPA, Dec. 1994.

SEBRAE (Org.). Anuário do trabalho na micro e pequena empresa: 2010-2011. 4. ed. Brasília: Dieese, 2011. Disponível em: <www.biblioteca.sebrae.com.br/bds/BDS.nsf/25BA39988A7410D78325795D003E8172/$File/NT00047276.pdf>.

_____. *Pesquisa de perfil do microempreendedor individual: 2011*. Brasília, Sebrae, 2011.

SEBRAE/MG. Manual de aquisições governamentais e estatuto das micro e pequenas empresas. Belo Horizonte: Sebrae-MG, 2008. (Série Políticas Públicas, v. 4)

VELLOSO, L. O impacto do Simples Nacional no ambiente de negócios do estado do Rio de Janeiro. Dissertação (mestrado em economia) — Instituto Brasileiro de Mercado de Capitais, Rio de Janeiro, 2010.

VILLELA, R.; TAFNER, P. Finanças públicas do estado do Rio de Janeiro: modernização, eficiência e preparação para o desenvolvimento sustentável. In: URANI, A.; GIAMBIAGI, F. *Rio: a hora da virada*. Rio de Janeiro: Elsevier, 2011. p. 12-23.

WORLD BANK. *Doing business no Brasil*. Washington: World Bank, 2006.

_____. *Doing business 2012*: doing business in a more transparent world. Washington: World Bank, 2012.

Capítulo 8

A evolução do mercado de trabalho do Rio de Janeiro na última década

*Fernando de Holanda Barbosa Filho**

1. Introdução

Na última década, o mercado de trabalho brasileiro passou por pelo menos duas transformações importantes. Primeiro, de acordo com a Pesquisa Mensal de Emprego (PME), do Instituto Brasileiro de Geografia Estatística (IBGE), a taxa de desemprego caiu mais de cinco pontos percentuais entre 2001 e 2009. Segundo, a universalização da educação no ensino fundamental e a elevação das taxas de matrícula do ensino médio tiveram como consequência os jovens adiarem a sua entrada no mercado de trabalho, ao mesmo tempo que, ao nele ingressarem, elevarem os anos médios de escolaridade.

O Rio de Janeiro também experimentou essas duas transformações — redução do desemprego e expansão dos anos médios de escolaridade —, mas, além delas, o mercado de trabalho do estado do Rio de Janeiro também sofreu diretamente os impactos do aumento da exploração do petróleo. O estado é o principal produtor de petróleo do país e é onde se encontram as principais reservas do pré-sal.

O presente capítulo analisa como se processaram essas transformações no Rio de Janeiro. Em particular, examina a evolução dos anos médios de escolaridade, observando seu efeito agregado sobre a população, a população economicamente ativa (PEA) e suas diferentes coortes. Em seguida, o capítulo estuda a intensidade da redução da taxa de desemprego no Rio de Janeiro e a decom-

---

* Professor da FGV e pesquisador do Ibre.

põe entre diversos grupos em dois efeitos: nível e composição. Por último, analisa a evolução recente do emprego entre os diversos setores, inclusive o de petróleo, observando a escolaridade média e o salário médio pago por setor.

O capítulo está organizado em cinco seções, incluindo esta introdução. A segunda seção mostra a evolução da escolaridade no Brasil e no estado do Rio de Janeiro. A terceira seção avalia a intensidade da queda da taxa de desemprego no estado do Rio de Janeiro, enquanto a quarta seção examina a criação de empregos por setores entre 2001 e 2009 no estado. A conclusão é apresentada na seção cinco.

2. Evolução da escolaridade

O nível de escolaridade de um país/região é variável fundamental na análise das perspectivas futuras de sua economia, especialmente levando-se em consideração que o setor terciário, intensivo em mão de obra, concentra a maior parcela da produção. A tabela 1 mostra a evolução dos anos de escolaridade médios de toda a população para o Brasil e suas regiões desde 1995. O Sudeste é a região do país que possui a população com maior escolaridade média. Entretanto, a elevação dos anos médios de escolaridade tem ocorrido a uma taxa baixa, 1,8% ao ano, superando somente a da região Norte.

Tabela 1
Anos de escolaridade no Brasil e em suas regiões

Anos	Brasil	Norte	Nordeste	Centro-Oeste	Sudeste	Sul
1995	5,5	5,6	4,1	5,7	6,2	6,0
1996	5,7	5,7	4,3	5,9	6,4	6,1
1997	5,8	5,8	4,3	6,1	6,5	6,2
1998	6,0	5,9	4,5	6,3	6,7	6,4
1999	6,1	6,1	4,7	6,3	6,8	6,6
2000	6,3	6,3	4,8	6,5	7,0	6,7
2001	6,4	6,4	5,0	6,6	7,1	6,9
2002	6,6	6,6	5,2	6,9	7,3	7,1
2003	6,8	6,7	5,4	7,0	7,4	7,3
2004	6,9	6,3	5,5	7,2	7,6	7,4
2005	7,0	6,5	5,7	7,3	7,7	7,5
2006	7,2	6,7	5,9	7,5	7,9	7,6

(continua)

(continuação)

2007	7,3	6,9	6,0	7,6	8,0	7,7
2008	7,5	7,1	6,2	7,8	8,1	7,9
2009	7,6	7,2	6,4	8,0	8,2	8,0
Taxa de crescimento anual entre 1995 e 2009	2,0%	1,5%	2,7%	2,1%	1,8%	1,8%

Fonte: Elaboração própria com dados da Pnad.

A tabela 2 mostra a escolaridade média para a população total do Rio de Janeiro e para a população com idade maior ou igual a 15 anos de idade para o estado. Como o Rio de Janeiro faz parte do Sudeste, é de se esperar que o estado possua uma escolaridade média mais elevada. A tabela 2 mostra que isso de fato ocorre e que, assim como se verifica no país, a escolaridade média tem aumentado no Rio de Janeiro. Para os indivíduos com idade a partir de 15 anos, a escolaridade média no estado é de 8,5 anos. Entretanto, assim como ocorre no Brasil como um todo, a elevação da escolaridade média ocorre de forma lenta.

Tabela 2
Escolaridade média no estado do Rio de Janeiro

	População Total	População a partir de 15 anos
1995	5,5	6,8
1996	5,6	7,1
1997	5,6	7,0
1998	5,7	7,1
1999	5,8	7,2
2001	6,0	7,5
2002	6,3	7,6
2003	6,4	7,8
2004	6,5	7,9
2005	6,6	8,0
2006	6,9	8,2
2007	6,9	8,3
2008	7,1	8,4
2009	7,1	8,5

Fonte: Elaboração própria com dados da Pnad.

A análise da escolaridade média da população com idade acima de 15 anos não parece suficiente para se compreender o impacto do processo de universalização da educação no estado. O impacto dos investimentos em educação afeta de forma distinta indivíduos em diferentes faixas etárias. A tabela 3 mostra os anos médios de escolaridade por faixa etária para os anos de 2001 e 2009 no estado do Rio de Janeiro para três amostras distintas. A primeira amostra é o estado do Rio de Janeiro (RJ). A segunda é a região metropolitana do Rio de Janeiro (RJ-RM) e a terceira é a região não metropolitana do estado do Rio de Janeiro (RJ-RNM). Na tabela 3 fica mais evidente o diferente impacto da política de universalização da educação por faixa etária, com a forte elevação da escolaridade média das coortes mais novas.

Tabela 3
Anos médios de escolaridade em 2001 e 2009
por gênero, faixa etária e região

	2001			2009		
	RJ	RJ-RM	RJ-RNM	RJ	RJ-RM	RJ-RNM
Geral	6,0	6,3	5,3	7,1	7,3	6,3
Gênero							
Masculino	5,9	6,2	5,1	7,0	7,3	6,2
Feminino	6,1	6,3	5,4	7,1	7,4	6,5
Faixa Etária							
<15	1,5	1,5	1,4	1,6	1,6	1,5
15-19	7,5	7,6	7,2	8,0	8,1	7,7
20-24	8,7	8,9	8,0	10,1	10,2	9,6
25-29	8,4	8,7	7,6	10,2	10,3	9,8
30-34	8,1	8,3	7,3	9,6	9,9	8,8
35-39	8,2	8,5	7,4	8,9	9,2	7,7
40-44	8,1	8,5	6,9	9,1	9,4	8,2
45-49	7,8	8,1	6,6	8,7	9,1	7,7
50-54	7,0	7,3	5,9	8,3	8,7	7,2
55-59	6,4	6,8	5,4	7,7	8,1	6,5
60-64	5,9	6,3	4,6	6,8	7,2	5,8
>=65	4,9	5,2	3,7	5,7	6,1	4,6

Fonte: Elaboração própria com dados da Pnad.

A tabela 3 mostra que a escolaridade média é mais alta na região metropolitana (RJ-RM) do que na região não metropolitana do estado (RJ-RNM).

Entretanto, ainda chamam atenção os baixos níveis médios de educação mesmo na RJ-RM, 7,3 anos em média em 2009, o que equivale a menos do que o ensino fundamental completo.

O diferencial de escolaridade entre homens e mulheres é maior na região não metropolitana, mas pouco significativo no total do estado e na região metropolitana. Ao longo do período 2001-09, a escolaridade média avançou somente 1,1 ano, tanto entre os homens como entre as mulheres.

Por outro lado, a elevação da escolaridade média para as pessoas na faixa etária entre 20 e 24 anos mostra que a universalização do ensino no país e no estado está produzindo os resultados quantitativos esperados. A elevação da escolaridade média entre 2001 e 2009 foi de 1,4 ano do estado do Rio de Janeiro, 1,3 ano na região metropolitana e 1,6 ano na região não metropolitana para esse grupo. O aumento mais expressivo ocorreu na faixa entre 25 e 29 anos, onde a escolaridade aumentou em 1,8 ano no estado, 1,6 ano na região metropolitana e expressivos 2,2 anos na região não metropolitana do Rio de Janeiro. Além disso, a média de anos de escolaridade no estado e na RM é superior a 10 anos para os indivíduos entre 20 e 29 anos de idade (próxima de atingir os 11 anos do ensino médio completo).

3. A taxa de desemprego no Rio de Janeiro

3.1 Queda da taxa de desemprego

A evolução da taxa de desemprego no estado do Rio de Janeiro é outra variável de grande interesse para entender o mercado de trabalho do estado. Como é sabido, nos anos recentes houve uma grande redução na taxa de desemprego no Brasil, principalmente nas regiões metropolitanas, como mostram os dados da PME. Entre março de 2002 e dezembro de 2009, a taxa de desemprego mensurada pela PME teve redução de 6,1 pontos percentuais, caindo de 12,9% para somente 6,8%.[1]

No país como um todo, a taxa de desemprego também caiu, mas a queda foi bem menos expressiva do que nas principais regiões metropolitanas. A região metropolitana do Rio de Janeiro também registrou uma redução signifi-

---

[1] Como se sabe, essa taxa continuou caindo depois disso, chegando a 5,7% em fevereiro de 2012.

cativa do desemprego, mas terá o mesmo ocorrido no estado do Rio de Janeiro como um todo? Em especial, como se comparam as reduções nas taxas de desemprego na região metropolitana e fora dela?

A tabela 4 apresenta a evolução da taxa de desemprego entre os anos de 2001 e 2009 para o Brasil e o estado do Rio de Janeiro, assim como para as regiões metropolitanas (RM) e não metropolitanas (RNM). A tabela 4 mostra que, assim como ocorre no Brasil, a taxa de desemprego na região metropolitana do Rio é maior do que na região não metropolitana do estado. O Rio de Janeiro possui uma taxa de desemprego mais alta que a do Brasil. Mas as regiões metropolitanas do país tinham uma taxa de desemprego igual à da região metropolitana do Rio de Janeiro em 2001.[2]

Tabela 4
Taxa de desemprego no Brasil e no Rio de Janeiro

	2001	2009
Brasil	9,4%	8,3%
Brasil — RM	12,7%	10,5%
Brasil — RNM	7,8%	7,3%
Estado RJ	12,2%	9,2%
RM do RJ	12,7%	9,4%
RNM do RJ	10,9%	8,6%
Variação na taxa de desemprego entre 2001 e 2009		
Brasil	-1,0%	
Brasil — RM	-2,2%	
Brasil — RNM	-0,5%	
Estado RJ	-3,0%	
RM do RJ	-3,3%	
RNM do RJ	-2,3%	

Fonte: Elaboração própria com dados da Pnad.

A queda da taxa de desemprego no Brasil foi de somente 1,0 pp entre 2001 e 2009. Ela foi, porém, mais forte nas regiões metropolitanas, onde ela chegou

---

[2] As regiões metropolitanas incluídas neste estudo englobam outras regiões metropolitanas não incluídas na PME.

a 2,2 pp. Nas regiões não metropolitanas a queda foi de somente 0,5 pp. Entretanto, apesar da grande redução da taxa de desemprego nas regiões metropolitanas, ela continuou elevada em 2009 (10,5%). No Rio de Janeiro, a redução da taxa de desemprego foi de 3 pontos percentuais entre 2001 e 2009, com a queda da taxa na região metropolitana sendo de 3,3 pp, enquanto na região não metropolitana foi de 2,3 pp. Com isso, a situação do Rio de Janeiro permaneceu pior do que no resto do país, pois o desemprego no estado (9,2%) permaneceu mais elevado que o desemprego no país (8,3%). O desemprego da região não metropolitana do estado do Rio de Janeiro permanece 1,3% acima da região não metropolitana do Brasil, enquanto o desemprego da região metropolitana do Rio de Janeiro, que era igual ao do Brasil em 2001 (12,7%), caiu para 9,4%, sendo inferior ao do Brasil em somente 1,1%, não sendo suficiente para compensar o maior desemprego não metropolitano e gerar uma taxa de desemprego inferior à do Brasil.

Nesse mesmo período, a distância entre a região metropolitana e não metropolitana caiu substancialmente tanto no Brasil como no Rio de Janeiro. A diferença entre as taxas de desemprego da região metropolitana e da região não metropolitana caiu de 4,9 pontos percentuais para 3,2 pontos para o país e de 1,8 ponto para 0,8 ponto no estado do Rio de Janeiro. Esses dados mostram que o mercado de trabalho é mais heterogêneo entre as regiões metropolitanas e não metropolitanas no Brasil do que no Rio de Janeiro no que se refere à taxa de desemprego. A forte redução da taxa de desemprego no estado mostra que o mesmo conseguiu usufruir do bom momento econômico do Brasil, melhorando essa dimensão de seu mercado de trabalho. Entretanto, a simples observação das taxas de desemprego não permite perceber as razões da sua queda nem os grupos que dela mais se beneficiaram. Essa análise é feita na seção seguinte.

3.2 Taxa de desemprego por características demográficas

Esta seção analisa as diferenças da taxa de desemprego por gênero, raça/cor, faixa etária e grau de escolaridade. A tabela 5 mostra a taxa de desemprego e a participação relativa de homens e mulheres na população economicamente ativa (PEA = ocupados + desocupados) para o estado do Rio de Janeiro, sua região metropolitana e sua região não metropolitana.

Na tabela 5 pode-se observar que a taxa de desemprego é menor entre os homens do que entre as mulheres. Além disso, como observado antes, essa taxa era substantivamente maior na região metropolitana do que na não metropolitana. Em 2001, para os homens, a diferença entre a taxa de desemprego metropolitana e não metropolitana era de 2,1 pontos percentuais, enquanto para as mulheres essa diferença era de 1,2 ponto percentual.

Tabela 5
Taxa de desemprego e taxa de participação por gênero

	Taxa de Desemprego		Peso Relativo	
Estado do RJ				
	2001	2009	2001	2009
Homem	9,5%	6,5%	56,6%	55,0%
Mulher	15,7%	12,5%	43,4%	45,0%
Região Metropolitana do Rio de Janeiro				
Homem	10,1%	6,8%	56,2%	54,3%
Mulher	16,0%	12,6%	43,8%	45,7%
Região Não Metropolitana do Rio de Janeiro				
Homem	8,0%	5,6%	57,7%	56,9%
Mulher	14,8%	12,5%	42,3%	43,1%

Fonte: Elaboração própria com dados da Pnad.

A redução da taxa de desemprego entre 2001 e 2009 foi superior a 3% na região metropolitana e próxima de 2,4% na região não metropolitana, beneficiando nos dois casos homens e mulheres. Além disso, pode-se perceber na tabela 5 que, simultaneamente à redução da taxa de desemprego entre 2001 e 2009, houve uma elevação da participação feminina no mercado de trabalho. Ou seja, aparentemente, a chance mais elevada de obter emprego incentivou uma maior entrada das mulheres no mercado de trabalho. Isso, por sua vez, resultou em aumento da participação das mulheres na PEA.

Entretanto, não houve uma redução do diferencial entre as taxas de desemprego masculina e feminina. Em 2001, o desemprego masculino no estado era 6,2 pp menor do que o feminino, enquanto esse diferencial era de 5,9 pp na RM e 6,8 pp na RNM. Em 2009 esse diferencial no estado caiu para 6 pp com participação decisiva da queda que ocorreu fora da região metropolitana, onde o diferencial passou a ser de 5,9 pp, enquanto o mesmo diferencial se manteve razoavelmente estável na região metropolitana (5,8 pp). Ou seja, a redução das taxas de desemprego não ajudou a promover uma convergência da taxa de desemprego por gênero na região metropolitana ou fora dela.

A tabela 6 faz uma análise similar da taxa de desemprego, dividindo o mercado de trabalho de acordo com a cor/raça dos trabalhadores e considerando o peso relativo de cada uma delas. Nessa tabela deve ser dada uma atenção especial aos indivíduos brancos, pretos[3] e pardos, que juntos respondem por 99,6% da PEA. A taxa de desemprego de indivíduos brancos (10,8% em 2001 e 7,8% em 2009) é pelo menos 3 pp inferior à de indivíduos pretos (14,9% em 2001 e 10,7% em 2009) ou pardos (14,1% em 2001 e 10,9% em 2009). Além disso, os brancos possuem maior participação no mercado de trabalho, com um peso de 55,3% da PEA.

A análise da taxa de desemprego mostra que pretos e pardos foram os que mais se beneficiaram da melhora do mercado de trabalho, pois a queda em sua taxa de desemprego foi maior que na taxa de desemprego dos trabalhadores brancos. Logo, diferentemente do que se observou na análise por gênero, houve uma redução do diferencial de taxas de desemprego entre brancos e pretos/pardos. Todo esse ganho se deve, porém, ao que ocorreu na região metropolitana, visto que fora dela as diferenças aumentaram, em vez de diminuir.

Tabela 6
Taxa de desemprego e taxa de participação por cor/raça

	Taxa de Desemprego		Peso Relativo	
	Estado do Rio de Janeiro			
	2001	2009	2001	2009
Indígena	20,0%	4,2%	0,0%	0,2%
Branca	10,8%	7,8%	59,7%	55,3%
Preta	14,9%	10,7%	12,9%	11,6%
Amarela	22,8%	17,8%	0,0%	0,2%
Parda	14,1%	10,9%	27,3%	32,7%

(continua)

---

[3] Conforme definição da variável V0404 (cor ou raça) da Pesquisa Nacional de Amostra de Domicílios (Pnad) do IBGE.

(continuação)

Não Declarada	0,0%	100,0%	0,1%	0,0%
Região Metropolitana do Rio de Janeiro			
Indígena	20,0%	4,5%	0,1%	0,2%
Branca	10,9%	7,9%	58,6%	54,6%
Preta	16,2%	11,3%	13,0%	11,6%
Amarela	33,3%	17,4%	0,0%	0,2%
Parda	14,7%	11,2%	28,2%	33,3%
Não Declarada	0,0%	100,0%	0,1%	0,0%
Região Não Metropolitana do Rio de Janeiro			
Indígena	0,0%	0,0%	0,0%	0,0%
Branca	10,5%	7,5%	62,9%	57,3%
Preta	10,7%	9,2%	12,8%	11,5%
Amarela	0,0%	20,0%	0,0%	0,1%
Parda	12,0%	10,1%	24,3%	31,0%
Não Declarada	0,0%	0,0%	0,0%	0,0%

Fonte: Elaboração própria com dados da Pnad.

Além disso, a tabela 6 mostra que os pardos foram beneficiados não somente com a redução de sua taxa de desemprego superior à registrada entre os brancos, mas também com uma elevação em sua participação relativa na PEA. Dessa forma, não somente a chance de pardos encontrarem emprego aumentou, mas a elevação desta probabilidade pode ter estimulado uma entrada desse grupo no mercado de trabalho relativamente maior à de outros grupos.

Além da análise por gênero e cor/raça, a avaliação da taxa de desemprego por escolaridade é outra abordagem que permite conhecer a evolução de um aspecto importante do mercado de trabalho. A tabela 7 avalia o peso relativo e a taxa de desemprego por ciclo escolar completo. Os ciclos escolares analisados são: fundamental de 1ª a 4ª série incompleto (1); fundamental de 1ª a 4ª série completo (4); fundamental de 5ª a 8ª série completo (8); ensino médio completo (11) e ensino superior completo (15). A tabela 7 mostra que a taxa de desemprego possui um formato de "U" invertido em relação ao grau de escolaridade. Diferentemente do que se poderia imaginar, a taxa de desemprego não cai monotonicamente com a elevação dos anos de estudo. Essa queda somente ocorre a partir do ensino médio.

A taxa de desemprego entre pessoas que nem completaram o ensino fundamental é mais baixa que a dos indivíduos com fundamental de 1ª a 4ª série e de 5ª a 8ª completos. A partir do ensino médio, a taxa de desemprego passa a cair, atingindo o mínimo para indivíduos com grau superior completo. A tabela 7 também mostra que a taxa de desemprego caiu de forma mais significativa para os indivíduos com pouco estudo formal. Para os indivíduos com ensino médio completo a taxa de desemprego no estado caiu menos de 2 pp, enquanto para indivíduos que não completaram a 4ª série do ensino fundamental a taxa caiu mais de 5%. De fato, pode-se verificar que o tamanho da queda é inversamente proporcional à escolaridade.

Tabela 7
Taxa de desemprego e taxa de participação por ciclo escolar

	Taxa de Desemprego		Peso Relativo	
	2001	2009	2001	2009
Estado do Rio de Janeiro				
1	11,7%	6,5%	14,8%	9,7%
4	13,7%	9,1%	26,6%	19,6%
8	15,4%	12,1%	20,2%	18,0%
11	12,0%	10,4%	27,1%	37,7%
15	4,6%	4,6%	11,3%	15,1%
Região Metropolitana do Rio de Janeiro				
1	12,7%	7,2%	13,2%	8,3%
4	15,1%	8,9%	24,6%	17,7%
8	15,3%	12,8%	21,0%	18,3%
11	12,3%	10,6%	28,9%	39,5%
15	4,5%	4,6%	12,3%	16,2%
Região Não Metropolitana do Rio de Janeiro				
1	9,7%	5,1%	19,7%	13,6%
4	10,4%	9,6%	32,6%	24,8%
8	15,6%	9,9%	18,0%	17,0%
11	10,9%	9,9%	21,7%	32,5%
15	5,1%	4,8%	8,1%	12,1%

Fonte: Elaboração própria com dados da Pnad.

Por outro lado, a tabela 7 mostra ainda que a queda da taxa de desemprego veio acompanhada de uma redução da participação relativa dos indivíduos pouco escolarizados no mercado de trabalho. Duas explicações possíveis e não excludentes para esse fenômeno são: utilização de tecnologias voltadas para trabalhadores mais escolarizados[4] e universalização da educação, que está atraindo e mantendo por mais tempo os indivíduos na rede de ensino.

A tabela 8 mostra a taxa de desemprego e o peso relativo na PEA por faixa etária, incluindo desde indivíduos com menos de 15 anos de idade até pessoas com mais de 65 anos, em intervalos de cinco anos. Os resultados mostram que os indivíduos mais novos (com idade até 24 anos) reduziram seu peso relativo no mercado de trabalho entre 2001 e 2009. Esse fenômeno está possivelmente relacionado com a elevação dos anos médios de escolaridade, o que significa que o processo de universalização pode estar mantendo as pessoas mais tempo na escola e, com isso, adiando sua entrada no mercado de trabalho.

Tabela 8
Estado do Rio de Janeiro, taxa de desemprego
e taxa de participação por faixa etária

	Taxa de Desemprego		Peso Relativo na PEA	
	2001	2009	2001	2009
<15	32,3%	26,0%	0,8%	0,3%
15-19	33,0%	30,8%	7,0%	4,8%
20-24	20,6%	18,1%	13,7%	11,3%
25-29	13,5%	10,9%	13,2%	13,3%
30-34	9,4%	8,9%	12,6%	12,7%
35-39	8,7%	6,2%	12,8%	12,1%
40-44	8,0%	5,8%	12,6%	11,4%
45-49	6,4%	4,9%	10,4%	11,2%
50-54	6,2%	5,0%	7,5%	9,9%
55-59	7,6%	5,5%	4,5%	6,5%
60-64	5,6%	2,5%	2,5%	3,5%
>=65	5,5%	3,2%	2,4%	2,8%

Fonte: Elaboração própria com dados da Pnad.

---

[4] A literatura reconhece este fato como "*skill-biased technical change*". Para mais detalhes, ver Katz e Murphy (1992).

A universalização da educação, que adia a entrada no mercado de trabalho, é positiva por dois motivos. Em primeiro lugar, como mostra a tabela 8, indivíduos jovens enfrentam uma taxa de desemprego muito mais elevada no mercado de trabalho. A taxa de desemprego chega a atingir 30,8% das pessoas entre 15 e 19 anos. Para os indivíduos entre 20 e 24 anos, a taxa é menor, em 12,7 pp, mas continua elevada (18,1%). Em segundo lugar, quando o indivíduo passa mais tempo estudando, além de não elevar a taxa de desemprego hoje, fica mais qualificado, elevando sua produtividade e suas chances de arrumar emprego futuro.

Logo, o atraso em entrar no mercado de trabalho em um grupo com elevada taxa de desemprego (jovens pouco qualificados) é substituído por uma entrada mais tardia em um grupo com maior chance de obtenção de emprego (taxa de desemprego mais baixa).

A redução da taxa de desemprego foi mais alta nos extremos, com grande redução para os trabalhadores mais novos e com redução de 2,1% e 3,1% para as pessoas entre 55 e 59 anos e 60 e 64 anos, respectivamente. Esta redução veio associada a um aumento relativo desse grupo na força de trabalho. Logo, a queda na taxa de desemprego foi boa para os trabalhadores mais experientes que possuem maiores chances de encontrar emprego e estão permanecendo mais tempo no mercado de trabalho.

Ao mesmo tempo, juntamente com a redução de peso relativo dos trabalhadores mais jovens, o mercado de trabalho apresentou redução significativa da taxa de desemprego desse grupo. O menor desemprego é resultado de dois fatos aparentemente contraditórios: uma redução da participação de trabalhadores jovens na PEA, ao mesmo tempo que o mercado de trabalho encontra-se aquecido. Em um momento no qual o mercado de trabalho está com desemprego baixo e salários reais mais elevados, observou-se uma redução da participação de trabalhadores jovens. Ou seja, quando o custo de oportunidade de deixar o mercado de trabalho (o salário pago no mercado de trabalho) aumentou, a participação de trabalhadores "marginais" diminuiu em vez de aumentar.

A queda expressiva da taxa de desemprego dentro desses grupos parece fruto do sucesso do investimento em educação em reter e absorver mais estudantes, combinada com a maior demanda por este tipo de trabalhador "marginal".

3.3 Decomposição da queda da taxa de desemprego

Nesta subseção se decompõe a redução da taxa de desemprego no Rio de Janeiro e se avalia como cada grupo se beneficiou do processo de redução da taxa de desemprego. O benefício pode ter ocorrido com a queda da taxa de desemprego para algum grupo específico ou por meio de uma maior participação de um grupo no mercado de trabalho. Para tanto, realiza-se uma decomposição da taxa de desemprego por gênero, cor/raça e faixa etária e por ciclos escolares.

A taxa de desemprego pode ser decomposta em dois efeitos distintos: efeito nível e efeito composição. De forma simplificada, o desemprego de uma determinada região é igual à soma ponderada do desemprego de cada diferente grupo demográfico, utilizando como fator de ponderação o peso relativo de cada grupo na população economicamente ativa (PEA). Dessa forma, o desemprego pode variar porque o desemprego dentro dos grupos variou (efeito nível) ou porque mudou o peso relativo de cada grupo (efeito composição).[5]

Com base no argumento acima, podemos escrever a taxa de desemprego como a soma do desemprego de cada grupo (d_i) ponderada pelo peso relativo de cada grupo no total da PEA $\left(\varphi_i = \dfrac{L_{i,t}}{\sum_i L_{i,t}} \right)$:

$$D_t = \sum_i \frac{L_{i,t}}{\sum_i L_{i,t}} \frac{d_{i,t}}{L_{i,t}} = \sum_t \varphi_{i,t} D_{i,t}$$

Logo, a variação da taxa de desemprego pode ser escrita como a soma dos efeitos nível e composição:[6]

$$D_t - D_{t-1} = \sum_i \Delta D_{i,t}^N + \sum_i \Delta D_{i,t}^C = \Delta D_t^N + \Delta D_t^C$$

---

[5] Por exemplo, suponha que uma determinada população seja composta por 50% de indivíduos com atributo A e 50% de pessoas com atributo B. Caso o desemprego entre indivíduos do grupo A seja de 12,5% e entre indivíduos do grupo B seja de 2,5%, o desemprego agregado será de 7,5% (50%x12,5%+50%x2,5%=7,5%). Suponha agora que o desemprego agregado caia para 5%. Essa queda pode ter ocorrido porque o desemprego caiu 2,5 pp para ambos os grupos, passando a ser de 10% para o grupo A e de 0% para o grupo B (50%x10%+50%x0%=5%). A mesma queda pode ocorrer caso o desemprego dos grupos A e B se mantenha em 12,5% e 2,5%, respectivamente, mas o peso relativo do grupo A tenha caído para 25% e a do grupo B subido para 75% (25%x12,5%+75%x2,5%=5%).
[6] Para mais detalhes sobre a metodologia, ver Barbosa Filho e Pessôa (2011).

Dessa forma, a queda da taxa de desemprego no estado do Rio de Janeiro de 3%, na região metropolitana de 3,3% e na região não metropolitana de 2,3% pode ser decomposta nos dois efeitos em uma análise por gênero, cor/raça, faixa etária e ciclo de escolaridade.

A tabela 9 mostra os resultados desse exercício de decomposição por gênero. A primeira linha da tabela mostra os resultados para o Brasil, enquanto a segunda linha mostra os resultados do estado do Rio de Janeiro, a terceira os obtidos para a região metropolitana e a última mostra os da região não metropolitana. Como fica claro, a maior parte da redução da taxa de desemprego, tanto no país como no estado do Rio de Janeiro, foi fruto de uma redução no nível da taxa de desemprego. Em particular, o efeito composição não contribuiu para a redução da taxa de desemprego. Isso significa que houve um aumento do peso relativo das mulheres na PEA, e como esse grupo observa uma taxa de desemprego superior à dos homens, essa maior participação contribuiria para elevar a taxa de desemprego, caso as mesmas não houvessem caído no período. Nesse caso, significa que junto com a redução da taxa de desemprego de homens e mulheres houve um aumento da participação feminina no mercado de trabalho que fornece um efeito composição que eleva a taxa de desemprego.

Tabela 9
Decomposição da variação da taxa de desemprego

	Gênero		
Período — Amostra	Efeito Nível	Efeito Composição	Efeito Total
2009-01 Brasil	-1,1%	0,1%	-1,0%
2009-01 RJ	-3,1%	0,1%	-3,0%
2009-01 RJ RM	-3,4%	0,1%	-3,3%
2009-01 RJ RNM	-2,4%	0,1%	-2,3%

Fonte: Elaboração própria com dados da Pnad.

A decomposição da taxa de desemprego por cor/raça mostra que, assim como ocorreu com a análise por gênero, o principal efeito que levou à queda da taxa de desemprego foi a maior atividade econômica, que reduziu o nível da taxa de desemprego nos vários estratos da PEA (tabela 10). O efeito composição, pelo contrário, contribuiu para elevar a taxa de desemprego no mesmo período, em virtude do aumento da participação de pardos, cujas taxas de desemprego são mais altas, que subiu de 27,3% em 2001 para 32,7% em 2009 no estado do Rio de Janeiro.

Logo, embora a maior queda da taxa de desemprego tenha reduzido a diferença entre as taxas de desemprego de brancos em relação às de pretos e pardos, a maior participação dos pardos elevaria a taxa de desemprego caso o efeito nível (redução da taxa de desemprego de cada grupo) fosse zero. Vale notar que esse sinal do efeito composição seria o esperado: a taxa de desemprego mais elevada em um determinado segmento da população gera desalento (menos chance de encontrar trabalho) e reduz a participação desse segmento na PEA. Em geral, ainda que não sempre (ver adiante), quando a taxa de desemprego desse segmento cai mais que a média, diminui o desalento e deve-se esperar um aumento de participação. Até que haja uma convergência total das taxas de desemprego entre os vários segmentos, esse tipo de resultado deve continuar presente.

Tabela 10
Decomposição da variação da taxa de desemprego

Período — Amostra	Cor/Raça		
	Efeito Nível	Efeito Composição	Efeito Total
2009-01 Brasil	-1,2%	0,1%	-1,0%
2009-01 RJ	-3,2%	0,1%	-3,0%
2009-01 RJ RM	-3,4%	0,1%	-3,3%
2009-01 RJ RNM	-2,4%	0,1%	-2,3%

Fonte: Elaboração própria com dados da Pnad.

A decomposição da taxa de desemprego por faixa etária mostra mais uma vez a importância do efeito nível para explicar a sua queda. Entretanto, diferentemente das análises anteriores, o efeito composição agora explica uma parte importante da redução da taxa de desemprego no país e no estado. O efeito composição chega a explicar 70% da queda nacional, 1/3 da redução da taxa de desemprego no estado e nas regiões metropolitanas, e quase 40% dessa diminuição para as regiões não metropolitanas.

Os resultados da tabela 11 corroboram as indicações da tabela 8, que mostram uma redução da participação na PEA de grupos mais jovens e um aumento de coortes mais velhas. A redução do peso relativo dos trabalhadores mais jovens, que convivem com altas taxas de desemprego, e a consequente elevação do peso relativo de trabalhadores mais velhos, que usufruem de baixas taxas de desemprego, geram um efeito composição que reduz a taxa de desemprego do estado.

Tabela 11
Decomposição da variação da taxa de desemprego

Período — Amostra	Faixa Etária		
	Efeito Nível	Efeito Composição	Efeito Total
2009-2001 Brasil	-0,4%	-0,7%	-1,0%
2009-2001 RJ	-2,0%	-1,0%	-3,0%
2009-2001 RJ RM	-2,2%	-1,0%	-3,3%
2009-2001 RJ RNM	-1,4%	-1,0%	-2,3%

Fonte: Elaboração própria com dados da Pnad.

O efeito composição negativo nesse caso é um aspecto positivo do mercado de trabalho no período. Partindo do pressuposto de que essa redução seja fruto de um maior tempo dos indivíduos na rede de ensino, esse fenômeno gera um impacto permanente de redução da taxa de desemprego. A menor participação no mercado de trabalho de trabalhadores jovens (em geral pouco qualificados) e o atraso de sua entrada no mercado de trabalho fazem com que se venha a ter um empregado mais qualificado no futuro e um menor problema social no presente.

O efeito composição possui o mesmo tamanho nas regiões metropolitanas e regiões não metropolitanas, o que significa que a redução da participação dos trabalhadores mais jovens está ocorrendo de forma similar nas duas regiões. Nesse sentido, o processo de universalização da educação parece estar atingindo, em todo o estado, o objetivo de qualificar mais os jovens e lhes garantir melhores oportunidades de emprego no futuro.

O efeito da educação na decomposição da taxa de desemprego por ciclos escolares é apresentado na tabela 12. Os resultados mostram que o efeito composição é diferente no Brasil e no estado do Rio de Janeiro. Enquanto no país o efeito composição tende a elevar a taxa de desemprego, no estado do Rio de Janeiro ocorre o oposto. Esse resultado se mantém na região metropolitana e é nulo na região não metropolitana do estado.

Tabela 12
Decomposição da variação da taxa de desemprego

Período — Amostra	Ciclos		
	Efeito Nível	Efeito Composição	Efeito Total
2009-2001 Brasil	-1,3%	0,3%	-1,0%
2009-2001 RJ	-2,8%	-0,2%	-3,0%
2009-2001 RJ RM	-3,0%	-0,3%	-3,3%
2009-2001 RJ RNM	-2,3%	0,0%	-2,3%

Fonte: Elaboração própria com dados da Pnad.

O efeito composição tende a ser negativo quando se reduz o peso relativo de trabalhadores na PEA que possuam escolaridade entre a 5ª e 8ª série do ensino fundamental, que é o nível educacional com a taxa de desemprego mais elevada. Dessa forma, o efeito composição positivo para o Brasil como um todo é explicado pelo fato de se estar elevando a participação de trabalhadores com ensino fundamental de 5ª a 8ª série. O efeito composição negativo para o estado do Rio de Janeiro e sua região metropolitana reflete o fato de que o processo de universalização da educação encontra-se um passo à frente. Neste momento, no Rio de Janeiro, já se está reduzindo o peso relativo de trabalhadores com fundamental de 1ª a 4ª série e de 5ª a 8ª série completo, e aumentando aquele de trabalhadores com ensino médio.

Na região não metropolitana do Rio esse processo parece estar em estágio intermediário. O processo de universalização da educação está aumentando a participação de indivíduos com maior grau de escolaridade e reduzindo o peso relativo de indivíduos pouco qualificados na PEA. Entretanto, devido à elevada participação de indivíduos com fundamental de 1ª a 4ª série completo, esse processo de universalização da educação proporciona uma menor redução do grupo de pessoas com a 8ª série completa (faixa com a taxa de desemprego mais elevada) em comparação com a região metropolitana. Dessa forma, a redução da taxa de desemprego fruto da redução da participação na PEA de indivíduos com baixa escolaridade é compensada pela menor redução na participação da PEA de trabalhadores com ensino até a 8ª série. Ou seja, o elevado número de alunos com fundamental entre 1ª e 4ª série passa a fazer parte do grupo com escolaridade entre a 5ª e a 8ª série que somente se reduzirá de forma mais significativa em um momento futuro.

Logo, os dados acima indicam que, com a elevação das taxas de matrícula do ensino médio, o efeito composição dos ciclos escolares sobre a taxa de desemprego deve continuar a reduzi-la, tendo um impacto ainda maior nos próximos anos. No médio prazo, porém, as próprias diferenças de taxas de desemprego entre níveis de escolaridade podem mudar, refletindo a nova composição da PEA.

4. Variação do pessoal ocupado por setor no Rio de Janeiro

Além de explicar o processo de redução da taxa de desemprego e os grupos beneficiados, outro aspecto importante da análise do mercado de trabalho do estado do Rio de Janeiro é como se deu a variação da mão de obra ocupada no estado nas várias atividades econômicas. Nesse aspecto, além de analisar a evolução do emprego em diversos setores para o estado como um todo e dividir a análise em região metropolitana e não metropolitana, será dado destaque à atividade de exploração de petróleo, com o objetivo de avaliar se essa atividade, intensiva em capital, tem ainda assim gerado renda e emprego em escala relevante, ou somente (e não menos importante) receitas para o estado.

Os setores escolhidos foram obtidos junto à Pnad utilizando definição parecida com a de Pinheiro e Barbosa Filho (2011). A diferença é a separação do setor de petróleo do setor de indústria extrativa mineral. Dessa forma, esta seção analisa os seguintes setores: agropecuária, indústria extrativa mineral (ex-petróleo), indústria da transformação, indústria da construção, indústria de serviços de utilidade pública, serviços de comércio, serviços de intermediação financeira, serviços de transportes e comunicações, serviços de alojamento e alimentação, serviços de administração pública, outros serviços e petróleo.

A tabela 13 mostra a população ocupada por setor em 2001 e 2009. Os dados revelam que o setor que mais emprega na economia fluminense é o de outros serviços. O segundo setor mais importante para o estado do Rio de Janeiro em termos de postos de trabalho é o setor de comércio. A indústria da transformação é o terceiro setor que mais emprega no estado, seguido pela construção.

Tabela 13
Número de pessoas ocupadas em 2001 e 2009 por setor no Rio de Janeiro

	2001			2009		
	RJ	RJ - RM	RJ-RNM	RJ	RJ – RM	RJ-RNM
Setores						
Agropecuária	148.578	31.770	116.808	118.188	24.711	93.477
Indústria Extrativa Mineral	10.017	4.196	5.821	12.094	8.030	4.064
Indústria de Transformação	608.264	429.110	179.154	812.138	554.049	258.089
Indústria de Construção	473.997	327.253	146.744	597.363	400.245	197.118
Indústria de Serviços de Utilidade Pública	63.007	45.545	17.462	45.256	34.587	10.669
Serviços de Comércio	990.586	762.371	228.215	1.338.249	1.008.020	330.229
Serviços de Intermediação Financeira	119.472	103.675	15.797	115.201	99.452	15.749
Serviços de Transportes e Comunicações	380.345	303.855	76.490	539.320	445.327	93.993
Serviços de Alojamento e Alimentação	390.394	312.249	78.145	409.424	317.471	91.953
Serviços de Administração Pública	371.757	279.874	91.883	436.805	305.730	131.075
Outros Serviços	2.464.944	1.898.746	566.198	2.745.926	2.095.134	650.792
Petróleo	26.447	8.986	17.461	54.310	19.765	34.545

Fonte: Elaboração própria com dados da Pnad.

O setor de petróleo gera número de postos diretos de trabalho relativamente pequeno. Esse baixo emprego é esperado, visto que esse é um setor intensivo em capital. Ainda assim, em 2009 ele empregava mais trabalhadores do que o resto da extrativa mineral e os serviços industriais de utilidade pública, e fora da região metropolitana do Rio ele também é mais relevante do que o setor de intermediação financeira.

O setor de serviços de transportes e comunicações mostrou grande evolução entre 2001 e 2009, empregando mais de meio milhão de trabalhadores em

2009, sendo o quinto setor que mais emprega — de fato, até mais que o setor de alojamento e alimentação.

A tabela 14 apresenta o peso relativo de cada setor no número de empregos gerados na economia fluminense em 2001 e 2009 e a variação de importância dos setores no período analisado. A tabela mostra que o setor mais importante no total de empregos nesse período foi o setor de outros serviços, que possui 38% dos postos de trabalho da economia fluminense em 2009. O segundo setor em importância relativa, em termos de ampliação do número de pessoas ocupadas, é o de comércio, seguido pela indústria da transformação. Os serviços, de modo geral, representavam 79% dos postos de trabalho em 2001 e 77,9% em 2009, com perda de 1,1 pp de peso relativo.

Tabela 14
Peso relativo de cada setor e sua variação no Rio de Janeiro

	Peso Relativo		Variação entre 2001 e 2009
	2001	2009	
Setores			
Agropecuária	2,5%	1,6%	-0,8%
Indústria Extrativa Mineral	0,2%	0,2%	0,0%
Indústria de Transformação	10,1%	11,2%	1,2%
Indústria de Construção	7,8%	8,3%	0,4%
Indústria de Serviços de Utilidade Pública	1,0%	0,6%	-0,4%
Serviços de Comércio	16,4%	18,5%	2,1%
Serviços de Intermediação Financeira	2,0%	1,6%	-0,4%
Serviços de Transportes e Comunicações	6,3%	7,5%	1,2%
Serviços de Alojamento e Alimentação	6,5%	5,7%	-0,8%
Serviços de Administração Pública	6,1%	6,0%	-0,1%
Outros Serviços	40,8%	38,0%	-2,7%
Petróleo	0,4%	0,8%	0,3%

Fonte: Elaboração própria com dados da Pnad.

A tabela 14 mostra, ainda, que o peso relativo do setor de petróleo praticamente dobrou entre 2001 (0,4%) e 2009 (0,8%), mas mesmo assim o setor continuou tendo uma importância secundária no que tange ao número de postos de trabalho.

Na contramão da discussão acerca de uma possível desindustrialização do Brasil, o setor de indústria da transformação aumentou sua participação no total dos postos de trabalho no Rio de Janeiro. O setor, que representava 10,1% dos postos de trabalho em 2001, passou a responder por 11,2% deles em 2009, com um ganho de participação de 1,2 pp, sendo o segundo setor que mais ganhou peso relativo no período.

O setor com maior expansão relativa foi o setor de comércio, que aumentou sua participação em 2,1 pp, passando a representar 18,5% dos postos de trabalho em 2009, contra 16,4% em 2001. O setor de construção cresceu 0,4 pp no período, sendo responsável por 8,3% dos postos de trabalho, enquanto o setor de transportes e comunicações cresceu 1,2 pp e atingiu 7,5% do total de postos de trabalho no período. Os demais setores ou ficaram estagnados, como o setor de extrativa mineral (exceto petróleo), ou perderam importância entre 2001 e 2009.

A perda de participação no total de postos de trabalho não significa que os setores estão encolhendo, mas apenas que estão crescendo menos do que o restante da economia. Nesse sentido, é tão ou mais importante observar o nível de emprego de cada setor do que somente seu peso relativo no emprego. A tabela 15 mostra a variação do número de postos de trabalho por setor para o estado do Rio de Janeiro, sua região metropolitana e sua região não metropolitana, entre os anos de 2001 e 2009.

Entre os 12 setores analisados neste trabalho, três tiveram redução no número de empregos, no estado como um todo, entre 2001 e 2009: agropecuária, serviços de utilidade pública e serviços financeiros. Entretanto, enquanto esse último teve redução do emprego na região metropolitana, fora dela o nível de ocupação se manteve constante.[7] Efeito contrário se observou na indústria extrativa mineral, que teve sua participação reduzida na região não metropolitana, mas a aumentou significativamente na região metropolitana. Já a redução do emprego no setor de agropecuária, de 20%, parece parte de um processo natu-

---

[7] A redução do emprego em serviços financeiros foi provavelmente fruto das fusões ocorridas no período, que reduziram o número de instituições financeiras sediadas no estado do Rio de Janeiro, com transferência de seus negócios para São Paulo. A esse respeito, ver o capítulo de Armando Castelar Pinheiro nesta coletânea.

ral onde economias modernas elevam sua participação no setor de serviços, enquanto ocorre uma redução no peso relativo do setor de agropecuária.[8]

Tabela 15
Variação do emprego por setor entre 2001 e 2009

	Variação entre 2001 e 2009		
	RJ	RJ-RM	RJ-RNM
Setores			
Agropecuária	-20%	-22%	-20%
Indústria Extrativa Mineral	21%	91%	-30%
Indústria de Transformação	34%	29%	44%
Indústria de Construção	26%	22%	34%
Indústria de Serviços de Utilidade Pública	-28%	-24%	-39%
Serviços de Comércio	35%	32%	45%
Serviços de Intermediação Financeira	-4%	-4%	0%
Serviços de Transportes e Comunicações	42%	47%	23%
Serviços de Alojamento e Alimentação	5%	2%	18%
Serviços de Administração Pública	17%	9%	43%
Outros Serviços	11%	10%	15%
Petróleo	105%	120%	98%

Fonte: Elaboração própria com dados da Pnad.

O setor de construção fluminense apresentou crescimento significativo de emprego no período: de 26% no estado, 22% na região metropolitana e 34% na região não metropolitana. Essa elevada expansão deve estar relacionada com o grande desenvolvimento do setor nos últimos anos, quando voltou a crescer após anos de estagnação. Nesse aspecto, o estado foi beneficiado pela maior estabilidade econômica do país, pelos eventos esportivos que sediará nos próximos anos[9] e pela expansão do crédito imobiliário, que, junto com as ino-

---

[8] Não obstante, ver as considerações de Regis Bonelli e Fernando Veloso a esse respeito em seu capítulo neste livro.
[9] Em particular, a Copa do Mundo de 2014 e as Olimpíadas de 2016. O impacto desses eventos deve

vações institucionais introduzidas na primeira metade da década passada, estiveram por trás da grande expansão do setor nos últimos anos.

O setor de comércio foi outro que apresentou um grande crescimento de emprego no período: de 35% no estado, 32% na região metropolitana e 45% na região não metropolitana. O setor de serviços de transporte e comunicações também teve grande expansão entre 2001 e 2009, de mais de 40%, da população ocupada.

O emprego no setor de outros serviços, o que mais emprega na economia, cresceu 11% no período, enquanto o setor de serviços de alojamento e alimentação teve expansão de somente 5% no nível de ocupação. Ambos os setores perderam peso relativo (tabela 14), devido ao total de postos de trabalho ter crescido 19,5% entre 2001 e 2009.

A indústria da transformação no estado do Rio de Janeiro mostrou grande dinamismo no período analisado em termos do emprego, que cresceu 34% entre 2001 e 2009, gerando mais de 200 mil empregos novos nesse período. Essa evolução indica que pelo menos até 2009 hão havia no estado um encolhimento da indústria da transformação, no que se refere a postos de trabalho; pelo contrário, houve expansão. Além disso, o setor mostrou alta superior à média dos setores, o que causou uma expansão relativa de 1,2 pp em sua participação, como visto.

O setor de petróleo foi o que mais cresceu, em termos relativos, entre 2001 e 2009, período em que o número de trabalhadores nele ocupados praticamente dobrou. Essa forte expansão em parte reflete o número baixo da população ocupada no setor em 2001 (26,4 mil) e a grande expansão do nível de atividade do setor nesse período. Além do aumento das reservas de petróleo e da produção do país, a elevação dos preços das commodities, incluindo o petróleo, ajuda a explicar esse bom desempenho do setor no período. É importante notar que o setor de petróleo gerou 54,3 mil empregos em 2009, sendo entre os setores analisados o segundo que menos emprega depois do Siup, com somente 45,2 mil postos de trabalho.

Além de observar a evolução do número de empregos em cada setor, é relevante saber a qualificação e os salários médios de cada um. Essa informação

---

se tornar mais evidente nos dados da Pnad de 2011. Devido à proximidade da Copa do Mundo e ao ritmo de execução das obras, espera-se uma maior participação do setor de construção.

possibilita entender que tipo de mão de obra o estado deve incentivar para suprir as demandas da economia fluminense. Além disso, o estado pode identificar setores em que a criação de mão de obra com qualificação específica pode gerar oportunidades de desenvolvimento.

Os setores que possuem a menor escolaridade média são: o de agropecuária, com média de quatro anos de estudo no estado; o de construção, com 6,6 anos; e o de alojamento e alimentação, com 7,9 anos de escolaridade média (tabela 16). Os salários pagos no setor de agropecuária são os mais baixos, seguido pelos setores de alimentação e construção. Este fato relaciona-se à elevada correlação que existe entre escolaridade e salários médios no mercado de trabalho.

Tabela 16
Anos médios de escolaridade e salários em 2009 por setor

	Escolaridade Média (anos)			Salários (R$)		
	RJ	RJ-RM	RJ-RNM	RJ	RJ-RM	RJ-RNM
Agropecuária	4,0	3,7	4,1	756	937	710
Indústria Extrativa Mineral	10,3	11,5	8,0	2.037	2.495	1.003
Indústria de Transformação	9,3	9,4	9,0	1.254	1.322	1.110
Indústria de Construção	6,6	7,1	5,6	985	1.054	850
Indústria de Serviços de Utilidade Pública	10,6	11,0	9,4	1.870	2.055	1.334
Serviços de Comércio	9,0	9,0	8,8	1.024	1.050	946
Serviços de Intermediação Financeira	12,6	12,7	12,1	2.268	2.372	1.643
Serviços de Transportes e Comunicações	9,3	9,7	7,8	1.529	1.584	1.272
Serviços de Alojamento e Alimentação	7,9	8,0	7,7	899	930	787
Serviços de Administração Pública	11,9	12,3	10,9	2.449	2.862	1.520
Outros Serviços	9,8	10,1	9,0	1.281	1.399	917
Petróleo	12,0	12,9	11,5	3.588	5.573	2.478

Fonte: Elaboração própria com dados da Pnad.

De acordo com as tabelas 14 e 15, os setores mais dinâmicos em termos de crescimento relativo (absoluto) da mão de obra entre 2001 e 2009 foram os setores de comércio, com elevação de 2,1% (35% em termos absolutos), de serviços de transportes e comunicações, com crescimento relativo de 1,2% (42%), de indústria da transformação, com expansão de 1,2% (34%), e os setores de petróleo e construção, com expansão de participação relativa na mão de obra de 0,4% (105% e 26% em termos absolutos, respectivamente).

Entre esses setores com grande dinâmica relativa e absoluta na geração de postos de trabalho, o único que demanda trabalhadores com uma escolaridade média inferior à média da população do estado é o setor de construção civil. Logo, um maior investimento em educação que possibilite uma maior qualificação da mão de obra parece ser um ponto crucial para a empregabilidade do trabalhador fluminense no futuro.

Os setores de comércio, transportes e comunicações, assim como a indústria da transformação, demandam trabalhadores com escolaridade média de 9, 9,3 e 9,3 anos de estudo, respectivamente. Apesar de demandarem trabalhadores com escolaridade acima da média estadual de 8,5 anos médios de escolaridade, não devem apresentar problema, visto que as coortes de trabalhadores entre 20 e 29 anos possuem uma escolaridade média capaz de suprir esta demanda.

O desafio maior está no setor de petróleo, que demanda trabalhadores com pelo menos ensino médio. O crescimento do emprego no setor de petróleo e na indústria extrativa mineral na região metropolitana do estado parece estar relacionado com as atividades de Petrobras e Vale, respectivamente. Nesse sentido, o crescimento no número de postos de trabalho de 120% no setor de petróleo e 90% no setor extrativo mineral está relacionado à expansão dos quadros de funcionários dos escritórios dessas gigantes. Dada a atual estrutura dessas empresas no estado, e a provável expansão de empresas no setor de petróleo em um futuro próximo, parece necessário elevar a qualificação média dos trabalhadores, para aumentar o aproveitamento da mão de obra fluminense pelas empresas desses setores.

Enquanto o setor de petróleo demanda trabalhadores com uma escolaridade média muito acima da média do estado (12 contra 8,5 anos, respectivamente), os outros setores que estão crescendo demandam profissionais com grau de escolaridade próximo da média estadual. Logo, a falta de capital humano não deve ser um problema grave para os setores de transporte e comunicação (9,3 anos), comércio (9 anos) e indústria da transformação (9,3 anos).

Entretanto, esses dados mostram que o estado deve continuar qualificando sua população, visto que a demanda dos setores mais dinâmicos da economia fluminense exige trabalhadores com mais anos de escolaridade do que a média do estado.

Outro aspecto importante reportado na tabela 16 é o salário pago por setor. Existe uma alta correlação entre nível de salários e escolaridade média (correlação de 0,8 no estado), o que mostra que um aumento da média de anos de escolaridade tende a elevar a renda das pessoas. Entretanto, dos setores com crescimento mais elevado entre 2001 e 2009, somente os setores de petróleo e extrativa mineral (ex-petróleo) estão entre os que pagam salários mais altos. Os setores de comércio, construção, alojamento e alimentação e indústria da transformação encontram-se entre os que pagam salários relativamente baixos.

Com base na tabela 16, parece que a economia fluminense está se deslocando para setores que pagam salários relativamente baixos. A economia fluminense deve ficar mais concentrada em recursos naturais (tendência natural devido às reservas existentes na plataforma continental do estado) e com elevada importância relativa do setor de serviços na geração de empregos. Esses dois fatos fazem com que seja importante o estado elevar a escolaridade média de sua mão de obra, pelo menos no nível de ensino médio completo. Neste patamar, torna-se possível prover mão de obra para setores com salários mais elevados e aumentar a participação no estado de serviços mais sofisticados e que demandam trabalhadores mais qualificados.

5. Conclusão

Este capítulo mostrou que o investimento público em educação através do processo de universalização da educação está surtindo efeito, com o aumento da escolaridade das coortes mais novas no Rio de Janeiro, onde a escolaridade média está próxima dos 10 anos de estudo. Ou seja, nos próximos anos, é bem provável que o estado passe a possuir uma força de trabalho jovem com ao menos o ensino médio completo.

O artigo mostrou ainda que a redução da taxa de desemprego reportada pela Pesquisa Mensal de Emprego (PME) — que nas seis principais regiões metropolitanas do país, entre março de 2002 e dezembro de 2009, chegou a mais de seis pontos percentuais — foi menos significativa no estado do Rio de Janeiro e em sua região metropolitana. No estado, entre 2002 e 2009, a taxa de desemprego caiu somente 3,3 pp na região metropolitana, portanto, um desempenho relativamente fraco.

A queda da taxa de desemprego se deu tanto entre os homens como entre as mulheres. A queda da taxa de desemprego foi parecida nos dois grupos, com os diferenciais de taxa de desemprego entre os dois grupos pouco se alterando. Entretanto, no mesmo período houve uma elevação da participação feminina no mercado de trabalho.

Quando se avalia a taxa de desemprego por raça/cor, observamos que essa caiu em todos os grupos, em especial entre pretos e pardos. A redução da taxa de desemprego no estado veio acompanhada de uma diminuição das diferenças dessa taxa entre pretos/pardos e brancos. Ao mesmo tempo, houve um aumento da participação de pardos no mercado de trabalho. Esse fato mostra que a aceleração do nível de atividade econômica foi mais benéfica para grupos outrora excluídos ou com piores condições no mercado de trabalho.

A taxa de desemprego também caiu entre os trabalhadores mais jovens, que entre 2001 e 2009 tiveram sua participação no mercado de trabalho reduzida. Esse resultado indica que o processo de educação está sendo capaz de manter os jovens por mais tempo nas escolas, adiando sua entrada no mercado de trabalho. Isso faz com que parte da redução da taxa de desemprego seja permanente.

Assim como ocorreu com os trabalhadores mais jovens, houve uma queda da participação no mercado de trabalho de pessoas com menor escolaridade. Esse processo, que também possui impacto permanente, deve ter seu efeito ampliado nos próximos anos, em virtude de estar aumentando a participação de trabalhadores com ensino médio completo (desemprego médio de 10,4%), enquanto paralelamente se reduz a participação de trabalhadores que têm apenas o fundamental completo (desemprego médio de 12,1%).

Por último, o trabalho examinou a evolução de 12 setores da economia fluminense, com ênfase no setor de petróleo. A análise mostra que está ocorrendo uma redução do emprego no setor de agropecuária, serviços de utilidade pública e serviços financeiros no estado. Ao mesmo tempo, os setores de comércio, transportes e comunicações, indústria da transformação, petróleo e indústria extrativa mineral (na região metropolitana) ampliaram significativamente o emprego entre 2001 e 2009. Os setores de serviços — principalmente, comércio e outros serviços — expandiram seu tamanho no mercado de trabalho, mantendo-se os maiores empregadores do estado do Rio.

Em conclusão, a escolaridade média da mão de obra fluminense pode ser suficiente para suprir as demandas dos setores de comércio, alojamentos e alimentação e outros serviços. Entretanto, o estado terá dificuldade para atender às demandas de setores como extrativa mineral e petróleo, que pagam melhores salários e demandam trabalhadores com mais anos de escolaridade.

Referências

BARBOSA FILHO, F. de H.; PESSÔA, S. Uma análise da redução da taxa de desemprego. *Textos para Discussão do Ibre*, dez. 2011.

KATZ, L.; MURPHY, K. Changes in relative wages, 1963-1987: supply and demand factors. *Quarterly Journal of Economics*, v. 107, n. 1, p. 35-78, 1992.

PINHEIRO, M.; BARBOSA FILHO, F. Produtividade e convergência entre estados brasileiros: exercícios de decomposição setorial. *Economia Aplicada*, v. 15, n. 3, p. 419-444, 2011.

Capítulo 9

Estado do Rio e a economia verde

*Suzana Kahn Ribeiro**

1. Introdução: as cores da nova economia

É desejável que o estado do Rio de Janeiro mantenha seu ritmo de crescimento econômico, de forma a atender às demandas da população, porém o deve fazer buscando caminhos modernos, e não simplesmente aumentado seu Produto Interno Bruto (PIB). É fundamental crescer incorporando novos conceitos, como a qualidade de desenvolvimento e a preservação de seu estoque de capital natural. A migração para um novo modelo de crescimento deve se dar com maior brevidade possível, para não se perder a oportunidade de liderar um processo que parece inexorável, mas, sobretudo, para não deixar a economia aprisionada (*"lock-in" effect*) a modelos obsoletos, já ultrapassados e dispendiosos. Isto limitaria seu espaço na economia do futuro, por hora chamada de economia verde.

A economia verde, definida como "uma economia de baixo carbono, eficiente em uso de recursos e socialmente inclusiva", é aquela que "resulta na melhoria do bem-estar humano e da igualdade social, ao mesmo tempo em que reduz significativamente os riscos ambientais e a escassez de recursos ecológicos" (Pnuma, 2011). Em oposição ao que muitos argumentam, não é uma economia para países ou regiões desenvolvidas. Pelo contrário, é ainda mais adequada para aqueles países ou regiões que estão em processo de crescimento, quando se defrontam com escolhas e alternativas de caminhos para a constru-

---

* D.Sc., subsecretária de Economia Verde de Estado do Rio de Janeiro, professora da Coppe/Coppe.

ção de sua infraestrutura. É esse o momento de optar por certos padrões, e pelos padrões certos, evitando-se o risco de ficar atrelado ao modelo antigo ou de deixar que o custo de depois abandoná-lo fique muito elevado. É quando é mais fácil recuar para depois seguir pelo caminho correto.

O termo economia verde (EV) tem sido muito criticado pelos mais variados motivos, mas há que se reconhecer a dificuldade de sintetizar em um nome toda a complexidade que o conceito envolve. Assim, se lança mão de um conceito abstrato, sem precisão, mas que tem a vantagem de ser consistente com a ideia de desenvolvimento sustentável. O uso da cor verde no nome nos remete à natureza e à ecologia, mas o significado desta "nova" economia é muito mais amplo. Ele visa uma convergência de objetivos, o uso equilibrado dos recursos naturais e do desenvolvimento. Assim, a cor branca, que é a soma de todas as cores, seria talvez a mais apropriada.

Um grande consenso acerca da EV é que não será possível construir uma sociedade social e ambientalmente sustentável sem que ocorram profundas mudanças nos sistemas econômicos. Esses precisam modificar tanto seu objetivo último, colocando a melhoria das condições globais de vida e bem-estar no lugar do mero crescimento no fluxo de bens e serviços, quanto sua noção de custos, que precisa incorporar de modo mais completo tanto o valor dos insumos utilizados no processo produtivo como os impactos de sua utilização (Belinky, 2011).

A partir dessas múltiplas definições sobre EV, percebe-se que essa não é um atalho para se chegar ao desenvolvimento, onde o "mais" é sempre melhor. Produzir sempre mais implica gerar mais emprego e impostos. Assim, a economia verde, mal interpretada, seria apenas um caminho para tornar compatível o aumento da produção com os limites dos ecossistemas. Ou seja, a busca da manutenção do *status quo*. Como diria Tomasi di Lampedusa, "*Cambiare tutto perché tutto rimanga com'è*", ou seja, mudar para que tudo fique igual.

Para que a EV conduza ao desenvolvimento sustentável, faz-se necessária uma mudança de paradigma. Como diz Belinky (2011), precisa-se de uma reconfiguração das aspirações e da visão de mundo, que há muitas gerações condicionam bilhões de pessoas em todo o planeta nas bases do consumismo, da acumulação e da desigualdade.

O desafio é produzir consumindo menos, reduzindo a intensidade de material e de energia de bens e serviços, atendendo aos anseios de toda a população, mantendo o estoque de capital natural, gerando qualidade de vida. Aparentemente, parece uma contradição com os princípios do capitalismo, onde uma das máximas seria a busca de uma alocação ótima de recursos para produzir a maior quantidade do bem para o maior número de indivíduos. Porém, analisando com mais profundidade, isto continuaria válido dentro do conceito de EV, só que as prioridades precisariam ser revisitadas por todos os agentes que compõem o sistema, desde empreendedores a entidades reguladoras e investidores.

No entanto, qualquer mudança de direção implica um reordenamento de forças, onde necessariamente uns ganham mais do que outros. Isto gera preocupações e angústia por parte dos "mais fracos", sejam os mais fracos países, setores da economia, indústrias e/ou cidadãos. Entre esses receios, destaca-se a potencial ameaça ao comércio internacional que critérios "verdes" poderiam causar, prejudicando as aspirações dos países emergentes e em desenvolvimento. Outra preocupação diz respeito aos limites ao crescimento e ao consumo. Ou seja, ao se criarem restrições ao consumo, correr-se-ia o risco de penalizar aquele que entra neste momento no mercado consumidor. Há ainda a crítica por parte dos países menos industrializados de que, ao se valorizar o capital natural, se estaria impingindo a esses países manter-se como fornecedores de matérias-primas, serviços ambientais e, portanto, dificultando sua entrada na disputa comercial por bens de maior valor agregado.

Não há, evidentemente, uma solução fácil e simples, mesmo porque a maior parte das críticas pró e contra um novo modelo econômico é procedente. No entanto, como ressalta Belinky (2011),

> a manutenção do *status quo* é cada vez mais inviável, e a criação de soluções inovadoras cada vez mais urgente. A construção de uma EV global passa, necessariamente, pela solução de tais impasses e deve incluir, por exemplo, a criação de fontes de arrecadação oriundas dos fluxos globais de mercadorias e capitais. Os recursos assim reunidos seriam geridos de forma transparente, e aplicados de acordo com critérios sociais, política e tecnicamente legitimados.

A EV é mais do que uma meta a ser alcançada, é um processo de conquistas e aperfeiçoamentos na construção de um novo paradigma de desenvolvimento de um país ou região. Já há um amplo entendimento de que o crescimento não leva necessariamente ao desenvolvimento. Na busca do desenvolvimento deve-se lançar mão de um conjunto de princípios, e não de uma solução única que se aplique a todos os casos. Diferentes regiões possuem desafios e oportunidades particulares ao seu processo de desenvolvimento sustentável. Nesse sentido, governos regionais têm maior capacidade de implementar soluções de forma mais eficiente, já que suas estruturas de governança são mais ágeis do que as nacionais.

Partindo desse diagnóstico e desses desafios, o estado do Rio de Janeiro busca tomar esse rumo da EV, superando os vários obstáculos que se apresentam e buscando minimizar os riscos do pioneirismo.

Além da introdução, o capítulo está organizado da seguinte forma: A seção dois trata do aspecto teórico e complexo que vem a ser a avaliação da economia verde. A seção três aborda a economia verde no contexto do estado do Rio de Janeiro e, por fim, a seção quatro conclui o capítulo com um enfoque mais amplo, destacando que o desenvolvimento sustentável e desejável para o estado do Rio de Janeiro contempla várias questões, sendo, portanto, uma economia de "todas as cores".

2. Avaliando a economia verde

Considerando-se que o objetivo da economia verde é o desenvolvimento sustentável e o bem-estar, é necessário que se tenha uma forma de avaliar e acompanhar o desempenho econômico desse prisma. No entanto, as métricas conhecidas para avaliar crescimento e desenvolvimento são muito precárias e não capturam toda a complexidade da EV.

As mais reconhecidas métricas de desenvolvimento são, basicamente, o Índice de Desenvolvimento Humano (IDH) e o Produto Interno Bruto (PIB). Tais métricas, como medida de desenvolvimento sustentável, são claramente limitadas, por não integrarem a grande diversidade de aspectos sociais e ambientais aos valores econômicos, induzindo a percepções errôneas do grau de desenvolvimento e de progresso dos países. Recentemente, o uso do PIB como métrica de desenvolvimento tem sido muito questionado, e governantes de várias partes do mundo já falam da importância de se medir a situação de um país por outros critérios. Em outubro de 2011, a Organização para a Cooperação e Desenvolvimento Econômico (OCDE), que congrega as nações ricas do planeta, apoiou a discussão sobre a revisão do PIB como principal indicador, através de um relatório sobre o "bem-estar" de países-membros intitulado *How is life?* O Legatum Institute, que é uma instituição privada, apresenta anualmente um Índice de Prosperidade Mundial, que consiste em uma mescla de indicadores econômicos e de outra natureza. O Reino Unido também tem planos para medir o bem-estar nacional, como mencionado em Fox (2012). O IDH da ONU constitui um avanço para indicar o "bem-estar" dos povos, mas ainda é incompleto, ao deixar de incluir questões associadas à escassez de recursos naturais e ao desenvolvimento econômico. Além disso, é uma iniciativa ainda periférica ao sistema econômico.

Ao medir-se o desenvolvimento a partir de indicadores limitados, os agentes públicos e privados são direcionados, voluntária ou involuntariamente, a ações que geram resultados igualmente imperfeitos. Além disto, só é possível gerir o que se mede, de modo que novos indicadores de desempenho, públicos ou privados, levam a novas prioridades de gestão. Daí a importância do uso de outras métricas que contemplem diferentes variáveis. Ou seja, com medidas e indicadores pouco apropriados, as decisões ficam distorcidas.

Essa crítica é antiga. Na campanha presidencial de 1968, Robert Kennedy já anunciava a falência do PIB em seus discursos, como nesta passagem: "Nosso produto nacional bruto (...) computa a poluição do ar e a publicidade de cigarro e ambulâncias...". Em outro trecho, dizia:

> entram na conta fechaduras especiais para nossas portas e prisões para aqueles que as arrombam. Computa a destruição das matas e a perda de nossas maravilhas naturais para a expansão urbana caótica (...). O produto nacional bruto não computa, no entanto, a saúde de nossos filhos, a qualidade de sua educação ou seu prazer em brincar (Fox, 2012).

Mais recentemente, outros governantes buscaram alternativas para um novo cálculo. No começo do governo Clinton, foi solicitado ao Bureau of Economics Analysis (órgão que calcula o PIB dos EUA) a criação de um PIB verde. Um deputado de West Virginia abortou a iniciativa, pelo temor de que pudesse prejudicar a indústria de mineração de carvão no estado. Um projeto similar de cálculo de PIB verde na China avançou um pouco mais, porém também acabou esquecido por pressões políticas (Fox, 2012). O conceito de PIB verde da China tentava considerar os custos de degradação de vários recursos naturais. Wu e Wu (2010) informaram que muitos aspectos ambientais não foram considerados nesse cálculo, tais como contaminação do solo e de águas subterrâneas, e categorias inteiras de esgotamento de recursos naturais e os danos ecológicos. Ainda assim esse indicador não foi usado. Ou seja, mesmo que as dificuldades de valoração ambiental sejam superadas, as dificuldades políticas se impõem.

Hoje existem importantes iniciativas na direção de novas métricas, como o relatório liderado pelo economista Joseph Stiglitz para a Comissão para a Medida de Performance Econômica e Progresso Social, organizado pelo governo francês, cujo objetivo é ir além do PIB como medida de desenvolvimento (Stiglitz, Sen e Fitoussi, 2009). Outras iniciativas, como A Economia dos Ecossistemas e da Biodiversidade, buscam mensurar os ativos intangíveis de uma região, possibilitando sua inclusão em medidas de riqueza e desenvolvimento. A criação desses novos indicadores é importante, pois permite uma nova ótica em relação ao desenvolvimento, que vai além de medidas de crescimento que priorizam fluxo de recursos, e inclui medidas de bem-estar e estoques de recursos locais. A nova métrica é, portanto, derivada desta necessidade.

No Brasil, o estudo de Young e colaboradores (2000) calculou os custos de degradação ambiental do setor industrial brasileiro e o deduziu do PIB. Ferreira Júnior e Lustosa (2007) usaram uma metodologia semelhante para o cálculo do PIB verde, tendo como base a seguinte equação: PIB verde = PIB − (DRM + CDA). Onde: DRM significa depleção dos recursos minerais, e CDA é o custo de degradação ambiental.

Além disso, vale destacar algumas boas iniciativas em direção à contabilidade ambiental, que servem de base aos trabalhos em desenvolvimento para valoração dos ativos ambientais. A primeira é o *Handbook of national accounting: integrated environmental and economic accounting* (conhecido como SEEA), cuja primeira versão foi lançada pela ONU em 1993. A segunda foi lançada em 2003 e atualmente está sendo revisada, com intenções de ser dividida em três partes: Central Framework; Experimental Ecosystem Accounts e Extensions and Applications. A primeira parte tem previsão de lançamento em 2012, enquanto as outras duas devem ser lançadas em 2013.

Outro grande avanço metodológico em direção à contabilidade ambiental foi a publicação do estudo TEEB (2010), que é uma importante iniciativa internacional para salientar os benefícios econômicos dos ecossistemas e as grandes perdas devidas à sua degradação.

De qualquer forma, fica evidente que os indicadores atuais não refletem o valor do bem natural e as políticas se baseiam apenas nos dados associados a crescimento econômico, sem considerar o bem-estar e outros valores que deveriam estar presentes quando se quer desenvolver uma região, quando se quer o progresso. O cálculo do PIB, por exemplo, envolve uma série de escolhas sensatas, mas que podem levar a resultados distorcidos. Há preferência por medição de bens e serviços que podem ser comprados e vendidos, com valor de mercado, por conseguinte, deixando de fora vários outros serviços e bens que não são transacionados no mercado, como: lazer, saúde e vários programas de governo, como bem ressaltou Robert Kennedy em seu discurso de 1968.

Um exemplo que ilustra isso muito bem é dado pelo próprio estado do Rio de Janeiro. Os municípios que arrecadam muito com os "royalties" do petróleo não são os municípios com os melhores índices de desenvolvimento humano, como mostra a tabela 1.

Tabela 1
Municípios do estado do Rio de Janeiro — PIB x IDH

Municípios	PIB 2000 (1.000 R$?)	IDH 2000
Rio de Janeiro	76.730.775	0,842
Duque de Caxias	8.549.867	0,753
Campos dos Goytacazes	5.644.907	0,752
Niterói	4.381.733	0,886
São Gonçalo	4.139.434	0,782
Aperibé	33.157	0,756
São José de Ubá	29.988	0,718
Laje de Muriaé	28.514	0,710
Varre-Sai	28.372	0,679
Macucu	25.999	0,769

Fontes: Ceperj e Pnud.

O exemplo mostrado na tabela 1 ilustra bem que o uso do PIB como forma de medir crescimento econômico fornece uma visão equivocada sobre a real situação da população naquela região. O PIB só mede o fluxo, ou seja, o que foi produzido, seja lá o que for, conforme mencionado anteriormente. Assim, uma guerra é interessante sob o ponto de vista de crescimento de PIB, pois muito se produz na ocasião, sobretudo armas. Mas é inegável que a guerra não é de forma alguma desejável pela população. A medição através de um fluxo, como o PIB, também prejudica o planejamento estratégico, pois para se pensar o futuro o que interessa é aquilo que se pode contar ao longo do processo de desenvolvimento. Crescer, ignorando os limites de seus estoques, é uma morte anunciada, tal como ocorre em áreas de mineração, como foi Serra Pelada. É selar o fim do próprio processo de crescimento.

Esta falta de clareza leva muitas vezes a situações paradoxais, onde ocorrem incentivos para determinadas atividades que resultarão em maiores custos e despesas no futuro. É o chamado incentivo perverso. Um tipo de incentivo perverso que vem sendo cada vez mais debatido são os incentivos dados à indústria do petróleo.

Adicionalmente a estas críticas sobre a forma de se medir o crescimento, ainda se tem a questão do valor da moeda. Na economia tradicional, qualquer real/dólar tem o mesmo valor. Não se qualifica o valor da moeda. Gastos para se construir abrigos temporários para quem está numa área de risco e gastos para construir infraestrutura ou escola são contabilizados da mesma forma (Stiglitz, Sen e Fitoussi, 2009). Outro problema para uma avaliação de desempenho da EV é a predominância de critérios de curto prazo, tanto na esfera pública como na privada. Belinky (2011) mostra que isso se aplica tanto aos ciclos eleitorais (entre quatro e seis anos) quanto à remuneração e avaliação dos gestores de empresas (anuais ou mais frequentes) e às expectativas dos investidores (que, em muitos casos, refletem fortemente as oscilações diárias dos mercados financeiros). É fato que existem planos de prazo mais longo, especialmente em situações cuja maturação ou magnitude requeiram, intrinsecamente, um horizonte maior. Assim, a criação de mecanismos de gestão pública ou privada, capazes de incorporar perspectivas de prazo mais longo, revela-se essencial à missão de acelerar a transição para a EV.

A visão que no Brasil da década de 1970 traduziu-se na expressão "é preciso crescer o bolo para depois repartir" cria uma obsessão com crescimento que torna o processo de decisão míope. Esse processo, que afeta tanto empresas quanto governos, faz com que as decisões priorizem o crescimento no curto prazo, sem nenhum tipo de responsabilidade sobre a sustentabilidade desse crescimento. Que temos que crescer é uma realidade, porém, hoje, o sucesso de uma política pública não é medido pela qualidade do desenvolvimento que dela decorre, e, sim, por indicadores de crescimento que dão uma visão parcial do verdadeiro impacto de tal crescimento.

No entanto, sabemos que mensurar o nível de desenvolvimento de uma região é um processo complexo e a falta de uma definição objetiva de desenvolvimento que incorpore as inúmeras variáveis aqui já mencionadas favorece indicadores mensuráveis e amplos, como é o caso do PIB.

Porém, todas essas tentativas refletem a falta de um indicador ideal para avaliar a economia verde e a qualidade do crescimento. Percebe-se, portanto, que tanto o conceito como o cálculo do "PIB verde" ainda sofrem com indefinições e lacunas nas metodologias de valoração econômica dos bens ambientais. Podemos notar que eles são baseados na premissa de "sustentabilidade fraca", que considera que o capital natural pode ser substituído pelo "capital econômico". Essa não é a premissa mais exigente em termos de sustentabilidade. *A priori*, parece mais pertinente continuar a avaliar distintamente os resultados econômicos (PIB) e os impactos ambientais, por meio de valoração dos passivos ambientais, por exemplo.

Outra avaliação que deve ser feita é em relação ao investimento, pois a eficiência no gasto é condição essencial para que se alcance mais rapidamente o desenvolvimento que se deseja. Neste sentido, já há um programa que foca o investimento responsável, chamado de Principles for Responsible Investment (PRI) (www.pri.un).

Uma das principais definições para o novo modelo de economia verde é o que se entende por emprego verde. O documento produzido pela Unep, ILO, IOE e Ituc (2008) tem sido a principal referência no tema e qualifica os empregos verdes da seguinte maneira:

> são aqueles que <u>reduzem o impacto ambiental</u> de empresas e de setores econômicos para níveis que, em última análise, sejam sustentáveis. [...], ajudam a <u>reduzir o consumo de energia, matérias-primas e água</u> por meio de estratégias altamente eficazes que <u>descarbonizam a economia</u> e <u>reduzem as emissões de gases de efeito estufa</u>, <u>minimizando ou evitando completamente todas as formas de resíduos e poluição, protegendo e restaurando os ecossistemas e a biodiversidade</u>.

Outra definição é "postos de trabalho decentes em atividades econômicas que contribuem significativamente para reduzir emissões de carbono e/ou para melhorar/conservar a qualidade ambiental" (OIT, 2009). Nessa última definição, além de vincularem-se os empregos verdes à economia verde, é também incorporada ao conceito a ideia de trabalho decente. Segundo esse mesmo Relatório, o trabalho decente é um "trabalho produtivo, adequadamente remunerado, exercido em condições de liberdade, igualdade e segurança, que seja capaz de garantir uma vida digna para os trabalhadores e trabalhadoras e suas famílias".

No estado do Rio de Janeiro trabalha-se com o conceito de que emprego verde é um posto de trabalho decente que contribui para as atividades da economia verde. Assim, quando se busca avaliar a economia verde de uma região, é necessário lançar mão de outros indicadores, visto que o que se procura é uma visão de mais longo prazo. Uma ideia que vem ganhando força e que contempla a dificuldade de medir bens intangíveis é o emprego de um "painel de indicadores", e não um resultado único ou mesmo um *ranking* classificatório. Isso funcionaria como um "painel de instrumentos" para auxiliar na navegação da economia. Os mais ambiciosos incluem o conceito de felicidade nessas mensurações. O recente despontar da economia comportamental, que envolve investigação psicológica, fez surgir uma série de pesquisas sobre a felicidade e o bem-estar (Fox, 2012).

De qualquer forma, seja qual for o indicador escolhido, de maneira a readequar o modelo de desenvolvimento econômico tradicional a um modelo de economia verde, é necessário que se tenham novos instrumentos e ferramentas financeiras, que possibilitarão o direcionamento de recursos para projetos e setores desejados. Uma bolsa de ativos ambientais é uma dessas ferramentas que coloca os ativos ambientais em um ambiente de mercado, fazendo com que as obrigações ambientais sejam cumpridas aos mais baixos custos.

O mecanismo de mercado mais conhecido nesse novo conceito é o mercado de carbono, que serve como base conceitual para a criação de outros ativos similares. Esses mercados têm como objetivos reduzir as emissões de gases de efeito estufa (GEEs) para a atmosfera e promover o desenvolvimento de tecnologias de baixo carbono.

Esses mercados não só promovem a redução de emissões de GEEs ao redor do mundo, como também podem ser utilizados para alavancar projetos de redução de emissões, promovendo a implantação de processos mais eficientes. Mercados de emissões, como eles são conhecidos, são uma das principais ferramentas utilizadas por governos para reduzir as externalidades causadas pelas atividades industriais, fazendo com que elas sejam "internalizadas" nos custos de produção.

Grande parte dos mercados regulados que observamos hoje no cenário internacional tem origem no mercado de dióxido de enxofre nos Estados Unidos, no mercado interno de emissões da BP Global (ex-British Petroleum) e no Protocolo de Quioto. Esses foram os primeiros acordos que estabeleceram metas de redução de emissões dentro de um mecanismo de flexibilização que permita a compra e venda de créditos, denominado "mercado de *cap-and-trade*".

Do ponto de vista de políticas públicas, a criação de um mercado de *cap-and-trade* faz parte de um conjunto de regulamentações baseadas em incentivos (RBI), do qual também faz parte a criação de uma taxação sobre emissões de GEE. Nesse conjunto, as fontes contingenciadas alcançam suas metas por meio de incentivos de mercado. Dentro de uma RBI, empresas têm maior flexibilidade para reduzir suas emissões, alcançando suas metas de maneira "custo-eficiente".

Essas soluções são contrárias às ferramentas denominadas regulamentações de comando-e-controle (RCC), nas quais metas uniformes e individuais são aplicadas a todas as fontes contingenciadas, e a compra e venda de créditos não é permitida. Economistas defendem o uso de regulamentações mais flexíveis, como as RBI, em razão de os custos totais de redução de emissões serem menores, em média.

Dentro de uma RCC, as fontes deveriam reduzir suas emissões individualmente, não importando o custo marginal de redução de emissões. Em termos econômicos, o ideal seria minimizar os custos para o alcance das mesmas metas. Desta forma, a escolha de RBI pode ser mais interessante.

Mercados regulados com instrumentos de "*cap-and-trade*" possuem como objetivo alcançar custo-eficiência ao reduzir emissões de GEE. Os mercados precificam as emissões de gases de efeito estufa por meio da geração de novos ativos, a que se chamam de permissão de emissão e crédito de carbono.

Uma vez que os participantes do mercado tenham suas emissões limitadas, e o mercado disponha de uma quantidade limitada de créditos, a escassez de créditos leva esses participantes a atribuir um valor monetário a esses créditos.

Criado o ativo, investimentos são destinados a projetos de redução de emissões. Empresas com o menor custo marginal de redução de emissões podem se capitalizar. Em 2010, os mercados de carbono globais foram avaliados em aproximadamente 141,9 bilhões de dólares, de acordo com o Banco Mundial (Thomson Reuters Point Carbon, 2011).

O carbono é um desses ativos, mas outras questões ambientais também podem ser tratadas dentro de tais mecanismos, trazendo agilidade e eficiência para a implementação de diversos objetivos de políticas públicas ambientais e criando ferramentas de alavancagem de investimento para fins ambientais. Hoje existem outros ativos dessa natureza, já sendo transacionados, como certificados de energia renovável e certificados de biodiversidade, e em desenvolvimento, como um mercado de compensação de reserva legal. O governo tem o poder de ser o *"market maker"* desse processo, e inserir de maneira definitiva questões ambientais no sistema financeiro global.

Além disso, a regulação e a capacitação do setor financeiro são fundamentais para o êxito desses esforços. Por meio da política creditícia oficial, o Estado pode induzir um comportamento mais sustentável e responsável dos agentes econômicos, estabelecendo, por exemplo, condições para a obtenção de financiamento público que favoreçam a adoção de modelos de produção mais eficientes, o respeito aos requisitos do trabalho decente e a consideração da sustentabilidade econômica em longo prazo.

Os agentes financeiros privados devem ser parte integral dessas políticas, uma vez que têm interesse direto na sustentabilidade, não só por serem cobrados por acionistas e clientes, mas também por seu desempenho depender da consideração equilibrada entre variáveis econômicas, sociais e ambientais. A partir de um esforço de planejamento integrado, o emprego de critérios de regularização e adequação ambiental para obtenção de financiamento nas áreas agrícola, industrial, energética e urbana, em conjunto com mecanismos que auxiliem os diversos atores produtivos nos esforços de adequação, também representa importante instrumento para o efetivo engajamento do setor financeiro na promoção de modelo econômico mais sustentável.

3. Economia verde no estado do Rio de Janeiro

O Rio de Janeiro não é apenas a principal porta de entrada de turistas estrangeiros, mas também de investimentos, além de ser destino de grandes espetáculos artísticos e culturais e megaeventos esportivos internacionais. É o segundo PIB do Brasil e sede de muitas das maiores empresas do país. Abriga também a maior indústria de entretenimento do Brasil, sendo o maior polo de cinema e televisão. Como resultado deste momento favorável, o estado receberá 126,3 bilhões de reais de investimentos públicos e privados em um período de apenas três anos (2010-12) (Firjan, 2011).

Trata-se, portanto, de um momento de grande virada para o estado. A questão então é que "se vire" para o lado certo, que garanta a sustentabilidade nesta trajetória de desenvolvimento.

É este, portanto, o momento certo para o estado do Rio de Janeiro (ERJ) se readequar com a tendência mundial da economia verde. O estado tem condições de ser uma nova fronteira científica e tecnológica, oferecendo um novo tipo de infraestrutura econômica, um ambiente seguro para trilhar esse caminho. No entanto, para que a transição aconteça, são necessários estímulos e sinais. A fase em que o ERJ se encontra, onde ainda há abundância de óleo e gás, o que confere uma receita para o estado, é emblemática. Esse recurso deve ser encarado além de seu potencial energético. Ele deve ser visto como um recurso econômico que habilitará o estado a pavimentar seu caminho para o futuro sustentável. Se o ERJ basear toda a sua economia no modelo antigo de crescimento, corre o risco de viver aprisionado a essa escolha, como mencionado no início deste capítulo. A liberdade de crescer e se desenvolver dependerá das decisões tomadas já.

De uma maneira simplificada, pode-se observar que o impacto ambiental derivado do crescimento das atividades humanas, de uma forma geral, é função de uma combinação de três fatores básicos: população, consumo e tecnologia. Uma vez que a população mundial ainda está em fase de crescimento, se esperando uma estabilização somente em meados deste século, e ainda se tem demanda reprimida por consumo, apesar de parte da população consumir de forma excessiva, a aposta para alguns reside no avanço tecnológico. Esse avanço pode ocorrer tanto no processo de produção menos intensivo em materiais e energia, como na geração de energia renovável, e ainda na recuperação dos ativos ambientais, como reflorestamento, manejo florestal, entre outros.

Essa nova direção do desenvolvimento pode significar a criação de trilhões de dólares em novos produtos, serviços e tecnologias que ainda nem existem. Enquanto no passado os investimentos e negócios não se preocupavam com a questão do impacto ambiental, atualmente já se busca minimizar e compensar esse impacto. Os negócios do futuro deverão contribuir de maneira positiva para o meio ambiente. Assim, pode-se dizer que os negócios das próximas décadas deverão estar concentrados também na venda das soluções para problemas ambientais e sociais em toda sua complexidade (Hart, 2008). Porém, não se pode negar que, embora o modelo de desenvolvimento econômico vigente tenha levado a melhorias no bem-estar humano para muitos, ele também gerou um crescimento econômico desigual, injustiça social e danos ambientais. E esse passivo exige soluções.

Assim, o que foi útil para fomentar o crescimento dos países desenvolvidos não é mais possível para nós. Portanto, para o Rio de Janeiro continuar seu crescimento, a fórmula deve ser outra. De forma a colocar o ERJ na trilha da economia verde, uma série de abordagens de políticas públicas é necessária, como impostos, regulamentos, reformas institucionais e também ações do setor privado, que recebe estímulos para atuar de forma mais responsável. A seguir, serão exemplificadas algumas dessas estratégias adotadas no estado do Rio de Janeiro, que visam a transição do estado para um modelo de desenvolvimento sustentável.

a) Eixos de desenvolvimento — Polos verdes

Polos verdes ou *"cluster"* é uma área geográfica onde se juntam empresas com similaridades e complementares, de forma que haja um aumento de produtividade. Algumas, inclusive, podem servir como prestadoras de serviços de outras e algumas atividades podem ser compartilhadas. A infraestrutura é "verde" no sentido de que todas as edificações, urbanização, geração de energia, uso de água, entre outros aspectos, devem seguir determinados critérios de sustentabilidade.

Os polos verdes usualmente promovem o aumento da sinergia entre indústria, academia e economia local. Adicionalmente, por conta da proximidade com o setor acadêmico, têm maior potencial de alavancar a inovação tecnológica necessária para a nova economia.

A proposta de criação de polos verdes reflete a visão atual de convergência entre meio ambiente e desenvolvimento. Mediante um plano para implementação desses polos é possível orientar o desenvolvimento de acordo com áreas prioritárias definidas pelo governo, aliadas às vocações e necessidades de cada região do estado.

Vários são os mecanismos para se desenvolver polos verdes. O primeiro passo é conhecer as potencialidades e carências do estado. Nesse sentido, o Zoneamento Econômico Ecológico (ZEE) tem um papel fundamental. Trata-se de uma base de dados utilizada em qualquer iniciativa de planejamento e gestão do território fluminense, que identifica novas potencialidades para a economia local.

Apesar de ter outro propósito e outros *stakeholders*, mas com lógica similar ao de incentivos para criação de zonas verdes, o estado já dispõe do instrumento "ICMS verde". O Programa "ICMS Verde" visa fomentar a conservação ambiental nos municípios fluminenses, por meio de remanejamento tributário de parcela equivalente a 2,5% dos repasses do Imposto sobre Operações relativas à Circulação de Mercadorias e sobre Prestações de Serviços de Transporte Interestadual e Intermunicipal e de Comunicação (ICMS).

Em termos mais específicos, o Programa apresenta dois objetivos principais, quais sejam, de um lado, o ressarcimento da restrição ao uso do território que as unidades de conservação da natureza implicam para os municípios e, de outro, a recompensa aos investimentos realizados pelas prefeituras municipais que potencialmente beneficiam demais municipalidades adjacentes, notadamente nos casos de tratamento de esgoto e de destinação adequada de resíduos sólidos.

Ou seja, o estado pode lançar mão de incentivos, impostos, regulação, enfim, todas as ferramentas de que dispõe, para orientar o desenvolvimento no sentido da EV. O investimento maior vem naturalmente do setor privado, mas cabe ao governo orientar e guiar essa transição através de sinais, mostrando o valor e o custo ambiental associado a determinadas atividades e também se valendo dos investimentos públicos como alavanca para a nova economia. Ainda é possível a criação e estímulo à demanda por produtos verdes, redirecionando o consumo. Cabe também ao governo superar eventuais distorções do mercado que ainda não incorporem externalidades negativas. Em particular, cabe enviar sinais para que as empresas e indústrias aqui estabelecidas se sintam estimuladas e confiantes em investir nessa direção. A segurança nesse caso é essencial, dado que normalmente se trata de investimentos de longo prazo.

b) Desenvolvimento de baixo carbono

As causas do aquecimento global são bem conhecidas e podem ser atribuídas ao modelo de desenvolvimento inaugurado com a revolução industrial, baseado na farta disponibilidade de combustíveis fósseis que, ao serem queimados, liberam o dióxido de carbono (CO_2) para a atmosfera, aumentando sua propriedade de reter calor. O CO_2 liberado para a atmosfera pela queima de combustíveis fósseis é responsável por mais de 50% das emissões mundiais. A outra metade vem de várias fontes e gases distintos, entre os quais, emissões de gases industriais, metano na agricultura e mudança do uso do solo.

Esforços têm sido feitos no Brasil para se estabelecer um padrão de desenvolvimento sustentável, incluindo ações de mitigação setoriais com o objetivo de promover um desvio na trajetória de emissões, em direção a um modelo menos intensivo em carbono. Tais ações se traduziram em um compromisso assumido de redução de emissões junto à Convenção Quadro de Mudanças Climáticas, no Acordo de Copenhague, em 2009. O Brasil já publicou seus inventários de emissões de gases de efeito estufa para os anos de 1990 a 2005, e aprovou a Lei nº 12.187/2009, que institui a Política Nacional sobre Mudança do Clima (PNMC), de modo que o compromisso global assumido encontre meios de ser cumprido. Da mesma forma, o estado do Rio de Janeiro divulgou, em 2007, seu inventário de emissões de gases de efeito estufa e publicou a Lei nº 5.690/2010, que instituiu a Política Estadual sobre Mudança do Clima e Desenvolvimento Sustentável (PEMC). Essa lei norteia o Plano Estadual sobre Mudança do Clima que, por sua vez, orienta a formulação de planos, programas e políticas, define metas e ações restritivas, voluntárias ou de incentivo positivo, com a finalidade de prevenir a mudança do clima e seus impactos.

A Lei estadual, que foi regulamentada pelo Decreto nº 43.216, de setembro de 2011, estabelece não somente as metas que deverão ser atingidas no horizonte de 2030, mas também como se dará a governança da política climática no estado, de modo que tais metas possam ser alcançadas.

As metas para redução das emissões de GEE no Rio de Janeiro estão fixadas com base em 2010 e horizonte em 2030, tanto para o estado como um todo, como para alguns setores específicos de atividade. De forma a buscar o desenvolvimento de baixo carbono, se estabelece que a intensidade de carbono na economia fluminense não poderá continuar a crescer. Ao contrário, a intensidade de carbono da economia do estado do Rio de Janeiro em 2030, medida em emissões de CO_2 equivalente por unidade de Produto Interno Bruto (PIB), deverá ser menor do que a de 2005.

Outras metas são definidas no que se refere a esgotamento sanitário, disposição de resíduos e nível de reciclagem. O decreto contempla também metas de redução de emissões de GEE em setores específicos, como transporte público, consumo de energia no setor público, oferta de energia renovável e cogeração, destacando que o total de energia limpa ou de baixo carbono gerado no Rio de Janeiro deverá aumentar em 40% de 2010 a 2030.

Um dos principais instrumentos do governo para viabilizar o plano de mudança climática do estado e, consequentemente, promover o desenvolvimento de mais baixo carbono é o licenciamento ambiental. Outros mecanismos poderão ser usados, como recursos do Fundo Estadual de Conservação Ambiental (Fecam), políticas de incentivos fiscais e financiamentos.

c) Finanças verdes — Bolsa de ativos ambientais

Ativos ambientais são títulos que certificam um direito ou serviço ambiental, tais como crédito de carbono, créditos de reciclagem, de reposição florestal, resíduos. O estado do Rio de Janeiro já exige o cumprimento de uma série de obrigações ambientais, gerando, portanto, a demanda por tais ativos. Algumas empresas podem realizar algum serviço de natureza ambiental ou ainda cumprir com suas obrigações e metas a um custo mais baixo do que outras. Isto faz com que surja a possibilidade de negociação.

Vale lembrar, no entanto, que o uso de mecanismos de mercado para se atingir o objetivo do desenvolvimento sustentável é um ponto sensível. As posições costumam ser polarizadas. Há uma desconfiança de que o mercado e as grandes empresas só possuem uma visão de curtíssimo prazo e que, portanto, não poderiam nunca contribuir com o desenvolvimento do estado, já que o olhar será sempre para a acumulação de capital. No entanto, não se pode negar a importância do engajamento do setor privado e sua capacidade de investimento e financiamento da transição. Cabe ao poder público regular e orientar o destino dos investimentos, tanto públicos quanto privados. Assim, é necessário que se estabeleça um ambiente de convivência entre o capital privado e seus instrumentos financeiros e o poder público.

A regulação e a capacitação do setor financeiro são fundamentais para o êxito dos esforços na migração para a EV. Por meio da política creditícia oficial, o estado pode induzir um comportamento mais sustentável e responsável dos agentes econômicos, estabelecendo, por exemplo, condições para obtenção de financiamento público que favoreçam a adoção de modelos de produção mais eficientes. Os agentes financeiros privados devem ser parte integral dessas políticas, uma vez que essa postura é cobrada por acionistas. Além disso, seu desempenho depende do equilíbrio entre variáveis econômicas, sociais e ambientais (United Nations, 2012).

O setor financeiro possui uma capacidade de indução e fomento singular na economia. Políticas de compras públicas sustentáveis, por exemplo, partem da premissa de que os governos podem desempenhar papel de destaque na alteração dos padrões de sustentabilidade da produção e do consumo. A aquisição de bens e serviços por agentes públicos — as chamadas contratações públicas ou compras governamentais — representam parte significativa da economia internacional: cerca de 20% do PIB mundial (United Nations, 2012). A adoção de critérios que privilegiem, por exemplo, a vida útil dos produtos, sua reutilização e reciclagem, a redução da emissão de poluentes tóxicos, o menor consumo de matérias-primas ou energia, ou ainda que beneficiem pequenos produtores ou comunidades extrativistas, teria impacto significativo na promoção do desenvolvimento sustentável. A utilização de tais critérios de sustentabilidade social e ambiental nos procedimentos de contratações públicas poderia, ainda, favorecer a adoção de padrões sustentáveis de produção pelos agentes privados, criando mercado e garantindo escala para a implementação de melhores práticas e novas tecnologias.

Com o objetivo de ter um mercado ambiental e estimular a competição saudável, no sentido de maior eficiência na busca de menor intensidade no uso de recursos naturais, o governo do Rio de Janeiro apoiou a criação da Bolsa de

Ativos Ambientais do Rio de Janeiro (BVRio), em parceria com o município do Rio de Janeiro. A BVRio é uma associação sem fins lucrativos, que tem por missão desenvolver um mercado de ativos ambientais. Atua em duas frentes: na criação e operação de uma plataforma eletrônica de negociação e na modelagem e criação de ativos ambientais de natureza regulatória que possam ser negociados nessa plataforma.

Em alguns casos, os ativos precisarão ser modelados e limites precisarão ser estabelecidos. Política pública ambiental se faz com incentivos, padrões e limites. Os "papéis" são criados a partir desses limites. A BVRio também é um espaço para a definição desses pontos e debates com vários setores da sociedade.

Um exemplo de abordagem baseada em incentivos é o Pagamento por Serviços Ambientais (PSA), que visa proteger os ecossistemas mediante o pagamento aos proprietários que possuem e produzem os serviços ambientais, tais como água, florestas, biodiversidade. Basicamente, a ideia é tornar mais atraente a conservação de tais ecossistemas do que explorá-los de maneira predatória. Atualmente, o PSA tem sido direcionado para a proteção de recursos hídricos. Vale ressaltar, no entanto, que esse tipo de iniciativa só tem chance de prosperar com sucesso se tiver sustentabilidade econômica no longo prazo.

d) Planejamento estratégico — Roteiro de economia verde

A inclusão da variável carbono, recurso natural ou qualquer outra restrição ambiental, já faz atualmente parte de qualquer projeto, porém com ponderações diferentes. A velocidade com que os pesos irão paulatinamente aumentando ainda é incerta, mas a direção já está dada. Além disso, a velocidade das mudanças tende a se acelerar. Como não é possível se alterar abruptamente o modelo de crescimento vigente, é necessário que haja planejamento, preparação e análise dos benefícios e dos riscos. Sabendo melhor o que nos espera, podemos planejar de forma mais eficiente, evitando desperdício de recursos, canalizando nosso esforço na maximização dos benefícios.

A chance de crescer como fizeram os países mais ricos não existe mais. Isso não é uma opção. Portanto, o estado do Rio de Janeiro busca apoio em seus pares para um caminho em direção à economia verde. A união de estados e regiões em torno do tema de economia verde como forma de se atingir o desenvolvimento sustentável é importante para criar uma consciência maior em relação à questão, ter maior visibilidade e compromissos mútuos. A ideia é de que haja uma coalizão em torno de alguns pontos, dado que já há o reconhecimento de que o risco da inação em relação ao nosso atual modelo de desenvolvimento econômico é alto e, em muitos casos, irreversível. Alguns fatos são amplamente reconhecidos e consensuais:

a. Muitos recursos naturais têm sido utilizados de forma ineficiente e insustentável.

b. Os impactos nos ecossistemas e na biodiversidade estão criando situações irreversíveis ou de reversão extremamente custosa.

c. As mudanças climáticas são uma realidade e o estabelecimento de uma estratégia de crescimento de baixo carbono é uma necessidade fundamental para todos os países do mundo.

d. Os custos de prevenir são menores do que os custos de remediar as mudanças climáticas, como comprovam vários estudos.

Portanto, vários são os aspectos que devem ser contemplados em um roteiro de economia verde. Como exemplo vale citar o poder de compra do estado, já mencionado no tópico anterior.

Não se pode negligenciar o papel e o poder do governo como consumidor. Os padrões atuais de produção e consumo, altamente intensivos em recursos naturais e frequentemente ineficientes em seu uso, são insustentáveis no médio e longo prazo. Somente se esses padrões forem modificados, parcelas crescentes da população poderão alcançar níveis adequados de bem-estar social, ambiental e econômico.

Assim, considerando o estabelecido no art. 12 da Lei nº 8.666 de 1993, no que tange a normas para licitações e contratos da administração pública, os projetos básicos e projetos executivos de obras e serviços públicos devem considerar os impactos ambientais dos materiais usados na construção, desde a produção até o descarte, bem como do consumo de recursos, como água e energia, pelo uso da edificação, entre outros requisitos. E, também, conforme estabelecido na Portaria do Ministério do Meio Ambiente nº 61 de 15 de maio de 2008, a administração pública deve exercer seu poder de compra e de contratação, desempenhando papel de destaque na orientação dos agentes econômicos, na adoção dos padrões do sistema produtivo e do consumo de produtos e serviços ambientalmente sustentáveis. É possível estabelecer exigências de natureza ambiental para processos licitatórios no estado do Rio de Janeiro a fim de aperfeiçoar suas práticas de execução de obras e de compras públicas, mediante a identificação e proposição de um conjunto de ações estratégicas e instrumentos que auxiliem os procedimentos adotados pela administração estadual em suas licitações, visando que os produtos e serviços contratados estejam alinhados com objetivos do roteiro de economia verde. Medidas desse tipo dão escala e mercado para o estabelecimento de cadeias produtivas mais eficientes.

O governo também tem papel fundamental como indutor do desenvolvimento, seja através do estabelecimento de regras, limites, padrões ou incentivos e isenções fiscais. É necessária, portanto, uma série de instrumentos regulatórios para fazer com que a economia verde prospere. Além disto, por meio de políticas governamentais de educação, promoção da inovação tecnológica, entre outras medidas, o governo também pode contribuir para fomentar a transição para uma economia mais sustentável. Portanto, uma parte fundamental de um planejamento estratégico "verde" deve ser uma política de capacitação, ciência, tecnologia e inovação. Adicionalmente, um roteiro de economia verde deve formular diretrizes para os investimentos, uma vez que vários órgãos do próprio governo são grandes investidores. O crédito deve ser facilitado para projetos alinhados com os princípios dessa nova economia.

Resumidamente, o governo pode provocar a migração para uma nova economia mediante algumas iniciativas de estímulo à demanda (por meio de uma série de medidas que aumentem a procura por produtos e serviços inovadores, e que removam as barreiras para que novos produtos e serviços entrem no mercado) e à oferta (políticas de investimento podem acelerar o processo de adoção de tecnologias que ainda estão em estágio piloto para a fase comercial, com ganho de escala).

4. A soma de todas as cores

Dentro dessa realidade, é fundamental que o estado utilize seu papel de indutor e regulador do desenvolvimento, favorecendo a adoção de práticas econômicas e processos produtivos inovadores, calcados no uso racional e na proteção dos recursos naturais e na incorporação de classes sociais excluídas da economia, por meio do acesso ao emprego, ao trabalho decente e à renda. Por meio de instrumentos econômicos e políticas públicas, o estado deve remover barreiras e criar incentivos positivos, que facilitem a adesão do setor produtivo a padrões mais sustentáveis sob as óticas econômica, ambiental e social.

Portanto, dentro de uma nova economia, o estado tem um papel essencial na identificação e proteção de serviços ambientais e bens públicos.

A criação de metas e limites é apenas um primeiro passo para uma integração maior entre a economia e o meio ambiente. Para que uma mudança efetiva realmente aconteça, deve existir um maior engajamento de dois grupos fundamentais nesta transição: o sistema financeiro e os consumidores.

É fundamental proporcionar um ambiente institucional seguro, com regulamentações claras e novas ferramentas que permitam o direcionamento de fluxos de capitais, sinalizando para onde deve ir o investimento. Limites legais para emissão de poluentes são o exemplo clássico disso, mas essa política também inclui a criação de mecanismos financeiros que permitam o direcionamento de fluxos financeiros para a proteção de ecossistemas, o aumento de eficiência de recursos e o próprio pagamento por serviços ecossistêmicos para aqueles que os protegem.

Nessa reestruturação da economia, ganha quem souber migrar para uma economia moderna, de futuro. Assim, devemos ficar atentos, pois a velocidade das mudanças se dá de forma cada vez mais acelerada e, dessa maneira, qualquer descuido poderá causar um tropeço dispendioso, como o sucateamento de nosso parque industrial. O "esverdeamento" da economia fluminense pode trazer resultados melhores para a geração de emprego e renda do que um modelo de especialização de exploração predatória de recursos naturais, ou simplesmente bens industriais com elevado grau de poluição em seus processos produtivos.

Para termos sucesso nessa empreitada, um olhar agregador conciliando os diferentes interesses das diferentes áreas e setores se faz necessário.

Na discussão sobre economia verde não se pode desconsiderar a questão do limite de consumo, uma vez que não há como o planeta receber bilhões de habitantes com um padrão de consumo das classes dominantes atuais. No entanto, a maior parte da população ainda consome muito pouco, o que torna esta discussão difícil, pois congelar o consumo da forma que está não seria justo. Adicionalmente, a EV pressupõe que *"one size does not fit all"*, ou seja, cada região deve adotar a estratégia que lhe parecer mais apropriada. Evidentemente, não se pode imaginar que os problemas e soluções enfrentados por um país pobre na África sejam os mesmos que os de um rico estado europeu, nem que a superação das dificuldades de um estado ou parcela da população brasileira seja similar. O caminho para o desenvolvimento é específico para cada caso. Assim, convém ressaltar que a transição para um modelo de crescimento "verde" implicará a redução do acesso a bens materiais em determinados casos, enquanto, em outros, o que se deseja é o oposto. O que se busca, portanto, é o equilíbrio. No entanto, várias experiências mostram que a imposição forçada de limites sobre o consumo é política e socialmente insustentável. O reconhecimento de externalidades, fazendo com que os produtos e serviços tenham preços mais proporcionais ao que de fato custam, é uma necessidade absoluta para a construção da EV. Para que essa política não seja convertida em uma de exclusão, pois somente a parcela mais rica da população poderia ter acesso a certos bens, uma política social é essencial para que seja garantido o acesso de todos ao consumo.

Usando as cores para simbolizar o que se pretende, pode-se dizer que a economia dita "marrom" já está consolidada, essa trilha já foi aberta e está pavimentada. O momento atual é de se abrir outra via, a da "economia verde"; contudo, não se pode fechar o caminho da economia "marrom" sob o risco de não se conseguir mais avançar por não se ter nenhum caminho aberto. Só que, no limite, a manutenção desse modelo pode bloquear o crescimento.

Perdas e ganhos ocorrerão em setores diferentes, daí a dificuldade de acordo, pois quem no momento está ganhando não pretende abrir mão de sua posição. Só se consegue superar essa situação quando se vislumbram novas oportunidades de ganho. É isso que o estado deve fazer, consciente de que a repartição de um ônus na solução de um problema é sempre muito complexa quando não se tem clareza da real dimensão e responsabilidade do problema em questão.

Fazer a transição para uma economia verde é uma exigência do futuro, mas que no presente representa um enorme desafio. O Rio de Janeiro, atuando de forma objetiva, ilustra a capacidade de enfrentar os desafios com criatividade, ousadia, perseverança e efetividade.

O estado do Rio só tem a ganhar, estabelecendo políticas públicas inovadoras e criativas que facilitem esta transformação do marrom para o verde. De qualquer forma, iremos conviver por muito tempo com uma paleta de cores variadas.

Referências

BELINKY, A. *Texto de apoio do 2º Seminário Nacional sobre Economia Verde*. São Paulo: Instituto Vitae Civilis, 2011.

CEPERJ. *Tabela de elaboração interna*. Produto Interno Bruto do estado do Rio de Janeiro. Disponível em: <www.ceperj.rj.gov.br/ceep/pib/pib.html>. Acesso em: 11 set. 2012.

FERREIRA JR., H. B.; LUSTOSA, M. C. J. PIB verde industrial dos estados do Nordeste como indicador de sustentabilidade. In: ENCONTRO DA SOCIEDADE BRASILEIRA DE ECONOMIA ECOLÓGICA, VII, 2007, Fortaleza. Disponível em: <www.ecoeco.org.br/conteudo/publicacoes/encontros/vii_en/mesa2/trabalhos/pib_verde_industrial.pdf>. Acesso em: 11 set. 2012.

FIRJAN. *Rio, de sede do Governo às Olimpíadas*. Rio de Janeiro: Firjan, 2011.

FOX, J. *Mito dos mercados nacionais*. São Paulo: Best Business, 2011.

_____. A matemática do bem-estar. São Paulo: *Harvard Business Review*, jan. 2012. Disponível em: <www.desenvolvimentistas.com.br/blog/rogerio-lessa/files/2012/04/Bem-estar.pdf>. Acesso em: 11 set. 2012.

HART, S. L. *Capitalism at the crossroad*: aligning business, earth, and humanity. New Jersey: Prentice Hall, 2008.

ORGANIZAÇÃO INTERNACIONAL DO TRABALHO. Perfil do trabalho decente no Brasil. Brasília; Genebra: Escritório da Organização Internacional do Trabalho, 2009.

PNUD. *Ranking do IDH dos municípios do Brasil*. Disponível em: <www.pnud.org.br/atlas/ranking/IDH_Municipios_Brasil_2000.aspx?indiceAccordion=1&li=li_Ranking2003>. Acesso em: 11 set. 2012.

PNUMA. *Rumo a uma economia verde*: caminhos para o desenvolvimento sustentável e erradicação da pobreza. Síntese para tomadores de decisão. Disponível em: <www.unep.org/greeneconomy>. Acesso em: 12 set. 2011.

SECRETARIA DE ESTADO DO AMBIENTE. *Estruturação do embasamento técnico para preparação de estratégia de economia verde para a Conferência RIO+20*. Rio de Janeiro, 2011. Documento Interno.

_____. *Impactos da adoção de metas de redução de emissão de gases do efeito estufa sobre os setores energointensivos do estado do Rio de Janeiro, alternativas e custos de mitigação*. Rio de Janeiro, 2012. Documento interno.

STIGLITZ, J. E.; SEN, A.; FITOUSSI, J-P. *Rapport de la Commission sur la mesure des performances économiques et du progrès social*. Paris: 2009. Disponível em: <www.stiglitzsenfitoussi.fr>.

TEEB. *The economics of ecosystems and biodiversity*. 2010. Disponível em: <http://ec.europa.eu/environment/nature/biodiversity/economics/>. Acesso em: 12 set. 2012.

THOMSON REUTERS POINT CARBON. *Analysis of existing and upcoming carbon markets and recommendations for the State of Rio — California*. Washington: Word Bank, 2011.

UNITED NATIONS. *The future we want*. 2012. Disponível em: <www.un.org/en/sustainablefuture/pdf/conf_brochure.pdf>. Acesso em: 11 set. 2012.

UNEP. United Nations Environment Programme; ILO. International Labour Organization; IOE. International Organization of Employers; ITUC. International Trade Union Confederation. *Green jobs*: towards decent work in a sustainable, low-carbon world. 2008. Disponível em: <www.unep.org/labour_environment/PDFs/Greenjobs/UNEP-Green-Jobs-Report.pdf>. Acesso em: 11 set. 2012.

_____. *Towards a green economy*: pathways to sustainable development and poverty eradication — a synthesis for policy makers. 2011. Disponível em: <www.unep.org/greeneconomy >. Acesso em: 11 set. 2012.

WU, J.; WU, T. Green GDP. In: BERKSHIRE ENCYCLOPEDIA OF SUSTAINABILITY, v. II — The business of sustainability. Great Barrington: Berkshire Publish, 2010. p. 248-250.

YOUNG, C. E. F. et al. Sistema de contas ambientais para o Brasil: estimativas preliminares. *Texto para Discussão IE/UFRJ* nº 448, 2000.

Parte 2
Instituições políticas e gestão fiscal

Capítulo **10**

Instituições políticas no Rio de Janeiro: a influência dos *checks & balances* e da competição política nas políticas públicas

*Carlos Pereira**
*Mauricio Carlos Ribeiro***

As análises mais frequentemente encontradas dos determinantes políticos da melhora recente de desempenho das políticas públicas no estado do Rio de Janeiro apontam para a existência de convergência de interesses ou sinergia de preferências entre os três níveis de governo (federal, estadual e municipal). Tem sido argumentado que quando o presidente da República, o governador do estado e o prefeito do município fazem parte do mesmo partido ou coalizão política, o nível de confiança tende a ser alto e, consequentemente, mais recursos e políticas públicas serão alocados para esta região (Amorim Neto e Santos, no prelo).

Neste capítulo não vamos contestar essa hipótese. Sabe-se que em um federalismo robusto, como o brasileiro, a sinergia de interesses entre níveis de governo pavimenta avenidas de cooperação e facilita a sobrevivência política e eleitoral desses políticos em um ambiente extremamente competitivo e cheio de incertezas. Fundamentalmente, o que iremos fazer é qualificar essa hipótese como necessária, mas não como suficiente. Aliada à sinergia de interesses políticos e partidários, a qualidade das instituições políticas de *checks & balan-*

---
* Professor titular da Escola de Administração Pública e de Empresas (Ebape) da Fundação Getulio Vargas (FGV).
** Doutorando em administração pela Escola de Administração Pública e de Empresas (Ebape) da Fundação Getulio Vargas (FGV).

ces do estado pode nos ajudar a entender a melhora na performance de algumas das políticas públicas vividas pelo Rio de Janeiro recentemente.

A história recente do estado do Rio de Janeiro fornece uma demonstração muito interessante e oportuna da importância dos mecanismos de controle dos atos da administração pública (*"checks & balances"*) e da existência de um ambiente de efetiva competição política como fatores de otimização do processo de tomada de decisões políticas. Ao longo do presente capítulo será demonstrado que o momento promissor vivido atualmente pelo estado do Rio de Janeiro tem, entre seus fatores determinantes, a institucionalização do sistema de *checks & balances* e a manutenção de um quadro de competição política consistente entre governantes e oposição, fatores que contribuem para gerar um contexto no qual os agentes políticos se veem compelidos à adoção de decisões que denotem, simultaneamente, o atendimento às demandas da sociedade, a satisfação dos eleitores e a implementação de políticas públicas mais eficazes, que tendam à produção de resultados continuados e abrangentes.

Um bom indicador de que o ressurgimento do Rio de Janeiro como um espaço crível para investimentos é fruto de uma melhoria da qualidade das instituições de *checks & balances* foi o esforço de introdução de boas práticas e rearrumação das finanças da administração pública. Isso contribuiu decisivamente para que a agência internacional de classificação de risco Standard & Poor's concedesse ao estado do Rio de Janeiro, em março de 2010, o inédito grau de investimento (*investment grade*), atribuindo-lhe o *rating* de crédito emissor "BBB-" em sua escala global e "brAAA" na escala Brasil, o que, além de tornar o estado mais atrativo aos investimentos, serve em alguma medida como indicador do grau de institucionalização alcançado pela administração estadual. O Rio de Janeiro, aliás, foi o primeiro ente federativo subnacional brasileiro a receber tal classificação (Villela e Tafner, 2011).

Embora ainda muito incipiente, tem se tornado cada vez mais frequente na literatura o reconhecimento de que os mecanismos de *checks & balances* constituem elementos fundamentais para a elaboração, a implementação e a avaliação de políticas públicas, mais do que apenas contribuírem para a racionalização e o regramento do exercício do poder político.[1] A importância

---

[1] Persson, Roland e Tabellini (2002); Alt e Lassen (2003, 2008); Scartascini, Stein e Tommasi (2010); entre outros.

desses mecanismos de controle na atualidade é tão expressiva que a clássica noção da tripartição de poderes em Executivo, Legislativo e Judiciário já não mais compreende o fenômeno em sua totalidade, chegando-se então à acepção atual do conceito, que engloba ainda atores institucionais como o Ministério Público, os Tribunais de Contas e a advocacia pública, havendo ainda autores que incluem nesse rol os meios de comunicação e a sociedade civil organizada. Mecanismos institucionalizados de *checks & balances* são especialmente importantes para ambientes em que o Executivo é constitucionalmente poderoso e tem o controle da agenda do Legislativo, como é o caso do Brasil, tanto na esfera nacional como subnacional.

As instituições de freios e contrapesos — *checks & balances* — são consideradas fatores importantíssimos para a contenção do poder absoluto do governante. A distribuição de poderes normativos, executivos e judicantes entre atores públicos distintos, de que Aristóteles já dava notícia, constitui um marco importante na conformação do fenômeno estatal, à medida que contribui para a racionalização do exercício do poder político, e corresponde à decisão fundamental do Estado de reduzir o poder do administrador em prol da delegação do poder normativo, da sindicabilidade de suas decisões, de um ganho informacional etc. A literatura é recorrente no sentido de afirmar que a existência de estruturas de *checks & balances* efetivas melhora a qualidade dos governos e das políticas públicas por estes levadas a efeito.

Além disso, a criação de mecanismos de *checks & balances* permite que se exerça um controle sobre os agentes públicos para se evitar desvios — em todas as suas faces —, reduzindo também o grau de discricionariedade com que o agente político decide em determinado assunto. Nesse contexto, as instituições de *checks & balances* desempenham, muitas vezes, o poder de veto, com o poder de alterar uma proposta feita pelo Executivo ou impedir sua efetivação.[2]

Entes nacionais ou subnacionais que contam com instituições efetivas e atuantes de *checks & balances* têm apresentado melhor resultado no que tange às políticas públicas, reduzindo o grau de comportamentos oportunistas e aumentando a eficiência da atividade governamental.

No caso do estado do Rio de Janeiro, o que se mostrará adiante é que, além

---

[2] Neste sentido, ver Tsebelis (2009) e Pereira e Melo (2012).

de as instituições de *checks & balances* se encontrarem estruturadas de maneira relativamente satisfatória, o que as torna aptas a exercerem o papel de controle do poder político, existe ainda, entre elas e o Executivo, um ambiente de convivência harmoniosa, propício à cooperação institucional, que colabora para a efetividade do processo decisório e das políticas públicas.

Outro vetor que tem influência considerável quando do processo decisório ou de políticas públicas é a competição política. Como bem explicado por Alston e colaboradores (2009), a comparação entre agentes com horizontes políticos reduzidos e outros que possuem poder suficiente para assegurar sua permanência no governo levará, muito provavelmente, à verificação de que os primeiros terão poucos incentivos para a provisão de bens públicos e a promoção do desenvolvimento econômico, enquanto os últimos, por sua vez, terão, tanto na probabilidade de sua permanência no poder quanto na possibilidade de se beneficiarem privadamente de tais decisões, incentivos suficientes para investirem no incremento de políticas públicas.

Por outro lado, a existência de um ambiente de efetiva competição política, em uma realidade na qual há imperativos constitucionais de transparência governamental e de liberdade de expressão, faz com que os agentes políticos necessitem de prestar contas de sua atuação a todo instante — e, atualmente, com o advento de meios eletrônicos, praticamente em tempo real. A visibilidade da conduta dos agentes públicos, em um contexto de competição política efetiva, colabora para que esse agente atue em benefício público e não privado, ante a possibilidade de qualquer deslize ser utilizado por seus opositores para minar suas futuras pretensões eleitorais.

A existência de um ambiente de competição política efetiva, seja no processo eleitoral ou no cotidiano dos debates parlamentares, também é reconhecida pela literatura (Persson e Tabellini, 2000; Chibber e Nooruddin, 2004 e outros) como indutora de um ambiente de maior preocupação com a eficiência das políticas públicas e das decisões adotadas pelo Estado, uma vez que os agentes políticos — tanto no Executivo como no Parlamento —, em um contexto de disputa acirrada, tenderão a alinhar suas preferências à dos eleitores, de maneira a obter o maior apoio e número de votos possíveis, a fim de garantir sua sobrevivência política, para o que se torna indispensável o atingimento de bons resultados nas políticas públicas por eles propostas e implementadas.

Nunca é demais lembrar que o estado do Rio de Janeiro encontra-se em posição de centralidade no que tange à competição política em âmbito nacional; o que acontece na política do Rio de Janeiro repercute em todo o Brasil e mesmo na mídia estrangeira, e as eleições para o governo estadual e a composição da Assembleia Legislativa se situam entre as mais disputadas no território nacional, principalmente ante a importância da conquista do cargo para qualquer partido político. Como será mostrado adiante, porém, o ambiente de competição política no estado do Rio de Janeiro atual é de relativa estabilidade sem, contudo, chegar à estagnação — a competição política existe e é efetiva, porém não oferece um risco imediato à permanência do grupo dominante no poder.

A conjugação de *checks & balances* e competição política como fatores determinantes do resultado do processo político, conforme estudado por Alston e colaboradores (2009), pode acarretar situações distintas conforme o grau de institucionalização daqueles e de efetividade desta última, o que é demonstrado pela tabela 1.

Tabela 1
Resultados da relação entre *checks and balances* e competição política

		Competição política	
		Baixa	Alta
Checks & balances	Baixo	Políticas patrimonialistas	Ambiente político predatório — agentes políticos com horizontes limitados.
	Alto	Incentivos para melhorar a governança; risco de clientelismo	Incentivos para melhorar a governança; pode produzir volatilidade nas políticas se as preferências estiverem polarizadas.

Fonte: Alston e colaboradores (2009).

Como se vê na tabela acima, um contexto de baixo grau de institucionalização de *checks & balances* e de baixa competição política (primeiro quadrante) serve de incentivo a políticas patrimonialistas, uma vez que as elites políticas não temem o controle pelos outros poderes nem a perda de poder político; no segundo quadrante, vê-se que territórios onde a competição política é alta e os mecanismos de *checks & balances* não são suficientemente institucionalizados tornam-se propícios a comportamentos predatórios por parte das elites políticas, que se veem ameaçadas politicamente por outras elites opositoras, mas não têm instituições de controle a respeitar, e por isso tendem a se comportar de forma oportunista no curto prazo. Já um ambiente em que a competição política é alta e os mecanismos de controle se mostram institucionalizados e operantes, como mostra o terceiro quadrante, tenderá à produção de incentivos para a melhoria da governança, com um incremento da *accountability*, mas também pode apresentar uma tendência à instabilidade política, que poderá resultar em um alto grau de volatilidade das políticas públicas. Por fim, como se vê no quarto quadrante, a coexistência de um alto grau de institucionalização dos mecanismos de *checks & balances* e de baixa competição política produz um ambiente que, em geral, resulta em incentivos para melhorar a governança, com um contexto mais propício a políticas públicas de maior continuidade, mas traz consigo o risco de clientelismo advindo da concentração do poder político.

Entendemos que a atual situação em que se encontra o estado do Rio de Janeiro, de gradual incremento do processo de políticas públicas, é decorrente, entre outros fatores, da progressiva institucionalização de seus mecanismos de controle do poder político, por um lado, e da competição política relativamente baixa, por outro, inserindo-o no quarto quadrante da tabela 1, por conta de uma dinâmica institucional que passamos a analisar.

1. *Checks & balances* no Rio de Janeiro

O estado do Rio de Janeiro é um dos mais bem estruturados do país no que concerne às instituições formais de governo e de controle, tendo herdado do antigo estado da Guanabara — a partir da fusão, ocorrida em 1975 — um considerável grau de institucionalização, oriundo em grande parte do fato de a cidade do Rio de Janeiro ter sido, durante quase 200 anos, a capital do poder político no Brasil, centro da burocracia e do desenvolvimento do aparato estatal. Algumas práticas administrativas benéficas, que só vieram a ser tornadas obrigatórias nacionalmente com a Constituição Federal de 1988, como a necessidade de concurso público para preenchimento de cargos públicos efetivos, já eram praticadas no antigo Distrito Federal e na administração guanabarina; a criação do novo estado, com a fusão entre o antigo Rio de Janeiro (que tinha

Niterói por capital) e a Guanabara, representou, neste ponto, um retrocesso em relação a algumas dessas práticas — como ocorreu com a obrigatoriedade de concurso público —, mas outras foram aproveitadas pelo recém-criado estado e passaram a servir de molde ao funcionamento também de outros municípios.

No que tange às instituições de *checks & balances* do novo estado, houve uma influência positiva direta da Guanabara, por meio, entre outros, da fusão do Judiciário, do Ministério Público e da Procuradoria Geral dos dois estados, que contribuiu para a melhor conformação dos órgãos de controle da administração fluminense. Esses órgãos de *checks & balances* da Guanabara foram constituídos na época em que o Rio de Janeiro funcionava como capital da República, recebendo forte influência da burocracia federal e do processo político nacional (inclusive considerando-se que a União, àquela época, tinha uma forte atuação nos assuntos do Distrito Federal), e adquiriram nesse percurso um grau relativamente alto de institucionalização. Entretanto, o então estado do Rio de Janeiro recebia pouca influência da burocracia federal no que tange à conformação de suas instituições, mantendo práticas administrativas mais ultrapassadas do que as praticadas pela Guanabara e de maior clientelismo no que tange aos aspectos políticos.

Em termos gerais, pode-se dizer que as instituições de *checks & balances* do estado do Rio de Janeiro são efetivamente atuantes, sem, contudo, incorrer em intromissão exagerada no que tange ao processo decisório político ou em paralisação do Executivo, que, por sua vez, vem mantendo uma postura de respeito aos mecanismos de controle, o que conforma um ambiente saudável de funcionamento de tais instituições.

Relações Executivo-Legislativo

As relações entre o Poder Legislativo e o governador, no estado do Rio de Janeiro, vêm se desenvolvendo com relativa preponderância do Poder Executivo, com a Assembleia Legislativa permanecendo majoritariamente receptiva às propostas do governo.

Entende-se como determinante para isso o fato de a maioria das cadeiras do Legislativo fluminense ser desde então historicamente ocupada por deputados integrantes da base governista, os quais, apesar de alguma oposição pontual a propostas específicas, se mantêm em grande parte fiéis às posições apontadas pelo Executivo e apoiadas pela liderança do governo na Assembleia Legislativa. A oposição, por seu turno, além de ser em menor número, permanece dividida e, apesar de exercer papel ativo no processo de debate legislativo e de apresentação de emendas aos projetos de normas, adere no mais das vezes às propostas apresentadas pelo governo. Ou seja, além de constitucionalmente poderoso, o Executivo estadual possui ferramentas de construção e de sustentação de maiorias legislativas, o que proporciona ao governador alta capacidade governativa em um ambiente de baixo conflito político.

Essa aderência dos parlamentares, tanto da situação quanto de oposição, às proposições feitas pelo Executivo, é decorrente também do posicionamento adotado pelo governo no que tange às propostas de emendas aos projetos de lei, cuja negociação envolve as lideranças dos partidos e os órgãos do Executivo responsáveis pela integração política e pelas políticas públicas que estejam em jogo. Na maior parte das vezes, o apoio do Legislativo não é considerado garantido pelo Executivo, o que assegura que a discussão dos projetos de lei considerados estratégicos pelo governo seja precedida de negociação. Desta forma, a preponderância do Executivo na arena legislativa não significa necessariamente um "cheque em branco" deste último para o primeiro.

As atividades de comissões parlamentares de inquérito na Assembleia Legislativa do Estado do Rio de Janeiro (Alerj), no período dos mandatos do governador Sérgio Cabral, têm sido frequentes, apesar de não numerosas; a instauração de tais comissões parece ter ligação com ocorrências pontuais (como a "CPI da Região Serrana", que objetivava apurar responsabilidades do poder público e de agentes políticos quanto às grandes proporções assumidas pela calamidade natural que atingiu municípios da Região Serrana do estado do Rio de Janeiro em 2011) ou com assuntos que são inseridos drasticamente na opinião pública (como a "CPI das Milícias", voltada à apuração de atividades de organizações criminosas nas quais haveria a participação de agentes públicos). A presidência das CPIs tem sido exercida, na maioria das vezes, por parlamentares de oposição, sem que isso enseje intervenções do Executivo no funcionamento do Parlamento, como interferir na escolha dos principais cargos na hierarquia das comissões.

Todo esse panorama faz com que as relações institucionais entre Executivo e Legislativo no estado do Rio de Janeiro venham se desenrolando de maneira mais cooperativa do que no passado, sem que isso, no entanto, seja sinal de subserviência, inclusive no que tange ao indispensável apoio do Parlamento às políticas de ajuste fiscal e de segurança pública.

Utilizando-se como exemplo a segurança pública, percebe-se que a política de pacificação das comunidades cariocas, elaborada e implementada unilateralmente pelo Poder Executivo, e inicialmente submetida a críticas por parte de parlamentares, foi posteriormente objeto de projeto de lei, apresentado por parlamentares, que visava a garantir por meio de lei a continuação da mencionada política pública e das Unidades de Polícia Pacificadora (UPPs) implantadas pelo estado, bem como a estabelecer, por via legal, procedimentos e condições que não haviam sido cogitados pelos órgãos de Segurança Pública do Executivo — ou seja, reforçando a política pública e dificultando a sua reversão.[3]

Outro fato que indica a boa relação entre Legislativo e Executivo no estado do Rio de Janeiro é a edição da Lei nº 6.041/2011, que criou o Fundo Especial da Assembleia Legislativa, a partir de proposta elaborada pela Mesa Diretora e sancionada, sem vetos, pelo governador. A lei prevê que o fundo orçamentário em questão, além de ser destinado à modernização das instalações, equipamentos e capacitação de pessoal do Parlamento, pode ser utilizado para transferência de recursos a municípios fluminenses em caso de calamidades públicas — ou seja, concede ao Legislativo ampla autonomia orçamentária, seja para assuntos internos ou para atendimento a demandas externas.[4]

A convivência pacífica que se narra acima, porém, não impede que o Poder Legislativo exerça o papel de limitador da conduta do Poder Executivo; de fato, o ambiente de cooperação institucional atualmente verificado entre o governo e o Parlamento fluminenses não afasta a atuação deste último no controle dos atos da administração pública, mas colabora para prevenir a oposição às propostas do Executivo que seja motivada por interesses individuais

---

[3] O projeto de lei em questão (nº 2.966/2010) foi aprovado em plenário e, submetido ao governador, transformou-se na Lei nº 5.890, de 14 de janeiro de 2011. Ressalte-se que, dos sete artigos propostos pelo projeto de lei, quatro foram objeto de veto pelo governador, posteriormente confirmado pela Assembleia Legislativa, de modo que a lei sancionada tem escopo e alcance muito menor do que o originalmente proposto.

[4] No exercício de 2012, até o mês de maio, o orçamento do Fundo Especial da Assembleia Legislativa já havia registrado receita de cerca de R$ 2.815.000,00.

dos parlamentares, uma vez que se torna prejudicial para eles a adoção de um posicionamento contrário ao preconizado pela maioria do plenário.

Relações Executivo-Judiciário

As relações entre o Poder Judiciário e o Poder Executivo fluminenses melhoraram consideravelmente nos últimos cinco anos, fruto de uma política de busca do entendimento entre os atores políticos e do respeito às decisões judiciais por parte do governo, o que sustenta um ambiente de boa relação institucional entre tais poderes.

Para tratar da relação entre Executivo e Judiciário no Rio de Janeiro, faz-se necessário lembrar que, em 2001, o Tribunal de Justiça esteve prestes a pedir ao Poder Legislativo o *impeachment* do então governador Anthony Garotinho — o que chegou a ser noticiado pelos meios de comunicação —, e que, já no mandato de Rosinha Garotinho, o Tribunal efetivamente requereu a intervenção federal no estado, em ambos os casos devido ao reiterado descumprimento de decisões judiciais por parte do Poder Executivo, as quais, em sua esmagadora maioria, tratavam de direitos pessoais e remuneração de servidores ativos, inativos e pensionistas.

O comportamento dos dois mandatários mencionados acima no tocante ao cumprimento de decisões judiciais, em verdade, foi o ápice de um posicionamento que historicamente vinha sendo adotado pelo Executivo fluminense; o distanciamento produzido pelo desatendimento às decisões do Judiciário, nesse contexto, contribuía para que esse poder muitas vezes enxergasse o Executivo como um inimigo a ser vencido, dificultando ainda mais a defesa do estado em juízo e dando origem a certo prejulgamento, em que a má fama do governo já fazia com que os julgadores partissem do princípio de que o estado havia agido erroneamente, razão pela qual o Poder Judiciário lhe infligia sistematicamente sentenças desfavoráveis. Havia, então, um descontentamento do Judiciário, responsável por gerar uma predisposição da Corte a bloquear, quando demandado para tanto, a atuação do Executivo.

O descumprimento de decisões judiciais relativas à remuneração de pessoal, outrossim, contribuiu para gerar um passivo praticamente impossível de se gerir. A suspensão do pagamento de precatórios e de verbas que deveriam ser pagas administrativamente, sob a justificativa de inexistência de recursos financeiros e fluxo de caixa, levou ao acréscimo, ano a ano, de valores decorrentes de novas decisões judiciais, da atualização monetária e juros de mora a dívidas que já eram consideráveis, o que dificulta ainda mais seu pagamento.

A própria burocracia estatal havia se aparelhado de maneira que dificultava o cumprimento de decisões judiciais. Para que uma decisão referente a direito pessoal de um servidor público fosse cumprida, por exemplo, a intimação de tal decisão gerava um processo administrativo no órgão destinatário, que era remetido à Procuradoria Geral do Estado para análise jurídica e posteriormente era submetido à Secretaria de Estado de Controle (para verificação de disponibilidade orçamentária); havendo orçamento disponível, o processo era então encaminhado ao então Gabinete Civil, para autorização do cumprimento do julgado pessoalmente pelo governador, e apenas depois de obtida tal autorização era o processo remetido ao órgão que o deveria cumprir. Esse procedimento, além de acarretar uma demora significativa no cumprimento de decisões judiciais, soava como desrespeitoso ao Judiciário, à medida que à "autoridade soberana da coisa julgada" se impunha o poder de veto pelo Executivo, numa espécie de homologação administrativa da decisão judicial inexistente no ordenamento jurídico brasileiro.

Tendo em vista que o comportamento renitente do Executivo levava a um choque institucional desnecessário com o Judiciário, o processo administrativo de cumprimento de julgados foi desburocratizado a partir de 2007, de acordo com uma sugestão da Procuradoria Geral do Estado, suprimindo-se a etapa de autorização do governador, simplificando o trâmite no âmbito da PGE e também concentrando no mesmo órgão — a Secretaria de Estado de Planejamento e Gestão (Seplag) — as competências para gestão orçamentária e implementação das decisões judiciais.

A mudança de posicionamento do Executivo é refletida pela tabela 2, a qual mostra que o número de servidores que tiveram atendidas pelo Executivo decisões judiciais prolatadas em seu favor passou de 24.401, entre 2003 e 2006, para 130.488, entre 2007 e 2010 — um aumento de praticamente 500% no cumprimento de decisões judiciais por quadriênio.

Tabela 2
Comparativo do cumprimento de decisões judiciais entre os mandatos de 2003-06 e de 2007-10

ÓRGÃO	Número de servidores beneficiados	
	2003-06	2007-10
ADMINISTRAÇÃO DIRETA — IMPLANTAÇÃO	3.350	12.072
ADMINISTRAÇÃO INDIRETA — IMPLANTAÇÃO	5.271	27.144
ADM. DIRETA — PASSIVO DE EXERCÍCIOS ANTERIORES	2.980	33.369
ADM. INDIRETA — PASSIVO DE EXERCÍCIOS ANTERIORES	4.699	24.195
PASSIVO DE INATIVOS	3.690	4.933
RIOPREVIDÊNCIA — ATUALIZAÇÃO DE PENSÃO	4.133	24.912
RIOPREVIDÊNCIA — PASSIVO DE PENSIONISTAS	278	3.863
TOTAL	24.401	130.488

Fonte: Elaboração própria, com informações fornecidas pela Secretaria de Estado de Planejamento e Gestão (Seplag).

O incremento significativo no cumprimento de julgados, de 2007 em diante, trouxe, paulatinamente, um aumento da confiança do Poder Judiciário no Executivo, por traduzir um compromisso do governo com o atendimento às decisões judiciais, o reconhecimento da autoridade judicial e o significativo esforço fiscal necessário aos pagamentos derivados de tais decisões.[5]

Também no que tange aos aspectos orçamentários — lembrando que o Judiciário recebe os duodécimos mensais de seu orçamento por transferência do Executivo —, a relação entre os dois poderes vem se dando majoritariamente de maneira harmoniosa. As demandas do Judiciário por aumento de seu orçamento, pressionado principalmente por despesas de pessoal, são objeto de discussão junto ao Executivo, tanto na elaboração do projeto de lei orçamentária quanto na execução do orçamento anual; o Poder Judiciário fluminense goza de grande autonomia na gestão orçamentária, principalmente no que concerne ao Fundo Especial do Tribunal de Justiça, sua principal fonte de financiamento para despesas de custeio e investimento. Além disso, recentemente

---

[5] De acordo com informações fornecidas pela Secretaria de Estado de Planejamento e Gestão, no quadriênio 2003-06 os gastos com cumprimento de decisões judiciais, incluindo pagamento de atrasados e verbas implantadas em folha, totalizaram R$ 1.540.133.717,36, enquanto no quadriênio 2007-10 totalizaram R$ 13.961.930.523,72.

vêm sendo celebrados acordos formais entre o Poder Judiciário e o Executivo, por meio dos quais recursos orçamentários excedentes do primeiro são repassados ao segundo para a finalidade específica de aplicação em segurança pública.

Relações Executivo-Tribunal de Contas

As relações do Executivo fluminense com o Tribunal de Contas do Estado (TCE) — cuja função é analisar a regularidade da execução orçamentária, da receita e da despesa e dos processos de contratação pública, tanto do estado quanto dos municípios (à exceção da cidade do Rio de Janeiro, que tem sua própria Corte de Contas) — também têm se desenvolvido de maneira equilibrada. Entretanto, essa harmonia pode ocultar uma fragilidade institucional do TCE, pois, ao contrário do que prevê a Constituição Federal, esse Tribunal não possui a obrigatoriedade de contar com auditores de carreira na composição de seu Pleno.[6]

De acordo com Pereira e Melo (2012), o TCE do Rio de Janeiro foi ranqueado em 11º lugar no grau de ativismo entre todos os Tribunais de Contas estaduais do Brasil, medido por um índice que engloba tanto as atividades de rotina (análise de contas dos jurisdicionados) como auditorias provenientes de iniciativa própria e investigações motivadas por denúncias de terceiros. Esse índice, de acordo com os autores, mostra que o TCE do Rio de Janeiro tem ainda um grau de institucionalização não completamente satisfatório, com potencial para seu incremento.

Não obstante, o TCE do Rio de Janeiro tem aumentado sua atuação no controle das contas públicas, mantendo, porém, um necessário diálogo com o governo, que leva muitas vezes à solução concertada de situações em que o órgão de controle se posiciona em sentido oposto ao do Executivo, à busca de consensualidade e à determinação de prazos mais alargados para adequação dos processos orçamentários às determinações.

Colabora para isso o fato de que houve uma estruturação recente tanto do corpo instrutivo do Tribunal de Contas quanto dos órgãos de controle interno

---

[6] A Constituição do Estado do Rio de Janeiro (art. 128, § 2º) não prevê a obrigatoriedade de uma das vagas de conselheiro do Tribunal de Contas ser preenchida por um auditor de carreira, dispondo de maneira assimétrica à da Constituição Federal, que obriga à nomeação, na quota de indicação do presidente da República, de ministros nomeados entre auditores de carreira do TCU, alternadamente com um membro do Ministério Público junto ao Tribunal (art. 73, § 2º, I).

do Poder Executivo, acarretando maior rigor nas análises técnicas pelo TCE, mas que é acompanhado pela maior especialização do corpo técnico do governo; além disso, boas práticas de gestão fiscal vêm sendo introduzidas pelo Executivo, seja no que diz respeito aos procedimentos de planejamento, execução e controle orçamentários, seja no tocante à obtenção de receita e efetivação dos pagamentos, aumentando a eficiência do governo nesse particular e reduzindo a ocorrência de falhas administrativas.

A análise das contas de gestão do estado pelo TCE, outrossim, tem resultado ultimamente em decisões favoráveis, cabendo lembrar que as contas do exercício de 2002 tiveram inicialmente parecer desfavorável emitido pela Corte de Contas, apesar de posteriormente receberem aprovação pela Assembleia Legislativa.

Outro indicador da boa relação entre o Executivo e o TCE é a instituição do Fundo Especial do Tribunal de Contas do Estado, por meio da Lei estadual nº 6.113/2011, oriunda de proposta encaminhada à Assembleia Legislativa pelo próprio TCE e sancionada sem qualquer veto pelo governador. Tal fundo servirá para a modernização da estrutura e a capacitação do funcionalismo do TCE, podendo, inclusive, impactar, em alguma medida, em seu grau de institucionalização.

Relações Executivo-Ministério Público

O Ministério Público (MP) constitui outro importante e tradicional mecanismo de *checks & balances* no estado do Rio de Janeiro. Escorado por institutos como a autonomia do órgão, a vitaliciedade e a independência funcional de seus membros, o MP tem atuação expressiva em processos referentes a políticas públicas, por vezes implicando o bloqueio a ações governamentais. Em grande parte, a atuação do MP envolve a colaboração do Poder Judiciário, uma vez que se dá por meio de propositura de ações judiciais, cuja decisão provém deste último; no entanto, o MP no Rio de Janeiro atua muitas vezes diretamente junto ao Executivo, em geral por meio de consultas e de propostas de celebração de termos de ajustamento de conduta.

Mesmo sendo inegavelmente uma instituição na qual não há *uma única vontade* — uma vez que, devido à independência funcional, cada um dos seus membros pode atuar de forma distinta e até mesmo contrária a uma eventual determinação advinda da chefia —, e apesar de uma ou outra oposição pontual, o MP no Rio de Janeiro tem se alinhado, no que tange a algumas das políticas públicas mais relevantes, com o Poder Executivo. Na política de segurança pública, por exemplo, o MP vem se posicionando discretamente a favor da chamada "pacificação", mantendo, porém, forte vigilância quanto à observância dos direitos dos moradores das comunidades pacificadas. Em outras áreas, como saúde e educação, o MP desempenha ativamente a função de provocador da atuação estatal, exercendo forte papel na definição de agendas públicas, e indo por vezes contrariamente às definições efetuadas pelo Executivo.

O controle interno de legalidade: a Procuradoria Geral do Estado

O último ponto que merece ser ressaltado, no que concerne aos mecanismos de *checks & balances*, é a crescente importância da Procuradoria Geral do Estado no controle dos atos da administração estadual. Considerada tradicionalmente um dos centros de excelência do direito público no Brasil, a Procuradoria Geral do Estado do Rio de Janeiro ganhou ainda mais destaque, no que tange ao seu papel como órgão consultivo e de controle de legalidade, a partir de 2007, com a edição de decreto governamental estabelecendo que todas as Secretarias de Estado contariam obrigatoriamente com procuradores do Estado na chefia de suas assessorias jurídicas.[7]

Na prática, a medida — posteriormente confirmada pela Lei nº 5.414/2009 — criou uma verdadeira rede de controle preventivo de legalidade dos atos da administração estadual, de caráter técnico-jurídico, sob coordenação do órgão central do sistema jurídico estadual, substituindo a prática anterior, que possibilitava a indicação política dos assessores jurídicos. O fato de as assessorias jurídicas das Secretarias de Estado serem chefiadas por procuradores do estado de carreira confere às mesmas, além de legitimidade, a isenção necessária à adoção de providências cabíveis no caso de ser verificada alguma irregularidade nos atos da administração pública, fazendo com que a Procuradoria Geral do Estado funcione como verdadeira instituição de *checks & balances*.

Todo esse panorama demonstra que os mecanismos de controle do poder político, no estado do Rio de Janeiro, encontram-se relativamente institucionalizados desde 1999 em grau suficiente para permitir o exercício salutar dos *checks & balances*, e melhorando significativamente no período mais recente. Essa afirmação é confirmada pelo "índice de *checks & balances*" trazido por Alston e colaboradores (2009), conforme a tabela 3, que mostra que a situação

---

[7] Decreto nº 40.500, de 1º de janeiro de 2007.

institucional do Rio de Janeiro apresentou um incremento entre os quadriênios 1999-2002 e 2003-06.

Tabela 3
Índice de *checks & balances*

	1999-2002			2003-06	
Class.	Estado	índice	Class.	Estado	índice
1	Rio Grande do Sul	0.813	1	Rio Grande do Sul	1.000
2	Distrito Federal	0.775	2	**Rio de Janeiro**	**0.728**
3	**Rio de Janeiro**	**0.684**	3	São Paulo	0.684
4	Mato Grosso do Sul	0.619	4	Distrito Federal	0.671
5	São Paulo	0.569	5	Mato Grosso do Sul	0.585
6	Santa Catarina	0.555	6	Santa Catarina	0.545
7	Espírito Santo	0.530	7	Minas Gerais	0.519
8	Pernambuco	0.509	8	Espírito Santo	0.506
9	Rondônia	0.501	9	Pernambuco	0.483
10	Minas Gerais	0.426	10	Bahia	0.454
11	Bahia	0.414	11	Paraná	0.402
12	Mato Grosso	0.390	12	Goiás	0.400
13	Sergipe	0.389	13	Mato Grosso	0.377
14	Goiás	0.387	14	Sergipe	0.345
15	Paraná	0.378	15	Rondônia	0.318
16	Amazonas	0.299	16	Amazonas	0.315
17	Amapá	0.271	17	Ceará	0.258
18	Ceará	0.248	18	Amapá	0.247
19	Pará	0.227	19	Pará	0.242
20	Paraíba	0.207	20	Alagoas	0.183
21	Acre	0.198	21	Paraíba	0.161
22	Tocantins	0.189	22	Tocantins	0.159
23	Alagoas	0.186	23	Acre	0.146

(continua)

(continuação)

24	Piauí	0.088		24	Piauí	0.059
25	Rio Grande do Norte	0.032		25	Roraima	0.049
26	Roraima	0.023		26	Maranhão	0.043
27	Maranhão	0.000		27	Rio Grande do Norte	0.029
	Média	0.367			Média	0.367
	Desvio padrão	0.222			Desvio padrão	0.240

Fonte: Alston e colaboradores (2009).

De acordo com Alston e colaboradores (2009), os indicadores mostrados na tabela 3 se referem a sete variáveis medidas por aqueles autores a fim de mensurar a existência, a efetividade e a independência dos mecanismos de *checks & balances*.[8] Em tal contexto, verifica-se que o estado do Rio de Janeiro, que estava em terceiro lugar entre os estados-membros no quadriênio 1999-2002, subiu para a segunda colocação no quadriênio 2003-06, denotando uma melhora progressiva no funcionamento das instituições de controle dos atos da administração pública.

2. Competição política no estado do Rio de Janeiro

O estado do Rio de Janeiro vive um momento político que é inusitado em sua história, no que concerne às eleições para governador do estado: ainda que haja um ambiente de muita concorrência, com muitos pré-candidatos e candidatos se movimentando em torno do pleito, tem havido uma incomum continuidade do cargo com a situação, seja por meio do mesmo grupo político, seja por apoio prestado pelo governador a algum dos candidatos.

Ainda assim, e apesar de não haver uma variação radical na disputa eleitoral, a existência de outros agentes políticos que visam ao cargo e a grande possibilidade de renovação, mesmo com a perspectiva de reeleição, constituem

---
[8] Os indicadores que compõem o referido índice medem a institucionalização dos seguintes mecanismos de *checks & balances*: Agências Reguladoras, Judiciário, Ministério Público, Tribunal de Contas, Conselho Nacional de Justiça (medido por Estado), Mídia e Sociedade Civil (Alston et al., 2009).

aspectos que induzem o mandatário a políticas públicas de maior consistência e abrangência.

A tabela 4 elenca os governadores do estado desde a fusão (excetuando os vice-governadores, o presidente da Alerj e o desembargador presidente do TJERJ que tenham assumido interinamente por curto período):

Tabela 4
Governadores do estado do Rio de Janeiro de 1975 até 2012

Governador e partido	Início do mandato	Término do mandato
Floriano Peixoto Faria Lima (Arena)	15 de março de 1975	15 de março de 1979
Antonio de Pádua Chagas Freitas (MDB)	15 de março de 1979	15 de março de 1983
Leonel de Moura Brizola (PDT)	15 de março de 1983	15 de março de 1987
Wellington Moreira Franco (PMDB)	15 de março de 1987	15 de março de 1991
Leonel de Moura Brizola (PDT)	15 de março de 1991	1º de abril de 1994
Nilo Batista (PDT)*	2 de abril de 1994	1º de janeiro de 1995
Marcello Nunes de Alencar (PSDB)	1º de janeiro de 1995	31 de dezembro de 1998
Anthony William Garotinho Matheus de Oliveira (PDT)	1º de janeiro de 1999	6 de abril de 2002
Benedita Sousa da Silva Sampaio (PT)*	6 de abril de 2002	31 de dezembro de 2002
Rosangela Barros Assed Matheus de Oliveira (Rosinha Garotinho) (PSB)	1º de janeiro de 2003	31 de dezembro de 2006
Sérgio de Oliveira Cabral Santos Filho (PMDB)	1º de janeiro de 2007	31 de dezembro de 2010
Sérgio de Oliveira Cabral Santos Filho (PMDB)	1º de janeiro de 2011	Ainda em exercício

Fonte: Elaboração própria.
*Assumiu interinamente, na qualidade de vice-governador, completando o mandato do titular.

Pode-se perceber pela tabela que, a partir do retorno das eleições para governador (realizadas em 1982), verifica-se um ciclo no qual um governador de tendência brizolista (incluindo o próprio Leonel Brizola) é sucedido por outro de oposição, e vice-versa, ciclo que é quebrado com a eleição de Rosinha Garotinho, encarada como uma candidatura de continuidade ao governo de Anthony Garotinho[9] (ainda que mediados pelo breve mandato interino de Benedita da Silva), sucedida, então, por Sérgio Cabral Filho, candidato apoiado pela então governadora.

Interessante, então, é perceber que, desde a eleição de Rosinha Garotinho, em 2002, os candidatos eleitos (ou reeleitos, no caso de Sérgio Cabral Filho em 2010) são os que contaram com o apoio do governo, revertendo-se a tendência histórica de 20 anos de eleição de candidatos oposicionistas. Isso não significa, no entanto, que não haja oposição ou competição política — ao revés, o número de candidatos ao cargo costuma ser expressivo, com exceção do pleito de 2010, que contou com apenas seis candidatos e foi vencido por Sérgio Cabral Filho, então candidato à reeleição, no primeiro turno.

A eleição de Rosinha Garotinho, em 2002, e a de Sérgio Cabral Filho, apoiado por Rosinha Garotinho, em 2006, permitiram a continuação de algumas das políticas que vinham sendo adotadas pelo Executivo, como o programa "Delegacia Legal", de aprimoramento da gestão e das práticas da Polícia Civil; apontam, outrossim, para a aprovação do governo antecedente, na medida em que refletem a adesão do eleitorado ao candidato apoiado pela situação, em detrimento das diversas outras opções entre os candidatos de oposição.

A reeleição de Sérgio Cabral Filho, em 2010, é ainda mais emblemática: o então governador foi reconduzido ao cargo por cerca de 66% do eleitorado, o que lhe valeu a vitória ainda no primeiro turno, significando um apoio expressivo por parte dos cidadãos fluminenses, apesar da efetiva campanha eleitoral levada a cabo por seus oponentes.

A aprovação que o governo de Sérgio Cabral Filho recebeu no primeiro mandato — e que se refletiu na reeleição — foi, em grande parte, interpretada pelos analistas políticos à época como decorrência das políticas de segurança pública (centrada na pacificação das comunidades cariocas e instalação das Unidades de Polícia Pacificadora — UPP), de saúde (concentrada na instalação das Unidades de Pronto Atendimento — UPA) e de remuneração de servidores públicos.

Entendemos que, no caso do estado do Rio de Janeiro, essa baixa efetividade da competição política no que tange ao cargo de governador, aliada à visibilidade do cargo, serve de incentivo para a adoção de novas práticas de

---

[9] Em 2006, a então governadora Rosinha Garotinho foi impedida de concorrer à reeleição por decisão dos tribunais eleitorais, que consideraram que seu governo seria equivalente à reeleição de seu antecessor, o que confirma a ideia de continuidade entre os mandatos.

gestão pública de incremento à governança, na esteira do que ocorreu com Minas Gerais (cujo "choque de gestão", aliás, foi recorrentemente citado pelo governo do estado do Rio de Janeiro como exemplo de sucesso a ser seguido, inspirador de muitas práticas adotadas desde 2007).

Com relação às eleições para o Parlamento fluminense, o quadro encontrado é distinto, mas as conclusões são semelhantes. As eleições para a Assembleia Legislativa, de acordo com seu sítio eletrônico, apresentam média histórica de renovação de aproximadamente metade do número de deputados: no pleito de 2002, 32 dos 70 deputados foram reeleitos;[10] nas eleições de 2006, 36 dos 70 deputados lograram reeleger-se,[11] e, nas eleições de 2010, houve um pequeno aumento no número de reeleitos, com 41 deputados permanecendo no Parlamento (cerca de 59% do total de assentos).[12]

Existe, portanto, um grau relativamente alto de reeleição dos parlamentares, não sendo porém desprezível a competição política. Como citado por Santos (2001), o mandato de deputado estadual no Rio de Janeiro é um dos que têm a maior média de candidatos por vaga do país; isso, a nosso ver, aumenta o grau de visibilidade dos mandatos, resultando em uma maior preocupação dos parlamentares em manterem-se próximos às expectativas de suas bases eleitorais, dificultando desvios de conduta e incentivando o apoio a iniciativas de políticas públicas de médio e longo prazo.

O que se percebe do quadro narrado é que, apesar de haver uma pluralidade de concorrentes, efetivos e potenciais, tanto aos cargos de deputado estadual quanto ao de governador — o que propicia algum ganho quanto à sindicabilidade e à visibilidade dos processos legislativos e administrativos, para o que concorrem também a mídia e os mecanismos de *checks and balances* —, tem se verificado recentemente uma tendência pela *renovação parcial* do parlamento e pela *manutenção* do cargo de governador com o candidato da situação, o que é visto como fruto da aprovação do governo pelo eleitorado, uma

---

[10] Conforme notícia divulgada pelo sítio eletrônico da Assembleia Legislativa do Estado, disponível em: <www.alerj.rj.gov.br/common/noticia_corpo2.asp?num=3722>. Acesso em: 11 jul. 2012.

[11] Conforme notícia divulgada pelo sítio eletrônico da Assembleia Legislativa do Estado, disponível em: <www.alerj.rj.gov.br/common/noticia_corpo2.asp?num=17834>. Acesso em: 11 jul. 2012.

[12] Conforme notícia divulgada pelo sítio eletrônico da Assembleia Legislativa do Estado, disponível em: <www.alerj.rj.gov.br/common/noticia_corpo2.asp?num=36754>. Acesso em: 11 jul. 2012.

vez que há garantias institucionais de legalidade do processo eleitoral, que é um dos mais importantes entre as entidades subnacionais brasileiras.

3. O caminho para um ciclo virtuoso

O ambiente político encontrado no estado do Rio de Janeiro, como visto no presente trabalho, apresenta um considerável grau de institucionalização dos mecanismos de *checks and balances*, que têm uma autonomia significativa e, mais do que isso, uma cultura organizacional que inspira sua atuação. Na prática, o que se tem verificado é que os mecanismos de controle do poder político têm optado pela atuação em sinergia com o Poder Executivo, no que tange às políticas públicas de maior centralidade nos cenários político e social de cariocas e fluminenses, que não se estende aos processos menores e às demandas "de varejo"; nesses últimos, o comportamento adotado pelo Poder Executivo, que tradicionalmente era de enfrentamento, foi revertido para uma tendência ao maior cumprimento de decisões judiciais, maior grau de negociação de projetos legislativos e emendas parlamentares e incremento do respeito às instituições de controle, inclusive as de controle interno.

No que tange à competição política, o quadro vivido pelo estado do Rio de Janeiro alia a tendência histórica de renovação parcial do Parlamento à opção, recentemente manifestada, pela manutenção da situação, por meio da eleição de candidatos apoiados pelo governo, da escolha de candidatos que representem a continuidade da gestão anterior ou mesmo da reeleição do governador, apesar de haver grande variedade de candidatos, de diversos partidos e linhas ideológicas, disputando o mesmo cargo. Assim, considera-se baixo, no que tange ao cargo de governador, o nível de competição política, o que tem inegáveis reflexos na estabilidade do perfil de políticas públicas implementadas. Ou seja, a competição política para o governo do Rio de Janeiro, apesar de alta, não tem sido *efetiva*, não significando grande risco, o que dá ao governador maior estabilidade para a elaboração das *policies*.

A conjunção do grau relativamente alto de institucionalização dos mecanismos de *checks & balances* com a baixa efetividade da competição política em torno do cargo de governador do estado, como apontam os dados trazidos pelo presente trabalho, insere o estado do Rio de Janeiro no quarto quadrante da tabela 1, conformando um contexto propício ao incremento do *policymaking* e à adoção de práticas mais eficientes de governança e de gestão pública.

Não à toa, as políticas públicas implementadas pelo estado do Rio de Janeiro ganharam fama e, além de garantir a continuidade da permanência do atual mandatário no poder, inspiram agentes políticos em outras unidades da federação[13] e até mesmo em países estrangeiros.[14]

O incremento à governança, por seu turno, pode ser visto na adoção de práticas geradoras de transparência e eficiência, como a informatização dos processos de contratação pública, a utilização prioritária de pregões eletrônicos, a otimização da execução orçamentária, a criação de novas carreiras técnicas de gestores públicos e a crescente modernização da administração pública fluminense.

A abordagem que fazemos do contexto fluminense demonstra, assim, que a coexistência de mecanismos de *checks & balances* satisfatoriamente institucionalizados e de um ambiente salutar de competição política, aliados à sinergia entre as três esferas da federação, tornam possíveis a recuperação do estado do Rio de Janeiro e a retomada de seu desenvolvimento, com a significativa melhora no desempenho das políticas públicas.

Referências

ALSTON, L. et al. Las elecciones que hacen los gobernadores: los roles de los "checks and balances" y la competencia política. *Studia Politicae*, Córdoba, n. 17, p. 93-119, out. 2009.

ALT, J.; LASSEN, D. D. The political economy of institutions and corruption in American states. *Journal of Theoretical Politics*, v. 15, p. 341-365, 2003.

_____. Political and judicial checks on corruption: evidence from American state governments. *Economics & Politics*, v. 20, n. 1, p. 33-61, 2008.

---

[13] Veja-se em: http://noticias.uol.com.br/cotidiano/ultimas-noticias/2011/03/29/policia-instalacao-upp-em-salvador-e-prende-quatro-suspeitos-de-trafico-de-drogas.htm que as Unidades de Polícia Pacificadora estão sendo instaladas em Salvador, Bahia. Acesso em: 11 jul. 2012.

[14] O conceito de Unidades de Pronto Atendimento (UPA), um dos núcleos da política de saúde pública da atual gestão, está sendo implementado em outros países, já tendo havido a inauguração, em Lopas de Zamora, da primeira UPA em solo argentino, como publicado pela mídia brasileira na internet em http://extra.globo.com/noticias/rio/governador-sergio-cabral-participa-de-inauguracao-de-upa-na-argentina-384255.html. Acesso em: 11 jul. 2012.

AMORIM NETO, O.; SANTOS, F. *Declínio e recuperação?* O Rio de Janeiro na política nacional, 1946-2010. No prelo.

CHIBBER, P.; NOORUDDIN, I. Do party systems matter? The number of parties and government performance in the Indian states. *Comparative Political Studies*, v. 37, n. 2, p. 152-187, 2004

MELO, M. A.; PEREIRA, C.; FIGUEIREDO, C. M. Political and institutional checks on corruption: explaining the performance of Brazilian audit institutions. *Comparative Political Studies*, v. 42, n. 9, p. 1217-1244, 2009.

PEREIRA, C.; MELO, M. A. The surprising success of multiparty presidentialism. *Journal of Democracy*, v. 23, n. 3, p. 156-170, 2012.

_____; _____; FIGUEIREDO, C. M. The corruption-enhancing role of re-election incentives? Counterintuitive evidence from Brazil's audit reports. *Political Research Quarterly*, v. 62, n. 4, p. 731-744, 2009.

PERSSON, Torsten; TABELLINI, Guido. *Political Economics*: explaining economic policy. Cambridge: MIT Press, 2000.

PERSSON, T.; ROLAND, G.; TABELLINI, G. The separation of powers and political accountability. *The Quarterly Journal of Economics*, v. 112, n. 4, p. 1163-1202, 2002.

SANTOS, F. A dinâmica legislativa no estado do Rio de Janeiro: análise de uma legislatura. In: _____ (Org.). *O Poder Legislativo nos estados*: diversidade e convergência. Rio de Janeiro: Editora FGV, 2001. p. 163-187.

SCARTASCINI, C.; STEIN, E.; TOMMASI, M. (Ed.). *How democracy works*: political institutions, actors and arenas in latin american policymaking. Washington, DC: Inter-American Development Bank, 2010.

TSEBELIS, G. *Atores com poder de veto*: como funcionam as instituições políticas. Rio de Janeiro: Editora FGV, 2009.

VILLELA, R.; TAFNER, P. Finanças públicas do estado do Rio de Janeiro: modernização, eficiência e preparação para o desenvolvimento sustentável. In: URANI, A.; GIAMBIAGI, F. *Rio: a hora da virada*. Rio de Janeiro: Elsevier, 2011, p. 60-72.

Capítulo 11

A riqueza mineral é o passaporte para o futuro? A experiência dos municípios beneficiados com *royalties* de petróleo

*Joana C. M. Monteiro**

1. Introdução

A descoberta do pré-sal foi anunciada pelo governo em 2007 com muito entusiasmo. Desde então, as reservas de petróleo têm sido apontadas como "o passaporte para o futuro" e a fonte de recursos para resolver as mazelas sociais. A experiência internacional, entretanto, revela que a exploração de recursos naturais está longe de ser garantia de sucesso. Casos bem-sucedidos, como o da Noruega, são mais raros que exemplos de países como Nigéria, Venezuela e Guiné Equatorial, onde os recursos não foram transformados em desenvolvimento econômico. Mecanismos institucionais e, principalmente, o comportamento dos governos são apontados por diversos estudos como fatores fundamentais para o bom uso da renda petrolífera.[1] A pergunta que surge é: será que o Brasil e, em especial, o Rio de Janeiro possuem instituições que permitam transformar a riqueza mineral em progresso econômico e social?

De forma a lançar uma luz sobre essa questão, este capítulo avalia a experiência recente brasileira com ênfase no Rio de Janeiro e analisa como a renda

---

*Centro de Desenvolvimento Internacional/Harvard University.
[1] Ver Ross (1999), Robinson et al. (2006), Mehlum et al. (2006), Caselli e Cunningham (2009) e Dunning (2008).

petrolífera tem afetado os municípios que já vivem a bonança mineral. O Brasil experimentou na última década um grande crescimento da produção de petróleo, que mais que dobrou entre 1997 e 2010, alcançando 750 milhões de barris em 2010. Mais importante, os recursos repassados ao governo em forma de *royalties* e participações especiais aumentaram dramaticamente, de R$ 424 milhões em 1997 para R$ 21,6 bilhões em 2010.[2] Como referência, o Fundo de Participações dos Municípios (FPM), que é a principal transferência federal para os municípios, aumentou 87% no período, passando de R$ 23 bilhões para R$ 43 bilhões. A Lei do Petróleo, instituída em 1997, foi o principal fator que provocou esse crescimento, ao aumentar o pagamento de *royalties*, criar as participações especiais, indexar o valor da produção nacional ao preço internacional do petróleo, acabar com o monopólio estatal da produção e estimular investimentos que levaram ao aumento da produção.

Por se tratar de uma compensação à extração de uma riqueza mineral, os *royalties*[3] são distribuídos majoritariamente para as áreas produtoras. O estado do Rio de Janeiro e os municípios produtores de petróleo foram particularmente beneficiados pela renda petrolífera, visto que a região foi responsável por 79% da produção nacional em 2010. Somente a receita de *royalties* dos municípios fluminenses cresceu 34 vezes, passando de R$ 97 milhões em 1997 para R$ 3,3 bilhões em 2010. O objetivo deste capítulo é mostrar evidências de como os municípios aplicaram esses recursos e avaliar em que medida a renda mineral permitiu que esses municípios se desenvolvessem.

Este artigo é fortemente baseado no estudo de Monteiro e Ferraz (2012), que busca entender em que medida a renda petrolífera permite a permanência no poder de políticos de baixo desempenho. Aqui se analisam alguns dos resultados desse artigo, em particular o que ocorreu com uma vasta gama de indicadores de serviços públicos em nível municipal, para entender como os *royalties* de petróleo foram investidos na última década pelos municípios beneficiados. O estudo revela que os municípios aumentaram os gastos em todas as áreas do governo, mas esses gastos não foram transformados em mais serviços públicos. O aumento dos *royalties* é associado a um grande aumento do setor público municipal, medido em número de funcionários e valor relativo

---

[2] Valores em real (R$) 2010.
[3] Este artigo usa o termo *royalties* para se referir às participações governamentais. Logo, todos os números apresentados referem-se à soma de *royalties* e participações especiais.

dos salários. Não há evidências de que os *royalties* foram usados para aumentar a oferta de educação e saúde ou melhorar a infraestrutura domiciliar. Por fim, os municípios não experimentaram crescimento econômico medido pelo PIB *per capita*, mas tiveram um crescimento populacional de 2,5 pontos percentuais a mais que os municípios não beneficiados entre 2000 e 2010.[4] Dessa forma, a experiência brasileira recente indica que os municípios não souberam usar a renda mineral para se desenvolver. O estudo de Monteiro e Ferraz (2012) ainda analisa o impacto dos *royalties* sobre a política local, em particular, sobre a probabilidade de os prefeitos se reelegerem e a competição política nas eleições de 1996 a 2008, mas tais análises não serão abordadas aqui.

Este capítulo se divide em cinco seções, incluindo esta introdução. A seguir, apresenta-se um breve histórico da distribuição de *royalties*, seguido na seção três por uma síntese do impacto dos *royalties* sobre a economia dos municípios. A seção quatro faz uma análise sobre o uso dos recursos. Uma última seção conclui com uma breve discussão sobre os resultados.

2. Breve histórico da distribuição de *royalties*

Em 2010, o estado do Rio de Janeiro foi responsável por 87% da produção marítima (*offshore*) e 79% do total da produção de petróleo brasileira. O estado despontou como líder da produção nacional em meados dos anos 1970, quando os primeiros campos de petróleo na bacia de Campos foram descobertos e o aumento dos preços internacionais tornou essa produção viável.[5] A importância da bacia de Campos como principal região produtora do país foi consolidada com a descoberta dos campos gigantes Albacora e Marlim em meados dos anos 1980.

A Lei do Petróleo (Lei nº 9.478) aprovada em 1997 provocou uma grande mudança no setor petrolífero brasileiro. O fim do monopólio estatal atraiu novos investimentos e a produção de petróleo mais que dobrou entre 1997 e

---

[4] Receber o montante médio de *royalties* no período (R$ 171) é associado a um crescimento populacional de 22%, comparado a 19,5% no grupo de controle.
[5] As descobertas mais relevantes em meados dos anos 1970 foram os campos de Garoupa (1974), Pargo (1975), Namorado (1975), Badejo (1975), Bonito (1977), Cherne (1977) e Pampo (1977). Disponível em: <www.petrobras.com.br/pt/quem-somos/nossa-historia/>.

2010, alcançando 750 milhões de barris em 2010. A produção *offshore* liderou esse crescimento, triplicando de menos de 234 milhões de barris em 1997 para 684 milhões em 2010.

A Lei também provocou uma considerável mudança na distribuição dos *royalties*. A parcela de *royalties* aumentou de 5% para 10% do valor da produção de petróleo, criaram-se as participações especiais[6] e indexou-se o valor da produção nacional ao preço internacional do petróleo. A nova legislação foi seguida por uma trajetória ascendente de preços internacionais, fortes variações na taxa de câmbio e do já mencionado aumento de produção. A conjunção desses fatores levou ao aumento real da receita total de *royalties* de R$ 424 milhões em 1997 para R$ 21,6 bilhões em 2010.[7]

Um fato pouco mencionado no Brasil é que os governos locais são grandes beneficiários dessas receitas. Em 2010, os municípios receberam diretamente 21% da receita total. Como comparação, os estados receberam 35%, a União, 40%, e um fundo especial, 3,7%.[8] Segundo Serra (2005), esse alto nível de descentralização das compensações de recursos naturais não é observado em outros países. A figura 1 mostra a evolução do pagamento dos *royalties* aos municípios, deixando claro seu forte crescimento após a aprovação da Lei do Petróleo em julho de 1997 e o início dos pagamentos adicionais em agosto de 1998.

No total, 888 municípios foram beneficiados com *royalties* de petróleo em 2010. A distribuição de recursos para os municípios é, porém, fortemente concentrada em um grupo de 120 municípios produtores, que receberam 74% da receita distribuída diretamente aos municípios em 2010, ou 15% da receita total com *royalties*.

---

[6] Participações especiais são pagamentos extras devidos pelos concessionários de campos altamente produtivos.
[7] Valores em real (R$) 2010.
[8] Na prática, entretanto, os municípios beneficiados ficam com 32,5% da receita total, pois recebem indiretamente 80% do fundo especial e 25% do pagamento feito aos estados. Se excluirmos a receita de participações especiais, os municípios passam a ser os maiores beneficiários diretos de receitas, recebendo diretamente 34% da receita total, seguidos pelos estados (30%), Ministério da Ciência e Tecnologia (16%), Marinha (12%) e um fundo especial (8%).

A riqueza mineral é o passaporte para o futuro?

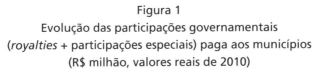

Figura 1
Evolução das participações governamentais
(*royalties* + participações especiais) paga aos municípios
(R$ milhão, valores reais de 2010)

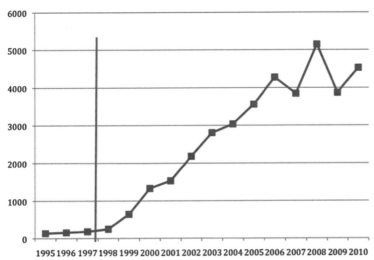

Fonte: Elaboração própria.

O estado do Rio de Janeiro e seus municípios recebem a maior parcela da renda petrolífera, por serem a principal região produtora do país. Conforme mostra a tabela 1, os municípios do Rio de Janeiro recebem 73% do montante pago aos municípios brasileiros. Os 13 municípios produtores são fortemente beneficiados, recebendo, em média, R$ 2.578 *per capita*, o que corresponde a 78% dos *royalties* distribuídos aos municípios do estado.[9] A tabela 1 indica também a relevância desses recursos nos orçamentos municipais dos municípios produtores. Os *royalties* equivalem a 30% da receita orçamentária dos municípios produtores do Rio de Janeiro e a 10 vezes o valor recebido do FPM. Como referência, os *royalties* representam 1% dos orçamentos municipais na média dos municípios brasileiros e 1% do valor recebido do FPM.

---

[9] Os municípios produtores são aqueles que confrontam campos de petróleo. São eles: Campos dos Goytacazes, Rio das Ostras, Cabo Frio, São João da Barra, Quissamã, Macaé, Casimiro de Abreu, Armação de Búzios, Carapebus, Paraty, Arraial do Cabo, Rio de Janeiro e Itaguaí.

Tabela 1
Distribuição dos royalties de petróleo — 2010

	Rio de Janeiro			Municípios da Costa			Brasil		
	Não produtores	Produtores	Total	Não produtores	Produtores	Total	Não produtores	Produtores	Total
Número de municípios	79	13	92	92	67	159	5445	120	5565
Número de municípios beneficiários de royalties	74	13	87	67	67	134	769	119	888
Nível em 2010									
Valor da produção (R$ milhão)	0	76,832	76,832	0	95,400	95,400	0	102,777	102,777
Royalties (R$ milhão)	723	2,578	3,301	444	3,143	3,585	1,137	3,390	4,526
Royalties per capita (R$)	211	2064	473	50	788	361	5	501	17
FPM per capita (R$)	260	200	250	330	340	330	580	370	570
Razão royalties / FPM	0.80	11.17	2.27	0.29	2.85	1.48	0.02	1.86	0.06
Razão royalties/Receita total	0.08	0.30	0.10	0.02	0.13	0.07	0.01	0.11	0.01
Variação 1997-2010									
Valor da produção (R$ milhão)	0	70,815	70,815	0	88,460	88,370	0	94,440	94,342
Royalties (R$ milhão)	692	2,512	3,204	423	3,029	3,451	1,092	3,250	4,342
Royalties per capita (R$)	200	1920	442	45	705	324	10	489	20
FPM per capita (R$)	90	40	80	120	110	110	230	120	230
Razão royalties / FPM	0.73	10.29	2.09	0.23	2.82	1.32	0.02	1.81	0.06
Razão royalties / receita total	0.06	0.2	0.08	0.01	0.09	0.04	0	0.07	0.01

Fonte: Elaboração própria.

Essa forte concentração foi acentuada pela Lei do Petróleo. Até então, a receita de *royalties* era distribuída para municípios produtores de petróleo, seus vizinhos, e municípios que possuíam mais de três unidades industriais relacionadas à cadeia de petróleo, instalações de embarque e desembarque, ou eram cruzados por dutos. O valor que cada município recebia dependia de uma regra com base na população, mas municípios produtores e com instalações industriais obtinham uma parcela maior. A nova lei manteve essa distribuição, mas criou novos critérios para repartição da renda adicional. Em especial, ela privilegiou os municípios produtores, que passaram a ser os únicos governos locais beneficiados por essa parcela. Isso significa que municípios confrontantes às plataformas de petróleo foram fortemente contemplados, passando a receber uma renda extra no valor de 1% da produção dos campos de petróleo que eles confrontam. Um pequeno grupo de 30 municípios foi ainda mais beneficiado, pois passou a receber participações especiais dos campos de alta produtividade. Para se ter uma ideia do impacto dessas receitas, os municípios produtores *offshore* viram sua renda petrolífera aumentar 29 vezes em termos reais entre 1997 e 2010, passando de R$ 129 milhões para R$ 3,4 bilhões. Municípios não produtores viram suas receitas com *royalties* multiplicar por 18 no mesmo período.

A questão-chave na definição dos beneficiários de *royalties* é a definição de confrontação aos campos de petróleo, uma vez que a maior parte da produção ocorre em alto-mar. A definição de municípios produtores foi estabelecida em 1986[10] e estabelece como produtores os municípios que estão em frente aos campos de petróleo, de acordo com linhas geodésicas paralelas e ortogonais desenhadas pelo IBGE e usadas como referências nas cartas náuticas. A figura 2 ilustra o critério para a costa do Norte Fluminense.

Essa regra impõe certa arbitrariedade na definição dos grandes beneficiários de *royalties*, como mostra a figura 3. Por exemplo, o município de São Francisco de Itabapoana (RJ) é classificado como não produtor e por isso recebeu, em 2010, R$ 5,5 milhões em receitas de *royalties*. Enquanto isso, seus vizinhos Campos dos Goytacazes (RJ), São João da Barra (RJ) e Presidente Kennedy (ES) estão entre

---

[10] Decreto nº 93.189/1986.

Figura 2
Linhas de referência para distribuição de *royalties* — Norte Fluminense

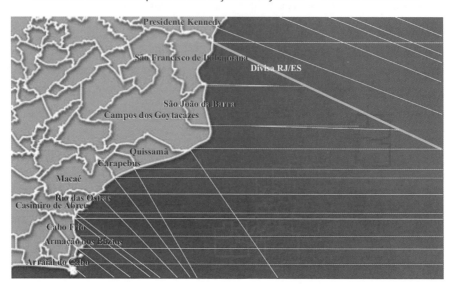

Fonte: ANP (2001).

os maiores beneficiários da renda petrolífera no Brasil, tendo recebido, respectivamente, R$ 1,18 bilhão, R$ 203 milhões e R$ 111 milhões em 2010.

3. O impacto da produção de petróleo na economia dos municípios

Esta seção descreve alguns resultados de Monteiro e Ferraz (2012), que avaliam os efeitos econômicos e políticos da distribuição dos *royalties* brasileiros. O estudo explora a arbitrariedade na distribuição de recursos, que gera uma boa oportunidade para entendermos os efeitos dos *royalties* de petróleo. A ideia é comparar o desempenho dos municípios produtores que foram "tratados" com um grande volume de recursos e os municípios não produtores, que recebem recursos numa proporção muito menor e servem de grupo de controle na análise. Como o principal critério da regra de distribuição é o traçado das linhas náuticas, receber ou não muitos recursos independe de características econômicas e políticas municipais. Assim, a comparação entre municípios produtores e não produtores gera um bom teste para entendermos os efeitos dos *royalties*.

Figura 3
Campos de petróleo e distribuição de *royalties*
para os municípios da costa da região Sudeste

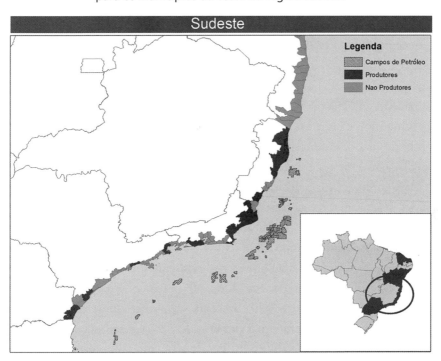

Fonte: Elaboração própria.

O ponto crucial da análise é que a regra de distribuição foi determinada antes do crescimento dos recursos e não foi desenhada sobre influência direta dos prefeitos. Dessa forma, se encontrarmos diferenças entre os dois conjuntos de municípios, podemos atribuí-las aos *royalties* e não a um terceiro fator que explicaria tanto um município ter muitos recursos e ter, por exemplo, uma boa infraestrutura. Um desafio que costuma dificultar a análise dos efeitos do aumento de receitas orçamentárias é que a qualidade do prefeito determina tanto a atração de mais recursos quanto a boa aplicação dos mesmos, sendo difícil determinar se foi o prefeito ou os recursos extras que causaram a melhora dos padrões de vida. No contexto em análise, o montante de receitas não depende dos políticos locais e sim do volume de produção de poços de petróleo em alto-mar e dos preços internacionais de petróleo; logo, é possível determinar se a renda petrolífera tem um papel determinante nas condições de vida dos municípios beneficiados.

O estudo de Monteiro e Ferraz (2012) apresenta em detalhes a estratégia empírica e tabelas com os impactos dos *royalties* sobre diversos indicadores de serviços públicos e resultados das eleições municipais ocorridas entre 1996 e 2008. Para este capítulo, priorizou-se a apresentação gráfica dos resultados, que provê maior intuição aos resultados e permite identificar municípios que fogem dos padrões. A ideia do exercício é identificar um padrão de desempenho entre os municípios. Portanto, todos os resultados referem-se a médias, o que não significa que todos os municípios seguiram a trajetória descrita. Cabe frisar que a análise não se resume ao estado do Rio de Janeiro.

Para entendermos o impacto dos *royalties*, é preciso analisar um contrafactual, ou seja, avaliar o que teria acontecido com os municípios na ausência dos recursos. Em nossa análise, utilizamos como comparação (grupo de controle) os municípios vizinhos e que foram beneficiados com um montante bem menor de receitas. Nosso exercício principal compara municípios da costa brasileira dos sete estados que têm produção de petróleo *offshore*.[11] Essa escolha justifica-se porque os municípios da costa são muito diferentes dos demais municípios brasileiros, sendo mais urbanizados, escolarizados e desenvolvidos. Dessa forma, municípios não produtores da costa oferecem um melhor grupo de controle do que o conjunto dos municípios brasileiros.[12] Além disso, todas as variáveis são expressas em termos *per capita*, o que permite controlar as diferenças entre os tamanhos dos municípios, e todos os valores monetários foram atualizados e referem-se a valores de 2010. A seguir, descrevemos alguns dos resultados encontrados.

A primeira pergunta da análise é em que medida a atividade petrolífera impactou a economia local dos municípios produtores. Como grande parte da exploração é em alto-mar e as instalações de apoio são fortemente concentradas em Macaé, não é óbvio que os outros municípios sofram impactos econômicos da atividade. A figura 4 analisa essa questão ao comparar o crescimento do PIB *per capita* entre 1999 e 2009 e a variação de *royalties per capita* no mesmo pe-

---

[11] Os estados são: Paraná, São Paulo, Rio de Janeiro, Espírito Santo, Bahia, Sergipe, Alagoas, Rio Grande do Norte e Ceará.

[12] Com isso, a análise não contempla os municípios desses estados que são beneficiados com *royalties*, mas não estão localizados na costa.

ríodo.[13] A análise leva em conta o PIB não industrial municipal, visto que o PIB municipal da indústria não é informativo da atividade econômica real dos municípios produtores de petróleo.[14] A figura 4 sugere que os municípios beneficiados com *royalties* não tiveram crescimento do PIB sistematicamente superior aos municípios não beneficiados. Exceções incluem Mangaratiba e Macaé, que tiveram crescimento de mais de 100% do PIB *per capita*.

Figura 4
Crescimento do PIB *per capita* e variação
de *royalties per capita* entre 1999 e 2009

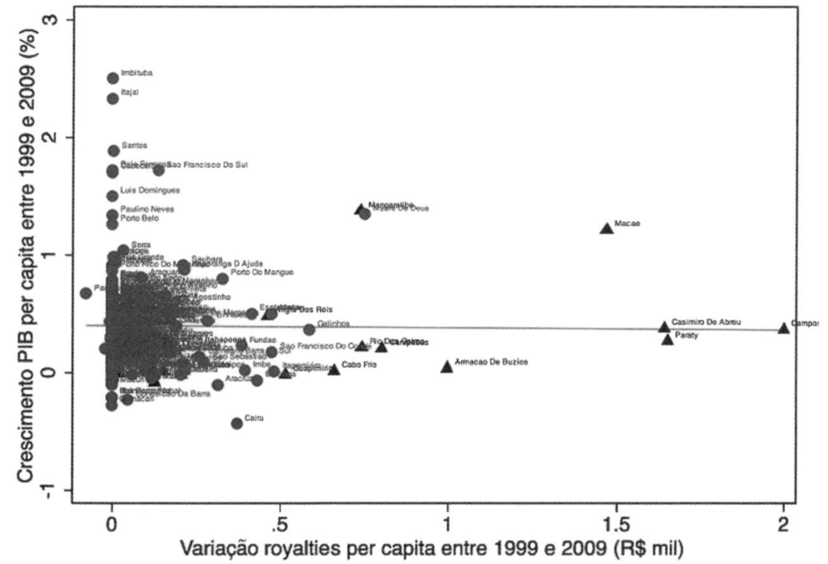

Fonte: Elaboração própria.

Análises contidas no estudo completo revelam que, de forma geral, a exploração de petróleo teve efeitos muito limitados sobre a atividade econômica municipal. Receber grandes receitas de *royalties* não está sistematicamente as-

---

[13] A produção de cada campo de petróleo foi associada a cada município levando-se em conta os percentuais de confrontação fornecidos pela ANP. Detalhes da construção dos dados podem ser encontrados em Monteiro e Ferraz (2012).
[14] O IBGE utiliza a regra dos *royalties* como variável de rateio para determinar quais municípios contribuíram para o PIB da indústria extrativa mineral do estado. Assim, municípios que recebem muitos *royalties* têm, por construção, um elevado PIB industrial.

sociado ao número de empresas, salários e emprego no setor privado. Por outro lado, municípios produtores apresentam maior massa salarial do setor público, o que sugere que o impacto da produção de petróleo ocorre principalmente via setor público, ou seja, via pagamento de *royalties*.

4. O uso dos *royalties* de petróleo

Os *royalties* de petróleo são pagos mensalmente ao Tesouro Nacional, que distribui os recursos para os entes beneficiados. Os municípios podem aplicar os recursos da forma que desejarem, havendo duas únicas restrições. Os recursos não podem ser utilizados para contratar funcionários de forma permanente e para pagar dívidas, salvo dívidas com o governo federal. Os Tribunais de Contas dos Estados são, desde 2005, os responsáveis legais pela fiscalização do uso desses recursos.

A tabela 2 analisa como os municípios reportam o gasto dos recursos dos *royalties*. Os dados são da base de dados Finbra do Tesouro Nacional e cobrem o período de 1998 a 2010. O exercício analisa a relação entre receita de *royalties per capita* e diversos componentes de gasto municipal e indica qual percentual da receita foi aplicado em cada componente. Essa análise explora o fato de que a distribuição de *royalties* variou muito na última década, de onde então é possível avaliar se os anos em que os municípios receberam mais recursos foram os anos em que eles promoveram aumentos de despesas específicas. Os resultados indicam que, para cada real *per capita* recebido, os municípios, na média, aplicaram 67 centavos em despesas correntes e 24 centavos em investimento. Esses valores indicam que receber o valor médio de *royalties* no período está associado a um aumento de 13% dos gastos correntes e 130% do investimento.

Embora a legislação não permita o uso dos *royalties* para a contratação de mão de obra de forma permanente, observa-se que 16% da receita são usados com gastos de pessoal, o que representa um aumento de 7% nessa rubrica. Na prática, a regra de contratação é muito difícil de ser implementada, visto que o dinheiro não é carimbado. Os municípios podem usar os *royalties* para cobrir outras despesas e usar os recursos liberados para contra-

Tabela 2
Impacto dos *royalties* nas despesas municipais

Tipo de despesa	Impacto	Média do gasto (R$ *per capita*)	Aumento percentual médio
	(1)	(2)	(3)
Despesas contábeis			
Corrente	0.67 (0.05)***	1,237	13%
Pessoal	0.16 (0.02)***	567	7%
Outros serviços e contratos de trabalho	0.36 (0.01)***	484	18%
Investimento	0.24 (0.01)***	185	31%
Amortizações	0.00 (0.00)	23	0%
Despesas por função			
Planejamento	0.27 (0.01)***	306	21%
Educação	0.17 (0.01)***	427	9%
Saúde	0.20 (0.01)***	294	16%
Habitação	0.14 (0.02)***	212	16%
Transportes	0.01 (0.01)	23	10%

Fonte: Elaboração própria.
Notas: A coluna 1 indica quantos centavos de real em média os municípios alocam em cada componente da despesa municipal para cada real de *royalties* recebido. Mais especificamente, cada linha reporta o coeficiente de *royalties per capita* numa regressão que explica o valor *per capita* alocado com cada despesa. A coluna 2 informa a média de gasto em cada componente de despesa medido em R$ *per capita*. A coluna 3 informa o aumento percentual médio de cada despesa associado ao valor médio recebido em *royalties*.
*** Estatisticamente diferente de zero ao nível de confiança de 1%.

tar mais gente. Além disso, as receitas de *royalties* aumentam a receita corrente, tornando mais fácil o cumprimento do limite de 60% da receita corrente para pagamento de pessoal.

Por fim, existe a prática de contratação de mão de obra indireta, via empresas e ONGs que fornecem mão de obra para as prefeituras. De forma a identificar essa prática, a tabela analisa o efeito sobre outros serviços e contratos de trabalho que agregam quatro tipos de despesas: serviços de consultoria, serviços de terceiros, locação de mão de obra e contrato por tempo determinado. Observa-se que 1/3 da receita de *royalties* é aplicado nessas despesas, o que representa um aumento de 18% em relação aos gastos médios da amostra, liderado pelos serviços de terceiros providos por empresas.

Ao analisar os gastos por função, observa-se que a maior parte dos recursos foi investida em planejamento (27%), seguida por saúde (20%), educação (17%), habitação (14%) e transporte (1%). Esses números sugerem que todas as áreas dos municípios beneficiados com *royalties* devem ter apresentado melhoras, visto que receberam investimentos maiores (aumento do gasto de pelo menos 9%). A análise que segue busca entender se de fato houve melhora nos serviços públicos desses municípios.

A figura 5 apresenta a evolução da contratação dos funcionários públicos municipais no período de 1997 a 2010. Compara-se a mediana do número de funcionários municipais *per capita* entre os municípios produtores e não produtores de petróleo no Rio de Janeiro e no Brasil. Observa-se que, no Rio de Janeiro, os municípios produtores promoveram uma expansão expressiva do número de funcionários públicos municipais, saindo de um patamar de 35 funcionários por mil habitantes em 1999, que foi o primeiro ano de receitas expressivas de *royalties*, para 70 em 2003. Por sua vez, os municípios fluminenses não produtores de petróleo mantiveram o número de funcionários por mil habitantes em torno de 30 no mesmo período. A comparação com as estatísticas para o Brasil como um todo revela que o número de funcionários públicos empregados pelos municípios produtores fluminenses em 2010 (70 por mil habitantes) era alto mesmo quando comparado à mediana dos municípios produtores brasileiros (50 por mil habitantes).

O gráfico sugere um forte efeito dos *royalties* no aumento do setor público, que é confirmado por uma análise econométrica que identifica se os anos em que houve maior crescimento de receitas foram os anos com mais contratações e se os municípios que contrataram mais foram os que receberam mais recursos. Os resultados indicam que receber o valor médio de *royalties* do período (R$ 238 *per capita* em valores de 2010) está associado a um aumento de 1,5 funcionário por mil habitantes por ano ou de 20 funcionários no período em análise. Isso significa que, em média, os municípios beneficiados com *royalties* aumentaram o número de funcionários em 130% entre 1997 e 2010. Outras análises apontam que a maior parte das contratações (3/4) foi de funcionários não estáveis, o que é compatível com as restrições impostas pela Lei.

Figura 5
Evolução do número de funcionários públicos — Rio de Janeiro e Brasil (mediana do número de funcionários por mil habitantes)

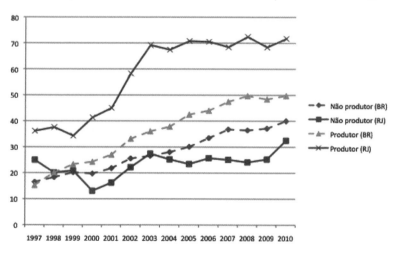

Fonte: Elaboração própria.

A figura 6 analisa se o aumento registrado de gastos com habitação foi convertido em melhor infraestrutura domiciliar. Para tanto, calculou-se, a partir dos dados do Censo Demográfico do IBGE, o percentual de domicílios em cada município com acesso à rede geral de água, com instalações adequadas de esgoto, com eletricidade e com sistema de coleta de lixo. A figura apresenta a relação entre a variação de receitas de *royalties per capita* e a variação no percentual de municípios com acesso à determinada infraestrutura entre 2000 e 2010. Cada ponto do gráfico indica a posição de cada município da costa brasileira em um dos nove estados em análise, com exceção de Presidente Kennedy e São João da Barra, que foram excluídos para facilitar a representação gráfica. A ideia é identificar se há uma relação sistemática entre os municípios que receberam grande aumento de receita e investimentos em infraestrutura domiciliar.

Figura 6
Variação da infraestrutura domiciliar e variação
de *royalties per capita* entre 2000 e 2010

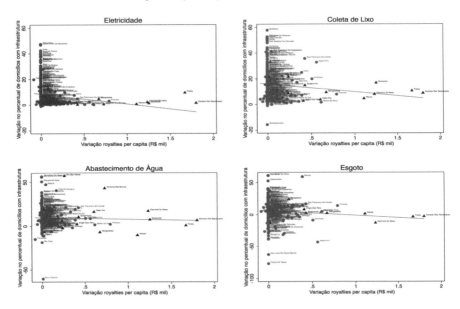

Fonte: Elaboração própria.

A análise revela que os municípios beneficiados por *royalties* não promoveram melhoras de infraestrutura. A figura 6 indica que os municípios fluminenses que são muito beneficiados pelos *royalties* aumentaram marginalmente a cobertura de eletricidade, com exceção de Paraty, que aumentou a cobertura em mais de 10 pontos percentuais na década. Esse desempenho é igual ou aquém dos municípios não produtores, o que sugere uma relação negativa entre *royalties* e investimento em eletricidade, mas em parte reflete o fato de que os municípios produtores tinham uma melhor infraestrutura em 2000 e, portanto, menos espaço para grandes melhoras.

Os dados de coleta de lixo sugerem alguma melhora nesse serviço, mas ainda aquém do desempenho de outros municípios da costa. Por sua vez, o serviço de distribuição de água teve um padrão bem mais heterogêneo. Enquanto Rio das Ostras e Búzios promoveram aumentos expressivos no serviço de água, aumentando a cobertura para mais da metade dos domicílios, Macaé e Mangaratiba tiveram expansão negativa no acesso à água. A variação negativa indica que os municípios não aumentaram a provisão de serviços na mesma velocidade do crescimento do número de domicílios. Os dados de acesso ao esgoto também indicam casos de municípios que não aumentaram a rede de esgoto de forma a prover novos domicílios com infraestrutura. Isso levou municípios como Campos dos Goytacazes, Paraty e Casimiro de Abreu a apresentarem variação negativa na cobertura de esgoto.

Um dos motivos que poderia explicar a baixa expansão da infraestrutura seria o aumento expressivo da população e dos domicílios, o que dificultaria a tarefa de prover infraestrutura para todos. A figura 7 examina essa questão e exibe a relação entre crescimento populacional e variação de receitas. Por questões de exposição, o gráfico exclui Presidente Kennedy e São João da Barra, cujas receitas de *royalties* aumentaram em mais de R$ 5 mil *per capita*, e Rio das Ostras, que experimentou um *boom* populacional, com sua população aumentando em qua-

Figura 7
Crescimento populacional e variação de *royalties*

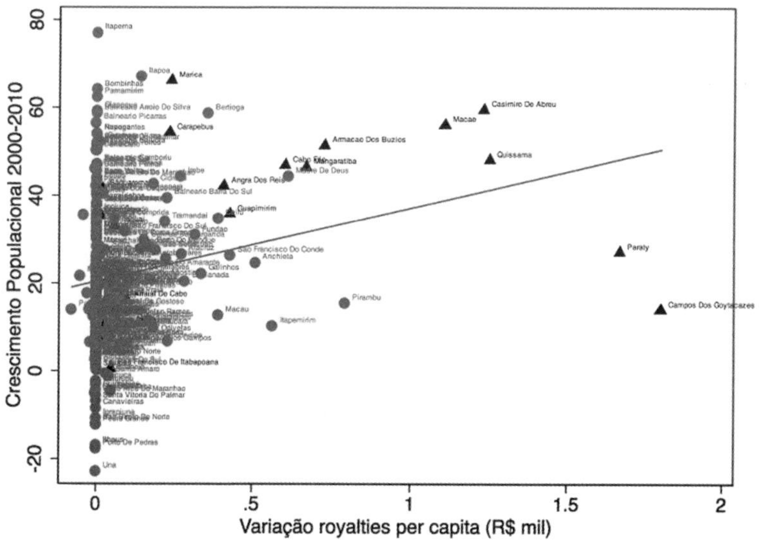

Fonte: Elaboração própria.

se 200% no período.[15] Há uma positiva relação entre receitas petrolíferas e crescimento populacional. Com exceção de Campos dos Goytacazes, Quissamã e Paraty, todos os grandes beneficiários de *royalties* fluminenses tiveram aumento populacional de mais de 50% no período. A análise econométrica contida em Monteiro e Ferraz (2012) indica que, para cada R$ 171 em *royalties per capita* (valor médio recebido em 2000 e 2010), a população municipal cresce a um adicional de 2,5% em relação aos municípios sem receita de *royalties*.

Embora tenha de fato havido uma expansão populacional, é difícil justificar a ausência de melhora de infraestrutura com base nisso. Primeiro, uma análise similar sugere que o aumento no número de domicílios nos municípios com grandes receitas de *royalties* foi modesto, na ordem de 2.2 pontos percentuais a mais que nos municípios de referência. Segundo, a comparação da expansão do número absoluto de domicílios com infraestrutura sugere que o nível de obras não foi superior nos municípios produtores. Por fim, uma das justificativas para distribuir *royalties* é permitir que os municípios tenham recursos para fazer investimentos necessários para compensar as pressões causadas pela atividade petrolífera. Dessa forma, os recursos deveriam permitir que esses municípios tivessem, no mínimo, acompanhado a trajetória dos não beneficiários.

Análises similares revelam que os municípios beneficiados com petróleo também não promoveram melhoras de saúde e educação. Entre um conjunto de mais de 10 indicadores de oferta escolar, que inclui número de escolas, número de professores, matrículas e infraestrutura escolar, o único que apresenta aumento entre 1998 e 2010 é o número de professores *per capita*. Também não foram encontradas evidências de aumento do número de unidades de saúde. Infelizmente, os dados de saúde disponíveis não permitem identificar se houve aumento de atendimentos. Essa análise não é apresentada aqui por limite de espaço, mas pode ser encontrada em Monteiro e Ferraz (2012).

5. Discussão

O Rio de Janeiro experimentou na última década um aumento considerável de recursos oriundos da atividade petrolífera. O grande aumento de *royal-*

---

[15] Neste exercício, usa-se a população do ano base (2000) para calcular os *royalties per capita* tanto em 2000 quanto em 2010.

ties provocado pela Lei do Petróleo em 1997 transferiu centenas de milhões de reais para os municípios produtores, gerando várias oportunidades de melhora nas condições de vida dessas localidades. A análise do impacto dessas receitas sobre as economias locais fornece, portanto, um bom teste para entender em que medida o Brasil, e em especial o Rio de Janeiro, é capaz de transformar riqueza mineral em desenvolvimento.

Os resultados das análises do uso desses recursos e seus efeitos sobre a atividade econômica não são animadores. A atividade petrolífera gerou impactos bastante limitados sobre as economias locais. Há exemplos de cidades fortemente impactadas economicamente, como Macaé e Rio das Ostras, mas, de forma geral, a produção de petróleo não impactou a economia dos municípios considerados produtores por confrontarem poços de petróleo em alto-mar. Grande parte desse resultado se deve à estrutura da produção no Brasil. A produção em alto-mar e a concentração de serviços de apoio em Macaé limitam o efeito multiplicador dessa atividade.

A análise do uso dos recursos indica que o único uso sistemático das receitas foi a contratação de funcionários públicos. Municípios que receberam o valor médio de *royalties per capita* (R$ 238) entre 1997 e 2010 mais que dobraram o número de funcionários por mil habitantes em relação ao grupo de controle. Apesar de a grande parte dessas contratações ser temporária, esse padrão de despesa aumenta ainda mais a dependência dos municípios em relação a esses recursos. Infelizmente, os dados ainda não permitem avaliar se essas contratações geraram melhor qualidade de serviços, mas há indicações de que a quantidade de serviços educacionais e de saúde não aumentou. Esses resultados fornecem fortes evidências de que os governos locais perderam uma grande oportunidade de promover melhoras no padrão de vida.

Tendo apresentado esses resultados, é necessário fazer algumas ressalvas. Este estudo só analisa os impactos no setor público e nas condições de vida dos municípios. Não é do escopo deste capítulo analisar os efeitos da cadeia produtiva do petróleo. Também não foi objeto de análise o uso dos recursos pelas administrações dos estados. Por fim, a análise busca entender padrões e efeitos médios, o que não quer dizer que não haja casos de municípios que se destacaram em alguma área. Por exemplo, Rio das Ostras promoveu aumentos expressivos em infraestrutura, aumentando a cobertura de água e esgoto de praticamente zero para mais de 60% dos domicílios num cenário de forte expansão populacional. Além disso, o setor privado de Rio das Ostras apresentou grande dinamismo, crescendo mais que o setor público municipal, o que representa uma exceção num padrão de aumento do governo local. Há casos também como o de Quissamã que investiu em educação, ao equipar escolas com computadores, conectá-las à internet e aumentar a relação professor-aluno. Porém, tais investimentos foram acompanhados de forte aumento de gastos. O número de professores, por exemplo, aumentou quatro vezes e o salário dos funcionários públicos passou a ser duas vezes o do setor privado, números que levantam dúvidas sobre a sustentabilidade financeira do município.

Chama atenção, entretanto, que nenhum município tenha promovido uma mudança de patamar de desenvolvimento, o que seria em parte possível, dada a magnitude dos recursos recebidos especialmente pelos municípios produtores. Duas questões surgem desta análise. A primeira é: onde foi parar tanto dinheiro? Tanto nosso estudo quanto o de Caselli e Michaels (2011) sugerem que boa parte do dinheiro desapareceu. Há diversas histórias de desvio de recursos nesses municípios,[16] mas é difícil afirmar se o desvio de recursos nos municípios com petróleo tem sido sistematicamente maior que em municípios não beneficiados por essas receitas.

A segunda questão é o que pode ser feito para maximizar as receitas de petróleo e garantir que elas se transformem em desenvolvimento econômico e social. Instituições são cruciais e serão discutidas em mais detalhes no próximo capítulo, escrito por Samuel Pessôa e Fernando de Holanda Barbosa Filho. Mas aqui gostaria de passar duas mensagens. A primeira é que o ponto crucial para garantir o bom uso da riqueza mineral passa pelo comportamento do estado. A abundância de recursos altera fortemente os incentivos dos políticos. Mais recursos significam menos restrição orçamentária, o que pode gerar mais investimentos, mas também mais meios para permanecer no poder e mais corrupção. Ao mesmo tempo, a riqueza pode aumentar a disputa pelo poder, com mais e diferentes políticos sendo atraídos pela possibilidade de governar com grandes orçamentos. Nesse sentido, é crucial a natureza do processo político.

Estudos teóricos e empíricos sugerem que recursos naturais detêm o processo democrático, ajudam a perpetuar regimes autocráticos e induzem má governança, embora isso esteja longe de ser um consenso.[17] O estudo de Mon-

---

[16] Por exemplo, Caselli e Michaels (2011) mostram que inúmeros prefeitos dos municípios produtores de petróleo foram investigados por operações da Polícia Federal. Além disso, seis dos 10 maiores municípios produtores de petróleo têm denúncias de corrupção citadas em jornais.

[17] Estudos sobre o assunto incluem Ross (1999, 2001, 2009), Caselli e Cunnigham (2009), Caselli

teiro e Ferraz (2012) oferece o primeiro teste empírico na literatura dos efeitos políticos da abundância de recursos naturais num regime democrático. A pesquisa mostra que, na primeira eleição após a forte alta na transferência de recursos, prefeitos de municípios ricos em petróleo obtiveram uma grande vantagem eleitoral. Na média, a receita de *royalties* aumentou a chance de os prefeitos se reelegerem em cinco pontos percentuais em 2000, o que equivale a um aumento de 9% na probabilidade de reeleição. Entre os 10 municípios que eram produtores de petróleo no Rio de Janeiro em 2000, apenas dois não reelegeram seus prefeitos em 2000. Entretanto, essa vantagem não foi sustentada. Na eleição de 2008, prefeitos de municípios ricos em petróleo não encontram mais facilidade em se reeleger do que seus pares em municípios com nenhuma ou pequena renda de *royalties*. Num contexto onde os recursos não foram maximizados em termos de melhoras de padrão de vida, essa evidência é positiva no sentido de que a renda petrolífera não permitiu que prefeitos incompetentes permanecessem no poder. Esses resultados ressaltam a importância do nosso regime democrático. O lado negativo é que os mecanismos institucionais existentes não têm sido suficientes para promover o bom uso dos recursos.

Nesse sentido, a segunda mensagem deste capítulo é que detalhes importam e são cruciais para garantir o bom funcionamento de instituições. O Brasil possui inúmeras instituições que de alguma forma são responsáveis pela fiscalização do uso de recursos públicos e por prevenir o abuso de poder por parte de políticos. Os Tribunais de Contas, os Ministérios Públicos e os Tribunais Eleitorais já atuaram para restringir desvios de conduta e de recursos do petróleo, mas há muito espaço para aprimoramento. Por exemplo, o Tribunal de Contas do Estado do Rio de Janeiro não segue uma regra clara para determinar quando cada município será auditado e acaba priorizando municípios maiores ou respondendo a denúncias. Isso abre espaço para corrupção por parte de prefeitos que enxergam poucas chances de punição. Mais apropriado é o sistema de sorteio implementado pela Controladoria Geral da União para determinar quando um município é auditado, o que torna a fiscalização imprevisível para um prefeito e é especialmente útil num contexto de recursos restritos para auditoria. Além disso, Ferraz e Finan (2008) mostram que a divulgação dos relatórios é crucial para informar os eleitores sobre o desempenho dos prefeitos e responsabilizá-los nas urnas.

(2006), Robinson e colaboradores (2006), Barro (1999), Jensen e Wantchekon (2004) e Tsui (2010).

Por fim, cabe um comentário sobre o debate político atual em torno da redistribuição dos *royalties*. A evidência de que os recursos foram mal empregados levanta a necessidade de se aprimorarem os mecanismos institucionais, mas não deve ser utilizada para justificar a retirada de recursos do Rio de Janeiro, como está sendo discutido no Congresso. Não há nenhum privilégio na repartição de receitas, pois a fatia que os estados e municípios fluminenses recebem é equivalente ao percentual da produção gerado pelo Rio de Janeiro (ambos em torno de 75%). Além disso, os *royalties* são hoje a única compensação financeira que o estado recebe por uma riqueza que está em seu território (marítimo) e que gera impacto real e potencial sobre sua economia.

O fato de a produção em alto-mar gerar menos impacto que a produção em terra não quer dizer que o impacto seja inexistente. Em primeiro lugar, há o risco ambiental do derramamento de óleo na costa fluminense, como evidenciam os casos recentes envolvendo a Chevron. Segundo, há cidades que são afetadas pela produção, notadamente Macaé, que é base em terra da exploração em alto-mar. Nesses casos, o poder público necessita de receitas extras para fazer frente às demandas por bens públicos causadas pela atividade econômica e pelo crescimento populacional. Os *royalties* são especialmente relevantes porque o petróleo é o único produto no Brasil que não gera receita de ICMS na etapa de produção. Não se justifica, portanto, que o Rio de Janeiro não receba qualquer tipo de compensação financeira por essa atividade.

Há, entretanto, necessidade de rever a regra, especialmente num contexto de expectativa de crescimento de receitas. A regra de distribuição dos *royalties* da produção de petróleo em alto-mar é um tanto quanto arbitrária, principalmente no que diz respeito aos municípios. A definição de confrontação, determinada por linhas paralelas e ortogonais à costa brasileira, causa sérias disparidades. Os municípios que deram a sorte de ter plataformas de petróleo em frente ao seu território ficaram milionários nos anos 2000. Para se ter uma ideia, Campos dos Goytacazes, que tem 32 campos em frente ao seu território, recebe, sozinho, 25% de tudo que é distribuído aos municípios, o que representou R$ 1 bilhão em 2008. Além disso, muitos investimentos compensatórios necessários, como é o caso das questões ligadas ao meio ambiente, são mais fáceis de serem implementados pelos estados do que por municípios, o que favorece a ideia de que os estados devam concentrar o recebimento dos recursos.

De modo geral, há muito que se repensar sobre o desenho das regras e instituições e nossa história recente tem muito a nos ensinar.

Referências

ANP. *Guia dos royalties de petróleo e do gás natural.* Rio de Janeiro: ANP, 2001.

BARRO, R. Determinants of democracy. *Journal of Political Economy*, v. 107, n. 6, p. 158-183, 1999.

CASELLI, F. *Power struggles and the natural resource curse.* 2006. Mimeografado.

____; CUNNINGHAM, T. Leader behaviour and the natural resource curse. *Oxford Economic Papers*, v. 61, p. 628-650, 2009.

____; MICHAELS, G. Does oil improve living standards? Evidence from Brazil. *NBER Working Paper* n. 15550, 2011.

Dunning, T. *Crude Democracy*: natural resource wealth and political regimes. Nova York: Cambridge University Press, 2008.

FERRAZ, F. FINAN, F. Exposing corrupt politicians: the effect of Brazil's publicly released audits on electoral outcomes. *Quarterly Journal of Economics*, v. 123, n. 2, p. 703-745, 2008.

HABER, S.; MENALDO, V. *Do natural resources fuel authoritarianism?* A reappraisal of the resource curse. 2010. Mimeografado.

JENSEN, N.; WANTCHEKON, L. Resource wealth and political regimes in Africa. *Comparative Political Studies*, v. 37, n. 7, p. 816-841, 2004.

LANE, P.; TORNELL, A. Rent-seeking and resource booms. *Journal of Economic Growth*, v. 1, p. 213-241, 1996.

LEAMER, E. et al. Does natural resource abundance increase Latin America inequality. *Journal of Development Economics*, v. 59, p. 3-42, 1999.

MEHLUM, H. et al. Institutions and the resource curse. *Economic Journal*, v. 116, n. 508, p. 1-20, 2006.

MONTEIRO, J.; FERRAZ, C. *Does oil make leaders unaccountable*: evidence from Brazil's offshore oil boom. 2012. Mimeografado.

ROBINSON, J. et al. Political foundations of the resource curse. *Journal of Development Economics*, v. 79, n. 2, p. 447-468, 2006.

ROSS, M. Does oil hinder democracy? *World Politics*, v. 53, p. 325-361, 2001.

____. The political economy of the resource curse. *World Politics*, v. 51, n. 1, p. 297-322, 1999.

____. *Oil and democracy revisited.* 2009. Mimeografado.

SERRA, R. Contribuições para o debate acerca da repartição dos *royalties* petrolíferos no Brasil. Tese (doutorado) — Instituto de Economia, Universidade de Campinas, Campinas, 2005.

TORNELL, A.; LANE, P. The voracity effect. *The American Economic Review*, v. 89, p. 22-46, 1999.

TORVIK, R. Natural resources, rent-seeking and welfare. *Journal of Development Economics*, v. 67, p. 455-470, 2002.

TSUI, K. More oil, less democracy: evidence from worldwide crude oil discoveries. *Economic Journal*, v. 121, n. 551, p. 89-115, 2010.

VICENTE, P. Does oil corrupt? Evidence from a natural experiment in West Africa. *Journal of Development Economics*, v. 92, n. 1, p. 28-38, 2010.

Capítulo **12**

O uso da renda petrolífera pelo estado do Rio de Janeiro

Samuel Pessôa
Fernando de Holanda Barbosa Filho*

1. Introdução

Na última década e meia o peso das receitas petrolíferas na receita total do estado do Rio de Janeiro adquiriu níveis extremamente elevados. O objetivo deste capítulo é investigar o tratamento que a política fiscal em economias muito dependentes do petróleo deve ter e, em seguida, avaliar em que medida o estado do Rio de Janeiro atende a esse tratamento. Como veremos, o estado somente atende sob hipóteses muito otimistas com relação à taxa de crescimento das receitas e/ou tempo de vida das reservas petrolíferas.

O capítulo apresenta a seguinte organização. A próxima seção trata do problema da solvência fiscal. Na terceira seção adaptam-se es`tes princípios gerais ao caso de uma economia dependente de petróleo e na quarta seção discute-se a implantação prática dos princípios gerais estabelecidos nas seções anteriores. Na quinta seção investiga-se se aqueles princípios estão ou não sendo observados pela gestão fiscal do estado, a partir dos dados das receitas petrolíferas do último quinquênio e dos aportes e gastos previdenciários obtidos no site do Rio Previdência.

---

* Pesquisadores do Centro de Desenvolvimento Econômico, Ibre/FGV.

2. Elementos de política fiscal[1]

Nesta seção repassamos alguns conceitos de finanças públicas para que possamos, na próxima seção, investigar a forma de tratamento que deve ser dada à renda petrolífera. A seção está dividida em duas subseções. Na primeira, a política fiscal será tratada de forma normativa. Investigaremos os critérios para sabermos se a política fiscal projetada é sustentável ou não é sustentável, demandando, portanto, neste segundo caso, alguma alteração de curso da política. Na segunda subseção, de conteúdo positivo, investigaremos o papel da política fiscal.

2.1 O problema da sustentabilidade fiscal

O estudo do comportamento da política fiscal na presença de rendas petrolíferas representa um capítulo em um problema mais geral das finanças públicas. Trata-se da sustentabilidade das contas do setor público ou da solvência do setor público. Procura-se saber, dada as trajetórias futuras para as receitas e os gastos públicos, se o setor público atende à restrição orçamentária. Formalmente, o setor público será solvente se a dívida pública for paga ou se ela não tiver um comportamento explosivo. Como em geral há crescimento econômico e, consequentemente, a escala da economia cresce, considera-se como indicador de solvência a relação dívida-PIB. Evidentemente, a existência de rendas petrolíferas altera a sustentabilidade da política fiscal.

Há duas grandes dificuldades à verificação prática da solvência. Primeiro, trata-se de um conceito prospectivo. Para avaliarmos se o estado atende ou não à condição de solvência, é necessário prever o comportamento futuro para inúmeras estatísticas econômicas. Segundo, o setor público é uma entidade intertemporal sem data para término. Assim, é necessário escolher um prazo para a verificação da condição de solvência, que pode ser, inclusive, infinito.

O setor público é solvente se a soma dos superavits futuros, trazidos a valor presente pela taxa de juros que incide na dívida pública, for igual ou maior do

---

[1] As seções dois, três e quatro deste texto foram baseadas em Pessôa (2010).

que o valor da dívida pública hoje. Nesse caso, diz-se que a política fiscal é sustentável. Ou, considerando a escala da economia, dizemos que o setor público é solvente se a soma dos superavits futuros, como fração do PIB, trazidos a valor presente pela taxa de juros líquida da taxa de crescimento econômico, for maior do que a relação dívida-PIB hoje. Nessa definição considerou-se prazo infinito para a avaliação da solvência.

Prazos tão dilatados elevam em muito as dificuldades de construção dos cenários futuros para as diversas variáveis. Uma alternativa é considerar um intervalo de tempo menor, por exemplo, cinco anos.[2] Nesse caso, é necessária a escolha de uma meta para a dívida no final do período. Dizemos que a política fiscal é sustentável se a dívida cinco anos à frente, por exemplo, for menor ou igual à meta. Evidentemente, segue-se a questão: qual meta escolher? Uma boa forma de aferirmos a sustentabilidade da política fiscal é avaliar se cinco anos à frente a relação dívida-PIB será igual à relação dívida-PIB de hoje. Evidentemente, esse critério de avaliação da sustentabilidade da política fiscal somente será satisfatório se o nível da dívida hoje não for excessivo. Caso contrário, pode-se estabelecer uma meta para a relação dívida-PIB alguns anos à frente e verificar se a política fiscal fará com que a meta seja atendida no prazo estipulado.

A medida do desequilíbrio fiscal é dada pela diferença entre a meta da relação dívida-PIB na data escolhida ($\bar{B}_{t+N}$) e a relação que será observada para a mesma data (B_{t+N}) em função das previsões para a trajetória futura dos gastos, das receitas, do crescimento econômico e da taxa de juros.

Para uma dada meta de dívida para a data $t+N$, $\bar{B}_{t+N}$, dizemos que a política fiscal é sustentável se $B_{t+N} \leq \bar{B}_{t+N}$. Por se tratar de um estoque, muitas vezes é difícil interpretar a diferença $B_{t+N} - \bar{B}_{t+N}$. É conveniente, portanto, trabalhar com uma medida de fluxo que seja equivalente à diferença entre a dívida e a meta de endividamento (ambas N períodos à frente). Nesse caso, definindo-se T como o fluxo de arrecadação pública constante equivalente à arrecadação que será observada e $\bar{T}$ como a meta de arrecadação, dizemos que a política fiscal é sustentável se $T \geq \bar{T}$.[3]

---

[2] Ver Blanchard et al. (1990).
[3] A mesma análise de sustentabilidade da dívida pode ser realizada com as variáveis como proporção do PIB.

2.2 O papel da dívida pública

Há dois motivos para que o setor público carregue dívida pública. *Primeiro*, para o financiamento de investimentos. *Segundo*, para fazer frente a uma receita com maior variabilidade do que o gasto público. Isto é, para suavizar o consumo do governo diante de uma receita variável.

Dívida para financiar investimentos. O primeiro motivo apresenta lógica próxima à lógica privada. Com adaptações, é possível empregarmos critérios privados de análise de projetos. Gastos públicos, mesmo que importantes do ponto de vista do desenvolvimento econômico e social, mas que não geram renda direta ou indiretamente ao estado, não devem ser financiados com elevação da dívida pública. O governo deve financiá-los por meio de receita corrente. Assim, os gastos com saúde, educação, entre outros, devem ser financiados por meio de receita corrente. No entanto, é possível argumentar que esses gastos elevam o crescimento do estado sendo, portanto, uma forma de investimento.

Como regra geral, somente deve-se utilizar o endividamento para financiar investimentos públicos ou gastos públicos, como educação ou saúde, se o impacto direto e indireto sobre a receita futura do setor público apresentar uma taxa interna de retorno maior ou igual à taxa de captação do setor público.

Naturalmente, o tamanho ótimo da dívida pública depende das oportunidades de investimento no estado e das condições de financiamento. Trata-se de lógica simples para ser estabelecida e extremamente complicada para ser aplicada. A aplicação com correção e precisão exige do gestor público mais arte e experiência do que ciência. Quanto menor o custo de captação e maiores as oportunidades de investimento, maior deve ser a dívida pública.

Dívida como instrumento para suavizar a política fiscal. Como afirmamos, a segunda função da dívida pública é permitir que o setor público mantenha uma trajetória de gasto público relativamente estável para uma receita que normalmente é muito variável. A dívida pública permite que haja suavização do gasto. Em anos de receita em baixa a dívida pública cresce, e em anos de receita elevada ela é reduzida.

A receita tributária acompanha de perto a trajetória do produto. Esse, por sua vez, sofre grandes oscilações ao longo do ciclo econômico, produzindo, consequentemente, fortes oscilações na receita pública. Se o setor público desejar compensar a queda da receita tributária em momentos de desaceleração da economia, terá que elevar muito o esforço de arrecadação. Os custos para a sociedade e para o setor público de elevar o esforço de arrecadação devem ser crescentes. Isto é, os efeitos sobre o desestímulo à atividade produtiva acarretado pela tributação, os custos administrativos para as empresas e, principalmente, os custos administrativos associados ao esforço de arrecadação para o governo devem ser crescentes.[4] Do ponto de vista econômico, portanto, é ótimo elevar o endividamento nos momentos em que o produto cresce abaixo da tendência de longo prazo e reduzir o endividamento nos momentos em que o produto cresce acima da tendência de longo prazo. A política fiscal deve ser contracíclica para que haja suavização do esforço de arrecadação ao longo do ciclo econômico.

Note que a elevação da dívida pública em resposta à queda da arrecadação não constitui política de estímulo à demanda agregada. A importância da suavização do esforço de arrecadação ao longo do ciclo econômico é minimizar o custo administrativo para o estado da arrecadação. No entanto, sabemos que a proposição de equivalência entre dívida pública e impostos futuros não se aplica integralmente. Também sabemos que não é verdade que todos os ciclos econômicos são reais.[5] Há, consequentemente, um papel extra para a política fiscal, que é suavizar o ciclo econômico. O gasto público deve ser contracíclico. Quando a economia entra em um período de desaceleração cíclica da atividade, a dívida pública deve elevar-se para "fechar o buraco" aberto entre a queda da arrecadação e a necessidade de elevação do gasto. A política fiscal deve ser contracíclica e a dívida pública é o instrumento de financiamento da política contracíclica.

3. Regra para o uso da renda petrolífera

Esta seção tem duas subseções. Na primeira, apresentamos uma regra conceitualmente simples (de implementação relativamente complexa) para determinar o valor da renda petrolífera que o setor público pode dispor anualmente de forma sustentável para fazer frente aos gastos correntes. Chamamos esta

---

[4] Ver, por exemplo, Barro (1979).
[5] Ver Lucas (1990).

renda de renda petrolífera permanente, RPP. Na segunda subseção apresentamos algumas sugestões para o cálculo da RPP.

3.1 Quanto o setor público pode gastar da renda petrolífera?

A renda petrolífera representa um ativo do setor público e dessa forma deve ser tratada. Do ponto de vista da administração das finanças do setor público, a existência de rendas petrolíferas agrava as características da receita pública, devido ao descasamento entre receita e despesa. *Primeiro*, a enorme variabilidade do preço internacional do petróleo[6] faz com que a componente cíclica da receita petrolífera seja muito maior e muito menos previsível do que a receita de impostos, taxas e contribuições, além das transferências da União. *Segundo*, devido à natureza exaurível do recurso petrolífero, a receita petrolífera não é perene.

A administração da Secretaria da Fazenda do Estado do Rio de Janeiro tem de levar em consideração essas duas características da receita petrolífera. Para tal, tem de reconhecer a diferença que há entre renda petrolífera permanente e renda petrolífera transitória. A renda petrolífera transitória, RPT, é a diferença entre a renda petrolífera permanente, RPP, e a renda petrolífera corrente, RPC.

A RPP é o fluxo de renda equivalente à riqueza petrolífera. A riqueza petrolífera, RP, é definida como o valor presente das rendas petrolíferas futuras recebidas pelo setor público entre o momento presente, t, e o momento de término da exploração das reservas na área do Estado, F. Formalmente:

$$RP_t = \sum_{i=1}^{F} \frac{\theta_{t+1-i} P_{t+1-i} Q_{t+1-i}}{R(t, t+i)}, \quad (1)$$

em que θ_{t+1-i}, P_{t+1-i} e Q_{t+1-i} são respectivamente a fração do valor da produção petrolífera devida ao estado, o preço do petróleo e a quantidade produzida, incluindo todos os valores realizados entre a data $t + i - 1$ e a data $t + i$, com pagamento na data $t + i$. O preço intertemporal $\frac{1}{R(t,t+i)} \equiv \prod_{j=0}^{i-1} \frac{1}{(1+r_{t+j})}$, onde r é a taxa de juros que o setor público utiliza para remunerar sua dívida pública e $R(t, t + i)$ é o desconto do período $t + i$ para t com base na taxa de juros cor-

---

[6] Ver seção 6 de Pessôa (2010).

rente r_{t+j}, representa o inverso da composição das taxas de juros que o governo paga em seu passivo. A fração do valor da produção petrolífera devida ao estado, θ_{t+1-i}, varia ao longo do tempo, pois a lei do petróleo estipula que os *royalties* e a participação especial variam conforme a rentabilidade do campo.

A renda petrolífera permanente, RPP, é calculada com base na RP. Seja $\bar{r}_t$ a taxa de juros média que o setor público utiliza para remunerar a dívida pública.[7] A RPP é dada pela seguinte expressão:

$$RPP = \bar{r}_t RP_t = \bar{r}_t \sum_{i=1}^{F} \frac{\theta_{t+1-i} P_{t+1-i} Q_{t+1-i}}{R(t, t+i)}, \qquad (2)$$

em que: $\bar{r}_t = \lim_{T \to \infty} \left[\prod_{i=0}^{T} (1 + r_{t+i}) \right]^{\frac{1}{T}} - 1$.

A RPP pode ser gasta com qualquer atividade ou programa. Nos primeiros anos em seguida à exploração dos campos petrolíferos no estado e em função da curva de produção da reserva petrolífera, a RPP será menor do que a renda petrolífera corrente, RPC, que é o valor que a Agência Nacional do Petróleo (ANP) transfere aos estados e municípios em função da legislação vigente. A diferença entre a RPP e a RPC, que é a renda petrolífera transitória, RPT, deve ser acumulada na forma de um fundo em uma instituição financeira e a rentabilidade desse fundo tem de ser pelo menos igual ao custo de rolagem da dívida pública do estado.

Assim, o uso adequado da renda petrolífera é acumular ao longo do tempo em um fundo a RPT e disponibilizar para a Secretaria da Fazenda o montante equivalente à RPP para fazer frente aos gastos correntes do estado. Essa regra resolve o problema da grande variabilidade da RPC, pois troca uma renda variável por um fluxo regular, e resolve o problema da finitude do recurso, pois troca uma renda finita no tempo por um fluxo infinito de rendimentos. Também soluciona o problema de fazer frente às necessidades das gerações futuras. A regra distribui de forma equitativa entre as diversas gerações de cidadãos fluminenses a riqueza do petróleo. Dito de outra forma, o fundo que acumula a RPT terá a dupla função de ser um fundo de *regularização* e de *poupança*.

---

[7] $\bar{r}_t$ é a média geométrica das taxas de juros com que o setor público remunera sua dívida (r_t).

3.2 Como calcular a renda petrolífera permanente, RPP?

O cálculo da RPP envolve a construção de diversos cenários para as variáveis em (2). Algumas variáveis são menos incertas. Este é o caso de θ_{t+1} e de Q_{t+1}. O primeiro está estabelecido em lei e o segundo é determinado em função dos campos em atividade e das melhores práticas da indústria. Portanto, podem ser previstos com alguma precisão. A maior dificuldade do cálculo da RPP é a grande variabilidade do preço do petróleo. Apesar de todas as dificuldades, é necessário que o governo proceda a um cálculo da renda petrolífera para decidir sua política de gastos.

Como afirmamos, o cálculo da RPP requer a construção de cenários para a evolução das diversas variáveis necessárias para a computação da expressão (2). O leitor atento deve ter notado que a RPP, como definida em (2), deveria ser indexada no tempo. Isto é, deveríamos escrever RPP_t e não simplesmente RPP. A passagem do tempo altera o valor de (2). No entanto, é possível mostrar que, se ao longo do tempo a realização das variáveis for igual à sua previsão quando do cálculo da RPP, o valor da RPP será invariante no tempo. No entanto, sabemos que haverá sempre erros de previsão no cálculo da RPP. Assim, é recomendável que periodicamente o estado revise suas previsões para a RPP e, consequentemente, revise sua política de gastos.

4. Implementação prática da regra

Na seção anterior mencionamos que o estado deveria constituir um fundo em uma instituição financeira no qual a renda petrolífera transitória, RPT, seria acumulada. O fundo funcionaria para regularizar uma renda muito volátil para um gasto que é muito estável, e também funcionaria como poupança para legar às gerações futuras parte da riqueza exaurível do petróleo. Uma argumentação contrária à criação do fundo é que esse já existe na prática, afinal, o setor público tem uma dívida. Toda a RPT poderia ser utilizada para resgatar a dívida pública. Os atuais instrumentos permitem que o setor público escolha qualquer trajetória da política fiscal. Em particular, a dívida pública é o instrumento para que o setor público proceda à suavização do esforço administrativo de arrecadação e utilize política contracíclica se avaliar ser necessário. Nesta seção elaboramos os motivos que justificam a criação de um fundo independente para acumular as receitas petrolíferas.

Esta seção está subdividida em três subseções. Na primeira, em função da discussão do parágrafo anterior, expomos as justificativas para a constituição de um fundo para administrar a renda petrolífera. Na segunda subseção apresentamos as adaptações necessárias à contabilidade do setor público em função da existência das receitas petrolíferas. Finalmente, na terceira subseção, discutimos o tratamento de diversas aplicações práticas da receita petrolífera.

4.1 Justificativa para a criação de um fundo para aplicar a renda petrolífera

Há forte evidência de que inúmeros países não se beneficiaram da renda resultante da existência do recurso natural em seus territórios. A literatura é abundante. Apesar de não haver consenso com relação aos motivos do desempenho ruim das economias baseadas na exploração de recursos não renováveis,[8] há o reconhecimento de que a falta de transparência desempenha um papel preponderante. No capítulo de fechamento do volume dedicado aos mecanismos para escapar da maldição dos recursos naturais, Humphreys, Sachs e Stiglitz (2007b) mostram que a transparência é um instrumento essencial para combater a maldição dos recursos naturais. Apesar de não haver consenso na forma exata de como a transparência atua para combater o mau uso dos recursos naturais, os autores reportam inúmeros trabalhos recentes que sugerem que maiores níveis de transparência estão associados a melhores usos dos recursos. Segundo os autores:

> Esses argumentos são convincentes e encontram suporte na evidência empírica existente sobre os efeitos da transparência. Eles sugerem que o *primeiro passo em direção à reversão da maldição dos recursos naturais é a remoção das camadas de segredo que continuam a envolver inúmeros aspectos da indústria petrolífera.* (Humphreys, Sachs e Stiglitz, 2007b:331, tradução livre, ênfase no texto original.)

Em linha com o diagnóstico acima, a constituição de um fundo, bem como a adoção de algumas regras para contabilizar a receita petrolífera têm a

---

[8] Hausmann e Rigobon (2003) apresentam as diversas explicações que têm sido sugeridas pela literatura para a maldição dos recursos naturais.

função de elevar o controle social sobre o uso dos recursos e, desta forma, elevar a eficiência do uso dos recursos petrolíferos. Isto é, motivos de economia política justificam a constituição de um fundo para administrar a receita petrolífera e não a economia positiva, visto que o Estado já conta com todos os instrumentos que precisa para executar a política fiscal mais adequada.

Há inúmeras experiências com fundos para administrar receitas petrolíferas.[9] Em geral, o fundo tem natureza privada. Há um conselho gestor do fundo, escolhido pelo executivo e aprovado pelo legislativo. O conselho teria uma estrutura de mandatos de uma agência reguladora: os mandatos seriam alternados e um governante em um único mandato não conseguiria escolher todos os membros do conselho gestor. O conselho gestor teria autonomia para estabelecer as linhas gerais da política de investimentos do fundo, decidir, a partir do estabelecido em lei, a política de desembolso e direcionamento dos recursos à Secretaria da Fazenda (para fazer frente aos gastos correntes do governo) ou diretamente a programas de investimento em infraestrutura física ou no de desenvolvimento social. O órgão gestor do fundo será um banco privado ou público que será responsável pela aplicação dos recursos de acordo com a política geral de investimento decidida pelo conselho gestor do fundo. Uma possibilidade a considerar é que a instituição financeira gestora do fundo garanta uma remuneração mínima ao fundo e compartilhe os ganhos adicionais com o fundo. O ideal é que uma parte do risco da gestão do fundo seja de responsabilidade do órgão gestor. Finalmente, a gestão do fundo seria periodicamente submetida aos órgãos de controle do estado, como o TCE, e a controles de auditores externos. Haveria ampla divulgação por meio eletrônico dos relatórios dos controles internos e das auditorias externas.

4.2 Adaptação da contabilidade do setor público às receitas petrolíferas

Também para contribuir para aumentar a transparência e preparar o estado para o momento em que a renda petrolífera deixará de existir, é im-

---

[9] Ver Davis et al. (2003), Skancke (2003), Wakeman-Linn et al. (2003) e Bell e Faria (2007) para recomendações quanto ao desenho institucional dos fundos petrolíferos.

portante que se adapte a contabilidade do setor público à existência da renda petrolífera.

Deve haver três contas separadas nas quais seja contabilizada a evolução dos estoques de ativos ou passivos do setor público. A primeira registrará a evolução da dívida pública do estado. A segunda fará o registro da evolução dos ativos do fundo de rendas do petróleo e a terceira, a redução ao longo do tempo da riqueza petrolífera. A terceira conta justifica-se, pois a renda petrolífera não constitui de fato uma renda, mas representa o uso da riqueza petrolífera. Conforme a sociedade acompanhe a acumulação de ativos no fundo privado de acumulação das rendas petrolíferas, ela também acompanha a desacumulação da riqueza mineral que a natureza legou ao estado.

Com relação à contabilização dos fluxos de receita e gastos do estado, é importante que haja duas contabilidades. A primeira, excluindo as receitas petrolíferas, e a segunda, incluindo-as. A importância do acompanhamento pelo poder público e pelo cidadão da evolução das contas públicas excluindo a receita petrolífera é preparar o estado e a sociedade para o momento em que haverá o fim da riqueza petrolífera. Assim, haverá duas rubricas "receita" na demonstração de resultados do estado — a primeira excluindo e a segunda incluindo a receita petrolífera — e duas rubricas "resultado primário do governo do estado", excluindo e incluindo a receita petrolífera.

A receita petrolífera do estado que será contabilizada na forma de receita pública e será utilizada para computar o resultado primário será a transferência de recursos do fundo de rendas petrolíferas à Secretaria da Fazenda estadual e não a renda petrolífera transferida pela ANP ao estado. Essa última deve ser transferida ao fundo das receitas petrolíferas. Lembremos que os recursos transferidos do fundo de rendas petrolíferas à Secretaria da Fazenda correspondem à renda petrolífera permanente, RPP. Esses recursos podem ser livremente gastos pelo estado.

4.3 Política de aplicação do recurso

O estado deve gastar anualmente a RPP que será transferida do fundo de acumulação de rendas petrolíferas à Secretaria da Fazenda. A RPP deve ser tratada como uma renda qualquer do setor público. Pode ser utilizada para custear os gastos de custeio e consumo do governo.

Pode-se gastar com o investimento valores da renda petrolífera além da RPP, pois o investimento apresenta, da mesma forma que a riqueza mineral, o caráter de não ser recorrente. Ou seja, o fundo petrolífero pode transferir ao estado valores superiores à RPP desde que sejam para financiar investimentos cuja rentabilidade ao estado, direta e indiretamente, seja superior ao custo de captação do setor público.

Entretanto, não se devem utilizar as rendas petrolíferas em montante superior a RPP para custear aposentadorias dos funcionários públicos. As aposentadorias do setor público são salários diferidos no tempo. Isto é, constituem um gasto corrente. Assim, somente podem ser gasto com aposentadoria valores até o limite da renda petrolífera permanente, RPP. Uma exceção são gastos com aposentadorias que sejam *once and for all*, isto é, sejam não recorrentes.

Por exemplo, suponhamos que o setor público decida construir um fundo de pensão que funcione no regime de capitalização. Os trabalhadores da ativa irão aportar recursos para o fundo. Os aportes dos funcionários serão custeados pelos próprios na forma de deduções dos salários. A renda petrolífera pode ser utilizada para manter as aposentadorias dos inativos. Isto é, a renda petrolífera pode ser empregada para pagar o custo da transição de um sistema de repartição para um sistema fundado, já que o custo de transição representa um gasto não recorrente do setor público.

5. Aplicação para o estado do Rio de Janeiro

Esta seção tem como objetivo analisar se o governo do estado do Rio de Janeiro está utilizando uma quantidade de recursos compatível com a renda permanente oriunda das receitas do petróleo. Para tanto, calculamos uma RPP das receitas do petróleo no estado. Esse cálculo somente é possível com a utilização de alguns parâmetros-base: expectativa de evolução da produção, expectativa do preço do barril de petróleo em dólares, expectativa do câmbio e duração das reservas.

A simulação das receitas futuras do petróleo do estado do Rio de Janeiro utiliza como base as receitas recebidas pelo estado entre 2007 e 2011, apresentadas na tabela 1.

Tabela 1
Receitas do petróleo do estado do Rio de Janeiro
(em milhões de reais), preço do barril e câmbio

	2007	2008	2009	2010	2011
Royalties	1.564	2.263	1.709	2.027	2.469
Participação Especial	2.903	4.321	3.190	3.735	4.776
Receita Total com Petróleo	4.467	6.583	4.900	5.761	7.245
US$/Barril	71	84	57	77	108
R$/Barril	138	142	117	136	178
Câmbio R$/US$	1,95	1,69	2,04	1,76	1,65

Fonte: ANP.

Como exposto na tabela 1, o estado do Rio de Janeiro recebeu entre 2007 e 2011[10] uma receita média anual com petróleo de R$ 5,8 bilhões de reais, com 34,6% desses recursos originados dos *royalties* e 65,4% de participações especiais. Como se pode observar na tabela 1, parte importante da variação dos recursos de petróleo é decorrente da variação do preço do barril de petróleo.[11]

Logo, um exercício importante é retirar a volatilidade do preço do barril de petróleo para poder calcular com mais confiança a receita permanente que o estado recebe. A tabela 2 apresenta os recursos obtidos pelo estado do Rio de Janeiro com base no preço mínimo em reais por barril de petróleo entre 2007 e 2011 e outra estimativa de receita baseada no plano de negócios da Petrobras.[12]

---

[10] Os dados de preço do barril do petróleo foram obtidos em: <www.anp.gov.br/?pg=61387&m=&t1=&t2=&t3=&t4=&ar=&ps=&cachebust=1343932165341#Se__o_2>.
[11] As duas séries possuem uma correlação de 0,78.
[12] O plano de negócios da Petrobras indica um preço do barril de petróleo de US$ 90 e uma taxa de câmbio de R$ 1,73 por dólar no longo prazo. Para mais detalhes, ver o site: <http://portalpetrobras.petrobras.com.br/conteudo/petr_banco_anexos/a_petrobras/plano.pdf>.

Tabela 2
Receitas do petróleo do estado do Rio de Janeiro
(em milhões de reais) ajustadas pelo preço do barril

	2007	2008	2009	2010	2011
Hipótese de preço					
Preço Observado	4.467	6.583	4.900	5.761	7.245
Preço Mínimo 2007-11: R$ 116,74	3.767	5.407	4.900	4.938	4.742
Preço Plano de Negócios Petrobras: R$ 155,7	5.024	7.212	6.535	6.585	6.325

Fonte: Elaboração própria com dados da ANP.

O preço do barril de petróleo ajustado pelo valor mínimo do período e pelo valor esperado no longo prazo pela Petrobras visa não inflar a receita esperada de petróleo do estado do Rio de Janeiro em função da utilização de um preço temporariamente muito elevado.

A partir da receita média ajustada pelo preço do barril do petróleo, estima-se o valor presente e a RPP com base na receita média e na receita mínima do período 2007 a 2011. Para tal, utiliza-se a expectativa de evolução da produção física de petróleo no país, com base no plano de negócios da Petrobras. Esse plano indica que a produção deve crescer em torno de 2% a.a. nos anos de 2012 e 2013. O ritmo de elevação da produção aumenta para a faixa entre 4% e 6% a.a. entre 2014 e 2016 e deve atingir uma taxa superior aos 10% a.a. entre 2016 e 2020.

Para a realização deste exercício adotou-se uma taxa de crescimento mais conservadora de 2% a.a. para todos os períodos na atualização das receitas de *royalties* e participação especial. Ou seja, utilizou-se uma taxa de crescimento inferior à expansão física programada, pois parte importante dos poços da bacia de Campos inicia a fase de declínio na produção. Ao mesmo tempo, os novos poços do pré-sal devem ter um custo de extração mais elevado, reduzindo os ganhos por barril da receita de participação especial. Por último, as receitas por barril de petróleo devem cair no estado do Rio de Janeiro nos próximos anos. As mudanças na distribuição de *royalties* devem reduzir a parcela desses que o estado receberá e a implantação do regime de partilha deve reduzir (ou acabar) com a participação especial.

A taxa de desconto para cálculo do valor presente será a mesma que a taxa de juros real com que o setor público remunera sua dívida. Para dar mais robustez aos resultados, adotamos três taxas de desconto (juros) distintas: 3%, 5% e 7%. A última hipótese necessária para o cálculo da RPP é o período de duração das reservas. Neste caso, utilizaremos cinco períodos distintos: 20 anos, 25 anos, 50 anos, 100 anos e infinito.

A tabela 3 apresenta a RPP calculada com base nas receitas de petróleo do estado do Rio de Janeiro a partir das hipóteses antes reportadas. A primeira parte da tabela, chamada de hipótese conservadora, utiliza como base para a simulação a receita mínima entre 2007 e 2011 obtida com um preço do barril de petróleo em reais de R$ 111,7. A hipótese mais otimista utiliza como base para a simulação a receita média entre 2007 e 2011 ajustada pelo preço do barril de petróleo do plano de negócios da Petrobras de R$ 155,7 o barril.

Na hipótese conservadora, a tabela 3 indica que o governo poderia gastar de forma sustentável, com uma taxa de desconto de 5%, em um período de 20 anos, um valor de R$ 2,9 bilhões. Caso utilize-se a receita média como base para a simulação, o governo do estado poderia gastar até R$ 3,8 bilhões.

Tabela 3
RPP (em milhões de reais) das receitas de petróleo do estado do Rio de Janeiro

Cenário Conservador	Preço do Barril: R$ 111,7				
Taxa de juros	Período de exploração				
	20 anos	25 anos	50 anos	100 anos	Infinito
3%	2.063	2.519	4.494	7.252	11.640
5%	2.900	3.399	5.045	6.229	6.592
7%	3.476	3.937	5.128	5.596	5.643
Cenário Otimista	Preço do Barril: R$ 155,7				
Taxa de juros	Período de exploração				
	20 anos	25 anos	50 anos	100 anos	Infinito
3%	3.471	4.238	7.558	12.198	19.579
5%	3.868	5.716	8.486	10.477	11.088
7%	5.847	6.622	8.624	9.412	9.492

Fonte: Elaboração própria com dados da ANP e Petrobras.

Com base na hipótese do plano de negócios da Petrobras, o preço do barril de petróleo em reais seria de R$ 155,70, o que possibilitaria um gasto sustentável do estado de R$ 5,7 bilhões, caso a reserva tenha duração de 25 anos e a taxa de juros seja de 5%.

Uma vez determinada a capacidade de gastos do estado, analisamos como o mesmo está gastando os recursos oriundos das receitas de petróleo no estado. A tabela 4 mostra os gastos oriundos das receitas de petróleo no estado do Rio de Janeiro. Com base na tabela 4, pode-se observar que o gasto máximo do estado do Rio de Janeiro atingiu R$ 2,75 bilhões de reais, um gasto sustentável com base em diversas RPPs calculadas na tabela 3.

Tabela 4
Gastos do estado do Rio de Janeiro com
recursos do petróleo (em milhões de reais)

2007	2008	2009	2010	2011
2.231	2.418	2.360	2.752	2.467
Média		Mínimo		Máximo
2445		2231		2752

Fonte: <www.fazenda.rj.gov.br/portal/index.portal?_nfpb=true&_pageLabel=boletim>.

A comparação dos dados da tabela 3 (que mostra as possibilidades de gastos do estado) com os dados da tabela 4 (que mostra os gastos efetivos) indica que o mesmo não estaria gastando acima da RPP. Entretanto, parcela importante dos recursos oriundos de receitas de petróleo é utilizada para capitalizar o fundo de pensão dos servidores do estado e não está registrada como parte dos gastos correntes. Logo, os repasses para o Rio Previdência não estão computados na tabela 3. Isto é, esses gastos teoricamente estão sendo poupados e capitalizados em um fundo de investimento para fazer frente aos compromissos futuros do estado com o fundo de pensão dos funcionários públicos. Argumentamos na seção anterior que esse tipo de aporte somente se justifica se for para financiar a transição de um sistema de previdência de repartição por um sistema fundado, ou se o repasse ao Rio Previdência somado aos gastos correntes financiados com petróleo for inferior à RPP. O estado do Rio de Janeiro não possui um fundo de previdência com contas individuais do tipo contribuição definida. No entanto, esses recursos podem constituir uma poupança futura. O pior caso ocorrerá se os aportes à previdência do estado do Rio de Janeiro somados aos gastos correntes do estado financiados por recursos do petróleo superarem o valor da RPP. Isto é, não serem na prática aportes para a previdência em um fundo que é capitalizado, mas sim gastos correntes que superam a RPP. Se esse for o caso, os dados da tabela 4 não estão corretos. Infelizmente, esse parece-nos ser o caso.

Com base nos dados disponíveis no site do Rio Previdência[13] calculamos o saldo da previdência do estado com e sem as receitas do petróleo.[14] Segundo os dados da tabela 5, o estado do Rio de Janeiro gasta grande parte de seus recursos com o objetivo de reduzir o rombo do Rio Previdência.

Tabela 5
Receitas, despesas e saldo do Rio Previdência

	2009	2010	2011
Receita total com petróleo	2.526	3.654	4.486
Receitas com *royalties*	790	1.166	1480
Receitas com participação especial	1.736	2.488	3.006
Receita total	6.334	8.086	10.101
Despesa total	6.809	8.437	9.534
Saldo	– 475	– 351	567
Saldo sem receitas de petróleo	– 3.001	– 4.005	–3.919

Fonte: Rio Previdência.

Desta forma, concluímos que o gasto efetivo do estado com recursos do petróleo é muito superior ao reportado na tabela 4, visto que os recursos injetados no Rio Previdência não estão sendo acumulados, mas gastos de forma a viabilizar os pagamentos dos atuais inativos. Repetindo o que afirmamos na seção anterior, se em paralelo a esses gastos os atuais funcionários ativos estivessem aportando recursos para um fundo de pensão do tipo contribuição definida, de forma que os gastos do estado com aposentadoria fossem transitórios — somente para os atuais inativos e os ativos mais antigos —, não haveria problema, pois teríamos um gasto não recorrente sendo financiado por uma receita não recorrente.

---

[13] Disponível em: <www.rioprevidencia.rj.gov.br/governanca/relatorios_governca.htm>.
[14] Com base no site do Rio Previdência utilizou-se os dados do fluxo de caixa dos relatórios de governança para calcular os saldos: com e sem as receitas de petróleo.

A tabela 6 mostra os gastos totais acrescidos das injeções de capital realizadas pelo governo no Rio Previdência. Os gastos do governo do estado do Rio de Janeiro estão nos últimos dois anos acima de R$ 6 bilhões.

Tabela 6
Gastos mais injeções no Rio Previdência

	2009	2010	2011
Gastos	2.360	2.752	2.467
Injeção Rio Previdência	2.527	3.654	4.486
Gasto total	4.886	6.405	6.952

Fontes: <www.rioprevidencia.rj.gov.br/governanca/relatorios_governca.htm>; <www.fazenda.rj.gov.br/portal/index.portal?_nfpb=true&_pageLabel=boletim>.

Esses gastos somente são compatíveis com reservas de pelo menos 100 anos e uma taxa de juros de 3%, no caso conservador. No caso otimista, esse tipo de gastos somente pode ser pago na presença de uma RPP com reservas de acima 50 anos ou com uma taxa de juros reais de 7% a.a.

6. Conclusão

O capítulo apresentou um roteiro de ações que o estado do Rio de Janeiro pode adotar para que o estado utilize da melhor forma possível os recursos provenientes da receita petrolífera. Naturalmente, a adaptação das diretrizes apresentadas no texto em medidas práticas e efetivas de política econômica e de construção de instituições dependerá do engenho e arte dos gestores do governo fluminense, bem como da capacidade do governo em envolver o Legislativo e a sociedade nesse debate. Dois são os princípios básicos defendidos no texto. *Primeiro*, a renda petrolífera constitui uma riqueza e como tal deve ser tratada. Os mesmos cuidados que o Executivo tem ao decidir elevar o endividamento do setor público para custear um investimento deve-se ter ao decidir empregar a renda petrolífera em um programa específico. *Segundo*, como a riqueza do petróleo representa riqueza não recorrente, a receita petrolífera deve ser parcialmente poupada. Isto é, um estado em que boa parte de sua receita advém do petróleo deve utilizar para gastos correntes somente a RPP. Esse não parece ser o caso do Rio de Janeiro. Embora os gastos correntes financiados com receitas do petróleo sejam inferiores à RPP, os repasses de recursos do petróleo para o Rio previdência ocasionam um gasto total (gastos correntes + repasses) superior à RPP. É importante ressaltar que a estimativa da RPP neste trabalho é bastante otimista. Não se incorporou nos cálculos a provável redução das receitas de petróleo em virtude da futura repartição dos *royalties* e da redução (ou extinção) das receitas de participações especiais devido à introdução do sistema de partilha. Nesse caso, seria recomendado que o estado do Rio de Janeiro crie um fundo de poupança e capitalize a parcela da renda que excede a RPP.

Referências

ANP. Disponível em: <www.anp.gov.br/?pg=61387&m=&t1=&t2=&t3=&t4=&ar=&ps=&cachebust=1343932165341#Se__o_2>. Acesso em: 12 jul. 2012.

BARRO, R. On the determination of the public debt. *Journal of Political Economy*, v. 87, n. 5, Parte 1, p. 940-971, 1979.

BELL, J.; FARIA, T. Critical issues for a revenue management law. In: HUMPHEYS, M.; SACHS, J.; STIGLITZ, J. (Ed.). *Escaping the resource curse*. Nova York: Columbia University Press, 2007. cap. 11.

BLANCHARD, O. et al. The sustentability of fiscal policy: new answers to an old question. *OECD Economic Studies*, n. 15, 1990.

DAVIS, J.; OSSOWSKI, R.; FEDELINO, A. (Ed.). *Fiscal policy formulation and implementation in oil-producing countries*. Washington: International Monetary Fund, 2003.

_____ et al. Stabilization and savings fund for nonrenewable resources: experience and fiscal policy implication. In: DAVIS, J.; OSSOWSKI, R.; FEDELINO, A. (Ed.). *Fiscal policy formulation and implementation in oil-producing countries*. Washington: International Monetary Fund, 2003. cap. 11.

FAZENDA do Rio de Janeiro. Disponível em: <www.fazenda.rj.gov.br/portal/index.portal?_nfpb=true&_pageLabel=boletim>. Acesso em: 9 jul. 2012.

HAUSMANN, R.; RIBOGON, R. An alternative interpretation of the "resouce curse": theory and policy implications. In: DAVIS, J.; OSSOWSKI, R.; FEDELINO, A. (Ed.). *Fiscal policy formulation and implementation in oil-producing countries*. Washington: International Monetary Fund, 2003. cap. 2.

HUMPHEYS, M.; SACHS, J.; STIGLITZ, J. H. (Ed.). *Escaping the resource curse*. Nova York: Columbia University Press, 2007a.

_____; _____; _____. Fucture directions for the management of natural resources. In: _____; _____; _____ (Ed.). *Escaping the resource curse*. Nova York: Columbia University Press, 2007b. cap. 12.

LUCAS, R. E. *Models of business cycles*. Yrjo Jahnsson Lectures. Cambridge: Basil Blackwell Inc., 1990.

PESSÔA, S. O uso da renda petrolífera pelo estado do Espírito Santo. In: VITALI, A. P.; VESCOVI, J.; BONELLI, R. (Ed.). *Espírito Santo: instituições, desenvolvimento e inclusão social*. Vitória, Instituto Jones dos Santos Neves, 2010. cap. 8.

RIO Previdência. Disponível em: <www.rioprevidencia.rj.gov.br/governanca/relatorios_governca.htm>. Acesso em: 9 jul. 2012.

SKANCKE, M. Fiscal policy and petroleum fund in Norway. In: DAVIS, J.; OSSOWSKI, R.; FEDELINO, A. (Ed.). *Fiscal policy formulation and implementation in oil-producing countries*. Washington: International Monetary Fund, 2003. cap. 12.

VITALI, A. P.; VESCOVI, J.; BONELLI, R. (Ed.). *Espírito Santo: instituições, desenvolvimento e inclusão social*. Vitória: Instituto Jones dos Santos Neves, 2010.

WAKEMAN-LINN, J. et al. Oil fund in transitional economies: Azerbijan and Kazakhstan. In: DAVIS, J.; OSSOWSKI, R.; FEDELINO, A. (Ed.). *Fiscal policy formulation and implementation in oil-producing countries*. Washington: International Monetary Fund, 2003. cap. 13.

Capítulo **13**

Estrutura das finanças públicas do estado do Rio de Janeiro

Mansueto Almeida
Alexandre Manoel *

1. Introdução

Este capítulo analisa a evolução das contas fiscais do estado do Rio de Janeiro, destacando o contexto histórico recente, a partir da segunda metade da década de 1990, quando as dívidas dos estados no Brasil foram renegociadas pelo governo federal, os bancos estaduais foram privatizados e, em decorrência desses ajustes, os estados evoluíram de uma situação deficitária para uma situação de contas fiscais mais sólidas, com a geração consistente de superavit primário.

Em que medida o Rio de Janeiro segue esse padrão geral de ajuste ocorrido em outros estados, principalmente quando comparado aos demais estados da região Sudeste? Como tem sido a evolução da receita e da despesa pública do estado do Rio de Janeiro nos últimos quatro anos? O estado tem conseguido conciliar o pagamento de sua dívida com maior capacidade de investimento? Essas são perguntas que serão respondidas ao longo deste capítulo.

Observe-se, porém, que o objetivo deste capítulo não é fazer uma análise minuciosa das contas fiscais do Rio de Janeiro. O objetivo dos autores é antes mostrar para o leitor dados básicos das finanças do Rio de Janeiro, ao mesmo tempo que esses dados são contextualizados no debate atual da necessidade de aumento do investimento público, redução da carga tributária e manutenção

---

* Os autores são economistas do Instituto de Pesquisa Econômica Aplicada (Ipea).

do equilíbrio fiscal. Por exemplo, é possível um estado importante na federação — em termos de Produto Interno Bruto (PIB), como é o estado do Rio de Janeiro — avançar sozinho nessa agenda, independentemente das ações do governo federal? É esse o tipo de debate a que os autores se propõem, ainda que de forma preliminar, dado o limite natural de espaço em um livro.

Além desta introdução, este capítulo divide-se em cinco seções. Na segunda seção, faz-se uma contextualização dos ajustes fiscais dos estados coordenados pelo governo federal, logo após a implantação do Plano Real. Em seguida, na terceira seção, analisam-se alguns itens da despesa e da receita do estado do Rio de Janeiro e dos demais estados do Sudeste. A quarta seção investiga com mais detalhes as contas fiscais do estado do Rio de Janeiro de 2007 a 2011, destacando a estrutura da despesa e da receita. A quinta seção compara a estrutura de gasto do estado do Rio de Janeiro com a do governo federal, e a última seção tece algumas considerações finais.

2. Governo federal e o ajuste fiscal dos estados

A busca do equilíbrio fiscal em todos os níveis de governo (município, estado e governo federal) após o Plano Real é um dos fatores determinantes do sucesso do Plano Real. Um dos grandes méritos desse plano de combate à inflação foi conciliar medidas heterodoxas (introdução da URV) com medidas ortodoxas (ajuste fiscal) para combater o processo inflacionário no Brasil.

No entanto, em virtude do estoque de desequilíbrios acumulados ao longo de décadas, a exemplo de dívidas que não eram contabilizadas nem demonstradas contabilmente como passivos contingentes, as quais deram surgimento aos "esqueletos"[1] descobertos ao longo da década de 1990, a busca por maior equilíbrio fiscal não foi fácil. Adicionalmente, a inflação elevada servia como mecanismo de "equilíbrio fiscal" via atraso de pagamentos para equilibrar receitas com despesas, mecanismo que ao deixar de existir também revelou desequilíbrios ocultos.

Além desses obstáculos para gerar "equilíbrio fiscal", havia ainda outro: o sistema de repartição de impostos da União com estados e municípios, estabelecido na Carta Magna de 1988, o qual induzia o governo federal a aumentar

---

[1] Na literatura de finanças públicas, são chamados *hidden liabilities*.

a participação das contribuições sociais e econômicas, as quais não precisavam ser repartidas com os demais entes federativos. Porém, isso enfraquecia os estados em detrimento da União. Isso tornava mais árdua a tarefa dos governos estaduais de sanearem suas finanças e forçava o governo federal a aumentar sua parcela de responsabilidade no ajuste fiscal brasileiro.

Assim, a estratégia de equilíbrio fiscal após o Plano Real envolveu três elementos: (i) renegociar as dívidas de estados (por meio da Lei nº 9.496/1997), desde que os estados se comprometessem a fechar ou privatizar seus bancos estaduais e adotassem um programa de ajuste fiscal; (ii) aumentar a carga tributária por meio do uso crescente da criação e elevação das alíquotas de contribuições sociais e econômicas, as quais se constituem em receitas que têm finalidades específicas e que, ao contrário dos impostos, não precisam ser repartidas com estados e municípios; e (iii) adotar o mecanismo temporário de desvinculação de parcela da receita de contribuição do orçamento da seguridade social.[2] Adicionalmente, com a aprovação da Lei de Responsabilidade Fiscal (LRF), Lei Complementar nº 101, de 4 de maio de 2000, novas restrições foram impostas nos vários níveis de governo, as quais restringiram ainda mais a capacidade de os estados, municípios e governo federal aumentarem a dívida ou criarem novos gastos sem definir a fonte de receita.

Esse conjunto de medidas e o maior comprometimento institucional com o equilíbrio fiscal redundaram em expressivo alongamento e na melhoria do perfil da dívida pública federal. A título de ilustração, antes do Plano Real, em 1990, por exemplo, o prazo médio da dívida pública federal chegou a ser de cinco meses, sendo a dívida composta quase que integralmente por LFTs — títulos indexados à taxa Selic, os quais diminuem a potência da política monetária. Nos anos recentes, o prazo médio da dívida pública federal tem se aproximado de quatro anos (48 meses) e as LFTs têm representado aproximadamente 30% do estoque dessa dívida.

Todavia, ao que parece, há razões que apontam que os mecanismos de controle do ajuste fiscal parecem ter sido muito mais rígidos e efetivos para os entes subnacionais do que para o governo federal, que continua usufruindo de

---

[2] O crescimento das contribuições colaborou para a elevação do resultado primário pelo mecanismo de desvinculação das receitas iniciadas, em 1994, com o Fundo Social de Emergência (FSE), renovado, em 1996, sob a denominação de Fundo de Estabilização Fiscal (FEF) e, a partir de 2000, ganhou a atual denominação de Desvinculação da Receita da União (DRU).

mecanismos para flexibilizar os controles impostos pela LRF. É possível destacar pelo menos três razões para corroborar essa tese.

Primeiro, ao contrário dos estados, que têm um teto de endividamento, estabelecido pelo Senado Federal em duas vezes a Receita Corrente Líquida, além de controles adicionais exigidos pelo Tesouro Nacional, decorrentes da renegociação da dívida, por meio da Lei nº 9.496/1997, não há limites estabelecidos para o endividamento do governo federal, apesar da LRF prever que esse limite deveria ser estabelecido pelo Senado Federal (art. 30 da LC nº 101/2004). O não estabelecimento de um teto para a dívida mobiliária do governo federal, em conjunto com a propriedade do Tesouro de um banco de desenvolvimento, o BNDES, acabou representando um mecanismo para o governo federal escapar dos limites de controle estabelecidos na LRF. Por exemplo, se o governo quiser financiar a construção de um trem-bala, um projeto de mais de R$ 40 bilhões, pode fazê-lo pela emissão de dívida e empréstimos para o BNDES. Ou seja, no caso de incentivos setoriais e crédito para investimento, a LRF se tornou inócua como mecanismo de controle do orçamento para o governo federal.

Segundo, apesar de a Constituição Federal prever o aumento das contribuições sociais para financiar novas despesas sociais, o governo federal aumentou essas contribuições além do necessário para financiar esses gastos. Dado que as contribuições sociais são receitas que não precisam ser repartidas com estados e municípios, em vez de aumentar a arrecadação via impostos que, necessariamente, seria compartilhada com estados e municípios, o governo aumentou as contribuições sociais com o intuito de aumentar sua arrecadação e o superavit primário. Adicionalmente, com a criação da DRU que desvincula parte do orçamento da seguridade social (receita de contribuições), o governo federal fez uso de parte da receita de contribuições que deveria financiar despesas sociais para financiar qualquer tipo de despesa. No entanto, a estratégia de aumentar o primário por meio da criação de novas contribuições sociais (para não repartir receita com estados e municípios) sinalizava para grupos organizados que havia "sobra de recursos" na área social.

Assim, ao longo dos anos, ocorreram pressões cada vez maiores de grupos organizados para garantir que houvesse um aumento das despesas sociais, já que "sobravam recursos" do orçamento da seguridade social (previdência, assistência social e saúde) e, quando parte dessas pressões era atendida, gerava-se a necessidade de novos aumentos de receitas[3] — ver Rezende, Oliveira e Araújo (2007:29-79). Esse problema de uso crescente de contribuições e a progressiva concentração da arrecadação total nas mãos do governo federal geraram tensões entre os governos subnacionais, que culminaram na disputa em torno dos *royalties*.

Terceiro, os controles da LRF em relação ao uso de despesas empenhadas e não pagas, os chamados restos a pagar, representaram de fato um controle na gestão de caixa dos estados e municípios, mas não do governo federal. A LRF estabelece que nenhum governo (município, estado ou governo federal) pode deixar restos a pagar para seu sucessor, sem que deixe em caixa os recursos financeiros para o pagamento dessas despesas não pagas. Essa restrição funciona para estados e municípios, mas não para o governo federal, já que o saldo de sua conta no Banco Central ultrapassa R$ 400 bilhões. O valor tão elevado do saldo da conta única do Tesouro Nacional decorre, em parte, do fato de que parte do superavit primário é gerada pela retenção de receitas vinculadas, ou seja, receitas de contribuições que têm destinos específicos. Assim, ao contrário dos estados e municípios, o governo federal tem um elevado grau de flexibilidade para utilizar atrasos no pagamento, restos a pagar, para fechar suas contas no final do ano, seja ou não ano de eleição.

Assim, a análise que se segue das contas do estado do Rio de Janeiro deve ser entendida dentro do contexto geral de progressiva melhora nas contas públicas do Brasil desde o Plano Real. Mas, mesmo com os avanços já obtidos, o governo federal ainda goza de uma restrição orçamentária menos rígida do que aquela imposta aos estados e municípios.

3. Finanças do estado do Rio de Janeiro e da região Sudeste

Esta seção traz uma descrição da evolução das receitas e das despesas do estado do Rio de Janeiro, comparando-as com os dados para os demais estados da região Sudeste. O objetivo é contextualizar as receitas e despesas do Rio de Janei-

---

[3] Isso foi exatamente o que aconteceu com a extinção da Contribuição Provisória sobre Movimentação ou Transmissão de Valores e de Créditos e Direitos de Natureza Financeira (CPMF), em 2007, e com o crescimento contínuo das despesas da seguridade social, que tornaram o mecanismo da desvinculação de receitas irrelevante para o equilíbrio fiscal.

ro no âmbito dos estados da região Sudeste, que estão sujeitos às mesmas restrições institucionais e possuem situações socioeconômicas relativamente parecidas.

3.1 A evolução das receitas

De modo geral, nos anos anteriores à implantação do Plano Real, a economia brasileira apresentava taxas de inflação elevadas. Essas taxas geravam significativas receitas com senhoriagem,[4] as quais eram fundamentais não apenas para manter a sustentabilidade da dívida pública brasileira (Issler e Lima, 1999), mas também para financiar as despesas primárias dos governos federal, estaduais e municipais.

Logo após a implantação do Plano Real, no período entre 1995 e 1997, com o consequente declínio das taxas de inflação, as receitas com as privatizações, em conjunto com as de operação de crédito, compensaram as perdas com as receitas com senhoriagem, antes originadas nas elevadas taxas de inflação, e foram suficientes para frear o crescimento da dívida pública (Silva, 2011).

No que diz respeito aos estados, a partir de 1998, após o refinanciamento das dívidas estaduais pela União, por meio da Lei nº 9.496/1997, esses passaram a gerar superavits primários, em decorrência do compromisso de destinar parcela de suas respectivas receitas líquidas reais para pagamento de suas dívidas.[5] Assim, os governos estaduais passaram a se financiar basicamente via aumento de carga tributária (receita orçamentária em proporção do PIB).

Segundo Rezende (2007), as receitas orçamentárias podem ser classificadas sob a ótica da captação de recursos. Nesta, as receitas são consideradas próprias ou de transferências. Receitas próprias são as arrecadadas pelas próprias entidades encarregadas de sua aplicação — por exemplo, o Imposto sobre Circulação de Mercadorias e Serviços (ICMS) é uma receita própria dos estados. Ao se observarem as receitas próprias dos estados da região Sudeste apresentadas na tabela 1, verifica-se que, a partir de 1999, houve um significativo aumento de arrecadação em todos esses estados.

Entre 1995 e 1998, o Rio de Janeiro apresentou uma média de arrecadação

---

[4] Define-se receita com senhoriagem como o produto da expansão monetária pelos saldos monetários reais. Em períodos de alta inflação, o governo federal, por meio do Banco Central, que detém o monopólio de emissão do papel moeda, obtém volumes significativos dessa receita ao ampliar significativamente a base monetária.
[5] Em 1998, o resultado primário consolidado dos governos estaduais e municipais foi basicamente nulo, mas, a partir de 1999, esse resultado passou a ser substancialmente positivo.

de receitas próprias de 6,6% do PIB, média essa que passou para 9,1% do PIB no período 2004-09. Em termos relativos, na média do período 2004-09, o Rio de Janeiro apresentou-se como o estado com menor proporção (em relação ao montante produzido) de arrecadação própria na região Sudeste.[6]

Tabela 1
Receita corrente própria dos estados
do Sudeste — 1995-2009 (% PIB)

Ano	ES	MG	RJ	SP
1995	10,6	8,0	6,8	9,6
1996	10,0	7,7	6,7	9,3
1997	10,6	7,5	6,0	9,6
1998	10,2	7,8	7,1	9,7
Média (1995-98)	10,3	7,8	6,6	9,6
1999	9,8	8,2	8,0	9,4
2000	11,5	9,6	10,3	10,3
2001	12,1	10,7	10,6	10,5
2002	11,9	10,5	10,7	9,2
2003	13,4	10,4	12,0	8,8
Média (1999-2003)	11,7	9,9	10,3	9,6
2004	13,1	10,5	9,9	9,0
2005	14,3	11,4	9,2	9,1
2006	13,4	11,4	9,1	9,2
2007	13,6	11,6	9,1	9,2
2008	12,5	12,0	8,8	9,7
2009	12,3	11,2	8,4	9,5
Média (2004-09)	13,2	11,4	9,1	9,3

Fontes: STN (2012) e Ipea (2012). Elaboração própria.

---

[6] No período 1999 a 2003, no balanço orçamentário do Rio de Janeiro, supostamente há um problema de contabilização das receitas de transferências oriundas de exploração de recursos naturais, as quais eram contabilizadas como receita patrimonial. Depois de 2004, esse suposto problema foi corrigido, *i.e.*, os recursos oriundos de exploração de recursos naturais passaram a ser contabilizados como receitas de transferências. Nesse sentido, há uma queda na arrecadação de receita própria (como proporção do PIB) do Rio de Janeiro, quando se compara o período 1999-2003 com o período 2004-09.

Considerando-se o fato de Minas Gerais possuir porte econômico similar (em termos de PIB) ao Rio de Janeiro e que esses dois estados vivem sob o mesmo arcabouço institucional, nota-se que, no período 2004-09, houve um esforço de arrecadação própria maior em Minas Gerais do que no Rio de Janeiro. Na tabela 1, destaca-se também o fato de o Espírito Santo sistematicamente apresentar um esforço fiscal maior que todos os outros estados da região Sudeste.

Na tabela 2 apresentamos as receitas de transferências correntes dos estados da região Sudeste, em relação a seus respectivos PIBs. Mencione-se que receitas de transferências são aquelas provenientes do repasse de recursos captados por outras instituições. Por exemplo, o Fundo de Participação dos Estados (FPE) se constitui em receita transferida da União para os estados.

Uma vez que o Brasil se organiza de forma federativa, esperar-se-ia que os estados mais pobres recebessem relativamente mais transferências do governo federal que os estados mais ricos, como de fato ocorre, segundo a tabela 2. Dito de outra forma, em média, Espírito Santo, Minas Gerais e Rio de Janeiro recebem sistematicamente um montante de transferências (em relação a seus respectivos níveis de produção) superior ao recebido por São Paulo, que é o estado mais rico da federação.

Tabela 2
Transferências correntes (% PIB) para
os estados do Sudeste (1995-2009)

Ano	ES	MG	RJ	SP
1995	2,6	2,4	1,1	0,7
1996	2,9	2,0	1,1	0,8
1997	2,8	2,0	1,4	0,8
1998	3,8	2,0	1,8	1,0
Média (1995-98)	3,0	2,1	1,3	0,8
1999	3,8	2,1	2,3	1,2
2000	2,7	2,4	1,0	1,1
2001	3,8	2,4	1,1	1,2
2002	2,4	2,0	0,9	1,0
2003	2,3	1,7	0,9	1,0

(continua)

(continuação)

Média (1999-2003)	3,0	2,1	1,3	1,1
2004	2,0	2,4	2,4	1,0
2005	1,8	2,6	2,7	1,1
2006	2,4	2,6	3,0	1,1
2007	2,5	2,7	2,6	1,0
2008	2,9	3,0	3,2	1,0
2009	3,5	3,1	2,7	0,9
Média (2004-09)	2,5	2,7	2,8	1,0

Fontes: STN (2012) e Ipea (2012). Elaboração própria.

No caso do Rio de Janeiro, há de se destacar um significativo aumento do nível recebido de transferências, quando se compara o período 1995-98 com o período 2004-09. De fato, em média, as transferências passam de 1,3% do PIB, em 1995-98, para 2,8% do PIB, em 2004-09. Isso se deve basicamente às maiores transferências oriundas da exploração de recursos naturais[7] no período recente.

Na tabela 3, observamos um indicador de dependência estadual do governo federal — Transferências Correntes sobre Receitas Próprias. Esse indicador informa a razão entre as transferências correntes e as receitas próprias dos estados. A título de ilustração, na tabela 3, um indicador de 10 significa que as transferências correntes recebidas da União equivalem a 10% das receitas próprias do Rio de Janeiro.

Nesse sentido, denotamos que, no período 2004 a 2010, o Rio de Janeiro foi o que apresentou a maior dependência do governo federal, em um patamar bem superior aos demais estados da região Sudeste. Em termos federativos, esperar-se-ia que, quanto mais pobre, mais dependente o estado fosse do governo federal. No entanto, não é isso que acontece na região Sudeste. De fato, em termos de PIB por habitante, o Rio de Janeiro somente é mais pobre que São Paulo. Contudo, como mencionado, o estado fluminense é o mais dependente nessa região.

---

[7] Como já explicado na nota de rodapé anterior, há uma troca na contabilização da receita entre 1999-2003 e 2004-09. Nesse sentido, há um substancial aumento nas receitas de transferências (como proporção do PIB) do Rio de Janeiro, quando se comparam esses dois períodos.

Tabela 3
Dependência federal (transferências correntes sobre receitas próprias) dos estados do Sudeste, em % — 1995-2010

Ano	ES	MG	RJ	SP
1995	24,2	29,8	16,3	7,3
1996	28,6	26,3	16,7	8,6
1997	26,4	26,3	22,8	8,2
1998	37,2	26,0	25,0	10,0
1999	39,1	25,6	29,2	13,1
Média (1995-98)	31,1	26,8	22,0	9,5
2000	23,2	25,3	10,0	10,8
2001	31,8	22,6	10,4	11,1
2002	19,8	18,9	8,8	10,8
2003	17,4	16,8	7,6	11,5
Média (1999-2003)	23,0	20,9	9,2	11,1
2004	15,4	23,0	24,5	11,6
2005	12,8	22,6	29,8	11,8
2006	18,0	23,0	32,4	11,5
2007	18,0	23,6	29,0	10,8
2008	23,1	25,2	36,2	10,1
2009	28,4	27,4	32,0	9,9
2010	30,6	26,6	33,0	9,7
Média (2004-10)	20,9	24,5	31,0	10,8

Fontes: STN (2012) e Ipea (2012). Elaboração própria.

No que concerne às despesas de pessoal e encargos sociais, observam-se comportamentos bem diferentes nos estados da região Sudeste, de acordo com a tabela 4. No caso de São Paulo, essa despesa se apresenta muito estável ao longo do período 1995 a 2009, oscilando em torno de 4% do PIB. Em Minas Gerais, há uma elevação de patamar, passando de uma média de 3,9% do PIB, entre 1995 e 1998, para 5,9% do PIB, no período de 2004 a 2009. No Espírito Santo, as despesas e encargos sociais vão perdendo participação no PIB, passando de uma média de 6,8% do PIB, entre 1995 e 1998, para uma média 4,9% do PIB, no período de 2004 a 2009.

No Rio de Janeiro, também há uma queda de participação na despesa de pessoal e encargos sociais em relação ao PIB. Entre 1995 e 1998, a média fluminense dessa despesa era 5,7% do PIB, passando para 4,9% do PIB, entre 1999 e 2003. No período de 2004 a 2009, a aludida média de despesa fluminense caiu ainda mais, para um patamar de 3,4% do PIB. Porém, vale destacar que, em 2005, houve a implantação do fundo de previdência no Rio de Janeiro. Assim, a partir de 2005, parte da despesa de pessoal passa a ser contabilizada nesse fundo e não na rubrica despesa com pessoal e encargos sociais. Mas, mesmo se incluíssemos os gastos com previdência do Rio de Janeiro na conta de pessoal, a despesa com pessoal (% do PIB) ficaria menor do que a de Minas Gerais, ainda que maior do que em São Paulo e Espírito Santo. Em 2009, por exemplo, a conta de pessoal do Rio de Janeiro aumentaria em R$ 7,5 bilhões; e a despesa com pessoal passaria a representar 5,3% do PIB.

Tabela 4
Despesas com pessoal e encargos sociais
nos estados do Sudeste (% PIB)

Ano	ES	MG	RJ	SP
1995	7,0	4,3	5,8	3,9
1996	6,9	3,8	5,8	4,7
1997	6,6	3,8	5,4	4,0
1998	6,8	3,8	5,7	5,3
Média (1995-98)	6,8	3,9	5,7	4,5
1999	6,5	5,7	6,4	5,4
2000	3,8	3,7	3,7	3,1
2001	3,8	4,2	3,3	3,3
2002	6,4	7,1	5,5	4,7
2003	6,8	6,2	5,9	4,5
Média (1999-2003)	5,5	5,4	4,9	4,2
2004	6,3	5,9	5,1	4,4
2005	4,6	5,9	3,0	4,3
2006	4,5	6,0	2,9	4,3
2007	4,6	5,9	3,3	4,0
2008	4,3	5,9	3,1	4,0
2009	5,1	6,1	3,2	3,9
Média (2004-09)	4,9	5,9	3,4	4,2

Fontes: STN (2012) e Ipea (2012). Elaboração própria.

Em relação aos investimentos executados pelos estados da região Sudeste, descritos na tabela 5, inicialmente vale mencionar que só apresentamos tais dados para o período 2000 a 2009. Isso decorre do fato que, entre 1995 e 1999, conforme dados do Tesouro Nacional, não havia na contabilização dos investimentos estaduais uma separação entre investimento e inversão financeira, o que poderia contaminar a análise intertemporal, em termos relativos.

Ao se contrapor a média do período de 2000 a 2003 com a de 2004 a 2009, verifica-se um aumento na execução do investimento estadual em todos os estados do Sudeste, com exceção do Rio de Janeiro. No aludido período, em termos de proporção do PIB, Minas Gerais e Espírito Santo basicamente dobraram a execução desses investimentos, enquanto o Rio de Janeiro diminuiu aproximadamente 50% sua execução. No entanto, como será explicado na próxima seção, a execução de investimento fluminense sobe consideravelmente no período mais recente, 2010 e 2011, influenciado por novas operações de crédito.

Tabela 5
Investimentos dos estados do Sudeste (% PIB)

Ano	ES	MG	RJ	SP
2000	0,6	0,4	1,1	0,4
2001	0,8	0,5	1,1	0,3
2002	0,6	0,6	0,9	0,4
2003	0,4	0,4	0,4	0,4
Média (2000-03)	0,6	0,5	0,9	0,4
2004	0,5	0,6	0,5	0,4
2005	0,9	1,1	0,6	0,5
2006	1,3	1,3	0,6	0,4
2007	1,2	1,2	0,5	0,4
2008	1,1	1,3	0,5	0,7
2009	1,8	1,2	0,8	0,9
Média (2004-09)	1,1	1,1	0,6	0,6

Fontes: STN (2012) e Ipea (2012). Elaboração própria.

Em resumo, uma rápida análise dos dados de receita e despesa dos estados da região Sudeste sugere o seguinte: primeiro, com exceção de São Paulo, houve um crescimento da arrecadação própria (% do PIB) em relação à segunda metade da década de 1990 em todos os estados do Sudeste, o que sugere um esforço fiscal maior, decorrente possivelmente da renegociação das dívidas estaduais e do saneamento dos estados a partir do Plano Real.

Segundo, o estado do Rio de Janeiro é mais dependente das transferências do governo federal do que Minas Gerais, São Paulo e Espírito Santo, o que pode ser explicado pela importância da distribuição de *royalties* e participação especial nas receitas do estado.

Terceiro, a despesa com pessoal no Rio de Janeiro mostra forte queda de 2004 a 2009, mas parte dessa queda reflete a criação do fundo de previdência, que retira essa despesa da rubrica "gasto com pessoal". No entanto, mesmo quando se soma o gasto da previdência na despesa com pessoal, o Rio de Janeiro, no último ano da série, 2009, continuava com uma despesa com pessoal (5,3% do PIB) menor do que o estado de Minas Gerais e menor do que o gasto com pessoal na segunda metade dos anos 1990. Assim, essa despesa não parece ser um problema na estrutura de gasto do estado.

Quarto, o investimento público no Rio de Janeiro é o único que apresenta redução (% do PIB) entre os estados do Sudeste quando se compara a média 2000-03 com a média de 2004 a 2009. No entanto, essa queda do investimento do estado do Rio de Janeiro *vis-à-vis* os demais estados do Sudeste pode estar ligada a um esforço fiscal maior por parte do Rio de Janeiro em anos como 2007 e 2008, quando o superavit primário nas contas do estado ficou consideravelmente acima da média, quando comparado a seu histórico ou mesmo ao esforço de economia do estado com PIB mais próximo ao do Rio de Janeiro, Minas Gerais (tabela 6).

Como se observa, em 2007 e 2008 o esforço fiscal do estado do Rio de Janeiro se elevou substancialmente, qualquer que seja o critério utilizado. Na média de 2007 e 2008, o superavit primário do Rio de Janeiro foi de 1,3% do PIB, ante 1% do PIB para Minas Gerais e 0,6% do PIB para São Paulo. Ao que parece, a prioridade nesses anos foi o pagamento da dívida para, nos anos seguintes, recuperar a capacidade de investimento do estado, o que parece ter acontecido no período mais recente (2010 e 2011). Apesar disso, o crescimento do investi-

Tabela 6
Superavit Primário — Rio de Janeiro e Minas Gerais 2005-11
R$ milhões correntes

	Rio de Janeiro (a)	Minas Gerais (b)	(a) - (b)
2005	1.971,29	2.128,52	-157,23
2006	1.891,74	2.729,18	-837,45
2007	3.491,92	2.308,78	1.183,14
2008	4.923,23	2.971,30	1.951,93
2009	1.446,49	1.732,67	-286,18
2010	1.414,75	1.851,10	-436,35
2011	2.599,97	2.756,66	-156,69

Fontes: Secretaria da Fazenda do Rio de Janeiro (2011); Secretaria da Fazenda de Minas Gerais (2011).

mento no Rio de Janeiro, em 2010 e 2011, como ocorrera em Minas Gerais, em 2009 e 2010, foi acompanhado por novas operações de empréstimo.

4. Estrutura da despesa e receita do estado do Rio de Janeiro: 2007-11

As contas do estado do Rio de Janeiro, como as dos demais estados brasileiros, apresentam no período recente um comportamento positivo. Assim, o forte desequilíbrio fiscal pelo qual passava o Rio de Janeiro até a segunda metade dos anos 1990 é algo que ficou no passado. De fato, desde o início deste século, o Rio de Janeiro vem apresentando sistematicamente resultado primário positivo, o que permitiu o pagamento de parte de sua dívida. Nesta seção, vamos analisar de forma mais detalhada o comportamento fiscal recente do estado do Rio de Janeiro.

Um primeiro ponto importante para analisar contas fiscais é olhar a receita do estado. Nesse caso, a receita do estado, inclusive transferências, passou de 8% do PIB do estado (média 1995-98) para cerca de 12% do PIB nos anos recentes, como já destacado. Em 2011, a receita total do estado foi R$ 55,4 bilhões, um crescimento real, com os valores corrigidos pelo IPCA, de 29% em relação a 2007 (R$ 42,8 bilhões, a valores de 2011). Em 2009, como ocorreu com a arrecadação federal, o estado teve uma queda real de arrecadação, devido à crise financeira. Todavia, essa perda foi pequena (-0,5%) e não alterou a trajetória de crescimento da receita dos últimos anos.

Como acontece também nos demais estados do Sudeste, um dos pontos interessantes em relação à receita do estado do Rio de Janeiro é a forte dependência da arrecadação do estado em relação a poucos setores. Por exemplo, em 2011, a arrecadação tributária do estado do Rio de Janeiro foi de R$ 32,6 bilhões. Desse total, a arrecadação do ICMS respondeu por R$ 24,8 bilhões (76% da arrecadação tributária e 45% da receita total do estado). Mas, do total de arrecadação do ICMS, basicamente 44% vêm de apenas três setores: (1) petróleo e gás natural (R$ 4 bilhões); (2) telecomunicações (R$ 3,8 bilhões) e (3) energia elétrica (R$ 3,2 bilhões).

É interessante destacar a crescente importância do setor de petróleo e gás natural para as finanças do estado do Rio de Janeiro. Em 2008, por exemplo, esse setor respondia por 13,6% da arrecadação do ICMS. Em 2011, essa participação havia crescido para 16%. Além da contribuição direta que o setor traz para o estado, por meio do aumento da arrecadação do ICMS, a contribuição para as finanças estaduais também ocorre por meio da receita de *royalties* e de participação especial, que, de 2008 a 2011, foi em média de R$ 6,8 bilhões, um aumento real de 25% em relação a 2007 (gráfico 1).

Gráfico 1
Receita com *royalties* e participação especial — Rio de Janeiro
R$ milhões de 2011

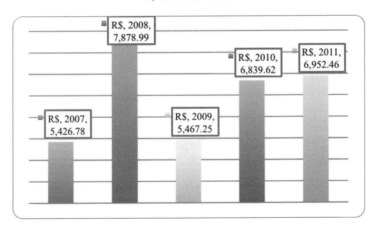

Fonte: Secretaria da Fazenda do Rio de Janeiro (2011).
Obs.: Valores atualizados pelo IPCA.

Apesar do crescimento da receita total do estado em 2008-11, e depois de três anos (2007, 2008 e 2009) com poucas novas operações de crédito, em 2010 e 2011 o governo do estado passou novamente a se endividar (gráfico 2). Mas, nesse mesmo período, se observa um forte crescimento do investimento do estado (gráfico 3), o que indica que essa nova dívida foi revertida, direta ou indiretamente, em novos investimentos (a nova dívida foi utilizada para amortizar dívidas antigas, liberando recursos do Tesouro estadual para financiar novos investimentos).

Em relação ao crescimento das operações de empréstimo e investimento, é interessante destacar dois pontos. *Primeiro*, o estado do Rio de Janeiro vem reduzindo seu endividamento desde a segunda metade dos anos 1990, quando ocorreu a renegociação da dívida do estado junto ao governo federal. O gráfico 4 mostra a trajetória de redução da Dívida Consolidada Líquida (DCL) em relação ao valor da Receita Corrente Líquida (RCL). Essa relação era de 233,8% em 2001, e passou a ser inferior a 200%, o teto definido pelo Senado Federal para endividamento dos estados.

Gráfico 2
Novas operações de crédito — Rio de Janeiro (2007-11)
R$ milhões de 2011

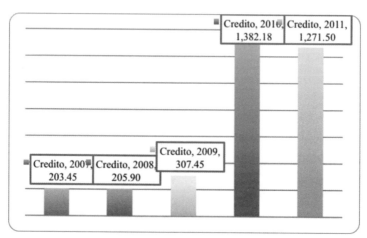

Fonte: Secretaria da Fazenda do Rio de Janeiro (2011).
Obs.: valores atualizados pelo IPCA.

Gráfico 3
Investimento do estado do Rio de Janeiro — (2007-11)
R$ milhões de 2011

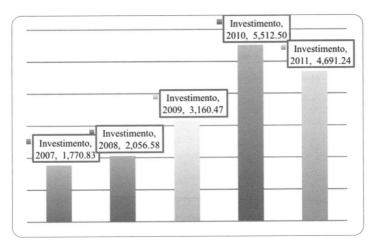

Fonte: Secretaria da Fazenda do Rio de Janeiro (2011).
Obs.: Valores atualizados pelo IPCA.

Gráfico 4
Dívida corrente líquida/receita corrente líquida (%) — Rio de Janeiro

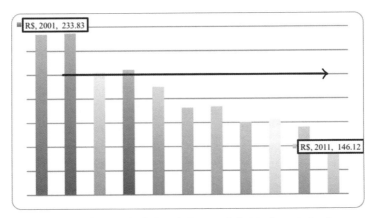

Fonte: Secretaria da Fazenda do Rio de Janeiro. *Relatório de gestão fiscal*.

Em 2011, por exemplo, a relação DCL/RCL do estado do Rio de Janeiro era de 146,1%, com o total da DCL de R$ 57,3 bilhões. Dada a RCL de R$ 39,2 bilhões do estado, em 2011, o teto para dívida do Rio de Janeiro era de R$ 78,5 bilhões. Assim, no final de 2011, o estado tinha uma margem para aumentar o seu endividamento de até R$ 21 bilhões.[8] As novas operações de crédito, no total de R$ 1,2 bilhão, representaram, portanto, um pouco mais de 5% da margem de endividamento adicional do estado.

Segundo, os novos empréstimos ao estado e o correspondente aumento do investimento público redundaram em comprometimento da receita corrente líquida com despesas de investimento na ordem de 12,1%, em 2011. Esse valor é substancialmente maior do que aquele observado para outros estados: por exemplo, São Paulo (5,6%), Minas Gerais (7,7%), Rio Grande do Sul (3%) e Paraná (5,8%). Em relação a todos os estados brasileiros e o Distrito Federal, o Rio de Janeiro teve a quarta maior taxa de investimento em relação à RCL, em 2011, e mesmo assim um superavit primário de R$ 2,6 bilhões.

4.1 Despesa fiscal do estado do Rio de Janeiro

Além do crescimento do investimento público, por meio do aumento do endividamento, o que mais se pode destacar nas finanças estaduais do Rio de Janeiro do ponto de vista da despesa? Antes de responder a essa pergunta, é importante lembrar que, para os estados brasileiros, a execução do orçamento por meio de restos a pagar não é importante, como é para o governo federal. No caso deste, mais de metade do investimento público desde 2008 ocorreu por meio de pagamento de restos a pagar. No início de 2012, o volume de restos a pagar inscritos para investimento (R$ 59 bilhões) era superior ao volume total de investimento do ano anterior. Essa crescente importância dos restos a pagar não ocorre nos estados e, assim, a execução da despesa anual reflete mais precisamente o processo orçamentário anual e a definição de prioridades.

Do lado da despesa, o gasto fiscal dos estados, e o Rio de Janeiro não é exceção, é fortemente determinado por vinculações constitucionais. A Constituição Federal exige que o mínimo de 12% das receitas provenientes de impostos e transferências dos estados sejam aplicados na área de saúde e 25% na área de educação. No caso do estado do Rio de Janeiro, há ainda vinculações estabelecidas pela Constituição Estadual: (i) 2% das receitas de impostos e transferências para a Fundação Carlos Chagas Filho de Amparo à Pesquisa do Estado do Rio de Janeiro (Faperj), (ii) 5% das receitas provenientes de *royalties*

---

[8] Sabe-se que essa margem depende também de outros limites, a exemplo do comprometimento anual com amortização, juros, demais encargos da dívida consolidada e do saldo global das garantias concedidas pelo estado.

e participações especiais para o Fundo Estadual de Conservação Ambiental e Desenvolvimento Urbano (Fecam); e (iii) 10% dos recursos oriundos do Fundo Estadual de Combate à Pobreza para o Fundo Estadual de Habitação e de Interesse Social (Fehis).

No total, todas essas vinculações representaram, em 2011, uma despesa primária de R$ 10,7 bilhões; o que parece ser um volume pequeno diante da despesa total do estado do Rio de Janeiro, que foi de R$ 54,3 bilhões. No entanto, grande parte dessa despesa é composta de transferências para municípios, para o fundo de previdência do estado, além do serviço financeiro da dívida. Se retirarmos da despesa do estado do Rio de Janeiro as despesas com previdência social, transferências para municípios e encargos sobre a dívida (encargos especiais), as funções saúde e educação responderam, respectivamente, por 24% (R$ 6,7 bilhões) e 13% (R$ 3,8 bilhões) da despesa do estado, em 2011.

A tabela 7 mostra, por ordem decrescente (separando as funções encargos especiais e previdência), as principais alocações da despesa do estado do Rio de Janeiro por função. Como se pode observar, se, além das duas funções acima, acrescentarmos os gastos do governo estadual com segurança pública — 16% (R$ 4,6 bilhões) da despesa total —, tem-se que 53% da despesa primária do Rio de Janeiro direciona-se para apenas três funções: educação, saúde e segurança pública.

Tabela 7
Gasto público por função — Rio de Janeiro — 2011

FUNÇÃO	2011 (R$)	% do SUBTOTAL
12 – EDUCAÇÃO	6.775.179.699	24,0%
06 – SEGURANÇA PÚBLICA	4.562.360.619	16,1%
10 – SAÚDE	3.875.393.042	13,7%
02 – JUDICIÁRIA	2.798.340.896	9,9%
26 – TRANSPORTE	1.957.440.540	6,9%
04 – ADMINISTRAÇÃO	1.548.569.426	5,5%
15 – URBANISMO	1.451.898.671	5,1%
03 – ESSENCIAL À JUSTIÇA	1.393.114.140	4,9%
01 – LEGISLATIVA	940.283.439	3,3%
18 – GESTÃO AMBIENTAL	472.447.049	1,7%
14 – DIREITOS DA CIDADANIA	270.872.574	1,0%
08 – ASSISTÊNCIA SOCIAL	265.014.421	0,9%
23 – COMÉRCIO E SERVIÇOS	250.710.950	0,9%
22 – INDÚSTRIA	248.226.333	0,9%

(continua)

(continuação)

17 – SANEAMENTO	239.644.280	0,8%
24 – COMUNICAÇÕES	225.467.931	0,8%
16 – HABITAÇÃO	224.727.674	0,8%
19 – CIÊNCIA E TECNOLOGIA	220.573.502	0,8%
20 – AGRICULTURA	195.076.747	0,7%
13 – CULTURA	181.106.154	0,6%
27 – DESPORTO E LAZER	143.347.455	0,5%
11 – TRABALHO	25.782.640	0,1%
21 – ORGANIZAÇÃO AGRÁRIA	15.591.901	0,1%
SUBTOTAL	**28.281.170.083**	**100,0%**
28 – ENCARGOS ESPECIAIS	16.528.429.180	-
09 – PREVIDÊNCIA SOCIAL	9.553.554.487	-
TOTAL	**54.363.153.750**	

Fonte: Secretaria da Fazenda do Rio de Janeiro (2011).

Além da forte concentração da despesa do estado em poucas funções, é importante destacar que, nas funções saúde e educação, da mesma forma que o governo federal, as despesas concentram-se nos gastos com pessoal e custeio.

Adicionalmente, ao se observar o gasto público do Estado do Rio de Janeiro pela natureza da despesa (pessoal, custeio, investimento etc.), uma comparação simples da estrutura do gasto fiscal do estado, em 2007 e 2011, mostra que: (i) o aumento da despesa de custeio (exclusive transferências) foi semelhante ao crescimento de pessoal e dos gastos com inativos (aposentadorias e pensões): R$ 1,9 bilhão; (ii) o investimento público (mais inversões financeiras) cresce mais do que as despesas de pessoal e custeio: R$ 3,1 bilhões; (iii) os gastos do estado com o serviço da sua dívida (juros e amortização) sobem muito pouco (cerca de R$ 100 milhões).

Assim, do ponto de vista da dinâmica da despesa, o crescimento da despesa pública do estado do Rio de Janeiro entre 2007 e 2011 foi puxado essencialmente pela alta do investimento público. O que é incerto é se esse nível maior de investimento de 2010 e 2011 foi temporário ou sinaliza uma mudança estrutural da despesa pública. Essa dúvida decorre do fato já comentado acima, que essa maior expansão do investimento público ocorreu simultaneamente a contratações de novas dívidas, em valores muito superiores aos observados para 2007, 2008 e 2009.

O caso de Minas Gerais é um bom contraexemplo. O Estado de Minas Gerais aumentou o investimento público em 2009 e 2010 em conjunto com a expansão das novas operações de crédito. Em 2011, o estado não conseguiu manter o mesmo ritmo do investimento público e, simultaneamente, as novas operações de crédito também diminuíram. No entanto, ao contrário de Minas Gerais, o Rio de Janeiro ainda tem duas opções para manter o nível de investimento no patamar mais elevado de 2010 e 2011. Uma opção é contrair novas operações de crédito, já que os indicadores de endividamento do estado são melhores do que os de Minas Gerais. Outra, aumentar seu esforço de arrecadação própria, que é inferior ao dos demais estados da região Sudeste, como analisado na segunda seção deste capítulo, a partir dos dados compilados pelo Tesouro Nacional.

De qualquer forma, pelo que foi discutido nesta seção, o estado do Rio de Janeiro tem hoje pouca semelhança com o que foi na década de 1990, quando era famoso por seu desequilíbrio fiscal e por um banco estadual falido. O estado do Rio de Janeiro, nos últimos anos, do ponto de vista fiscal, tem feito o dever de casa e, no final de 2011, alcançou uma relação DCL/RCL semelhante à do estado de São Paulo, os dois com menor endividamento (em relação à receita corrente líquida) entre os quatro grandes estados de maior PIB no Brasil (gráfico 5).

Gráfico 5
Dívida consolidada líquida/receita corrente líquida (%) — 2011

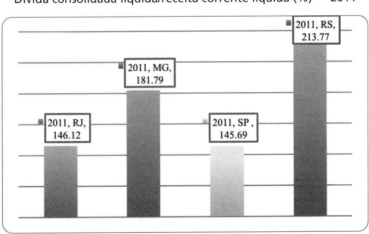

Fontes: Secretaria da Fazenda de Minas Gerais (2011), Secretaria da Fazenda de São Paulo (2011); Secretaria da Fazenda do Espírito Santo (2011); Secretaria da Fazenda do Rio de Janeiro (2011).

Na próxima seção, serão abordadas algumas diferenças entre o estado do Rio de Janeiro e o governo federal, enfatizando-se questões relativas ao padrão do gasto público não financeiro. O intuito é deixar claro para o leitor as semelhanças e diferenças na estrutura do gasto público dos estados, tomando como base o Rio de Janeiro e o governo federal.

5. Despesa primária do governo federal *versus* despesa primária do estado do Rio de Janeiro

A seção anterior destacou que a despesa primária do estado do Rio de Janeiro, excluindo as funções encargos especiais (transferências para municípios, precatórios, juros e amortização, entre outros) e previdência, concentra-se nas funções educação, segurança pública e saúde (tabela 7). Não há muita surpresa quanto a esse padrão do gasto, dadas as vinculações orçamentárias (mínimo de 25% da receita para educação e um mínimo de 12% da receita do estado para saúde). Ou seja, independentemente de qual estado no Brasil se olhe, sabe-se *ex ante* que pelo menos 37% da receita do estado (receitas provenientes de impostos e transferências) serão destinados a gastos com saúde e educação.

No caso do governo federal a situação é diferente, mas educação e saúde também têm se tornado cada vez mais importantes no gasto primário do governo federal. Ainda assim, há pelo menos três grandes diferenças entre o padrão do gasto federal e do gasto estadual, tomando como base de comparação o estado do Rio de Janeiro. Primeiro, o peso da conta "previdência" no caso do governo federal é muito maior que nos estados. Em 2011, por exemplo, o gasto público federal com previdência (aposentadorias e pensões do setor público e privado) foi de R$ 360 bilhões, 48% da despesa total primária do governo federal, de R$ 744 bilhões.[9] No caso do estado do Rio de Janeiro, os gastos com previdência, em 2011, foram de R$ 9,5 bilhões, ou 19% da despesa primária do estado de R$ 50,2 bilhões.[10]

---

[9] A despesa primária do governo federal, em 2011, foi de R$ 724 bilhões, de acordo com o relatório *Resultado do Tesouro Nacional*. No entanto, quando os dados são consultados pelo Sistema Integrado de Administração Financeira do Governo Federal (Siafi), a despesa foi de R$ 744 bilhões. Essa diferença é explicada pela execução dos restos a pagar do investimento no último mês do ano e pela forma da contabilizar a última folha do ano da previdência.

[10] Nessas comparações de gasto federal com estadual vale uma observação. No caso do governo federal, é mais comum trabalhar com o conceito de gasto pago, enquanto no caso dos estados se trabalha com

Segundo, o gasto do estado do Rio de Janeiro com a função trabalho (gastos com treinamento de mão de obra) e assistência social é insignificante, diante do gasto primário total do estado. Em 2011, o gasto do estado com essas duas funções foi de apenas R$ 156 milhões, 0,3% da sua despesa primária. No caso do governo federal, essas duas funções têm peso expressivo na despesa primária e estão entre aquelas que mais crescem desde 1999, quando o governo federal passou a, sistematicamente, gerar superavit primário. Em 2011, o governo federal gastou R$ 45,1 bilhões com "assistência social" e R$ 36,3 bilhões com a função trabalho. Juntas, essas duas funções representaram 23,3% da despesa primária do governo federal. São nessas funções que aparecem as despesas do governo federal com seguro-desemprego e abono salarial (função trabalho) e os gastos do governo federal com o Bolsa-Família e com os benefícios da Lei Orgânica de Assistência Social (Loas) (função assistência social). Além do aumento da cobertura desses programas nos últimos anos, o valor dos desembolsos é influenciado pelo crescimento do valor real do salário mínimo.

Terceiro, quando se exclui o gasto com previdência, as duas despesas primárias de maior importância no governo federal são também gastos com saúde e educação. Não chega a ser surpresa o elevado gasto com saúde, já que esse gasto é indexado pela Emenda Constitucional nº 29/2000, que estabelece que o orçamento com a função saúde deve crescer, no mínimo, de acordo com o crescimento do PIB nominal. Da mesma forma, não é surpresa a importância dos gastos com educação na despesa pública federal, já que 18% das receitas de impostos do governo federal estão também vinculados ao gasto com essa função. Assim, dado o forte crescimento da arrecadação via impostos nos últimos anos, cresce a importância assumida pelos gastos com educação no total da despesa primária do governo federal, como ocorre também para estados e municípios.

Os gráficos 6 e 7 abaixo resumem a comparação entre o gasto primário do governo federal e o do estado do Rio de Janeiro. Gastos com previdência têm um peso elevado nos dois casos, embora seu peso seja muito maior no nível federal: quase metade da despesa primária. No caso de funções típicas do estado do bem-estar social, como seguro-desemprego e despesas com assistência social (bolsa-família e Loas), essas despesas são importantes no orçamento federal, mas não no orçamento estadual, como estabelece a literatura: se os entes

---

o conceito de gasto liquidado, ou seja, aquele gasto que já ocorreu, mas cujo pagamento (saque dos recursos financeiros da conta do estado) não necessariamente ocorreu. Mas a diferença entre gasto pago e liquidado não é importante para o tipo de comparação que se faz nesta seção.

subnacionais fossem mais ativos na chamada em assistência social, ocasionariam o efeito adverso de atrair pessoas pobres. Por isso, políticas distributivas são, em geral, políticas nacionais.

Por fim, no caso do gasto com educação, essa despesa é vinculada à arrecadação de impostos em todos os níveis de governo (municipal, estadual e federal) e, no caso da saúde, a vinculação existe para estados e municípios e, para o governo federal, seu orçamento é corrigido pelo crescimento do PIB nominal. Assim, essas duas despesas passaram a ter importância crescente na estrutura do gasto público de todos os níveis de governo.

Gráfico 6
Divisão do gasto primário do governo federal por função — 2011

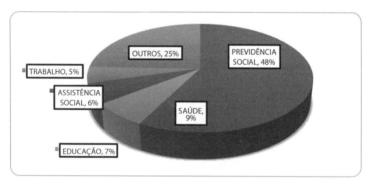

Fonte: Siafi (2011).

Gráfico 7
Divisão do gasto primário do estado do Rio de Janeiro por função — 2011

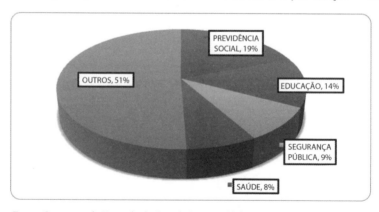

Fonte: Secretaria da Fazenda do Rio de Janeiro (6º bim. 2011).

6. Considerações finais

Este capítulo fez uma breve análise das contas fiscais do estado do Rio de Janeiro. O que se pode afirmar, baseado no que foi aqui exposto, é que, em geral, o Rio de Janeiro, como os demais estados da federação, passou por um forte ajuste fiscal nos anos que se seguiram à Lei nº 9.496/1997, que decorreu da implantação do Plano Real. Em decorrência desse ajuste, caracterizado pela privatização dos bancos estaduais e renegociação das dívidas, o resultado fiscal dos estados, inclusive do Rio de Janeiro, melhorou substancialmente, passando esses a contribuir para o resultado primário consolidado.

Gráfico 8
Resultado primário dos estados e municípios — % do PIB (1995-2009)

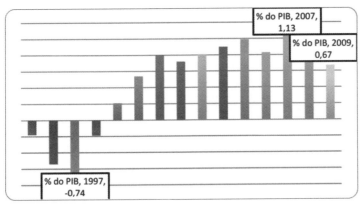

Fontes: Ipea (2012) e Banco Central (2011). Obs.: Inclui desvalorização cambial.

O gráfico 8 mostra o superavit primário dos estados e municípios desde o Plano Real. Apesar de incluir os municípios, a dinâmica deste gráfico é determinada pelo resultado dos estados, que representam 90% do primário dos governos regionais. O dado mais recente, de maio de 2012, mostra que, no acumulado de 12 meses, o resultado primário dos estados foi de 0,65% do PIB.

Outro ponto levantado neste capítulo foi que o controle de orçamento imposto aos estados foi mais rígido do que aquele imposto ao governo federal. Embora a Lei de Responsabilidade Fiscal exija que para cada despesa seja definida a fonte de recurso, uma regra que sem dúvida ajuda a controlar o crescimento do gasto público, o governo federal tem mecanismos de flexibilizar essa restrição, já que, ao contrário dos entes subnacionais, o limite de endividamento do governo federal nunca foi votado pelo Senado Federal. Assim, o governo federal passou a utilizar o crescimento de sua dívida e empréstimos ao BNDES como uma forma de recuperar uma maior intervenção estatal na atividade econômica, apesar das várias restrições que se tentou impor às contas públicas com a LRF. Adicionalmente, ao contrário dos estados e municípios, que têm limites na acumulação de restos a pagar, o limite para o uso intenso desse artifício pelo governo federal é mínimo.

Em geral, há uma percepção de que os estados são, por natureza, gastadores, e o esforço de equilíbrio fiscal recai preponderantemente no governo federal. Mas há que se reconhecer que o retrato mostrado ao longo deste capítulo para o Rio de Janeiro no período recente não reflete essa ideia que se tem dos estados. O Rio de Janeiro vem pagando sua dívida e fazendo um esforço de criar espaço fiscal para aumentar o investimento público. É verdade que o estado se beneficiou do aumento das transferências de *royalties* e participação especial. Mas também é verdade que em 2007 e 2008 o estado fez um esforço fiscal considerável de economia.

O que preocupa na questão fiscal dos estados brasileiros, seja no caso do Rio de Janeiro ou no dos demais estados, é a possibilidade de que se esteja abrindo um volume excessivo de novos créditos de bancos públicos para os estados, em vez de se promover uma redefinição da partilha de impostos, como demandam governadores e prefeitos. A maneira mais saudável de aumentar a capacidade de investimento dos estados é o governo federal rediscutir o sistema atual de repartição de receita, deixando-se de utilizar impostos compartilhados com estados e municípios para conceder estímulos a empresas e setores.

No entanto, não é isso o que vem ocorrendo. No caso específico do Rio de Janeiro, por exemplo, foi divulgado, em junho de 2012, que o Banco do Brasil vai emprestar R$ 3,65 bilhões ao estado para investimento. Esse valor é três vezes maior do que os novos empréstimos contraídos pelo estado em 2011, que totalizaram R$ 1,2 bilhão. O programa recente do governo federal, de estabelecer uma nova linha de crédito de R$ 20 bilhões do BNDES aos estados, com juros subsidiados de até 8,1% ao ano e prazo de 20 anos, reforça a iniciativa de abrir espaço para o investimento dos estados por meio de dívidas.

Embora seja positiva a preocupação do governo federal com a capacidade de investimento dos estados, a melhor forma de o governo ajudar os estados não é por meio da criação de novas dívidas, mas sim pela retomada da agenda de reformas, o que possibilitaria um maior crescimento do Brasil. Isso repercutiria positivamente na arrecadação dos estados e em sua capacidade de investimento.

O grande risco atual é saber se o esforço fiscal exemplar dos estados e municípios terá continuidade, ou se a tentação de gastar mais rápido, induzida pelos novos créditos de bancos públicos federais, será a primeira entre muitas medidas na direção de aumento do investimento sem elevar o esforço de arrecadação dos estados e/ou a redefinição do sistema de repartição de receitas entre governo federal, estados e municípios. O esforço que o país fez até o momento foi muito grande e, assim, seria aconselhável que o crescimento do investimento dos estados decorresse do espaço fiscal aberto pela queda (% do PIB) das despesas de custeio e não pelo aumento da dívida.

Referências

ALMEIDA, M. Esclarecendo o debate fiscal. *Valor Econômico*, p. A10, 6 fev. 2012.

_____. *Estrutura do gasto público no Brasil*: evolução histórica e desafios. EBAPE, FGV-RJ, 2011. Mimeografado.

BANCO CENTRAL. *Séries temporais*. 2011. Disponível em: <www.bcb.gov.br/?serietemp>.

IPEA (2012). *Ipeadata*: finanças públicas. 2012. Disponível em: <www.ipeadata.gov.br>.

ISSLER, J. V.; LIMA, L. R. *Como se equilibra o orçamento do governo no Brasil?* Aumento de receitas ou corte de gastos. In: III Prêmio de Monografia do Tesouro Nacional. Brasília: Esaf, 1999.

REZENDE, F. *Finanças públicas*. São Paulo: Atlas, 2007.

REZENDE, F.; OLIVEIRA, F.; ARAUJO, É. *O dilema fiscal*: remendar ou reformar? Rio de Janeiro: FGV, 2007.

SECRETARIA DA FAZENDA DE MINAS GERAIS. *Relatório resumido da execução orçamentária — MG*. Belo Horizonte: Tesouro Nacional, 2011.

SECRETARIA DA FAZENDA DE SÃO PAULO. *Relatório resumido da execução orçamentária — SP*. São Paulo: Tesouro Nacional, 2011.

SECRETARIA DA FAZENDA DO ESPÍRITO SANTO. *Relatório resumido da execução orçamentária — ES*. Vitória: Tesouro Nacional, 2011.

SECRETARIA DA FAZENDA DO RIO DE JANEIRO. *Boletim de transparência fiscal*. Vários números.

_____. *Relatório de gestão fiscal*. Vários números.

_____. *Relatório resumido da execução orçamentária — RJ*. Rio de Janeiro: Tesouro Nacional, 2011.

_____. *Relatório resumido da execução orçamentária — RJ*. Vários números.

SIAFI. *Orçamento de 2011*. Brasília: Tesouro Nacional, 2011.

SILVA, A. M. A. Meta de superavit primário: implicações para a receita pública no atual arcabouço institucional. In: VAZ, Flávio Tonelli; MARTINS, Floriano José (Org.). *Orçamento e políticas públicas*: condicionantes e externalidades. Brasília: Associação Nacional dos Auditores Fiscais da Receita Federal do Brasil, 2011. v. 1, p. 73-88.

STN. *Estados e municípios*. 2012. Disponível em: <www.tesouro.fazenda.gov.br/estados_municipios/index.asp>.

Parte 3
Aspectos sociais

Capítulo 14

Retornos educacionais no Rio de Janeiro

*Rodrigo Leandro de Moura**

1. Introdução

O retorno monetário que será obtido após a conclusão de um determinado ciclo escolar (por exemplo, ensino fundamental, médio ou superior) é uma informação relevante para as pessoas decidirem quantos anos vão estudar. Esse retorno depende tanto da renda paga para trabalhadores que já concluíram esse ciclo escolar como dos custos diretos (matrícula, mensalidade, livros etc.) e indiretos (renda sacrificada do mercado de trabalho) associados à frequência escolar.

Uma medida do retorno monetário do investimento em educação que incorpora os custos citados é a taxa interna de retorno (TIR). A TIR, que pode ser calculada para cada ciclo educacional, é um indicador-chave para direcionar as políticas públicas e avaliar programas educacionais.

No Brasil, a literatura mais recente aponta que as TIRs para todos os ciclos estavam em declínio até 2004, com exceção do ensino superior. Esta cresceu até 2000 e tem se mantido estável em torno de 15% (Moura, 2008). Isso reflete o progresso que o país tem feito em termos do percentual de pessoas formadas com ensino fundamental e médio. No entanto, o maior retorno da formação de nível superior pode refletir a falta de trabalhadores com esse tipo de qualificação, o que pode estar associado a um gargalo desse tipo de mão de obra.

O objetivo deste capítulo é estimar a TIR no Rio de Janeiro (RJ) no período recente e comparar sua evolução com a do Sudeste (SE) e do Brasil, bem como

---
* Ibre/FGV.

verificar qual dos seus componentes (prêmio salarial ou custos direto ou de oportunidade associado ao ciclo analisado) mais contribui para sua evolução. As TIRs são estimadas seguindo a metodologia de Moura (2008), utilizando dados da Pesquisa Nacional por Amostra de Domicílio (Pnad) e da Pesquisa de Orçamentos Familiares (POF). Adicionalmente, é apresentada a evolução dos indicadores de quantidade (taxas de matrícula e anos de escolaridade) e de qualidade educacional (Ideb) e de oferta de trabalho (% da população economicamente ativa em cada ciclo escolar), relacionando-os ao retorno educacional.

Este capítulo se divide em mais quatro seções. Na seção dois são descritas a amostra e a metodologia utilizada para estimar a TIR dos diferentes ciclos. Na seção três são apresentados e analisados os resultados dos retornos. A seção quatro contrasta a TIR com as condições de oferta de mão de obra e faz uma breve comparação com algumas medidas de qualidade educacional. Por fim, a seção cinco apresenta as conclusões e sugestões para melhoria da educação fluminense a partir dos resultados obtidos.

2. Metodologia e amostra

Nesta seção, assume-se que os indivíduos decidem quantos anos despenderão na escola e (ou) faculdade ao comparar os rendimentos associados a níveis distintos de experiência e educação. Esses rendimentos do trabalho[1] são estimados a partir de diferentes características dos trabalhadores, cuja metodologia é explicada em detalhes no Anexo. Assim, construíram-se fluxos de rendimentos para dois ciclos escolares diferentes (por exemplo, ensino fundamental e médio) e o fluxo de custos direto — do maior ciclo — e indireto — renda sacrificada do mercado de trabalho. Com essas medidas calculou-se o retorno escolar de se concluir o maior ciclo (neste exemplo, o retorno do investimento de se concluir o ensino médio em relação ao ensino fundamental) líquido dos custos direto e indireto, a partir da metodologia da taxa interna de retorno (TIR). A grande vantagem dessa metodologia é que se considera a renda sacrificada do mercado de trabalho quando se cursa o ciclo seguinte (neste exemplo, a renda que o indivíduo deixa de ganhar se concluísse sua escolarização no nível do ensino fundamental e resolvesse trabalhar), além de uma medida de custo de se cursar o ciclo maior.

---

[1] Deflacionados a preços de março de 2012.

Assim, sucintamente, a TIR é a taxa de juros (r) obtida da seguinte expressão:

$$\frac{\sum_{x=h}^{T}\left[w(s+h,x-h)-w(s,x)\right]}{(1+r)^{x}} - \frac{\sum_{x=0}^{h-1}\left[w(s,x)+c(s+h)\right]}{(1+r)^{x}} = 0$$

em que $w(s,x)$ é o salário de um indivíduo com s anos de estudo e x anos de experiência e c(s+h) é o custo direto de passar de s para s+h anos de estudo. Assim, o primeiro somatório é o prêmio salarial, ou seja, o quanto um indivíduo ganha (w) a mais quando termina um ciclo (s+h anos de estudo) em relação a alguém que tem o ciclo anterior (s anos de estudo). Este fluxo é construído a partir da comparação da renda estimada (típica) desses dois tipos de trabalhadores, com diferentes níveis de experiência (x). Por exemplo, um indivíduo que cursou o ensino médio terá uma renda igual a w(11, x-3), ou seja, uma renda relativa a 11 anos de estudo e x-3 anos de experiência. Essa renda é comparada com a de alguém com oito anos de estudo (ensino fundamental) e x anos de experiência, ou seja: w(8,x). Note que o primeiro indivíduo sempre terá três anos de experiência a menos do que o segundo, na comparação a cada período, pois ele gastou esse tempo cursando o ensino médio. O segundo somatório inclui as duas medidas de custo. A primeira é o custo indireto (de oportunidade) de se cursar o ciclo maior. Ou seja, é a renda sacrificada do mercado de trabalho. No exemplo considerado, w(s,x) é igual a w(8,x), ou seja, a renda de quem tem oito anos de estudo (ensino fundamental) e x anos de experiência. Essa renda é computada para os primeiros três anos de experiência, que é o período que o indivíduo cursa o ensino médio e deixa de receber renda. O último termo é o custo pecuniário (direto) associado ao curso do ciclo maior (s+h anos de estudo). No exemplo acima, c(s+h) é igual a c(11), que é o custo anual de cursar o ensino médio durante três anos.

A amostra utilizada no estudo considera a PEA com idade entre 14 e 65 anos, excluindo os trabalhadores do setor agrícola e que produzem para o próprio consumo e uso. A exclusão dos trabalhadores agrícolas deve-se ao fato de que seu regime de salários é diferente do mercado. O segundo grupo foi excluído, pois, em geral, produz no âmbito familiar, sem remuneração bem definida.[2] A restrição inferior da faixa etária tem como objetivo desconsiderar o trabalho infantil, considerado ilegal. Os indivíduos que têm mais de 65 anos

---

[2] O percentual desse segundo grupo é muito pequeno em relação ao total de ocupados e, portanto, a sua exclusão não afeta os resultados.

são, em sua grande maioria, aposentados. Como a presente análise se resume aos rendimentos do trabalho, tal grupo foi excluído.[3]

Base de dados

Para estimar os rendimentos, foram utilizadas informações da Pnad. Para computar os custos diretos com cada ciclo escolar, foi utilizada a POF, ambas divulgadas pelo IBGE. As estimativas utilizando a Pnad foram feitas de 1992 até 2009, enquanto para a POF foram utilizadas as bases de dados de 1995-96, 2002-03 e 2008-09, e os custos dos anos não contemplados foram obtidos a partir de interpolações.

3. Retornos educacionais

Esta seção apresenta os resultados da TIR para o ensino primário, fundamental, médio, superior e pós-graduação. Além da descrição da evolução de 1992 até 2009, o retorno é comparado entre Rio de Janeiro, Sudeste (SE) e Brasil.

3.1 Retorno escolar do ensino fundamental

O gráfico 1 mostra a TIR de quem concluiu apenas o quarto ano do ensino fundamental (antigo primário) em relação aos indivíduos que não obtiveram nenhum nível de escolarização formal. Intuitivamente, esse retorno nos fornece o ganho monetário de uma pessoa investir quatro anos de estudo — ou seja, concluir o 4º/5º ano do ciclo de 8/9 anos — relativamente às pessoas que não estudaram ou fizeram apenas creche, pré-escola e/ou classe de alfabetização. Observa-se que os retornos apresentam uma forte queda ao longo do período analisado. Em 2009, o retorno no RJ e SE foi quase nulo, enquanto, para todo o país, estava em torno de 5%.

Igualmente, como pode ser visto no gráfico 2, a TIR do ensino fundamental completo *vis-à-vis* o primário apresentou também uma forte queda até 2004. A partir daí, observa-se certa estabilidade. Essas evidências mostram que os ganhos do investimento no ensino fundamental no RJ e SE já são baixos. Nota-se, inclusive, uma convergência para um nível um pouco acima dos 5%.

---

[3] Vale ressaltar que os rendimentos desse grupo têm um peso muito baixo em termos de valor presente para aqueles indivíduos que encerraram os estudos na idade adequada — que ocorre até os 24 anos, para aqueles que concluíram a pós-graduação. Por isso, sua exclusão afeta pouco os resultados.

Gráfico 1
Taxa interna de retorno do primário em relação a nenhuma escolarização formal

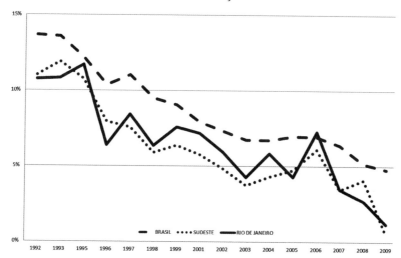

Fontes: Pnad e POF/IBGE. Elaboração feita pelo próprio autor.

Gráfico 2
Taxa interna de retorno do ensino fundamental contra o primário

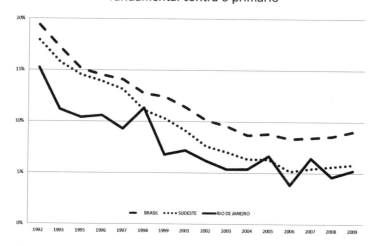

Fontes: Pnad e POF/IBGE. Elaboração feita pelo próprio autor.

Por sua vez, para todo o país, o retorno é estável desde 2004 e elevado (9% em 2009), o que pode mostrar possibilidades de ganho para quem investir em tal ciclo fora do SE. Na seção seguinte é mostrado um maior retorno escolar no Brasil *vis-à-vis* RJ e SE e que pode estar relacionado a uma menor proporção de pessoas com ensino fundamental completo em todo o país.

Dessa queda, quanto pode ser devido à evolução dos custos pecuniários (diretos) para a conclusão do ciclo? Ou quanto pode ser devido à evolução da renda sacrificada do mercado de trabalho (custo de oportunidade)? A tabela 1 procura responder tais perguntas. Observamos para o Brasil que a TIR do primário *vis-à-vis* sem escolarização, em 2009, foi de 4,8%. Quando se mantém fixo o custo direto no nível real de 1996[4] — mas com o prêmio salarial e a renda sacrificada no nível de 2009 —, observa-se um aumento do retorno para 5,3%. Ou seja, o aumento real do custo direto (19,3%) entre 1996 e 2009 reduziu o retorno em 0,5 pp (4,8% - 5,3%). Quando mantemos fixo o custo no nível de 2003, o retorno é o mesmo — visto que o crescimento real desse custo foi de apenas 0,4% no período. Em relação ao RJ, notamos que o alto crescimento do custo real (42,6%) entre 1996 e 2009 reduziu o retorno em 0,6 pp (1,2% - 1,8%). Tal impacto foi menor quando comparado com o SE, cujo aumento do custo real foi de 54%, o que fez com que o retorno se reduzisse de 1,3% para 0,5%.

Quando analisamos a TIR do ensino fundamental contra o primário, notamos um impacto alto no SE e no RJ, para o período 1996-2009, pois o crescimento real dos custos foi alto entre 1996 e 2003. Isso fez com que o retorno se reduzisse de 7,3% (7,5%) para 5,2% (5,8%) no RJ (SE). Na comparação 2003-09, a evolução dos custos foi bem baixa e, com isso, o impacto nos retornos praticamente nulo.

Por fim, quando se mantém apenas o custo de oportunidade fixo no nível de 1996, o retorno do ensino fundamental (relativo ao primário) foi de 8,6% contra 9% do retorno observado para todo o país. Ou seja, a queda do rendimento real do trabalho dos adolescentes de 14 anos (que têm o ensino primário completo),[5] entre 1996 e 2009, fez com que o retorno se elevasse em 0,4

---

[4] Consideramos dois períodos de comparação 1996-2009 e 2003-09. Esses são os anos nos quais a POF foi realizada e, portanto, para os quais a medida de custo direto é exata.

[5] Como desconsideramos o trabalho infantil no cálculo das TIRs, entre 11 e 13 anos de idade, o único custo incorrido para aqueles que cursam entre o 6º e o 8º ano é o custo direto, visto que aqueles que optaram por não trabalhar depois de concluído o ensino primário aguardam até completarem 14 anos. Com essa idade, esses adolescentes ingressam no mercado de trabalho, ao passo que aqueles que optaram em concluir o ensino fundamental estarão cursando o 9º e último ano desse ciclo.

pp. Para o RJ, observa-se também uma queda real do custo de oportunidade, o que fez com que o retorno se elevasse de 4,8% para 5,2%. Para o SE tal aumento foi mais tímido. No entanto, no subperíodo de 2003-09 houve um pequeno aumento real desse custo. Isso fez com que o retorno caísse apenas 0,3 pp no SE e RJ e 0,2 pp em todo o país.

Tabela 1
TIR (primário e ensino fundamental) observada de 2009, com o custo direto fixo no nível de 1996 e 2003 e com o custo de oportunidade no nível de 1996 e 2003 (em %)

	Primário x Sem escolarização			Ensino Fundamental x Primário		
TIR	BRASIL	SE	RJ	BRASIL	SE	RJ
observada nível 2009	4,8	0,5	1,2	9,0	5,8	5,2
custo direto nível 1996	5,3	1,3	1,8	10,0	7,5	7,3
custo direto nível 2003	4,8	0,5	1,2	9,0	5,8	5,3
custo oportunidade nível 1996	4,8	0,5	1,2	8,6	5,7	4,8
custo oportunidade nível 2003	4,8	0,5	1,2	9,2	6,1	5,5

Fontes: Pnad e POF/IBGE. Elaboração feita pelo próprio autor.

Assim, de forma geral, o crescimento real dos custos diretos associados ao curso do ensino fundamental no SE e no RJ foi bem superior ao restante do país, o que fez com que a queda fosse mais acentuada em tais localidades, principalmente nos estados do SE vizinhos do RJ. Além disso, tais custos foram mais significantes para a queda do retorno do que o custo de oportunidade, na comparação 1996-2009.

3.2. Retorno escolar do ensino médio

O gráfico 3 mostra que o retorno do ensino médio tem apresentado um padrão diferente, no caso do Brasil e do SE. O retorno no Brasil elevou-se de 1992 até 1998 e, daí em diante, apresentou uma queda contínua. Por sua vez, os retornos no RJ têm se reduzido até 2005 e, desde então, têm oscilado entre 8% e 10%. A TIR do RJ esteve acima do SE em quase todos os períodos. Em 2009, a diferença entre ambos alcançou o maior nível: 9,5% no RJ e 7,8% no SE. Esse diferencial possivelmente reflete características díspares do estado em relação ao restante da região, tanto em termos de matrícula e qualidade educacional como de mercado de trabalho, como será discutido na seção seguinte.

Gráfico 3
Taxa interna de retorno do 3º ano do ensino médio contra o 9º ano do ensino fundamental

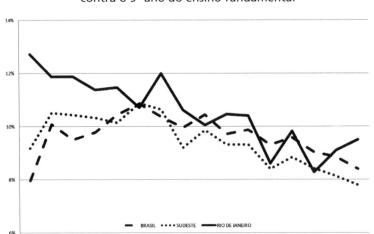

Fontes: Pnad e POF/IBGE. Elaboração feita pelo próprio autor.

A tabela 2 mostra a importância da evolução do custo direto e de oportunidade associado ao ensino médio. Observa-se que, para o Brasil, a evolução real do custo direto entre 1996 (2003) e 2009 — da ordem de 12% (3%) — fez com que o retorno se reduzisse de 8,8% (8,5%) para 8,4%: uma queda de 0,4 (0,1) pp. Por sua vez, o crescimento real do custo direto no SE e RJ foi bem mais expressivo no período 1996-2009: 41% e 34,6%, respectivamente. Assim, o impacto nos retornos se mostrou mais forte: queda de 1 pp. No entanto, no subperíodo mais recente (2003-09) a evolução real dos custos foi menor, e a queda dos retornos ficou na ordem de apenas 0,1 pp.

Quando se analisa o custo de oportunidade, o declínio real da renda sacrificada do trabalho — ou seja, da renda relativa aos trabalhadores com ensino fundamental que o indivíduo sacrificou por três anos para cursar o ensino médio — foi mais favorável no RJ. Tal decréscimo real, entre 1996 (2003) e 2009, fez com que o retorno se elevasse de 7,7% (9,2%) para 9,5% em 2009. No SE, por exemplo, não houve alteração para o subperíodo mais recente, 2003-09.

Assim, em linhas gerais, o crescimento real do custo direto foi mais sentido, em termos de retorno, apenas na comparação do período maior: 1996-2009. Para o subperíodo mais recente, tal impacto foi ínfimo. A queda real do custo de oportunidade se mostrou favorável e maior em termos absolutos, principalmente para o RJ.

Tabela 2
TIR (ensino médio) observada de 2009, com o custo direto fixo no nível de 1996 e 2003 e com o custo de oportunidade no nível de 1996 e 2003 (em %)

TIR	Ensino Médio x Ensino Fundamental		
	BRASIL	SE	RJ
observada nível 2009	8,4	7,8	9,5
custo direto nível 1996	8,8	8,9	10,5
custo direto nível 2003	8,5	7,9	9,6
custo oportunidade nível 1996	6,8	6,1	7,7
custo oportunidade nível 2003	8,8	7,8	9,2

Fontes: Pnad e POF/IBGE. Elaboração feita pelo próprio autor.

3.3. Retorno escolar da educação profissionalizante

A educação profissionalizante é composta de diversas vertentes, como curso de qualificação profissional, o qual inclui qualquer curso direcionado à atividade profissional. No entanto, tais cursos podem ser oferecidos em escolas ou outros tipos de instituições (por exemplo, ONGs), cuja duração pode ser muito variável e sem requerer, muitas vezes, um nível mínimo de escolaridade. Dada a heterogeneidade dessa dimensão, tanto em termos de qualidade como de duração, consideramos apenas o curso técnico de nível médio, que é de duração bem definida. Esse curso de educação profissional abrange duas modalidades: integrado e subsequente. Na primeira, o curso é realizado de forma integrada ao ensino médio, iniciando-se a partir do 2º ano do mesmo, com duração de dois anos — ou seja, o aluno conclui concomitantemente ao ensino médio, no caso de não haver repetência. Na segunda, o curso técnico é realizado após a conclusão do ensino médio, tendo duração média de dois anos.

Nesta subseção são apresentados os retornos para o curso técnico de nível médio para o ano de 2007,[6] discriminado segundo a modalidade de oferta do

---

[6] A análise foi feita apenas para 2007, pois é o único ano para o qual existem as informações necessárias sobre o ensino profissionalizante, obtidas de um suplemento especial da Pnad/IBGE.

curso: integrado ou subsequente ao ensino médio. Segundo a tabela 3, observa-se que o ensino profissionalizante (E. Prof.) apresenta um retorno monetário superior em relação ao ensino fundamental em comparação ao do ensino médio regular *vis-à-vis* o ensino fundamental. No SE, a modalidade integrada (subsequente) do curso técnico de nível médio apresenta uma TIR de 11,7% (9%). Já o retorno no RJ apresenta um retorno alto apenas na modalidade integrada: 11,6%. Na comparação com o SE, o retorno desta modalidade é igual, enquanto na modalidade subsequente o retorno no RJ é menor: 7,3%.

Vale destacar que para todo o país o retorno monetário é superior, o que reflete um maior potencial de ganhos monetários fora do SE.

Tabela 3
Taxa interna de retorno discriminada para ensino profissionalizante integrado e subsequente e demais ciclos

CICLOS	Brasil	Sudeste	Rio de Janeiro
E. Médio – E. Fundamental	8,3%	7,7%	7,9%
E. Prof. (INTEGRADO) – E. Fundamental	13,4%	11,7%	11,6%
E. Prof. (SUBSEQUENTE) – E. Fundamental	10,4%	9,0%	7,3%
E. Prof. (SUBSEQUENTE) – E. Médio	14,6%	11,9%	6,2%

Fontes: Pnad e POF/IBGE. Elaboração feita pelo próprio autor.

3.4. Retorno escolar do ensino superior

Segundo o gráfico 5, os retornos do ensino superior, comparativamente ao ensino médio, apresentaram um forte crescimento desde 1992[7] até 2001-02 e, desde então, têm declinado gradativamente. O retorno no RJ, que, quase sempre, esteve acima do SE, nos últimos três anos analisados tem estado em um patamar um pouco abaixo. Em 2009, a taxa foi de 15,3% e 15,8%, no RJ e SE, respectivamente.[8]

---

[7] Utilizando dados do Censo, Moura (2008) mostra que os retornos do ensino superior no Brasil têm crescido desde 1980. Nesse ano, o retorno foi de 8,4%; em 1991, foi de 11,1%; e em 2000, foi de 13,1%.

[8] Esses resultados mostram que, com uma força de trabalho mais qualificada, o mercado de trabalho deveria ter se tornado um pouco mais competitivo, devido a menores possibilidades de ganhos mone-

Novamente, o retorno para o Brasil se mostrou mais elevado, o que reflete maiores possibilidades de ganhos no restante do país.

Gráfico 4
Taxa interna de retorno do ensino superior contra o ensino médio

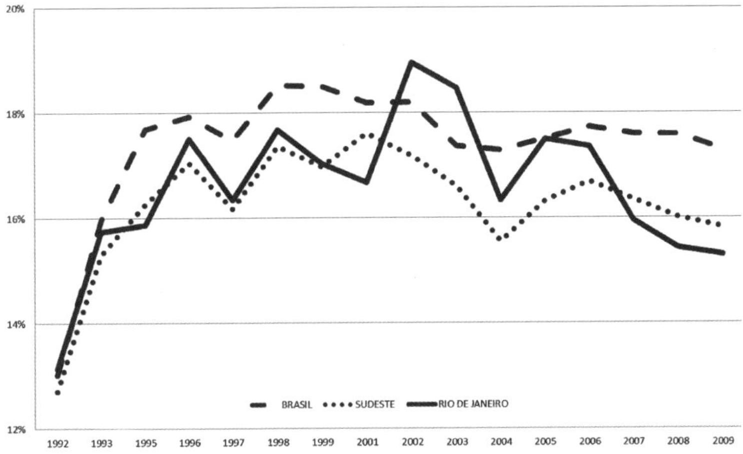

Fontes: Pnad e POF/IBGE. Elaboração feita pelo próprio autor.

A evolução real do custo direto ajuda a explicar a queda mais acentuada do retorno no RJ em relação ao restante do país. O crescimento real desse custo foi de 11,3% entre 1996 e 2009, e ainda mais acentuado entre 2003 e 2009: 24,3%. Tal valoração fez com que o retorno se reduzisse de 16,4% para 15,3%. Por sua vez, para o Brasil e SE, houve uma queda real do custo em torno de 24% entre 2003 e 2009. Assim, tal redução contribuiu para que o retorno no SE (Brasil) subisse de 14,6% (16%) para 15,8% (17,3%). Ou seja, caso o custo no RJ tivesse se mantido no nível real de 2003, o retorno para este ciclo seria superior em relação à região SE.

Por sua vez, o crescimento real do custo de oportunidade — ou seja, da renda do trabalho que deixou de se obter após concluir o ensino médio e decidir continuar os estudos na faculdade — para o período 2003-09 contribuiu pouco para a queda dos retornos: apenas 0,2 pp no RJ e nenhum impacto no SE.

---

tários. No entanto, a demanda crescente por esse tipo de trabalhador pode acarretar um aumento do gargalo de mão de obra qualificada.

Tabela 4
**TIR (ensino superior) observada de 2009,
com o custo direto fixo no nível de 1996 e 2003 e com
o custo de oportunidade fixo no nível de 1996 e 2003 (em %)**

TIR	Ensino Superior x Ensino Médio		
	BRASIL	SE	RJ
observada nível 2009	17,3	15,8	15,3
custo direto nível 1996	17,0	15,8	15,9
custo direto nível 2003	16,0	14,6	16,4
custo oportunidade nível 1996	15,5	13,4	14,2
custo oportunidade nível 2003	18,0	15,8	15,5

Fontes: Pnad e POF/IBGE. Elaboração feita pelo próprio autor.

3.5 Retorno escolar da pós-graduação

Enquanto os outros retornos estão em queda ou estáveis, os ganhos de se concluir um curso de mestrado ou doutorado apresentam uma forte tendência de crescimento. Segundo o gráfico 6, no SE (Brasil), o retorno de tal investimento subiu de 8,7% (8,2%), em 1992, para 23,3% (21%), em 2009. No RJ, o ganho foi ainda mais expressivo: de 8,2% para 28,5% no mesmo período, ou seja, um crescimento de mais de 20 pp. Isso pode refletir uma escassez de mão de obra altamente qualificada, em todo o país, dadas as demandas crescentes das empresas por este tipo de profissional. No RJ, essa escassez também pode ser alta, mas a oferta de trabalhadores é mais elevada e tem crescido mais do que a média do SE, como será destacado na seção a seguir. Assim, por que os retornos no RJ apresentam a mesma tendência de alta em relação o SE e Brasil? A análise do impacto dos custos abaixo ajuda a explicar tal evolução.

Os custos reais associados à pós-gradução caíram consideravelmente entre 1996-2003 e 2009, principalmente no RJ. A tabela 5 mostra que tal queda entre 1996 (2003) e 2009 contribuiu para que o retorno no RJ subisse de 23,3% (23,6%) para 28,5%, ou seja, um aumento em torno de 5 pp. Para o SE, o aumento nos retornos associado à queda real dos custos entre 1996 e 2009 foi de 3,5 pp (23,3% - 19,8%) e entre 2003 e 2009 foi de apenas 0,9 pp (23,3% - 22,4%).

Gráfico 5
Taxa interna de retorno do mestrado e doutorado contra o ensino superior

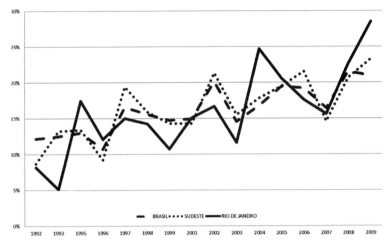

Fontes: Pnad e POF/IBGE. Elaboração feita pelo próprio autor.

Por sua vez, o decréscimo real do custo de oportunidade entre 2003 e 2009 fez com que o retorno no RJ subisse pouco — 0,7 pp (28,5% - 27,8%) — quando comparado com o impacto descrito no parágrafo anterior. Para o restante dos estados do SE tal efeito foi mais importante, visto que o decréscimo real de tal custo em toda a região fez com que o retorno subisse de 19,4% para 23,3%, ou seja: um aumento de 1,2 pp.

Tabela 5
TIR (mestrado/doutorado) observada de 2009, com o custo direto fixo no nível de 1996 e 2003 e com o custo de oportunidade fixo no nível de 1996 e 2003 (em %)

	Pós-Graduação x Ensino Superior		
TIR	BRASIL	SE	RJ
observada nível 2009	20,9	23,3	28,5
custo direto nível 1996	18,8	19,8	23,3
custo direto nível 2003	20,3	22,4	23,6
custo oportunidade nível 1996	18,7	19,4	24,9
custo oportunidade nível 2003	21,2	22,1	27,8

Fontes: Pnad e POF/IBGE. Elaboração feita pelo próprio autor.

4. O que pode afetar a TIR?

Em linhas gerais, a TIR apresenta uma tendência de queda para todos os ciclos considerados, com exceção do ensino superior e pós-graduação. Para o primeiro grupo, a tendência é de leve queda, mas ainda com retornos elevados. Para o segundo, a tendência é de forte alta. Esse padrão é similar quando comparamos as TIRs para todo o Brasil com o SE e o RJ. No entanto, existe uma diferença de nível das TIRs. Por exemplo, a TIR do ensino fundamental para o Brasil é maior do que para o SE, que, por sua vez, é maior do que a calculada para o RJ. Esse diferencial reflete um maior ganho de se concluir o ensino fundamental (em relação ao primário) fora do SE. O que pode estar afetando esse retorno? Algumas possibilidades, nesse caso, são menor (maior) oferta (demanda) desse tipo de trabalhador, ou ainda, diferenças na qualidade educacional do ensino fundamental que podem ou não estimular a conclusão de tal ciclo.

Assim, pode existir uma relação entre os retornos educacionais e o próprio nível educacional de um país. Psacharopoulos e Patrinos (2004) e Psacharopoulos (1985, 1994) mostram que os prêmios salariais obtidos para os ciclos educacionais mais avançados (por exemplo, ensino médio e superior) são maiores em países de renda baixa e média e que, de forma geral, tais retornos decaem com o aumento do nível médio de escolarização. Assim, pode existir uma associação entre melhora do nível educacional, em termos de quantidade de anos de estudo, e a redução do retorno escolar.[9]

Nesse sentido, o RJ tem apresentado características díspares em relação ao restante do país, principalmente se comparado com seus estados vizinhos. Para se ter uma ideia, o RJ sempre apresentou uma média elevada de anos de estudo quando comparado com toda a região SE. No entanto, segundo dados da Pnad/IBGE, essa média, em 2009 (9,39 anos), ficou abaixo da registrada no estado de São Paulo (9,63 anos) e, praticamente, no mesmo nível da média de toda a região SE (9,37 anos). Além disso, a média de anos de estudo tem evoluído no

---

[9] Esta evidência mostra uma relação do prêmio salarial — e não a TIR — com o nível educacional. No entanto, ela pode ser aplicada aqui, pois o prêmio salarial é o componente da TIR que mais explica sua evolução ao longo dos anos, como visto nas tabelas 1, 2, 4 e 5.

RJ a um ritmo relativamente baixo, refletindo uma escolarização mais lenta de seus habitantes do que no resto da região e também em relação ao restante do país.[10] Assim, pela lógica apontada no parágrafo anterior, uma evolução mais lenta na proporção de trabalhadores mais escolarizados no RJ em relação ao SE — principalmente aqueles com ensino médio completo — pode ser a causa do prêmio salarial para tal ciclo decrescer mais lentamente no Rio.[11]

Matrícula/oferta de trabalhadores × TIR

Uma variável que afeta a oferta futura de trabalhadores com determinado nível de escolaridade é a taxa de matrícula corrente associada ao ciclo de tal escolaridade.

Analisando o ensino fundamental, observou-se uma queda da TIR. Uma parcela dessa queda pode ser atribuída à universalização do ensino fundamental, como pode ser visto pelas altas taxas líquidas de matrícula registradas na tabela 6.[12,13] Assim, com uma maior proporção de trabalhadores com ensino fundamental concluído, o ganho monetário tende a se reduzir, como evidenciado. No entanto, em relação ao SE, a taxa líquida de matrícula no RJ é consistentemente menor e está um pouco mais distante da universalização, o

---

[10] Para todo o país, a média de anos de estudo alcançou 9,02 anos em 2009, 0,37 ano a menos do que no RJ. Tal diferença já foi de 0,84 ano favorável ao RJ, em 1995.

[11] Há também uma evolução mais lenta da proporção de trabalhadores com nível superior no RJ vis--à-vis SE. Isso tende a reduzir o ritmo de queda dos retornos de tal ciclo no Rio. No entanto, a pressão sobre os custos reais no RJ oculta esse efeito quando se observa apenas a TIR, plotada no gráfico 4.

[12] A taxa líquida de matrícula é calculada como o número de matriculados dividido pela população total, e tanto o numerador como o denominador consideram apenas os indivíduos que estão na faixa etária adequada para cursar o determinado ciclo escolar. Então, no caso do ensino fundamental, a taxa líquida considera as crianças de sete a 14 anos. A taxa bruta utiliza o mesmo denominador, mas no cálculo do numerador é considerado o número total de matriculados, independentemente da idade. Assim, ela incorpora os matriculados que estão muito atrasados devido à repetência ou que cursam supletivos.

[13] A partir de 2007 começou a vigorar em algumas escolas o regime de nove anos, o qual antecipa a entrada compulsória na escola em um ano. Ou seja, a idade obrigatória de entrada na escolarização formal passou de sete para seis anos. Assim, a classe de alfabetização foi incorporada ao ensino regular e passou a ser chamada de 1º ano no ciclo de 9 anos. A queda na taxa de matrícula do ensino fundamental (EF), observada em 2008, se deve à incorporação das crianças de seis anos que deveriam passar a estar matriculadas neste 1º ano do novo ciclo de nove anos. No entanto, muitas dessas crianças ainda estavam fora da escola ou estavam matriculadas na classe de alfabetização, visto que ainda existiam escolas que não haviam se adequado à mudança.

que mostra que há ainda possibilidade de avanço.[14] Isso pode ter desacelerado a queda da TIR no RJ.

Em relação ao ensino médio, a TIR apresenta uma tendência de queda para o Brasil e SE, e alguma estabilidade para o RJ, desde 2005. Segundo a tabela 1, observa-se um forte crescimento da taxa líquida de matrícula no período analisado, passando da casa dos 20%, em 1992, para 50%, no RJ e no Brasil, e mais de 60%, no SE, em 2009. Esse forte crescimento das matrículas pode ter reduzido a TIR nesse período. No entanto, a diferença das taxas de matrícula entre RJ e SE aumentou de praticamente 0 pp para mais de 11 pp. O menor crescimento das matrículas pode ter alguma relação com o fato de a TIR se manter estável no RJ nos últimos anos. Por exemplo, a razão da PEA com ensino médio e fundamental ficou praticamente estável no RJ entre 2006 e 2009. A média do SE também ficou estável, mas em um nível mais alto, o que evidencia um maior contingente desse tipo de trabalhador fora do RJ, o que tende a pressionar os retornos da região para baixo.

Tabela 6
Taxas líquidas de matrícula (em %)

Ano	Ensino Fundamental			Ensino Médio			Ensino Superior		
	BRASIL	SE	RJ	BRASIL	SE	RJ	BRASIL	SE	RJ
1992	81,3	88,0	85,6	18,2	24,2	24,8	4,6	6,1	7,3
1993	83,0	89,1	87,8	18,9	24,9	22,4	4,8	6,3	7,8
1995	85,5	91,0	89,3	22,2	29,0	26,5	5,9	7,7	7,9
1996	86,5	91,1	88,5	24,2	31,6	27,8	5,8	7,3	8,3
1997	88,5	92,3	88,7	26,6	34,8	30,7	6,2	8,1	7,8
1998	90,9	93,1	90,1	29,9	39,7	33,7	6,8	8,8	9,5
1999	92,3	93,9	91,5	32,7	42,4	36,1	7,4	9,4	10,4
2001	93,1	94,6	87,6	36,8	48,0	42,6	8,9	10,9	12,2
2002	93,7	95,1	91,0	39,9	52,4	43,1	9,8	12,0	13,6
2003	93,8	95,2	92,0	43,0	55,5	45,4	10,6	12,8	15,0
2004	93,8	95,4	92,1	44,2	58,0	46,7	10,4	13,0	14,3
2005	94,4	95,8	91,9	45,2	57,4	45,7	11,2	13,8	15,7
2006	94,8	95,7	93,5	47,0	57,9	49,0	12,5	15,7	18,7
2007	91,0	95,4	93,4	47,9	58,8	52,7	13,0	16,4	16,8
2008	90,9	90,7	94,0	50,4	61,9	53,6	13,7	16,6	17,1
2009	90,6	92,4	87,2	50,9	60,5	49,1	14,4	16,8	18,0

Fonte: Pnad/IBGE.

---

[14] Mas vale ressaltar que a taxa bruta de matrícula é mais alta no RJ, o que mostra que um percentual grande de jovens acima de 14 anos está ainda cursando o ensino fundamental, como já destacado em Schwartzman (2011). A diferença da taxa bruta e líquida no RJ é maior em relação ao SE, o que mostra que o maior problema no RJ se deve à repetência.

Em relação ao ensino superior, inicialmente nota-se que a taxa líquida de matrícula (18 a 24 anos) começou a aumentar fortemente a partir de 1996-97, como uma provável resposta ao aumento dos retornos na década de 1990. Como as matrículas continuaram em forte expansão, uma maior quantidade de trabalhadores qualificados entrou no mercado de trabalho, o que pode ter influenciado na leve redução dos retornos a partir de 2001-02, ou seja, justamente 4/5 anos depois. A partir de 2005, houve um forte aumento de concluintes, tanto que o percentual da PEA educada com ensino superior cresceu. Em 1992 era de 9,1% e em 2005 passou para 11% no RJ. No SE, nesse mesmo período, subiu de 8,4% para 10,8%. A partir daí, o crescimento acelerou, registrando, em 2009, 13,6% e 13,4%, respectivamente, para o RJ e SE. Esse crescimento coincide com a queda gradativa dos retornos que vem ocorrendo desde 2006.

Em relação à pós-graduação, o número de matrículas tem apresentado um forte crescimento para o SE entre 1992 e 2009 — um aumento de mais de 240% — enquanto no RJ o aumento foi mais modesto, mas ainda expressivo: pouco mais de 110%. Para se ter uma ideia do lado da oferta, o percentual da PEA com mestrado/doutorado concluído é ainda bem reduzido, mas em expansão entre 1992 e 2009: cresceu de 0,4% da PEA para 1,4%, no RJ, e de 0,3% para 0,9%, no SE. A proporção relativa (PEA com mestrado/doutorado)/(PEA com ensino superior) também vem crescendo, com maior intensidade no RJ.[15] Assim, pode existir uma forte demanda de mercado por esse tipo de trabalhador, que deve estar pressionando o retorno da pós-graduação em relação à graduação. Ou seja, o aumento da oferta desse tipo de trabalhador não deve estar atendendo o crescimento da demanda.

Qualidade × *TIR*

Outra medida que pode afetar o retorno educacional é a qualidade da rede de ensino. A tabela 7 mostra as notas do Índice de Desenvolvimento da Educação Básica (Ideb),[16] que pode ser considerada uma medida de qualidade.

---

[15] Mesmo com uma menor evolução das matrículas, o RJ tem apresentado um maior crescimento na oferta desse tipo de trabalhador. Assim, pode estar ocorrendo uma migração desse tipo de trabalhador de outros estados para o RJ.

[16] O Ideb foi criado pelo Inep em 2007 e considera tanto o desempenho escolar dos alunos em exames padronizados como os dados de fluxo escolar. Segundo Fernandes (2007), esse indicador é obtido a partir da combinação de dois outros indicadores: (i) pontuação média dos estudantes em exames pa-

Observa-se uma pequena melhora na qualidade do ensino fundamental e uma estagnação do ensino médio na rede fluminense. Em relação à média nacional, o RJ vem perdendo espaço. Inclusive, em 2009, apresentou uma nota menor para o último ano do ensino fundamental e médio. No comparativo com o SE, o quadro é mais grave ainda: em todos estes ciclos, a diferença do Ideb entre o RJ e a média da região SE cresceu. Esse fenômeno ocorreu principalmente na rede pública. Por sua vez, a rede privada fluminense apresenta sinais de melhora, reduzindo o diferencial de notas em relação ao SE — principalmente para o 9º ano do ensino fundamental e o 3º ano do ensino médio. Essa piora na qualidade do ensino pode gerar um impacto negativo nas habilidades acumuladas, devido a uma absorção deficitária de conhecimentos adquiridos durante o ciclo cursado. Com isso, a produtividade destes formandos é menor e, consequentemente, os rendimentos pagos serão mais baixos, reduzindo o retorno da conclusão do grau escolar.[17] Assim, a qualidade baixa no RJ, principalmente no ensino médio, deve ser considerada, pois a mesma pode afetar negativamente a TIR — ou seja, reduz a produtividade do trabalhador fluminense e, consequentemente, seu ganho monetário.

Tabela 7

Ideb — Brasil, SE e RJ

Ano	Ensino Primário (5º ano)			Ensino Fundamental (9º ano)			Ensino Médio (3º ano)		
---	BRASIL	SE	RJ	BRASIL	SE	RJ	BRASIL	SE	RJ
2005	3,8	4,6	4,3	3,5	3,9	3,6	3,4	3,6	3,3
2007	4,2	4,8	4,4	3,8	4,1	3,8	3,5	3,7	3,2
2009	4,6	5,3	4,7	4,0	4,3	3,8	3,6	3,8	3,3

Fonte: Inep/MEC.

---

dronizados ao final de determinada etapa do ensino fundamental (4ª e 8ª séries) e 3º ano do ensino médio (notas obtidas pelo Saeb e Prova Brasil) e (ii) taxa média de aprovação dos estudantes da correspondente etapa de ensino (Censo escolar).

[17] Por outro lado, é possível que os indivíduos se sintam desestimulados a investir em educação devido à baixa qualidade do ensino. Isso tende a gerar escassez de trabalhadores cuja formação seja do ciclo escolar com pior qualidade. Ou seja, no caso de as empresas não alterarem sua demanda por esse tipo de trabalhador, uma menor oferta de trabalhadores pressiona os rendimentos, elevando o retorno escolar desse ciclo. Assim, o efeito da qualidade sobre a TIR é ambíguo.

5. Conclusões

Diversos estudos (Blom e Verner, 2001; Moura, 2008) já apontavam a queda dos retornos de todos os ciclos escolares no Brasil — com exceção do ensino superior — em face de um aumento da taxa de matrícula de todos os níveis escolares. A evolução do retorno e da taxa de matrícula, conciliadas às alterações na qualidade educacional e da oferta de trabalho no estado do Rio de Janeiro (RJ), servem como importantes indicadores-chave para direcionar as políticas públicas educacionais do estado, além de sugerirem medidas que incentivem a criação de postos de trabalho para determinados grupos educacionais. Assim, a seguir, são apresentadas as principais conclusões do capítulo.

O retorno escolar — medido como taxa interna de retorno (TIR) — para o ensino fundamental em relação ao antigo primário diminuiu entre 1992 e 2004 e, desde então, se manteve estável no RJ e em toda a região Sudeste (SE). Em 2009, a TIR foi de 5,2% e 5,8%, respectivamente. Entre os componentes da TIR (prêmio salarial, custo direto e de oportunidade associado ao ciclo analisado), o prêmio salarial explicou mais a queda do retorno. Ou seja, a diferença salarial entre quem tem o ensino fundamental e primário se reduziu significativamente. No entanto, o crescimento real do custo direto (pecuniário) da educação, entre 1996 e 2003, também contribuiu para a redução do retorno desse ciclo. Contudo, entre 2003 e 2009, o crescimento foi baixo. Assim, para este ciclo, as atenções devem ser dirigidas para a universalização e melhoria da qualidade — medida em termos do Ideb —, que estão aquém da média nacional e do SE. A universalização tenderia a reduzir a TIR desse ciclo, o que poderia desestimular os indivíduos a concluírem tal ciclo. No entanto, como a conclusão de tal ciclo é compulsória, esse efeito tende a ser atenuado.

O ensino médio configura-se como um dos maiores desafios para o RJ, visto que: (i) há uma estabilidade do retorno escolar, a partir de 2005, (ii) as taxas de matrícula desse ciclo têm crescido menos no RJ, em 2009 ficando mais de 11 pp abaixo da média da região SE e quase 2 pp da média nacional, (iii) a qualidade da rede pública fluminense se mantém ainda abaixo da média da região SE. Aliada a essa menor evolução das matrículas no RJ, a oferta da PEA com ensino médio em relação ao ensino fundamental ficou praticamente estável entre 2006 e 2009 e abaixo da média do SE. Isso evidencia um menor contingente deste tipo de trabalhador no RJ. Assim, essa estagnação nas matrículas aliada a uma baixa qualidade educacional podem ser a razão pela qual o retorno deste ciclo não continuou em queda, como ocorreu antes de 2005. Como a frequência e conclusão desse ciclo não é ainda compulsória, políticas direcionadas para este estágio de escolarização devem ser intensificadas. Com a proximidade da universalização do ensino fundamental, o avanço educacional no RJ depende da continuidade dos estudos das crianças e adolescentes para esse ciclo aliado a uma melhora da qualidade, para que a oferta desse tipo de trabalhador cresça.

Em relação ao ensino profissionalizante, o crescimento de diversos setores de atividade no RJ, como o petroquímico, tende a demandar um número crescente de profissionais formados em cursos técnicos de nível médio. A opção por esse tipo de curso é, muitas vezes, mais flexível, pois permite que o indivíduo trabalhe concomitantemente ou muitas vezes o curso oferece opções de estágio que já permite a prática da atividade. Assim, diante da crescente demanda por trabalhadores qualificados, essa é uma opção que pode ter efeitos mais rápidos no mercado de trabalho do que o ensino superior. Assim, é necessária a implementação de políticas que gerem estímulos para a criação de vagas para profissionais desse tipo de qualificação, visto que uma grande quantidade de pessoas está frequentando cursos técnicos, principalmente na modalidade integrada.[18] Isso ocorre pois a TIR dessa modalidade é bem superior quando comparada com a da modalidade subsequente. A primeira é da ordem de 11,6% e a segunda, da ordem de 7,3% no RJ. No SE, os valores são 11,7% e 9%, respectivamente.

O retorno escolar do ensino superior está em leve declínio, mas ainda é elevado: 15,3% no RJ e 15,8% no SE. Esse alto ganho monetário mostra que ainda há uma necessidade de um maior número de profissionais formados com ensino superior. Cabe aqui um alerta: houve um forte aumento real dos custos diretos com o ensino superior no RJ entre 2003 e 2009 (24,3%), enquanto a média do SE foi de redução (23,8%). Isso contribuiu para que o retorno no RJ caísse de 16,4% para 15,3% em 2009, enquanto para o SE observou-se o movimento contrário: de 14,6% para 15,8%. De qualquer forma, as crescentes taxas de matrícula no estado — e, inclusive, maiores do que as registradas no SE — mostram que: (i) o RJ está na direção correta em termos de aumen-

---

[18] Neri (2011), em um estudo para todo o país, já havia confirmado a grande evolução dos concluintes em cursos profissionalizantes, cuja chance de obter uma ocupação é de 48,2% maior do que aqueles que concluíram apenas o ensino médio regular.

to da oferta de trabalho mais qualificada; (ii) mas o fato de os retornos não apresentarem ainda uma tendência de queda mais acentuada pode refletir uma demanda alta por esse tipo de trabalhador. Mas, vale ressaltar que a continuidade do crescimento das taxas de matrícula depende, em parte, do aumento de concluintes do ensino médio no estado, que ainda se encontra deficitário.

O forte crescimento do retorno da pós-graduação em todo o país — mesmo diante de uma forte expansão das matrículas em tal ciclo — mostra a necessidade de ampliação contínua da oferta desse trabalhador altamente qualificado em face de um provável crescimento de demanda. Neste sentido, o RJ tem apresentado uma maior evolução da oferta desse tipo de trabalhador, mas essa expansão ainda é necessária, pois pode não estar atendendo o crescimento da demanda.

De forma geral, o RJ apresenta características educacionais piores em relação ao SE, mesmo com uma média de anos de estudo mais elevada. Uma melhora significativa na qualidade da educação — principalmente do ensino básico e médio — se faz necessária, além de uma necessidade urgente em elevar a taxa de concluintes do ensino médio. Os retornos escolares mais altos desse nível de ensino, no RJ ante SE, podem estar refletindo uma oferta baixa e demanda crescente por esse tipo de trabalhador. No entanto, a proporção de trabalhadores com alta qualificação (ensino superior e pós-graduação) é alta, mas ainda aquém do necessário — não apenas no RJ, mas em todo o país —, devido aos altos retornos desses ciclos. Assim, esses dados apenas refletem um estado com alto nível de desigualdade em relação ao acesso educacional.

Referências

BLOM, A. L. H.-N.; VERNER, D. Education, earnings, and inequality in Brazil, 1982-98. *Peabody Journal of Education*, v. 76, n. ¾, p. 180-221, 2001.

FERNANDES, R. *Índice de Desenvolvimento da Educação Básica (Ideb)*. Brasília: Inep/MEC, 2007.

HECKMAN, J. J. Sample selection bias as a specification error. *Econometrica*, v. 47, n. 1, p.153-161, 1979.

_____. Education policy. In: ECONOMETRIC SOCIETY 9TH WORLD CONGRESS, IFS LECTURE, 2005. Disponível em: <www.ifs.org.uk/conferences/james_heckman_eswc.pdf >.

MOURA, R. L. Testando as hipóteses do modelo de Mincer para o Brasil. *Revista Brasileira de Economia*, v. 62, n. 4, p. 407-449, 2008.

NERI, M. C. Os prêmios da educação profissional e a competitividade. In: BONELLI, R. (Org.). *A agenda de competitividade do Brasil*. Rio de Janeiro: Editora FGV, 2011. p. 403-447.

PSACHAROPOULOS, G. Returns to education: a further international update and implications. *Journal of Human Resources*, v. 20, p. 583-604, 1985.

_____. Returns to investment in education: A global update. *World Development*, v. 22, n. 9, p. 1325-1343, 1994.

_____; PATRINOS, H. A. Returns to investment in education: a further update. *Education Economics*, v. 12, n. 2, p. 111-134, 2004.

SCHWARTZMAN, S. Melhorar a educação no Rio de Janeiro: um longo caminho. In: URANI, A.; GIAMBIAGI, F. (Ed.). *Rio: a hora da virada*. Rio de Janeiro: Elsevier, 2011. p. 227-241.

Anexo metodológico

Para se estimar os níveis (perfis) de renda ao longo do ciclo de trabalho para diferentes ciclos escolares, adotou-se o seguinte modelo econométrico:

$$\ln w_i = b_0 + b_1 \cdot educ + b_2 \cdot exp + b_3 \cdot exp^2 + b_4 {}^* X + u \quad (1)$$

em que lnw_i é o logaritmo neperiano da renda do trabalho — deflacionada a preços de março de 2012 pelo INPC — dividida pelo número de horas trabalhadas (ou seja, salário-hora), *educ* é a medida de maior escolarização obtida, assumindo as seguintes categorias ordenadas de forma crescente: sem escolarização formal, 1º ano do ensino fundamental, ..., 4º ano do ensino fundamental (primário), ..., 8º ano do ensino fundamental, 1º ano do ensino médio, ..., 3º ano do ensino médio, 1º ano do ensino superior, ..., 4º ano do ensino superior, mestrado ou doutorado; *exp* é uma medida de experiência potencial do indivíduo, mensurada como idade — *educ* — 5;[19] *exp²* é a variável *exp* elevada ao quadrado e X é um conjunto de regressores, incluindo: variáveis *dummies* para gênero, raça, se é membro de sindicato, se reside em zona rural e para as unidades federativas.[20]

---

[19] A subtração por 5 é feita pois foi considerada a idade de seis anos como a de entrada na escola.
[20] Assume-se uma hipótese de que os indivíduos baseiam suas decisões de investimento em educação, numa análise *ex ante*, no perfil de rendimento, para diferentes etapas do ciclo de trabalho, dos indivíduos mais velhos em idade de trabalho ativa (Heckman, 2005). Assim, não se leva em consideração que os agentes podem antecipar mudanças futuras no preço da educação, por exemplo. Deve-se ressaltar,

Para estimar essa equação e, consequentemente, os perfis de renda dos trabalhadores, potenciais problemas de viés de seleção amostral são corrigidos. Tal problema pode surgir se a amostra é "selecionada" apenas para indivíduos com salário positivo. Ao excluir os desempregados, não está sendo considerado que os mesmos decidiram não trabalhar e, portanto, têm um nível salarial que desejariam receber, mas que está acima do oferecido pelo mercado. Assim, estamos incorrendo em um viés ao se estimar o nível salarial predito dos ocupados e, consequentemente, os retornos também. Para corrigir tal viés, utilizamos o procedimento de estimação de dois estágios de Heckman (1979), no qual estimamos, em um primeiro estágio, um *probit* utilizando toda a população economicamente ativa, com uma variável *dummy* se o agente está empregado como variável dependente.[21] E, no segundo estágio, estimamos a equação anterior, incorporando um termo, obtido a partir do primeiro estágio, que simplesmente corrige este viés, de não considerar o salário pedido pelos desempregados. Assim, obtêm-se estimativas dos retornos mais precisas.

Assim, o salário-hora predito será obtido a partir dos coeficientes estimados da equação acima:

$$\widehat{w_l} = \exp\left(\widehat{b_0} + \widehat{b_1} \cdot \text{educ} + \widehat{b_2} \cdot \exp + \widehat{b_3} \cdot \exp^2 + \widehat{b_4} * X\right) \quad (2)$$

Multiplicando pelo número de horas mensais de trabalho, obtém-se uma estimativa para o perfil de renda do trabalho dos indivíduos para todo o ciclo de vida.

Assim, a TIR (taxa r) é obtida a partir da raiz da seguinte equação:

$$\frac{\sum_{x=0}^{T} w(s+h,x)}{(1+r)^{h+x}} - \frac{\sum_{x=0}^{T} w(s,x)}{(1+r)^{x}} - \frac{\sum_{x=0}^{h-1} c(s+h)}{(1+r)^{x}} = 0,$$

---

no entanto, que o fato de os indivíduos basearem suas decisões de investimento em educação em indivíduos mais velhos é válido, pois não existe um contrafactual perfeito, do qual poderia se extrair o fluxo de renda para o caso de o indivíduo frequentar e não frequentar escola, ao mesmo tempo. Assim, temos de tomar como referência agentes com características similares.

[21] Esta é a chamada equação de seleção. Para a equação de seleção, utilizamos, além das covariáveis da equação de salários, o número de filhos, variável *dummy* para casamento e renda não oriunda do trabalho. Assim, obtemos a razão inversa de Mills e estimamos a equação de salários incorporando esta razão, que, segundo Heckman, é um problema de viés de variável omitida.

em que, w(s,x) é o rendimento estimado do trabalho para um indivíduo com "s" anos de estudo e "x" anos de experiência obtido da equação (2) acima; e c(s+h) é o custo de se cursar o ciclo referente a "s+h" anos de estudo. Outro modo de expressar essa fórmula é:

$$\frac{\sum_{x=h}^{T}\left[w(s+h,x-h)-w(s,x)\right]}{(1+r)^{x}} - \frac{\sum_{x=0}^{h-1}\left[w(s,x)+c(s+h)\right]}{(1+r)^{x}} = 0$$

em que, o primeiro somatório refere-se ao prêmio salarial do indivíduo, ou seja, a diferença de renda entre quem tem "s+h" anos de estudo e quem tem apenas "s" anos de estudo, mas considerando que o primeiro grupo sempre terá "h" anos de experiência a menos do que o último. O segundo somatório inclui os custos de oportunidade e direto. O primeiro termo é a renda sacrificada do mercado de trabalho durante os "h" anos de estudo adicionais e o segundo é o custo direto.

Capítulo 15

Carências no acesso a serviços e informalidade nas favelas cariocas: dialogando com as recentes pesquisas domiciliares e de estabelecimentos

Sergio Guimarães Ferreira *
Maína Celidonio **

1. Introdução[1]

"Morro e asfalto" não são mais metáforas apropriadas para diferenciar as favelas do restante da cidade, primeiro porque "morro" foi sempre uma licença poética do sambista nascido nas favelas do maciço da Tijuca. A maior parte das favelas do Rio está em áreas planas, na Zona Norte, em Jacarepaguá e na Zona Oeste.

Mais importante, são raras as favelas onde predominam o piso de chão e onde as casas são de madeira. O "asfalto" está no "morro" faz tempo. Favelas são identificáveis pela aparência visual, por sua morfologia urbanística muito particular (aos olhos de alguns, aparentemente caótica) e por casas que parecem sempre em contínua fase de construção, como obra inacabada.

Quando entramos um pouco mais a fundo no tema, adentrando as vielas estreitas, cruzando com mototáxis e "cabritinhos" que descem a ladeira em embalada carreira, ou observando o emaranhado de fios elétricos que saem e entram pelas casas, ou parando para comprar um refrigerante numa vendinha,

---

* BNDES e IPP-Rio.
** IPP-Rio.
[1] Os autores agradecem comentários feitos à versão prévia deste trabalho apresentada na Casa das Garças em setembro de 2009. As opiniões aqui expressas não representam necessariamente opiniões do Instituto de Urbanismo Pereira Passos nem do BNDES.

improvisada a partir da janela da casa de uma moradora, nota-se a evidente vida informal (ou não regulamentada) que rege a maior parte das transações de um mercado pujante, embora pouco sofisticado.

Favelas continuam pobres, porque ainda são os pobres que escolhem morar lá, mais pobres e menos escolarizados do que o resto da cidade. A decisão de moradia, contudo, é influenciada pela vida mais barata na favela. O custo de vida mais baixo se explica facilmente porque não se paga por boa parte dos serviços de utilidade pública consumidos nos domicílios, porque os estabelecimentos em sua maioria não emitem nota fiscal, as transações imobiliárias não estão sujeitas aos tributos usuais, não se paga IPTU, não se exige alvará de funcionamento para estabelecimentos, nem "Habite-se" para que "puxadinhos" sejam feitos nas lajes descobertas. Além disso, a decisão de moradia também é influenciada pela proximidade do mercado de trabalho, o que reduz os custos diretos (monetários) e indiretos (tempo) de deslocamento.

Esse aumento de renda real, resultante meramente da decisão de moradia, permite à população urbana pobre usufruir de um padrão de consumo superior à situação alternativa de morar em uma casa em Japeri ou São João de Meriti, pagando todos os impostos e taxas e convivendo com um entorno formal.

A informalidade dos arranjos urbanísticos aumenta sobremaneira os custos dos serviços de conservação nessas áreas. Por exemplo, a Comlurb tem de instalar caçambas porque as vielas e os becos construídos pelos moradores não comportam a passagem dos caminhões. Assim, impõe-se aos moradores a necessidade de deslocamentos até a caçamba, o que muitas vezes não ocorre, sendo o lixo despejado em "lixões". Desmatamentos não autorizados em áreas de encosta aumentam o risco de deslizamentos e exigem custos elevados por parte da Georio em serviços de engenharia de contenção. Problema idêntico resulta do escoamento indevido do esgoto sanitário, entupindo os dutos pluviais e gerando refluxo nas calçadas e vielas onde brincam as crianças pobres das favelas. Além disso, a existência de vielas aumenta o custo e o risco do policiamento nessas áreas.

Contudo, a julgar pela opção da favela como porta de entrada do pobre no território da cidade, o equilíbrio que combina baixa qualidade de vida, custo de vida baixo e informalidade é, apesar de tudo, uma decisão melhor, na maioria das vezes, do que a alternativa formal de moradia.

O objetivo deste capítulo é fazer uma análise sobre os temas da acessibilidade a serviços públicos e informalidade nas favelas cariocas, a partir das bases de dados mais recentes de corte domiciliar produzidas para esses territórios. A segunda seção apresenta dados de crescimento demográfico das favelas, segundo o IBGE. A terceira seção analisa brevemente a convergência de acesso a serviços públicos (no nível do domicílio) entre favelas (setores especiais subnormais, segundo o IBGE) e setores normais, apresentando dados do Censo de 2010. A quarta seção analisa mais detalhadamente o problema da informalidade habitacional e urbanística, com dados das pesquisas domiciliares que tratam do assunto. A quinta seção trata da informalidade empresarial nos mesmos moldes. A sexta seção conclui o capítulo.

2. Distribuição e crescimento populacional: favela *versus* não favela

O Censo 2010 classificou 2.227 aglomerados como setores censitários especiais subnormais na cidade do Rio de Janeiro,[2] o que equivale a 26% do total de setores censitários da cidade. Em termos populacionais, a cidade tinha 6,32 milhões de habitantes, dos quais 1,39 milhão moravam em aglomerados subnormais (tabela 1). Dessa forma, 22% da população são habitantes de favelas. Para se ter uma ideia do que isso representa em termos de evolução recente, em 2000 (no último censo) a população total da cidade era de 5,85 milhões de pessoas, sendo 1,09 milhão moradores de favelas. Formulando de

---

[2] Para efeito da análise dos dados do Censo feita neste capítulo, sempre que nos referirmos à favela, estaremos usando o conceito estatístico de setor censitário especial subnormal, do IBGE. Ou seja, alguns aglomerados urbanos que são considerados pelo IPP como favelas não serão considerados favela para efeito das análises das estatísticas sociodemográficas contidas neste artigo. O IBGE define como aglomerado subnormal o "conjunto constituído de, no mínimo, 51 unidades habitacionais (barracos, casas etc.) carentes, em sua maioria, de serviços públicos essenciais, ocupando ou tendo ocupado, até período recente, terreno de propriedade alheia (pública ou particular) e estando dispostas, em geral, de forma desordenada e densa. A identificação dos aglomerados subnormais deve ser feita com base nos seguintes critérios: a) Ocupação ilegal da terra, ou seja, construção em terrenos de propriedade alheia (pública ou particular) no momento atual ou em período recente (obtenção do título de propriedade do terreno há 10 anos ou menos); b) Possuírem pelo menos uma das seguintes características: urbanização fora dos padrões vigentes — refletido por vias de circulação estreitas e de alinhamento irregular, lotes de tamanhos e formas desiguais e construções não regularizadas por órgãos públicos; ou precariedade de serviços públicos essenciais". Fonte: IBGE (2003).

outro modo, enquanto a população da cidade cresceu 8% em 10 anos, a população de favelas cresceu 27,5% no mesmo período.[3]

Aprofundando os dados do Censo de 2010, e usando as divisões administrativas das cinco áreas de planejamento, conforme o Plano Diretor de 1992,[4] quando falamos em favelas, a Zona Sul responde por somente 12% da população residindo em setores subnormais em 2010 e 17% da população residindo em setores censitários normais (não favela). A Zona Norte, por sua vez, tem 38% da população total, mas 45% da população carioca residindo em aglomerados subnormais. A área de planejamento com maior proporção de favelas (segundo a população em 2010) era a AP1 (33%) e a com menor, a AP5 (15%).

Tabela 1
Distribuição populacional na cidade do Rio de Janeiro, 2010

AP	Favela	Não favela	Total
1 – Centro	98.058	198.342	296.400
2 – Zona Sul	173.760	835.410	1.009.170
3 – Zona Norte	630.217	1.769.931	2.400.148
4 – Barra/Jacarepaguá	228.787	681.168	909.955
5 – Zona Oeste	263.511	1.441.262	1.704.773
Total	1.394.333	4.926.113	6.320.446

Fonte: IBGE (2012).

---

[3] Em 2000, havia discordâncias maiores entre o IBGE e o IPP quanto aos setores censitários subnormais. Parte do "aumento populacional" registrado se deve à reclassificação de setores para subnormais pelo IBGE. Ao fazê-lo, o IBGE não recalculou a população de favelas em 2000. Para o IPP, a população de favelas em 2000 seria de 1,214 milhão de pessoas e em 2010 seria de 1,443 — logo, a taxa de crescimento seria de 18,9%, e não 27,5%. A diferença remanescente em 2010 entre os dois conceitos se deve ao fato de o IBGE não reconhecer favelas muito pequenas, ou franjas de favelas que formem menos de 51 unidades habitacionais. Para exemplo de estudo recente que usa a contabilidade do IPP, ver Cavallieri e Vial (2012). Como mencionado na nota de rodapé 2, favela neste artigo é sinônimo de setor censitário especial subnormal.

[4] O Plano Diretor de 1992 (substituído por novo Plano em 2010) dividia a cidade em cinco grandes áreas: AP1, área central da cidade (que inclui Porto, Centro, Rio Comprido, São Cristóvão, Paquetá e Santa Teresa); AP2, ou Zona Sul (Botafogo, Copacabana, Tijuca, Vila Isabel e Lagoa); AP3, ou Zona Norte (Ramos, Penha, Inhaúma, Méier, Irajá, Madureira, Ilha do Governador, Anchieta e Pavuna); AP4, Barra e Jacarepaguá, e AP5, ou Zona Oeste (Bangu, Campo Grande, Santa Cruz e Guaratiba).

3. Favelas e bairros formais: distinções e convergências

Favelas são locais mais carentes do que territórios formais, do ponto de vista de infraestrutura urbana? Desde 1992, programas de urbanização mudaram substancialmente o acesso dessas localidades a serviços de utilidade pública, como água, luz e esgoto. De fato, em 1992, um novo Plano Diretor corroborou uma filosofia de incorporação das favelas à malha urbanizada e serviu de base para os programas Favela-Bairro I (1994), Favela-Bairro II (2000), Bairrinho (2000) e Grandes Favelas (2001).[5]

Os programas continham elementos de reconhecimento de direito de propriedade, mas eram, principalmente, caracterizados por importantes intervenções físicas de infraestrutura urbana (saneamento e água, principalmente) e arquitetônicas (redesenho dos logradouros, por exemplo). A partir dos programas, o conceito jurídico de áreas de especial interesse social (AEIS) é regulamentado, dando respaldo institucional para a definição de regras urbanísticas próprias às áreas de favela. No conjunto geral, 143 favelas foram beneficiadas pelo Favela-Bairro, atendendo a 556 mil moradores, 44 favelas pelo Bairrinho (62 mil moradores) e quatro favelas pelo "Grandes Favelas" (163 mil moradores) (Pinheiro, 2008).

Mais recentemente, a prefeitura do Rio lançou o programa Morar Carioca (2010). O objetivo do programa é "promover a inclusão social, através da integração urbana e social completa e definitiva de todas as favelas do Rio até o ano de 2020".[6] Além da implantação de infraestrutura, equipamentos e serviços, o Morar Carioca também visa à implantação de um sistema de manutenção e conservação das obras, controle, monitoramento e ordenamento da ocupação e do uso do solo. Dessa forma, através da definição de normas urbanísticas e de fiscalização, o programa busca combater a informalidade urbanística característica das áreas de favela. A prefeitura estima que mais de 50 mil domicílios já foram beneficiados pelo programa, que está em andamento em 39 comunidades.[7]

---

[5] Antes de 1992, governos optavam pela transferência dos moradores para conjuntos habitacionais. Apenas a partir de 1992, passa-se a considerar a possibilidade de permanência com melhor qualidade de vida. Por outro lado, durante o período 1992-2009, a remoção passou a ser considerada erroneamente como fora do menu de opções. Para textos que tratam de diferentes programas e políticas habitacionais na cidade do Rio de Janeiro ao longo do século XX ver, por exemplo, Soares e Soares (2005) e Burgos (1998).
[6] Disponível em: <www.rio.rj.gov.br/web/smh/exibeconteudo?article-id=1451251>.
[7] Disponível em: <www.riosemprepresente.com.br/programas/morar-carioca>.

Esses programas de melhoria da infraestrutura urbana nas áreas de favela foram capazes de tornar a favela tão urbanizada quanto as áreas formais da cidade? Uma forma de responder a essa pergunta é utilizando os dados do Censo 2010.

O questionário básico do Censo 2010 investiga a existência de banheiro ou sanitário, tipo de esgotamento sanitário, destino do lixo, forma de abastecimento de água, existência de energia elétrica e de medidor nos domicílios. Com base nessas informações é possível constatar se os aglomerados subnormais são, ainda, carentes de serviços públicos. Além disso, o número de domicílios que possuem energia elétrica de companhia distribuidora sem medidor informa o grau de ilegalidade, ou informalidade, do setor.[8] A tabela 2 mostra a incidência de problemas de infraestrutura para os setores censitários normais e subnormais. As definições dos padrões de adequação se encontram no anexo.

Tabela 2
Problemas de infraestrutura na cidade do Rio de Janeiro, 2010

Porcentagem da população	Aglomerados			
	Normais		Subnormais	
	média	desvio padrão	média	desvio padrão
Sem banheiro ou sanitário	0,04	0,51	0,17	0,93
Com esgotamento sanitário inadequado	3,87	13,55	13,72	26,96
Com abastecimento de água inadequado	0,66	5,09	3,52	14,40
Com destino de lixo inadequado	0,42	3,62	2,70	10,53
Sem energia elétrica	0,03	0,21	0,07	0,48
Com energia elétrica de outra fonte	0,60	3,71	5,40	15,85
Com energia elétrica de companhia distribuidora sem medidor	3,42	9,07	19,77	22,58

Fonte: IBGE (2012). Elaboração própria.
Obs.: Esgotamento sanitário inadequado: se o domicílio tiver banheiro ou sanitário, mas o tipo de esgotamento sanitário for fossa rústica ou vala, ou escoamento direto em rio, lago ou mar. Abastecimento de água inadequado: poço ou nascente, carro-pipa, água de chuva, rio, açude, lago, igarapé e outros. Destino de lixo inadequado: todo aquele diferente de coleta direta pelo serviço de limpeza ou, indireta, através de caçamba de serviço de limpeza. Energia elétrica de outra fonte: fonte diferente de companhia distribuidora. Ver anexo para detalhes.

---

[8] Para efeito deste capítulo, utilizamos o termo informal, e não o termo ilegal, para caracterizar a presença de acesso à rede oficial de energia, porém sem medidor. Não se trata de aplicar um eufemismo, mas pelo fato de que tal situação pode ocorrer como resultado de um arranjo em que, mesmo na ausência de medidor de uso coletivo, vizinhos dividam a conta de luz endereçada a um dos domicílios. Nesse caso, tratar-se-ia de um arranjo informal, mas a ilegalidade não estaria caracterizada.

A tabela mostra que as principais diferenças entre os setores subnormais e normais são em relação ao esgotamento sanitário e à informalidade da provisão de energia elétrica. De fato, a média da porcentagem de moradores com esgotamento sanitário inadequado nos aglomerados subnormais é de 13,7%, contra 3,9% nos aglomerados normais. Em relação à energia elétrica, pode-se afirmar que esse serviço está universalizado na cidade como um todo. No entanto, a forma da provisão difere significativamente dentro da cidade. Nos aglomerados subnormais, em média, um a cada cinco moradores tem energia obtida sem o devido pagamento à companhia distribuidora, ao passo que essa fração é de um em cada 29 moradores nas áreas formais da cidade.[9]

Uma forma de estimar qual a contribuição de cada uma dessas variáveis para a definição do *status* do aglomerado é através de um modelo de logit binomial. A variável dependente é o *status* do aglomerado: igual a 1 se o aglomerado é subnormal, e igual a 0, caso contrário. Dessa forma, estima-se, por exemplo, qual o efeito marginal de um aumento da porcentagem de moradores sem banheiro ou sanitário na probabilidade de o setor ser classificado como subnormal pelo Censo. A tabela 3 traz os coeficientes estimados.

Tabela 3
Contribuição das características do domicílio para
a probabilidade do setor ser subnormal

Variáveis	Coeficientes
Porcentagem da população	
Sem banheiro ou sanitário	-0.060 (1.16)
Com esgotamento sanitário inadequado	0.004 (2.48)**
Com abastecimento de água inadequado	0.017 (5.02)***
Com destino de lixo inadequado	0.013 (2.69)***

(continua)

---

[9] A elevada incidência da resposta "de outra fonte" nos aglomerados subnormais (5,4%), comparada a apenas 0,6% fora da favela, para a pergunta sobre a origem da energia elétrica (se de distribuidora ou de outra fonte), faz crer que o percentual de domicílios que, de fato, não pagam o serviço de energia possa chegar a 25% em áreas de favela e 4% em áreas formais. Para mais detalhes, ver anexo.

(continuação)

Sem energia elétrica	-0.000 (0.00)
Com energia elétrica de outra fonte	0.064 (13.20)***
Com energia elétrica de companhia distribuidora sem medidor	0.071 (29.82)***
Constante	-2.066 (59.75)***
Observações	10152

Fonte: IBGE (2012).
Valores absolutos da estatística z entre parênteses.
* significante a 10%; ** significante a 5%; *** significante a 1%

Os resultados mostram que a existência de banheiro e energia elétrica não afeta a probabilidade de o setor ser subnormal. Já esgotamento sanitário, abastecimento de água, destino do lixo e a forma de provisão de energia elétrica têm impacto estatisticamente significante na probabilidade de o setor ser classificado como subnormal.

Em relação à magnitude do impacto, a forma de provisão de energia elétrica é o fator com o maior impacto. Interpretando os coeficientes de acordo com a razão de sucesso, tem-se que um aumento de 1% na porcentagem de moradores sem medidor em um dado setor censitário aumenta a probabilidade relativa de o setor ser subnormal em 7,36%. E o aumento de 1% na porcentagem de moradores com energia elétrica de outra fonte aumenta a probabilidade relativa em 6,61%.

Em contrapartida, os efeitos das variáveis relativas a esgotamento sanitário, abastecimento de água e destino do lixo são bem menores. O aumento de 1% na porcentagem de moradores com esgotamento sanitário inadequado aumenta a probabilidade relativa de ser subnormal em 0,4%. Em relação ao aumento do destino do lixo inadequado, o aumento da probabilidade relativa é de 1,31%. Por fim, o efeito marginal do abastecimento de água inadequado é de 1,71%.

Dessa forma, os resultados apontam que a característica preponderante dos aglomerados subnormais é a informalidade, captada através da informalidade da provisão de energia elétrica.[10] Esses resultados, além de ressaltarem a importância

---

[10] Estimando o mesmo modelo para cada uma das cinco áreas de planejamento da cidade (AP), tem-se

da informalidade no conceito de aglomerado subnormal, também sugerem uma relativa integração na cidade em termos da provisão de alguns serviços públicos essenciais. Nesse sentido, a tabela 4 traz a porcentagens de moradores com carência de infraestrutura no conjunto dos aglomerados normais e subnormais em 2000 e 2010.[11] De fato, o hiato entre as áreas formais e informais da cidade diminuiu nas dimensões de esgotamento sanitário e abastecimento de água. Em contrapartida, o hiato aumentou em relação à coleta de lixo.

Tabela 4
Porcentagem de moradores com problemas de infraestrutura
no conjunto dos aglomerados normais e subnormais, 2010

Porcentagem de moradores	Aglomerados				Variação percentual do hiato
	Normais		Subnormais		
	2000	2010	2000	2010	
Sem banheiro ou sanitário	1,38	0,04	4,54	0,16	- 96,20%
Com esgotamento sanitário inadequado	4,34	3,65	15,77	12,30	- 24,34%
Com abastecimento de água inadequado	0,77	0,56	3,54	2,80	- 18,93%
Sem água canalizada	0,42	-	1,98	-	-
Com destino de lixo inadequado	0,90	0,32	2,80	2,64	22,21%
Sem energia elétrica	–	0,03	–	0,05	–
Com energia elétrica de outra fonte	–	0,60	–	5,50	–
Com energia elétrica de companhia distribuidora sem medidor	–	3,42	–	19,82	–

Fonte: IBGE (2002 e 2012).

que somente as variáveis relativas à forma de provisão de energia elétrica são positivas e significativas em todas as APs. Ou seja, a única característica que aumenta a probabilidade de o setor ser classificado como subnormal, independente da área de planejamento, é o grau de informalidade. Os resultados podem ser obtidos com os autores.

[11] É preciso cautela na comparação dos dados dos setores subnormais nos Censos de 2010 e 2000. A malha dos setores foi modificada e houve um intenso trabalho de reconhecimento de aglomerados subnormais. No Censo 2000, 1.427 setores são classificados como subnormais de um total de 8.145 setores na cidade do Rio de Janeiro. Já em 2010, são 2.227 aglomerados subnormais de um total de 10.504 setores censitários. Isso não representa um aumento da favelização da cidade, mas a incorporação pelo IBGE de grande parte da classificação adotada pelo Instituto de Urbanismo Pereira Passos, após verificações no campo.

4. Favela e informalidade: habitação

A seção anterior mostra evidências de convergência no acesso a serviços de infraestrutura urbana. Entretanto, parte dessa convergência ocorre através da "aquisição informal" desses serviços. Nesse sentido, a definição de favela do IBGE já supõe que a informalidade habitacional caracterize o setor censitário. Infelizmente, praticamente não existe pesquisa sobre o grau de informalidade habitacional. Uma exceção são as pesquisas domiciliares realizadas em comunidades da cidade do Rio de Janeiro que receberam as intervenções físicas do Programa de Aceleração do Crescimento, financiadas pelo governo federal e pelo governo do estado do Rio de Janeiro, e as pesquisas realizadas pela Firjan, por intermédio do Instituto de Economia, Trabalho e Sociedade (Iets), em comunidades que receberam o programa das Unidades de Polícia Pacificadora (UPPs).[12]

O que é informalidade habitacional? Um imóvel formal com título de propriedade tem que: a) ter titularidade completa, com escritura certificada em cartório (no Registro Geral de Imóveis, RGI) e b) estar de acordo com as normas urbanísticas (respeitando normas de construção e zoneamento urbano).

Existem imóveis formais sem título de propriedade, quando estão regularizados, mas não possuem o Registro Geral de Imóveis (RGI). Isso pode ocorrer em casos em que somente o direito real de uso é fornecido. Em alguns programas de titulação é comum a concessão de direito real de uso por um número fixo de anos (99 anos), mas sem a permissão de venda do imóvel.

---

[12] Existem diferenças metodológicas importantes entre conceito de favela e métodos de amostragem que impedem a comparabilidade entre Censo Demográfico do IBGE, Censo Residencial e Empresarial de Favelas do PAC e Pesquisa do Iets/Firjan. No caso do IBGE, os resultados aqui apresentados se referem a dados do universo (questionário curto). Favelas, para o IBGE, são setores censitários subnormais, como mencionado na nota de rodapé nº 2. No caso da pesquisa do PAC, feita apenas para Manguinhos, Rocinha e Alemão, cada uma dessas localidades inclui setores normais e subnormais. Como os dados são publicados no nível do território, não são estrito senso dados sobre favelas, mas sobre lugares que sejam predominantemente, mas não exclusivamente, formados por setores censitários subnormais. No caso da pesquisa do Iets/Firjan, a unidade territorial de referência foram comunidades (favelas e não favelas) pacificadas. Tanto Batam quanto Cidade de Deus não são predominantemente formadas por setores subnormais. Para efeito deste capítulo, vamos nos referir aos territórios pesquisados pelo Iets e pelo PAC como comunidades. Assim, a Cidade de Deus pesquisada pelo Iets será chamada de comunidade para efeito deste capítulo. Outra pesquisa citada neste capítulo é o Censo empresarial do Jacarezinho, feito por Pedro Abramo. Também faremos referência à comunidade do Jacarezinho para dar conta da possível inclusão de setores censitários normais naquela pesquisa.

Iniciativas de regularização feitas pela prefeitura até 2008 utilizavam predominantemente essa via.

Já a aquisição do direito de propriedade é mais complicada. Um imóvel é composto de dois elementos: a terra no qual está construído e a própria construção. O direito de propriedade completo pressupõe a propriedade de ambos, terra e melhorias. O instituto do usucapião urbano é uma maneira de obter, mediante comprovação de ocupação, a titulação do terreno, mas o lento trâmite na Justiça impede que processos cheguem ao fim, com o reconhecimento integral da propriedade. E, em terras invadidas pertencentes ao governo, o instituto do usucapião não se aplica. Adicionalmente, a União usualmente não pode dispor de suas terras para fins de doação. Além da dificuldade do mecanismo de transferência de propriedade, existe dificuldade adicional na definição dos lotes (no caso da terra) e das lajes (no caso da construção). Um mapeamento detalhado é pré-requisito para qualquer processo de reconhecimento de posse ou transferência de propriedade. Esses obstáculos têm impedido a implantação de programas de reconhecimento de titularidade em larga escala.

A prefeitura do Rio realizou alguns programas de regularização (mas não de titulação) no âmbito do Favela-Bairro e de outros programas de *slum upgrade*. Como uma medida da dificuldade, basta citar que, entre 2000 e 2005, apesar de grandes esforços, apenas 2.373 famílias tiveram seus imóveis regularizados, e desse contingente apenas 140 receberam título de propriedade (escritura de compra e venda). O restante dos casos tratava de concessão de direito real de uso,[13] o qual, *stricto sensu*, não corresponde ao conceito de direito pleno de propriedade, na medida em que veda a transferência de titularidade, a não ser mediante autorização do proprietário do terreno (governo federal, no caso específico).

O resultado de todas essas dificuldades, somado à falta de interesse dos próprios moradores (em parte resultante das dificuldades), é uma elevadíssima proporção de residências sem título de propriedade em áreas de favela. Com efeito, citando os números do Censo do PAC, o percentual de domicílios com escritura, dentro do universo de domicílios ditos "próprios", é extremamente baixo em todas as comunidades, sendo mais alto no Alemão (13%) e mais baixo em Manguinhos (5%). Se considerarmos como indicador de formalização

---

[13] Ver Nascimento (2006).

imobiliária todo e qualquer "Registro em Cartório", esse número cresce para 21,2% no Alemão e 9,7% em Manguinhos. Como o Censo das três comunidades inclui áreas no entorno, ou seja, que não são favelas, o percentual de domicílios com imóvel próprio com direito de propriedade bem definido nas áreas de favela pode ser ainda menor. É interessante notar a importância da associação de moradores, que funciona como cartório informal, particularmente em Manguinhos.

Tabela 5
Comunidades do PAC, segundo situação de formalização (%)

Situação dos imóveis próprios	Alemão	Manguinhos	Rocinha
Documento emitido pela associação dos moradores	38,6	71,4	35,7
Escritura	13,1	5,0	7,8
Registrado em cartório	8,1	4,7	5,9
Documento particular	2,6	2,7	5,8
Documento emitido pela prefeitura	2,2	0,9	1,6
Outras respostas	0,8	2,4	0,8
Subtotal	65,4	87,1	57,7
Nenhum	31,2	12,0	35,1
Não informados	3,4	1,0	7,2
Total	100,0	100,0	100,0

Fonte: Governo do Estado do Rio de Janeiro. Censo domiciliar (2009).

A pesquisa que o Iets realizou em parceria com a Firjan, nas comunidades com UPP, ao longo de 2010, mostra resultados bem melhores, embora mais heterogêneos.[14] Das comunidades estudadas, a situação de maior fragilidade

---

[14] A pesquisa foi realizada nas favelas Santa Marta, Ladeira dos Tabajaras, Cantagalo, Providência, Pavão-Pavãozinho, Chapéu Mangueira e Babilônia. Territórios pacificados, mas que não são predominantemente compostos de setores subnormais e para os quais a pesquisa foi também realizada, são Cidade de Deus e Batam. Mesmo para áreas com predominância de setores subnormais, o Iets entrevistou domicílios localizados também em setores normais. Assim, deve-se ter cuidado ao analisar os resultados como característicos de favelas, da mesma forma que no caso do Censo do PAC. Uma importante vantagem da pesquisa Iets/Firjan é que a amostra foi feita com base nos setores censitários, o que permite recuperar quais setores são subnormais em cada território — exercício que não foi feito aqui.

na propriedade dos imóveis ocorre na Providência, onde 64% dos imóveis não têm qualquer documentação de propriedade e 10% têm escritura com RGI. O melhor caso (entre territórios que são predominantemente formados por setores subnormais) é o da Ladeira dos Tabajaras, ainda assim com somente 39,4% de imóveis com documentação no RGI.

Infelizmente, nenhuma das duas pesquisas domiciliares explora outras dimensões da informalidade habitacional (por exemplo, a existência de "Habite-se"[15] concedido pela prefeitura, ou a inscrição no cadastro do IPTU).

Outra pesquisa utiliza a base de dados resultante do Programa de Regularização Fundiária da Quinta do Caju,[16] chamada Pesquisa Socioeconômica das Comunidades de Baixa Renda do Caju. Em 2002, quando a primeira "onda" da pesquisa foi feita, 56% dos imóveis próprios inteiramente quitados não tinham qualquer documentação (nem mesmo registro na associação de moradores), 34% tinham documento na associação e os demais (10%) tinham escritura definitiva, segundo Andrade (2006). Em relação ao pagamento de IPTU, somente 5% dos imóveis próprios quitados possuíam então carnê de IPTU, ou pagavam taxas de ocupação de solo ou taxas de locação (Andrade, 2006).

A partir de 2010, um novo instrumento legal para regularização fundiária passou a estar disponível no estado do Rio de Janeiro, a partir da promulgação da Lei Complementar nº 131, que trata da transferência de propriedade pertencente ao estado do Rio de Janeiro para fins de regularização fundiária de interesse social. Essa lei desburocratiza o processo de registro de imóveis em comunidades que ocupem terrenos do estado.[17]

---

[15] "Habite-se" é o ato administrativo emanado de autoridade competente que autoriza o início da utilização efetiva de construções ou edificações destinadas à habitação. Trata-se de um documento que comprova que um empreendimento ou imóvel foi construído seguindo-se as exigências estabelecidas pela prefeitura para a aprovação de projetos.

[16] Esse é um dos programas administrados pela prefeitura. O programa consiste em um acordo com a União (Marinha) para cessão de terras na circunscrição da Quinta do Caju para a prefeitura, com posterior concessão de direito real de uso. Ou seja, não se trata de um programa de concessão de direito de propriedade.

[17] Um interessante experimento, ora em andamento na favela do Cantagalo, está utilizando os institutos criados pela Lei Complementar nº 135 para regularizar parte do terreno da favela pertencente ao estado. Apesar do enorme esforço de três anos feito pelo Instituto Atlântico (organização não governamental liderada por Paulo Rabelo de Castro), apenas 44 domicílios haviam sido contemplados com título de propriedade até dezembro de 2011 — de cerca de 1.500 domicílios contemplados no Projeto. Ver: <www.imil.org.br/artigos/o-galo-cantou2/>.

A informalidade habitacional nas favelas se estende além do tema da regularização fundiária. Em relação ao respeito aos códigos urbanos, deve-se citar que a prefeitura da cidade do Rio de Janeiro tem inovado na criação de marco legal que permite a existência de regras urbanísticas específicas para as áreas de especial interesse social (AEIS), fiscalizadas através do instrumento do Posto de Orientação Urbanística e Social (Pouso).[18] Tal inovação institucional, que data do programa Favela-Bairro e é uma influência do Estatuto da Cidade, tem sido aparentemente efetiva no controle da expansão de áreas informais (Cavallieri e Vial, 2009), mas não tem sido muito eficaz em induzir a regularização urbanística.

Na ausência de poder coercitivo legalmente constituído, não há incentivo para os moradores respeitarem os códigos, mesmo que esses sejam negociados mediante mecanismos democráticos. Assim, o histórico de domínio territorial das favelas pelo narcotráfico dificultava a representatividade e a participação ampla na discussão dos códigos normativos de posturas urbanas, e também — uma vez determinados — impedia sua efetiva imposição pelo poder público. Com a pacificação de muitas das favelas da cidade, é possível a introdução de métodos participativos de decisão que permitam a definição de regras urbanísticas nas AEIS e, portanto, a regulamentação da citada inovação institucional.

Nesse processo, é importante ressaltar o advento da UPP Social como um importante marco, uma vez que o programa introduz uma gestão comunitária participativa, municiada por estatísticas e informações coletadas a partir de identificação georreferenciada das carências do território. Dessa forma, a UPP Social deverá facilitar a definição de regras claras e de conhecimento de todos, se utilizada com esse propósito. Ademais, o empoderamento do Pouso, a partir de uma articulação mais intensa com as equipes locais da UPP Social, poderia também viabilizar a definição de regras de transição suaves.[19]

Cabe lembrar que o "Habite-se" só pode ser concedido a um imóvel localizado em logradouro reconhecido pela prefeitura. E, até 2011, grande parte dos logradouros em favelas não estava sequer georreferenciado. Em 2012, o IPP começou a georreferenciar diversos logradouros situados em comunidades

---

[18] Pouso é um instrumento criado pelo Favela-Bairro para definir e fiscalizar as regras, mas que gradualmente se transformou em órgão meramente consultivo e observador.

[19] Por exemplo, a especificação de um limite de dois pavimentos para cada construção existente em uma determinada favela pode ser inviável, mas a especificação dessa mesma regra em um intervalo de tempo predefinido (digamos, 10 anos) pode tornar sua implantação possível.

com UPP, sejam regulares ou não, e a torná-los parte do cadastro de logradouros da cidade. Posteriormente à sua vetorização (identificação de seu traçado e compatibilização com a malha urbana), caberá à secretaria municipal de urbanismo dar subsídios para o decreto de reconhecimento de cada logradouro identificado pelo IPP, concedendo um nome oficial.

Na ausência de governo, soluções têm sido dadas pelos moradores também para o problema da identificação de logradouros e numeração sequencial, independentemente do reconhecimento da prefeitura. A Santa Marta, por exemplo, apesar de ser constituída predominantemente de setores classificados como subnormais pelo IBGE, tem 62,2% de domicílios situados em logradouros com identificação por placas e 81,7% de domicílios localizados em logradouros onde todas ou a maior parte das casas possuía numeração, segundo a pesquisa do Iets/Firjan.

De forma geral, contudo, predomina a baixa taxa de logradouros com placas e sinalização adequada. Enquanto na Cidade de Deus e no Batam (onde predominam zonas formais), respectivamente, 55% e 59% dos domicílios estão em ruas identificadas por placas (reconhecidas ou não por decreto da prefeitura), esse percentual é de 3,6% na Babilônia e 5,1% no Pavão-Pavãozinho.

Em contrapartida, apesar da informalidade urbanística e habitacional, o mercado imobiliário em favelas é pujante. Pesquisa do Iets/Firjan mostra que a principal forma de acesso de novas famílias aos assentamentos informais é através da aquisição de propriedade ou aluguel. Com efeito, entre os territórios de UPP pesquisados que são predominantemente compostos de setores subnormais, a proporção de domicílios adquiridos mediante compra de terreno ou de imóvel[20] variou entre 61% no Cantagalo e 84% na Providência.

A informalidade pode, contudo, constituir-se em um impeditivo para que o mercado imobiliário seja mais abrangente. Na medida em que o lastro legal da transação é frágil, o universo de possibilidades fica restrito ao conjunto de transações em que os agentes sejam ligados a partir de laços pessoais. Tais redes interpessoais permitem que estratégias de punição sejam críveis (na ausência de cumprimento de acordo por uma das partes) e introduzem "segurança jurídica" à transação. O fato de que 72% dos compradores em comunidades

---

[20] As opções são: comprou terreno e construiu imóvel, comprou imóvel, ganhou terreno, ganhou imóvel e tomou posse de terreno ou imóvel.

pesquisadas adquiriram imóveis a partir de informação de parentes ou amigos é coerente com essa hipótese (Abramo e Pulicci, 2009).[21]

Na ausência de formalização da transação, agentes paraestatais (por exemplo, milicianos ou narcotraficantes) podem eventualmente funcionar como árbitros (remunerados ou não) de eventuais conflitos entre as partes. Nesse sentido, existe uma complementaridade entre atividades criminosas e ambientes informais que agravam o impacto perverso destes últimos sobre o território urbano. De fato, estudos mostram que favelas são também *clusters* de ilegalidade e de criminalidade (por exemplo, Rivero e Rodrigues, 2009).

5. Favela e informalidade empresarial

Outro aspecto de informalidade captado pela pesquisa do PAC se refere à informalidade empresarial. Como pode ser visto na tabela 6, o número de empresas nas três comunidades é grande (Manguinhos tem 2.715 negócios e as demais, mais do que isso) e, em todas elas, mais de 90% dos negócios são informais. Considerando que o censo inclui setores censitários normais, a proporção de formalização deve ser ainda menor na área informal.

Tabela 6
Negócios formais ou informais?

Empresa	Alemão	%	Manguinhos	%	Rocinha	%
Formal	387	7,7	177	6,5	496	8,1
Informal	4.621	92,3	2.538	93,5	5.578	91,1
Subtotal	5.008	100,0	2.715	100,0	6.074	99,2
Não informados	0	0,0	0	0,0	50	0,8
Total	5.008	100,0	2.715	100,0	6.124	100,0

Fonte: Governo do Estado do Rio de Janeiro. Censo empresarial (2009).

---

[21] Abramo e Pulicci (2009) estudam a decisão de residência de moradores de baixa renda, por meio de questionários aplicados em 15 comunidades cariocas a todos os chefes de domicílio cujos imóveis estavam disponíveis para a venda e a todos os chefes de domicílio dos imóveis comprados ou alugados no último semestre do ano de 2006.

Infelizmente, a pesquisa não entra em detalhes sobre o que se entende por formal. Evidências a partir da Ecinf/2003, pesquisa sobre informalidade feita pelo IBGE, mostram grandes diferenças dependendo da pergunta (alvará, CNPJ ou inscrição estadual no cadastro do ICMS). Abramo (2003) encontra, para a favela do Jacarezinho, que 85% dos estabelecimentos não têm CNPJ e 80% não têm licença estadual ou municipal.

A pesquisa do Iets/Firjan pergunta a chefes de domicílio que revelam ter um negócio se o mesmo tem documentação. Entre 88,9% (Cantagalo) e 58,4% (na vizinha Pavão-Pavãozinho) respondem que não têm qualquer documentação. Vale ressaltar que a pesquisa do Iets/Firjan, por ser domiciliar e não de estabelecimentos, não é comparável às três pesquisas anteriores.

O que dizer sobre relações trabalhistas nos estabelecimentos localizados em favelas? No Jacarezinho, 85% das firmas estabelecidas na favela não tiveram encargos trabalhistas (Abramo, 2003).[22]

Na seção três, analisamos a incidência de informalidade no acesso à energia nos domicílios em favela. Em relação às empresas em favela, no Jacarezinho, 54% dos estabelecimentos declararam não ter despesas com água, luz, lixo e esgoto, e 78% não têm despesas com quaisquer taxas (Abramo, 2003). Embora não existam pesquisas com essa pergunta para o resto da cidade, tais valores são, provavelmente, altos em relação ao que ocorre fora de favelas.

Algumas iniciativas importantes, tanto do governo federal quanto do governo municipal da cidade do Rio de Janeiro, têm tentado atacar o problema pela via da redução dos custos de formalização através da desburocratização. A Lei do Empreendedor Individual, regulamentada em 2010 pelo governo federal, permite a abertura de negócios a qualquer pessoa com CPF, com um mínimo de burocracia. A prefeitura do Rio de Janeiro lançou em 2009 o pro-

---

[22] Não se deve confundir esse percentual com o número de pessoas em favela que possuem carteira assinada, dado que grande parte da população ocupada trabalha em estabelecimentos fora das favelas. A proporção de trabalhadores com carteira assinada em favelas é alta, e não muito diferente do restante da cidade. Por exemplo, dados tabulados pelo Iets a partir da amostra do Censo 2000 já mostravam que, enquanto na cidade 56% dos domicílios tinham pelo menos um morador ocupado com carteira assinada, a média dos setores subnormais era de 57%, e nas favelas do PAC a menor taxa era também de 57% para Manguinhos subnormal (Urani et al., 2008). Corroborando tais números, os dados da pesquisa do Iets/Firjan mostram que os empregados sem carteira correspondem a 22,4% dos ocupados no Batam — valor máximo — e a 13,4% no Pavão-Pavãozinho — valor mínimo entre as favelas pesquisadas e mais baixo do que a média da região metropolitana em 2010, quando a pesquisa foi realizada.

grama Alvará Já, que concede licenças provisórias de funcionamento para setores em atividades de baixo risco (uma lista de Cnaes), segundo uma conceituação da prefeitura. O programa Empresa Bacana, realizado em parceria com o Sebrae, monta forças-tarefa para a formalização de empreendimentos em comunidades pacificadas, com a presença de profissionais que auxiliam a abertura (oficial) do negócio, mediante acesso ao portal do empreendedor do governo federal.

O procedimento normal para o empreendedor fora da faixa de faturamento típica do empreendedor individual consiste numa série de etapas, entre as quais se incluem: a) obtenção de contrato social na junta comercial; b) inscrição no Cadastro Nacional de Pessoas Jurídicas da Secretaria de Receita Federal; c) autorização de funcionamento do corpo de bombeiros; d) autorização da secretaria de vigilância sanitária, quando for o caso; e) inscrição estadual no ICMS, quando se tratar de comércio de bens; f) respeito às leis de zoneamento da cidade.

O respeito às leis de zoneamento urbano, necessárias para qualquer atividade econômica, exige a identificação de endereço em logradouro reconhecido pela Secretaria Municipal de Urbanismo (SMU). Como a maior parte dos logradouros em favelas não está sequer mapeada (ver seção anterior), quanto mais reconhecida, essa é uma barreira adicional para a formalização integral de pequenos negócios localizados fora da(s) rua(s) principal(is) de uma favela.

Embora o custo de aderência às normas legais seja alto, o elevado índice de informalidade não parece resultar disso para parte significativa desse contingente de informais. Na realidade, de forma geral, não há interesse aparente em se formalizar. Dos empresários informais que responderam à pergunta se já haviam tentado se formalizar, entre 92% e 94% declaram não ter jamais tentado se formalizar (tabela 7). Daqueles informais que mencionam motivos para não serem formais, entre 42% e 55% julgam que não sentem necessidade de se formalizar. Boa parte dos demais menciona falta de capital, alguns mencionam falta de informação e burocracia, e pouquíssimos atribuem à elevada carga tributária o fato de terem optado pela informalidade, como mostrado na tabela 7. Dos empresários que responderam à pergunta se desejam se formalizar, entre 60% (Manguinhos) e 88% (Rocinha) responderam não.

Tabela 7
Tentativa de formalização e motivos para não se formalizar, segundo a Pesquisa Domiciliar do PAC

Tentou formalizá-lo?	Alemão	Manguinhos	Rocinha
Sim	5,5	6,4	8,1
Não	80,7	86,6	91,1
Subtotal	86,2	93,0	99,2
Não informados	13,8	7,0	0,8
Total	100,0	100,0	100,0
Motivo	**Alemão**	**Manguinhos**	**Rocinha**
Não sente necessidade de formalizar	35,9	50,1	44,2
Falta de capital	28,3	14,7	14,7
Falta de informação	8,6	11,3	9,2
Burocracia	8,0	8,3	3,7
Carga tributária/impostos	2,4	4,9	1,1
Outro motivo	1,9	2,4	7,5
Subtotal	85,0	91,8	80,4
Não informados	15,0	8,2	19,6
Total	100,0	100,0	100,0
Deseja formalizá-la?	**Alemão**	**Manguinhos**	**Rocinha**
Sim	18,5	37,2	9,0
Não	64,4	55,2	76,2
Subtotal	82,9	92,4	85,2
Não informados	17,1	7,6	14,8
Total	100,0	100,0	100,0

Fonte: Governo do Estado do Rio de Janeiro. Censo empresarial (2009).

Merece investigação o fato de que os tradicionais custos de formalização enfatizados pelo Banco Mundial (2012), como burocracia e falta de informação, somam somente entre 13% e 23% daqueles que mencionaram algum motivo.

Uma hipótese para a falta de interesse na formalização é a baixa qualificação dos empresários locais. Uma vez formalizados, a probabilidade de se engajarem em relações comerciais com o lado formal da cidade é muito baixa.

Assim, investem pouco em iniciativas que aumentem a atratividade do negócio. Essa hipótese é coerente com outras evidências a partir da mesma pesquisa. Por exemplo, na média das três comunidades, metade dos empresários sequer tem telefone (52%), ou celular (52%), que é um investimento mínimo para se comunicar com consumidores ou fornecedores fora da favela. Percentual ainda maior não tem fax (83%), e-mail (70%), ou computador (81%), como mostra a tabela 8.

Tabela 8
Investimentos em comunicação

Investimento em comunicação	Alemão	Manguinhos	Rocinha
Não tem telefone fixo	49,9	50,2	56,7
Não tem fax	77,2	95,2	76,2
Não tem celular	45,8	50,6	60,1
Nao tem e-mail	78,2	55,2	76,2
Nao tem computador	82,0	88,8	71,3

Fonte: Governo do Estado do Rio de Janeiro. Censo empresarial (2009).

Abramo (2003) mostra que, no Jacarezinho, 76% dos empresários donos de estabelecimentos na comunidade revelam não terem jamais investido em ampliação do espaço físico, desde o início; e 62% não ampliaram o volume de atividades. Voltando à pesquisa do PAC, o baixo nível de investimentos reduz a demanda por crédito. Em geral, o negócio é aberto com recursos próprios (FGTS e poupança) ou com empréstimos de familiares, como mostra a tabela 9. Chama atenção a baixíssima incidência de empréstimo bancário e de microcrédito.[23]

Esses resultados se repetem na pesquisa domiciliar feita pelo Iets/Firjan nas comunidades com UPP, também com predomínio de poupança e recursos próprios, com baixa participação do sistema bancário ou de microcrédito.

Como mostra a tabela 10, entre 55% e 79% dos empresários que responderam à pergunta de por que não acessaram crédito mencionam falta de inte-

---

[23] O mesmo padrão ocorre quando a pergunta é sobre como financia seus investimentos ou capital de giro, nesse caso, predominando a resposta "com os recursos gerados pelo próprio negócio".

Tabela 9
Com que recursos abriu o próprio negócio?

Investimento inicial	Alemão	Manguinhos	Rocinha
Empréstimo com amigos ou familiares	9,4	21,3	7,8
Poupança	33,0	13,8	11,5
FGTS	9,7	9,6	6,5
Empréstimo bancário	2,3	2,8	4,9
Herdou o negócio	2,3	2,1	1,5
Agiota	0,7	0,6	0,3
Microcrédito	2,2	0,2	1,1
Outros	9,7	19,1	9,2
Subtotal	69,2	69,4	42,8
Não informados/Não sabem	30,8	30,6	57,2
Total	100,0	100,0	100,0

Fonte: Governo do Estado do Rio de Janeiro. Censo empresarial (2009).

resse como a razão para nunca terem acessado empréstimos. Ou seja, a falta de busca por crédito decorre do desinteresse em investir e acessar mercados (fornecedores e consumidores), mesma razão pela qual nunca tentaram se formalizar e não investem em equipamentos que permitam maior comunicação com o mundo exterior (telefone, fax, e-mail, computador).

E o que dizer sobre a falta de acesso a crédito em decorrência da ausência de colateral reconhecível ou codificável pelo mercado formal? Daquelas pessoas que tentaram acessar crédito e não conseguiram, 48% alegaram que não conseguiram por falta de comprovação de renda, 32% por causa de juros elevados, 12% por falta de documentação da empresa e 8,5% por falta de fiador.

Essa pergunta pode revelar a existência de um mercado de crédito que, na ausência de colateral reconhecível, exige taxas de juros elevadas ao tomador, quando esse não tem comprovação de renda. Um percentual pequeno menciona falta de documentação da empresa, o que parece indicar que não é a

Tabela 10
Por que não acessou crédito? (%)

Obstáculos/Dificuldades	Alemão	Manguinhos	Rocinha
Nunca tentou/nunca utilizou	39,1	61,0	22,7
Comprovação de renda	12,0	6,2	6,3
Juros elevados	4,9	6,1	5,5
Documentação da empresa	2,3	2,3	1,4
Fiador	1,2	0,6	2,6
Outros	2,5	1,5	2,7
Subtotal	61,9	77,6	41,2
Não informados/Não sabem	38,1	22,4	58,8
Total	100,0	100,0	100,0

Fonte: Governo do Estado do Rio de Janeiro. Censo empresarial (2009).

informalidade, mas a renda, que restringe o acesso ao crédito a juros mais baixos. Ou seja, a fração (aparentemente pequena) daqueles que desejam investir encontra-se restrita pela liquidez. Haveria, confirmada tal hipótese, um espaço para políticas públicas que subsidiem microcrédito, em particular para quem não tem renda a apresentar como colateral.

Contudo, tal espaço parece restrito. De forma geral, os dados parecem indicar que é o potencial da empresa que determina o engajamento em atividades e investimentos orientados para a atração de clientela e fornecedores e a demanda por crédito e, em última instância, a opção pela formalização.

Esse padrão geral é compatível com negócios em que predominam relações pessoais e onde a clientela é formada por moradores da própria favela, ou, no máximo, do próprio bairro. Se incluirmos passantes na rua como pertencentes à rede ampliada de interações sociais do morador (lembrando que estamos falando de ruas em comunidades), chegamos, em média, a 72% de clientela na própria comunidade, da população que informou o tipo de clientela. Esse resultado não deve surpreender, em face do caráter informal e da qualidade do produto ou serviço ofertado pela grande maioria dos negócios, que impede que a área de abrangência das atividades vá além das cercanias da favela. Para aqueles que conseguem extrapolar as fronteiras da favela, o bairro vizinho é a única alternativa viável (24% em média), como mostra a tabela 11.[24]

Tabela 11
Onde seus clientes estão localizados? (%)

Localização dos clientes	Alemão	Manguinhos	Rocinha
Na comunidade	73,9	67,4	63,5
Em bairros vizinhos	17,9	26,2	22,7
No município	2,3	2,5	3,5
No estado	1,2	1,1	0,9
Não informados	4,6	2,8	9,5
Total	100,0	100,0	100,0

Fonte: Governo do Estado do Rio de Janeiro. Censo empresarial (2009).

O resultado não é muito diferente em relação aos fornecedores, em que a grande maioria está situada no bairro vizinho ou na comunidade, evidenciando a relação de proximidade com a contraparte da transação econômica (tabela 12).

Tabela 12
Onde estão localizados seus fornecedores? (%)

Localização dos fornecedores	Alemão	Manguinhos	Rocinha
Em bairros vizinhos	38,3	54,5	27,9
Na comunidade	29,7	19,4	13,4
No município	8,1	10,6	5,4
No estado	6,7	3,0	3,5
Não informados	17,2	12,4	49,8
Total	100	100	100

Fonte: Governo do Estado do Rio de Janeiro. Censo Empresarial (2009).

---

[24] Esses dados são corroborados por outros censos. Por exemplo, Abramo (2003) mostra que, em um censo no Jacarezinho, 47% dos empresários entrevistados disseram que todos os seus clientes são da favela; e 30% disseram que mais de 80% dos clientes são da favela.

A maior parte dos empresários está satisfeita com o tamanho do negócio, dado que 62% das pessoas responderam que acham o desempenho do negócio ótimo ou bom e 37% dos entrevistados acharam-no regular. Corroborando as conclusões a partir da pesquisa do PAC, na pesquisa do Jacarezinho, 72% dos entrevistados responderam que não lucrariam mais se estivessem no bairro, e não na comunidade (Abramo, 2003). Ou seja, a visão de que são a favela (entorno) e a informalidade a causa da baixa taxa de retorno dos empresários não corresponde à percepção dos empresários entrevistados.

Os entrevistados parecem ser bastante realistas sobre as reais perspectivas do negócio, em face das suas limitações de qualificação. A maior parte dos empresários tem primário incompleto. Em média, 58% são analfabetos ou têm menos de quarta série primária, e menos de 20% têm ensino médio completo ou mais. Ou seja, trata-se de uma força de trabalho sem qualificação e, possivelmente, com qualificação ainda mais baixa do que a média já muito baixa da comunidade (pois muitas vezes abre um negócio como alternativa ao desemprego).[25]

Como o governo estadual estava preocupado em atuar de forma a melhorar as perspectivas dos negócios nas comunidades quando fez a pesquisa, muitas perguntas do questionário são sobre o interesse em cursos técnicos de capacitação. Como era de se esperar, a grande maioria dos empresários não tem interesse (revelado) em adquirir novas habilidades, o que é compreensível em face da baixa capacidade de absorção de novas tecnologias (por causa da baixa escolaridade). Com efeito, somente entre 7% e 10% (dependendo da comunidade) dos empresários participaram de algum curso de capacitação no último ano.

6. Conclusão

O objetivo desse capítulo foi mostrar o que as pesquisas que utilizam as mais diferentes bases de dados nos permitem concluir em relação ao tema da informalidade nas favelas e utilizar o Censo 2010 para captar informações sobre cobertura e formas de acesso a serviços públicos no domicílio.

Inicialmente, mostramos que não existem grandes diferenças entre favela e não favela quanto à cobertura de serviços essenciais domiciliares básicos, a

---

[25] Em média, 50% dos empresários mencionaram terem iniciado o negócio porque estavam desempregados.

partir de indicadores que podem ser produzidos do Censo 2010. Esse resultado não deve surpreender, devido aos vigorosos esforços de urbanização nas décadas de 1990 e 2000, e que foram executados pelos governos federal, estadual e municipal, de forma a reduzir o hiato existente entre favelas e cidade formal. Os dados apresentados mostram que houve convergência entre as áreas da cidade nas dimensões de saneamento, acesso à água e esgoto, e acesso à energia, embora o tratamento do lixo continue a ser um problema em 2010.

Por outro lado, o modo informal de acesso à energia elétrica caracteriza mais o domicílio em favela — em relação a domicílios fora da favela — do que qualquer indicador de cobertura de serviços. A elevada incidência da captação de energia sem medidor é tanto uma *proxy* para informalidade — e que motivou as seções seguintes — como também uma evidência de ilegalidade, dado que boa parte da ausência de medidor verificada se traduz em furto de luz.

Existe uma associação entre informalidade e ilegalidade. Nas favelas dominadas por grupos armados, os narcotraficantes ou milicianos exploram ilicitamente atividades que na cidade formal são exercidas pelo estado ou por suas concessionárias. Assim, o poder de tributar, de regular e o poder de polícia são transferidos aos narcotraficantes e milicianos. Nesse sentido, a pacificação agora em andamento na cidade coloca uma oportunidade inédita de levar a legalidade e o estado regulador, com seu poder coercitivo democraticamente constituído, para as áreas informais. Um estado que fiscalize posturas municipais e imponha o respeito aos direitos civis de seus constituintes. Imponha deveres, mas traga cidadania onde historicamente, em muitos aspectos, ela esteve ausente. Esse processo de definição de regras pode exigir uma transição gradual, mas, uma vez definido, não pode retroceder.

Por sua vez, a indulgência com a informalidade nas favelas pode eventualmente enfraquecer o programa das UPPs e o processo de pacificação. A inexistência de regras claras e legalmente definidas pode fazer com que o poder de arbitrar entre o que é certo e o que é errado (e não o que é legal e o que não é) seja transferido, em um cenário, a um agente público, criando uma ambiência para desvios de conduta. Portanto, até mesmo por externalidades negativas sobre o processo de pacificação, é fundamental a definição de códigos de posturas e a fiscalização da adesão dos residentes em favelas às regras definidas pelo poder público em sua função normativa e regulatória.

Referências

ABRAMO, P. *Mercado para imóveis de uso comercial em favelas*: estudo piloto do Jacarezinho. Rio de Janeiro: IPP, 2003. (Coleção Estudos Cariocas)

____; PULICCI, A. Vende-se uma casa: o mercado imobiliário informal nas favelas do Rio de Janeiro. In: ABRAMO, P. *Favela e mercado informal*: a nova porta de entrada dos pobres nas cidades brasileiras. Porto Alegre: Antac, 2009. p. 200-225.

ANDRADE, M. *Direitos de propriedade e renda pessoal*: um estudo de caso das comunidades do Caju — 28º Prêmio BNDES de Economia. Rio de Janeiro: BNDES, 2006.

BANCO MUNDIAL. *Doing business 2012*: comparação da regulamentação de empresas nacionais em 183 economias. Washington, DC: World Bank, 2012.

BURGOS, M. Dos parques proletários ao Favela-Bairro. In: ZALUAR, Alba; ALVITO, Marcos. *Um século de favela*. Rio de Janeiro: FGV, 1998. p. 25-60.

CAVALLIERI, F.; VIAL, A. *Favelas na cidade do Rio de Janeiro*: o quadro populacional com base no Censo 2010. Instituto Pereira Passos, 2012. (Coleção Estudos Cariocas). Disponível em: <http://portalgeo.rio.rj.gov.br/estudoscariocas/download/3190_FavelasnacidadedoRiodeJaneiro_Censo_2010.PDF>.

____; ____. *O efeito da presença governamental sobre a expansão horizontal das favelas do Rio de Janeiro*: os Pousos e o Programa Favela-Bairro. Rio de Janeiro: Instituto Pereira Passos, 2009. (Coleção Estudos Cariocas). Disponível em: <http://portalgeo.rio.rj.gov.br/estudoscariocas/download/2416_o%20efeito%20da%20presen%C3%A7a%20governamental%20sobre%20a%20expans%C3%A3o%20das%20favelas%20o%20Rio.pdf>.

GOVERNO DO ESTADO DO RIO DE JANEIRO. Secretaria da Casa Civil do ERJ. *Censo Favelas — PAC*: censo domiciliar. Rio de Janeiro, 2009.

____. Secretaria da Casa Civil do ERJ. *Censo Favelas — PAC*: censo empresarial. Rio de Janeiro, 2009.

IBGE. *Censo Demográfico 2000*: Dados agregados por setor censitário. Rio de Janeiro, 2002.

____. *Censo Demográfico 2010*: Dados agregados por setor censitário. Rio de Janeiro, 2012.

____. *Metodologia do Censo Demográfico 2000*. Rio de Janeiro: Instituto Brasileiro de Geografia e Estatística, 2003. (Série Relatório Metodológico — v. 25)

NASCIMENTO, C. *Regularização fundiária no município do Rio de Janeiro*. Rio de Janeiro: Secretaria Municipal de Habitação, 2006.

PINHEIRO, A. *Políticas públicas urbanas na Prefeitura do Rio de Janeiro*. 2008. (Coleção Estudos Cariocas). Disponível em: <http://portalgeo.rio.rj.gov.br/estudoscariocas>.

PREFEITURA DO RIO DE JANEIRO. Secretaria Municipal de habitação. *Morar cario-*

ca. Disponível em: <www.rio.rj.gov.br/web/smh/exibeconteudo?article-id=1451251>. Acesso em: 21 abr. 2012.

PREFEITURA DO RIO DE JANEIRO. *Rio sempre presente, morar carioca.* Disponível em: <www.riosemprepresente.com.br/programas/morar-carioca>. Acesso em: 21 abr. 2012.

RIVERO, P.; RODRIGUES, R. Favelas, pobreza e sociabilidade violenta no Rio de Janeiro: uma análise espacial. 2009. Mimeografado.

SOARES, F.; SOARES, Y. *The socioeconomic impact of Favela-Bairro*: what do the data say? Washington, DC: Banco Interamericano de Desenvolvimento, 2005. (Working Paper 08).

URANI, A. et al. *Diagnóstico socioeconômico das comunidades beneficiadas pelo Programa de Aceleraçao do Crescimento (PAC) no Rio de Janeiro*: Rocinha, Complexo do Alemão, Manguinhos e Cantagalo/Pavão-Pavãozinho. 2008. Mimeografado.

Anexo

Para analisar a carência de serviços públicos, é preciso definir padrões de qualidade. Dessa forma, para cada pergunta do questionário do Censo 2010 foi definido o padrão adequado de provisão do serviço. Segue abaixo a transcrição do questionário do Censo 2010 para as perguntas de infraestrutura do questionário do universo e a definição do padrão adequado nos casos em que se aplica.

Coleta de Lixo – Pergunta 2.06

"O lixo deste domicílio é:
1 – coletado diretamente por serviço de limpeza
2 – coletado em caçamba de serviço de limpeza
3 – queimado (na propriedade)
4 – enterrado (na propriedade)
5 – jogado em terreno baldio ou logradouro
6 – jogado em rio, lago ou mar
7 – tem outro destino"

Coleta de Lixo adequada foi definida pelas categorias 1 e 2 acima. Vale ressaltar que a qualidade do serviço de coleta de lixo por caçamba depende da frequência da coleta. No entanto, o censo não traz essa pergunta no questionário básico, o que impossibilita a qualificação do serviço. Diante da falta de informação, foi escolhido classificar a coleta de lixo por caçamba como adequada na medida em que o setor público está presente no território.

Abastecimento de água – Pergunta 2.05

"A forma de abastecimento de água utilizada neste domicílio é:
1 – rede geral de distribuição
2 – poço ou nascente na propriedade
3 – poço ou nascente fora da propriedade
4 – carro-pipa
5 – água da chuva armazenada em cisterna
6 – água da chuva armazenada de outra forma
7 – rios, açudes, lagos e igarapés
8 – outra
9 – poço ou nascente na aldeia
10 – poço ou nascente fora da aldeia"

No caso do abastecimento de água, foi considerado adequado o abastecimento de água pela rede geral de distribuição ou por poço ou nascente na propriedade.

Energia Elétrica – Pergunta 2.07

"Existe energia elétrica no domicílio?
1 – Sim, de companhia distribuidora (siga para 2.08)
2 – Sim, de outras fontes
3 – Não existe energia elétrica"

Pergunta 2.08

"Existe relógio ou medidor no domicílio?
1 – Sim, de uso exclusivo

2 – Sim, de uso comum
3 – Não tem medidor ou relógio"

Em relação à provisão de energia elétrica foi considerado adequado ter energia elétrica da companhia distribuidora com medidor. Já não ter energia elétrica, ter energia elétrica de outra fonte, ou ter energia elétrica de companhia distribuidora sem medidor foram consideradas formas inadequadas de provisão. É importante frisar que a ordem das perguntas sobre energia elétrica pode ter gerado diferentes interpretações em relação à ilegalidade da ligação de energia. Isso ocorre porque a pergunta sobre a existência de medidor só é feita para aqueles que responderam ter energia elétrica de companhia distribuidora. No entanto, é possível que aqueles que acessem energia elétrica, mas não paguem pela energia consumida, respondam que a energia elétrica provém de outras fontes. Nesse caso, a pergunta sobre medidor não é feita. Dessa forma, a energia elétrica de outra fonte foi classificada como inadequada.

Existência de banheiro ou sanitário – Pergunta 2.02

"Quantos banheiros de uso exclusivo dos moradores existem neste domicílio?
– Banheiro(s) com chuveiro (ou banheira) e vaso sanitário (ou privada) (se 0, seguir para 2.03)"

Pergunta 2.03

"Utiliza sanitário ou buraco para dejeções, inclusive os localizados no terreno ou na propriedade?
1 – Sim (siga para 2.04)
2 – Não"

Esgotamento sanitário – Pergunta 2.04

"O esgoto do banheiro ou sanitário é lançado (jogado) em:
1 – rede geral de esgoto ou pluvial

2 – fossa séptica
3 – fossa rudimentar
4 – vala
5 – rio, lago ou mar
6 – outro"

Por fim, o esgotamento sanitário adequado inclui ter banheiro ou sanitário e o tipo de esgotamento sanitário ser rede geral de esgoto, ou pluvial, ou fossa séptica. Por outro lado, se o domicílio tiver banheiro ou sanitário e o tipo de esgotamento sanitário for fossa rústica, vala, rio, lago ou mar, o esgotamento sanitário é considerado inadequado.

Capítulo 16

A política de pacificação do Rio de Janeiro: um estudo sobre liderança e inovação[1]

*Leandro Piquet Carneiro**

1. O problema

Traficantes de drogas dominaram áreas significativas da cidade do Rio de Janeiro praticamente desde a década de 1980 até a década atual. Mantinham estrito controle do território e impediam a realização das atividades de policiamento regular, o que permitia ganhos de escala não apenas com o tráfico de drogas, mas com a realização de atividades ilícitas complementares como a exploração de serviços de TV a cabo, transporte e a extorsão de comerciantes. Na última década surgiu ainda um novo ator no contexto criminal do estado. As milícias passaram a disputar com o tráfico de drogas o domínio de territórios e a exploração de atividades ilícitas. Dezenas de intervenções, programas e planos executados pelos seis governos estaduais do período 1986-2006 tentaram resolver o problema do controle territorial pelo tráfico e pelas milícias e

---

[1] Este artigo foi elaborado com o apoio do Instituto Brava. Agradeço em particular a colaboração de Letícia Piccoloto, Flávia Goulart e Denise Yagui. Devo muito também à equipe de consultores do INDG que esteve à frente do projeto de modernização da gestão da segurança pública no Rio de Janeiro (2007-09) e foi responsável pelo trabalho de coleta e organização de dados. Em especial, agradeço a Ricardo Ribas que foi sempre um interlocutor atento e dedicado. Paulo Ferraz e Sérgio Guimarães tiveram papel importante na definição das ideias apresentadas nesse artigo.
* Professor do Instituto de Relações Internacionais (IRI) e pesquisador do Núcleo de Pesquisa de Políticas Públicas da Universidade de São Paulo (USP).

inequivocamente fracassaram. Uma vultosa intervenção Federal no estado na década de 1990 (a Operação Rio) teve o mesmo destino.

No entanto, em 2008 um experimento alterou a geografia do crime no Rio de Janeiro de forma profunda. Foram implantadas desde então 13 Unidades de Polícia Pacificadora (UPPs)[2] em favelas e bairros que eram controlados por traficantes de drogas e milicianos. Foram pacificadas 24 comunidades, e embora a intervenção tenha atingido apenas o município do Rio de Janeiro, o número de homicídios, latrocínios e lesões corporais seguidas de morte em todo o estado caiu, em média, 12% ao ano entre 2008 e 2012.[3] Nas áreas antes controladas pelo crime organizado, as polícias passaram a exercer de forma regular o policiamento. Os indicadores de atividade policial mostram que houve aumento de ocorrências de apreensões de drogas e no número de prisões realizadas. Circunstâncias políticas favoráveis deram força a uma intervenção policial bem desenhada que quebrou a inércia produzida por décadas de políticas erradas e que na prática concederam ao crime organizado o poder de controlar as favelas e as áreas empobrecidas da cidade. A ideia central da política de pacificação é bastante simples: a intervenção consiste em *recuperar* o controle das áreas com forte presença do tráfico e das milícias e estabelecer aí uma presença policial permanente. A política está apoiada na ideia de que as ações de recuperação do controle sobre o território têm primazia com relação a intervenções urbanísticas e socioeconômicas, uma vez que, sem um efetivo desmantelamento das organizações criminosas no território, qualquer política pública teria baixo impacto para o desenvolvimento humano. O efetivo da PM foi redimensionado com o objetivo de garantir a presença permanente nas áreas pacificadas e em um horizonte de médio prazo (até 2016) o programa atingirá os 22% da população da cidade do Rio de Janeiro que residem em favelas (1,4 milhão de

---

[2] Comunidades pacificadas até junho de 2012: Morro Santa Marta (Botafogo — Zona Sul); Cidade de Deus (Jacarepaguá — Zona Oeste), Jardim Batam (Realengo — Zona Oeste); Babilônia e Chapéu Mangueira (Leme — Zona Sul); Pavão-Pavãozinho e Cantagalo (Copacabana e Ipanema — Zona Sul); Tabajaras e Cabritos (Copacabana — Zona Sul); Providência (Centro); Borel (Tijuca — Zona Norte); Andaraí (Tijuca); Formiga (Tijuca); Salgueiro (Tijuca); Turano (Tijuca); Macacos (Vila Isabel); São João, Matriz e Quieto (Engenho Novo, Sampaio e Riachuelo); Coroa, Fallet e Fogueteiro (Rio Comprido); Escondidinho e Prazeres (Santa Tereza) e São Carlos (Estácio). Disponível em: <http://upprj.com/wp/?page_id=20>.

[3] Dados do Instituto de Segurança Pública (ISP). No período 2011-12 foi considerada a variação no período de janeiro a maio.

habitantes) (IBGE, 2010). Antes do início do programa das UPPs não era possível afirmar que o efetivo das polícias e a distribuição de seus equipamentos de segurança estavam dimensionados de forma a garantir o atendimento a esse segmento da população. As chamadas ao serviço de emergência da PM (190) não eram atendidas e atividades de rotina do trabalho de polícia judiciária, como o cumprimento de mandados e as atividades de investigação, exigiam quase sempre o emprego de unidades de operações especiais das polícias.

As evidências de que as UPPs tiveram o efeito esperado de controlar o crime começam a aparecer de forma cada vez mais consistente. O aumento do número de homicídios na cidade do Rio de Janeiro entre 2008 e 2012 foi quase 10 pontos percentuais menor do que no restante do estado (tabela 1). Os primeiros estudos de avaliação dos efeitos das UPPs identificaram efeitos significativos da intervenção em aspectos como a valorização do preço dos imóveis nas favelas pacificadas e no entorno. Neri (2011) estima que os preços dos aluguéis subiram 6,8% mais nas favelas pacificadas do que no restante da cidade. Frischtak e Mandel (2012) apresentam evidências de que o declínio no número de crimes após a implantação das UPPs beneficiou desproporcionalmente o preço dos imóveis de menor valor, o que contribuiu para reduzir a desigualdade nos preços dos imóveis entre a favela e o "asfalto". Outro resultado importante relatado no mesmo estudo indica que após a instalação de uma UPP o preço dos imóveis nas cercanias sobe de 5% a 10%, os homicídios caem em média entre 10% e 25% e os roubos entre 10% e 20%.[4]

A UPP parece ter tido também um efeito sistêmico de melhoria da segurança pública em todo o estado. Como mostra a tabela 1, houve uma redução nos crimes violentos não apenas na capital, embora, como esperado, a redução observada na cidade do Rio de Janeiro após o início do programa das UPPs tenha sido mais acentuada do que no restante do estado. O Rio de Janeiro era o segundo estado mais violento do Brasil em 2000. Com uma taxa de 51 homicídios por 100 mil habitantes, perdia apenas para Pernambuco (54 por 100 mil), mas entre 2007 e 2010 houve uma redução de mais de 35% na taxa[5] e o estado encontra-se abaixo da taxa mediana de homicídios do país (Waiselfisz, 2012:184).

---

[4] Este trabalho já estava completo quando foi publicada pelo Fórum Brasileiro de Segurança Pública uma avaliação preliminar do impacto das UPPs (Fórum Brasileiro de Segurança Pública, 2012).
[5] A taxa de homicídios no estado do Rio de Janeiro passou de 40,1 por 100 mil habitantes em 2007 para 26,2 em 2010.

Tabela 1
Variação do número de homicídios na capital
e no restante do estado do Rio de Janeiro

Período			Restante do Estado
2007-08		-1,4%	-10,8%
2008-09		3,2%	2,6%
2009-10		-23,9%	-14,4%
2010-11		-12,7%	-9,8%
2011-12*		-13,7%	-5,0%
Variação Média Anual	(2007-12)	-12,1%	-9,3%
Variação Média Anual	(após UPP)	-16,8%	-7,3%

Fonte: Instituto de Segurança Pública. Disponível em: <www.isp.rj.gov.br>.
* Comparação janeiro a maio de 2011 com janeiro a maio de 2012.

O que segue, no entanto, não é um estudo sobre o impacto das UPPs, mas uma avaliação, na forma de um estudo de caso, dos desafios enfrentados pela liderança que desenhou e executou a política de pacificação. Procuro descrever o contexto específico que informa sobre a trajetória seguida pelas lideranças que promoveram a inovação. Investigo ainda de que forma e quando essas lideranças conseguiram reverter a espiral de crise da segurança pública do estado e projetaram uma visão de futuro que obrigou diversos agentes no sistema de justiça criminal a agir de forma contrária às estratégias seguidas nos 25 anos do atual período democrático. O material empírico inédito utilizado no estudo de caso foi coletado durante os dois anos em que participei da equipe que assessorou o governo do estado no âmbito do projeto "Auxiliando o governo do estado do Rio de Janeiro na melhoria da segurança pública", iniciativa que contou com o apoio da Fundação Brava e do Movimento Brasil Competitivo.

Esse foi um ponto crucial na evolução da política de segurança pública no Rio de Janeiro, em que agentes relevantes no governo abandonaram pontos de vista cristalizados e combinaram diversos instrumentos de poder em uma estratégia inteligente que permitiu reestabelecer o controle estatal sobre as comunidades que estavam entregues a traficantes de drogas e milicianos havia mais de duas décadas. Assisti a essas mudanças de um ponto de vista privilegiado e que permitiu construir a análise que ofereço a seguir sobre o processo de mudança trazido pela política de pacificação. Elementos de políticas públicas que pareciam estar em campos antagônicos do debate passaram a ser vistos como complementares, e encontraram uma nova narrativa na qual passaram a ser conjugados de forma positiva. Não foi necessário reformar leis federais ou estaduais que organizam as instituições da segurança pública e nem mesmo foi preciso superar as marcantes debilidades das polícias estaduais. O caminho foi outro. As lideranças à frente da segurança pública do estado mostraram uma habilidade inédita de compreender as mudanças que ocorreram nas aspirações das comunidades mais afetadas pela presença do crime organizado e abriram caminho para o uso inteligente do poder do estado contra as redes do ilícito. Converteram recursos de poder antes desperdiçados em estratégias bem-sucedidas de redução da criminalidade.

A "mutação" política ocorreu no âmbito do governo do estado no breve período entre 2007 e 2008 (ano da implantação da primeira UPP no Santa Marta). Pretendo demonstrar que a política de pacificação foi produto da liderança exercida pelo secretário de Segurança e de uma pequena equipe de colaboradores organizada por ele no âmbito da Secretaria.

Na campanha eleitoral para o governo do estado de 2006, nenhum dos candidatos propunha diretamente intervenções policiais nas favelas com o objetivo de permanecer e controlar o terreno de forma permanente. Os dois candidatos que foram ao segundo turno em 2006 (Sergio Cabral e Denise Frossard) tinham um discurso parecido, que enfatizava a necessidade de modernização da gestão da segurança pública com a adoção de sistemas de metas, indicadores de desempenho e contratos de gestão. O candidato vitorioso, Sergio Cabral, apresentou em 2006 um plano de governo detalhado para a área de segurança que não mencionava a ideia de pacificação, ou mesmo como seria enfrentado o problema do controle territorial do tráfico de drogas nas favelas. Estava lá o diagnóstico:

> O tráfico de drogas no Rio de Janeiro se intensificou a partir de 1980. As favelas se tornaram, em razão da sua configuração física, caracterizada pela dificuldade de acesso, verdadeiras fortificações, onde um número pequeno de traficantes exerce poder de fato sobre os seus habitantes (Cabral, 2006).

No entanto, não havia nenhuma ideia clara sobre o que fazer para resolver o problema. A aposta era no efeito indireto que seria produzido pelos investimentos de melhoria da gestão e na revisão dos processos de trabalho das polícias. O choque de gestão traria resultados na melhoria do trabalho do sistema de justiça criminal e enfraqueceria gradativamente o poder do crime organizado em seus territórios. Por falta de clareza com relação à política de segurança pública a ser seguida, o alvo eleito foi a gestão do sistema de segurança. Quatro anos depois, na campanha de 2010, o cenário era completamente distinto e o programa das UPPs foi apresentado como a primeira diretriz estratégica da política de segurança do candidato Sergio Cabral e posteriormente transformado em eixo de seu segundo governo.[6] Uma proposta que sequer existia no debate quatro anos antes foi capaz de atrair a atenção dos eleitores e se converteu em um dos principais temas da campanha e do governo.

O primeiro governo Cabral (2007-10) foi orientado inicialmente por uma visão gerencial do problema da segurança pública. Foram organizadas quatro Câmaras Setoriais com o objetivo de definir as medidas que seriam adotadas para melhorar o desempenho do sistema de segurança pública. Um Comitê Gestor Executivo foi constituído com a atribuição de gerenciar os projetos estratégicos formulados pelas Câmaras e supervisionar as metas traçadas para cada agente envolvido. A coordenação do trabalho das Câmaras Setoriais foi entregue ao Instituto de Desenvolvimento Gerencial (INDG), que funcionava como facilitador dos debates e emprestava sua competência técnica com o objetivo de produzir um plano de ação integrado envolvendo diretamente a Polícia Civil, a polícia militar, a administração penitenciária e secretarias da área socioeconômica. O esforço realizado com a aplicação das melhores ferramentas disponíveis no setor privado para o planejamento estratégico não impediu que as Câmaras fossem "capturadas" pela lógica reativa das corporações policiais e transformadas em espaço de negociação sobre projetos que atendiam a seus interesses específicos. O produto final do trabalho das Câmaras foi apresentado na forma de um "Caderno de Prioridades" para a segurança pública, mas seus resultados foram pouco significativos e tiverem influência residual no desenvolvimento das políticas na área durante o governo.

As mudanças que impactaram de fato a política de segurança pública ocorreram em uma arena bem mais restrita do que a delimitada pelas Câmaras

---

[6] Os cinco pilares estratégicos da área de segurança eram: as UPPs, investimento nas polícias, recuperação das carreiras policiais, ampliação dos mecanismos de gestão da segurança e o programa de metas Cabral (2010).

Setoriais. Foi em vários aspectos uma mudança muito similar à realizada por William Bratton à frente do departamento de polícia de Nova York na década de 1990. José Mariano Beltrame e Bratton foram lideranças decisivas que venceram barreiras cognitivas que bloqueavam o caminho das mudanças. Ambos contaram com recursos limitados, um *staff* desmotivado (a princípio), a oposição de interesses poderosos e organizações presas ao *status quo* (Kim e Mauborgne, 2008). Há semelhança também na forma como ambos conseguiram identificar aliados com alto poder de influência e persuasão e de como ampliaram em decorrência desse apoio suas "coalizões pelas mudanças".

O cenário contra o qual se projetou a inovação na segurança pública no Rio de Janeiro era particularmente desafiador. As polícias civil e militar apresentavam um quadro de corrupção endêmica, baixos salários e instalações dilapidadas. Quase um terço do efetivo da Polícia Militar (PM) estava lotado em atividades meio ou afastado por licença em 2008. Em uma pesquisa com a população, 92% dos entrevistados declararam que não confiavam ou confiavam com restrições na PM e 87% afirmaram o mesmo com relação à Polícia Civil (Instituto de Segurança Pública, 2007).

A punição ao crime ocorria apenas esparsamente. A PM fez apenas 1.300 prisões em média por mês no período de 2005 a 2007. No intervalo de um ano, isto significa 102 prisões em flagrante por 100 mil habitantes. Para que possamos ter uma ideia comparativa, o estado de São Paulo realizou em média, no mesmo período, 217 prisões em flagrante por 100 mil habitantes.[7] Não apenas o policiamento ostensivo é ineficiente, mas todo o sistema de justiça criminal realiza sua missão de forma precária. Levantamento realizado pelo INDG em março de 2008 indicou que o baixo desempenho da Polícia Civil no cumprimento de mandados gerou a formação de um estoque de aproximadamente 36 mil mandados de prisão não cumpridos de condenados por homicídio ou roubo, dos quais 16% têm menos de cinco anos de expedição (INDG, 2008b). Um dos resultados da baixa efetividade do trabalho da Polícia Civil é que menos de 18 mil presos cumpriam penas em regime fechado

---

[7] Fontes: Secretaria de Segurança Pública de São Paulo, Estatísticas Trimestrais (www.ssp.sp.gov.br/estatistica/plantrim). Média das prisões em flagrante de 2005 a 2007. Governo do Estado do Rio de Janeiro, dados coletados no âmbito do projeto "Melhoria da gestão do Sistema de Segurança Pública", Reunião 14/12.

no estado.[8] A taxa de encarceramento do Rio de Janeiro, que em 2008 correspondia a 200,7 por 100 mil habitantes com mais de 18 anos, era uma das menores do Brasil e só quatro estados tinham taxas mais baixas.[9]

Apesar de o Rio de Janeiro ser o sexto estado que mais gastou com segurança no Brasil em 2008 e o nono em 2010,[10] os salários dos policiais militares estavam entre os mais baixos do país e a infraestrutura dos batalhões apresentava problemas estruturais: não havia conexão à internet ou e-mail e os serviços de rádio eram precários. É evidente que esse quadro de penúria material teve uma série de efeitos negativos sobre o atendimento ao público e o trabalho de policiamento.

Essas eram as barreiras dos recursos; havia ainda a barreira das ideias: superar a força de reação que o *status quo* exerce nos agentes do sistema de justiça criminal. A política de pacificação, em apenas três anos e meio[11] de existência, subverteu as agendas tradicionais da segurança pública no estado e mudou a visão de futuro sobre o problema. Vejamos como.

O controle territorial pelo crime organizado

O Rio de Janeiro tem características atípicas entre as cidades da América do Sul. Grupos de criminosos organizados foram capazes de controlar o acesso, a circulação e a vida comunitária de parte significativa da cidade. O que explica isso? A presença de drogas — e de suas redes organizadas de distribuição — é sempre um fator importante a ser considerado. No entanto, a cidade está razoavelmente distante das principais regiões produtoras de drogas do continente (países andinos e, em menor escala, o México) e não constitui uma rota importante de tráfico para a Europa ou os EUA. O Rio também não é uma cidade onde o consumo de drogas é relativamente elevado. As pesquisas de prevalência de consumo mostram que cidades como Santiago, Buenos Aires,

---

[8] Dados referentes a novembro de 2007. Fonte: Coordenação de Acompanhamento de Execução Penal — Seapce.
[9] Ver tabela 14 do *Anuário do Fórum Brasileiro de Segurança Pública*, 2009. Disponível em: <www2.forumseguranca.org.br/node/3262>.
[10] O gasto *per capita* do Rio em 2008 foi de R$ 309,00, contra R$ 218,40 em São Paulo segundo o *Anuário do Fórum Brasileiro de Segurança Pública* de 2009, tabela 7. O *Anuário* de 2011 traz dados atualizados para o ano de 2010 (tabela 13) e mostra uma piora relativa do estado do Rio de Janeiro. O gasto *per capita* caiu para R$ 244,81 e o estado passou para a décima posição.
[11] A primeira UPP foi instalada em novembro de 2008 na favela Santa Marta.

São Paulo e Brasília têm taxas mais altas de prevalência na população em geral e também no segmento jovem em idade escolar (Cicad, 2008; UNODC e Cicad, 2006).

Até o final dos anos 1990, as cidades colombianas de Cali, Bogotá e Medellín estavam entre as poucas cidades da região que tinham uma geografia criminal parecida com a do Rio, mas essas localidades estão no centro da região que produz toda a cocaína distribuída no mundo; há um movimento guerrilheiro que dura quase 50 anos; e um fluxo contínuo de armas ilegais. Em um contexto assim, grupos criminosos são geralmente capazes de levantar recursos suficientes para corromper a polícia e dominar áreas inteiras das cidades onde atuam. Mas por que esses sintomas também aparecem no Rio? Por que o Rio é a única cidade distante dos centros de produção e das rotas principais de contrabando a ter áreas significativas sob controle permanente e duradouro de grupos criminosos?

Uma hipótese: para compreender como se chegou a essa situação, é preciso olhar não apenas para o crime,[12] mas principalmente para as políticas de segurança que foram implementadas pelos governos.

A resposta pode estar na ineficiência crônica do sistema de justiça criminal do estado. Esse foi o lócus de gestação da crise que atravessou décadas e também o lócus da inovação que estamos analisando. A política de pacificação reverte a crise da segurança pública porque atinge o núcleo do sistema de justiça criminal e enfrenta as escolhas e acomodações que foram feitas ao longo das três últimas décadas. O quadro de crise da segurança pública no Rio de Janeiro pode ser atribuído de forma mais direta às escolhas políticas que foram feitas pelos governos e pela sociedade do que à presença de características estruturais, como a desigualdade, a pobreza ou a falta de urbanização.

O Rio de Janeiro foi um dos poucos estados do Brasil em que um líder importante do período pré-64, fortemente identificado com o populismo do período democrático de 1946-64, conquistou o governo após a transição para a democracia. Leonel Brizola governou o Rio de Janeiro em dois períodos: 1983-86 e 1991-94,[13] seguindo o figurino populista tradicional: organizou campanhas sistemáticas contra seus inimigos políticos; adotou um discurso

---

[12] Ver os trabalhos de Misse (2007) e Zaluar (2004).
[13] O governador Brizola entregou o cargo ao vice-governador em 1994 para disputar as eleições presidenciais daquele ano.

polarizador (é verdade que no período pós-82 este era bem menos pronunciado do que o que sustentava no período pré-64); improvisou na administração; e fez do Rio um laboratório, um experimento de sua convicção na existência de uma "via alternativa" para o desenvolvimento.

Brizola, apesar de sua fluidez ideológica, se mostrou capaz de atrair várias gerações de eleitores, intelectuais e quadros partidários em torno de sua liderança e ideias. O brizolismo foi, de fato, um fenômeno político duradouro, capaz de redefinir o sistema partidário do estado e influenciar as políticas de segurança pública até a década atual.[14]

Na área de segurança pública, a principal liderança durante os governos de Brizola era exercida pelo jurista e acadêmico Nilo Batista, que foi secretário de Polícia e Justiça no primeiro mandato de Brizola e vice-governador entre 1990 e 1994. Advogado criminalista, foi professor das principais faculdades de direito do estado e se destacou também como um dos expoentes da criminologia crítica na América Latina. Ao lado do coronel Nazaré Cerqueira da PM, foi responsável por uma mudança significativa na doutrina da segurança pública do Estado (Costa, 2004). Juntos, estabeleceram uma agenda que teve grande importância entre especialistas e operadores do sistema de justiça criminal. Uma vez no poder, dedicaram-se a fomentar grandes embates doutrinários em várias frentes: extinguiram a Secretaria de Segurança Pública e a substituíram pelo Conselho de Justiça, Segurança Pública e Direitos Humanos, conselho do qual fazia parte o próprio governador; elevaram os postos de comandante da PM e de chefe da Polícia Civil à condição de secretários de estado, nomeando dirigentes afinados com a agenda política do governador, principalmente na PM; adotaram uma retórica política de que "o recrudescimento da violência e da criminalidade era um problema fundamentalmente de caráter social" (Soares e Sento-Sé, 2000); defenderam a reforma do estatuto jurídico das polícias (principalmente a unificação das polícias); alteraram o currículo de formação dos oficiais e praças da PM (Soares e Sento-Sé, 2000:133); promoveram a adoção de um modelo único de policiamento de tipo comunitário; e limitaram as intervenções policiais nas áreas de favela, estabelecendo uma doutrina que foi, e continua a ser, a principal clivagem da política de segurança do estado.

---

[14] Importantes quadros políticos estaduais nas últimas três décadas surgiram no PDT sob o comando de Brizola: Darcy Ribeiro, Saturnino Braga, Jó Rezende, Cesar Maia, Marcello Alencar, Garotinho e Rosinha Garotinho, apenas para citar os que ocuparam cargos executivos no estado e na capital.

Havia perfeita sincronia entre as diretrizes da política de segurança e os objetivos políticos mais gerais estabelecidos pela liderança de Brizola, que pretendia organizar novas bases de apoio político entre os setores mais pobres da população em um contexto de forte restrição orçamentária.

Essa política teve pelo menos uma grande consequência que talvez não tenha sido diretamente antecipada pelos que a executaram: os grupos criminais que se dedicavam ao tráfico de drogas ampliaram e consolidaram, no espaço de uma década, o controle territorial das principais favelas na região metropolitana do Rio de Janeiro (Misse, 2007). As intervenções policiais repressivas se enfraqueciam no mesmo ritmo em que a criminalidade se tornava mais agressiva e organizada em suas práticas.

Dois principais fatores contribuíram para o aumento do poder dos grupos criminais. Primeiro, houve o aparecimento dos *comandos* no interior dos presídios. A primeira "rede de quadrilhas" (Misse, 2007) — o Comando Vermelho — produziu novas formas de identidade, coordenação e controle entre traficantes de drogas, o que contribuiu para diminuir os custos de transação na cadeia de produção do crime. Por mais precária que fosse a organização dos *comandos* fora dos presídios, ou por mais conflituosa que tenha sido a disputa por territórios, esses funcionavam como redes de contrabando e distribuição de armas e drogas em uma escala ainda não observada.[15] E, em segundo lugar, ocorreu nesse período — devido a fatores não propriamente locais — uma forte expansão do *consumo* de cocaína, ao mesmo tempo que aumentava a produção da droga na Colômbia. A "nova" droga disseminada na década de 1980 permitiu aos grupos criminais que a distribuíam localmente ampliar seus ganhos e, consequentemente, o poder de corrupção das polícias.

Os principais quadros do governo na área de segurança parecem não ter compreendido e emoldurado corretamente os problemas criminais que tinham diante de si e definiram uma política de segurança com uma prioridade clara: não recorrer a intervenções policiais nas áreas de favela. Como não havia um modelo de intervenção adequado (as primeiras experiências desse modelo surgiram no governo Garotinho com o Grupo de Policiamento de Áreas Especiais), ou porque não existia uma polícia comunitária pronta para a tarefa de policiar de forma permanente essas áreas, a opção foi a não intervenção, o que

---

[15] Sobre a organização do tráfico de drogas ver Oliveira (2007) e Zaluar (2002).

terminou por gerar uma série de "economias de escala" para o crime. Razoavelmente seguras em seus "territórios", as quadrilhas prosperaram no mercado das drogas e desenvolveram atividades criminais correlatas, como o tráfico de armas, sequestros, além de ampliar a prática de extorsão contra comerciantes e empresas de transporte.

As escolhas do governo foram ousadas. Apostava-se que programas sociais não focalizados, como a construção de escolas e doações de lotes, permitiriam amenizar as tensões que levavam ao crime. Os resultados foram os piores possíveis. Na sequência do aumento do poder dos grupos criminais, lideranças comunitárias foram sistematicamente assassinadas (esse movimento aconteceu principalmente no final da década de 1980), em decorrência da não intervenção policial nas áreas de favela.

As polícias apresentavam sinais crescentes de fraqueza institucional, o que não era visto como um problema pela liderança política naquela altura. Como foram malsucedidas as tentativas de reformá-las — em função de fortes resistências corporativas —, não parecia de todo inadequado, do ponto de vista dessas lideranças, optar por enfraquecê-las.

A crise iniciada nesse período teve seus efeitos de longo prazo. Em 1990, a taxa de homicídios no estado do Rio atingiu o recorde de 63,03 por 100 mil habitantes e permaneceu nos quatro anos seguintes no patamar de 60 por 100 mil (Soares e Sento-Sé, 1996:271 e 277). O roubo de veículos aumentou em média 21% ao ano (tabela 2) e 277 assaltos a bancos foram cometidos por ano em média no período. O número de sequestros foi de 124 em 1992 (Soares e Sento-Sé, 1996:178; Caldeira, 2002) e o número de roubos a transeuntes também aumentou continuamente, enquanto a apreensão de armas e drogas diminuía (tabela 2). A pressão sobre o sistema de justiça criminal era intensa e a opinião pública demandava crescentemente ações contra o que se percebia ser uma situação "sem controle" na segurança pública. A primeira resposta à crise veio na forma de uma intervenção federal com a deflagração da "Operação Rio" em 1994 (Leite, 2000) e a segunda foi eleitoral.

O candidato apoiado por Brizola, Anthony Garotinho, foi derrotado por Marcello Alencar — também egresso do brizolismo, mas agora concorrendo pelo PSDB — em um segundo turno disputado. A inflexão que essa mudança acarretou na política de segurança não poderia ser mais clara. Pela primeira vez, desde a transição para a democracia, foi nomeado um general do Exército, Nilton Cerqueira, para a Secretaria de Segurança.

Tabela 2
Variação média anual de crimes selecionados
e de indicadores e atividade policial

	Indicadores Criminais			Indicadores de Atividade Policial			
	Homicídio	Roubo Veículo	Roubo Transeunte	Apreensão de Armas[1]	Apreensão de Drogas[2]	Prisões[3]	Não-policiais mortos[4]
1983-86[5]	8,8%	5,5%	11,0%	—	—	—	—
1987-90	6,3%	1,7%	7,5%	—	—	—	—
1991-94	3,2%	20,8%	3,3%	-3,6%	-0,1%	—	—
1995-98	-16,3%	0,7%	0,5%	20,3%	68,3%	—	32,3%
1999-02	9,6%	6,2%	24,1%	15,2%	9,1%	-10,5%	46,1%
2003-06	-3,0%	1,9%	26,0%	-2,4%	-6,1%	-13,2%	-14,7%
2007-10	-8,3%	-12,2%	-1,4%	-9,3%	2,3%	12,8%	-19,9%

Fontes:
CIDE — Centro de Informações e Dados do Rio de Janeiro — Anuário Estatístico do Estado do Rio de Janeiro (1983-90)
Centro de Estudos de Segurança e Cidadania da Universidade Candido Mendes
Instituto de Segurança Pública (ISP) do Rio de Janeiro
Notas:
(1) Variação anual média do número de Armas Apreendidas. Estão disponíveis dados apenas até 2005; o percentual do último período indica a variação entre 2003 e 04 e 2004 e 05.
(2) Número de ocorrências relacionadas a drogas.
(3) Número de prisões efetuadas no estado, inclusive ECA. Estão disponíveis dados apenas para o período 2000-05.
(4) Número de vítimas em "Autos de resistência".
(5) A variação indicada ocorreu entre 1985 e 1986. Não há dados disponíveis para 1983-84.

A reação das polícias à indicação do general Cerqueira foi rápida. Sob sua liderança, a média de não policiais mortos em conflitos com a PM por mês passou de 3,2 para 20,55 (Zaverucha, 2001) e as apreensões de armas e drogas também dispararam, tendo subido em média, respectivamente, 20,3% e 68,3% a.a. (ver período 1995-98 da tabela 2). Por meio de um Decreto do governador, foram estabelecidas gratificações e promoções aos policiais que tivessem demonstrado bravura em situações de "combate", sendo uma das métricas do bom desempenho o número de oponentes mortos em confrontos com a polícia. Não é possível afirmar que existe uma correlação entre a política de priorizar o aumento das atividades operacionais das polícias, seguida pelo governo de Alencar, e a diminuição no número de crimes que foi então observada. No entanto, este foi o período, desde 1982, em que houve maior variação no número de homicídios e que os roubos de veículos e a transeunte ficaram praticamente estáveis, com taxas de crescimento inferiores a 1% ao ano (tabela 2). Houve retração também no número de sequestros, que passou de uma média de 93 por ano (média do período 1991-94) para 18 no ano de 1998.[16]

Essa política ficou inscrita nos anais da crítica especializada como um atentado aos direitos humanos, um retrocesso no caminho da consolidação democrática e uma prova de nossa fraqueza institucional. Não é difícil apontar os erros e mesmo as violações da lei que decorreram dessa "política de enfrentamento" ao crime. A prática de considerar a morte de um oponente em confrontos com a polícia (a morte de um não policial) um "ato de bravura" e premiar esse tipo de "*resultado*" recebeu a condenação unânime dos principais órgãos internacionais de defesa dos direitos humanos. Mas os graves erros cometidos não obscurecem o fato de que, pela primeira vez, no período democrático atual, colocou-se em prática no estado do Rio de Janeiro uma política de segurança centrada no controle do crime. Na visão das lideranças que a formularam, as polícias e o sistema de justiça criminal em seu conjunto poderiam reduzir o crime ao desempenhar de forma eficaz seu poder de dissuasão.

Assim, durante o período 1995-98, ocorreu uma mudança importante na agenda da segurança pública que teve reflexos diretos no desenho da política de pacificação. A opção seguida foi *lançar-se ao mar,* ou seja, buscar o controle do crime valendo-se de instituições policiais com altos níveis de corrupção e ineficiência e assumir que seria possível controlar o crime mesmo com as debilidades observadas. Os acertos estruturais nas polícias viriam depois. É claro que não existem experiências em países democráticos de adoção de metas em que se procura maximizar o número de mortos em confrontos com a polícia. Isto foi uma aberração injustificável, um erro que provavelmente jamais será repetido por outro secretário de segurança no Brasil. Entretanto, a despeito desse erro, houve nessa política uma novidade importante: a prioridade passou a ser o controle do crime e a extensão do poder de dissuasão das polícias. O que no contexto bastante particular da criminologia crítica que predomina no Brasil, e em particular no ambiente acadêmico dos especialistas em segurança pública do Rio de Janeiro, era visto como uma aberração política. Nunca é demais enfatizar que o apelo a ações extralegais das polícias tem sempre o efeito de reforçar os piores aspectos das instituições de segurança e, de fato, a política de premiação por "bravura" engendrou um ciclo profundo

---

[16] Sobre a dinâmica dos sequestros nesse período, ver Caldeira (2002) e Fernandes e Carneiro (1995).

de desorganização e corrupção nas polícias do estado. Não havia, como na política de pacificação, um foco territorial definido e alavancas claras que permitissem melhorar o desempenho das polícias de forma sustentável. A conjugação de força repressiva e respeito à legalidade teve de esperar ainda uma década para ocorrer na forma das UPPs.

2. A nova conjugação política das UPPs

O debate sobre a segurança pública antes das UPPs se articulava em dois polos principais. Para os reformadores, partidários do modelo "polícia democrática", não seria possível controlar o crime sem "ações estruturantes" que capacitassem as polícias para a tarefa. A agenda envolvia uma ampla reforma legal com vista a unificar as polícias, investir na formação, em infraestrutura, melhorar as condições de trabalho, adquirir tecnologia, ampliar o controle externo e interno etc. Seria inútil tentar saltar etapas. Em última instância, só uma polícia organizada democraticamente seria capaz de vencer o crime.

Para os partidários do "controle do crime" a sequência era inversa. Ao cumprir a sua missão de reduzir o número de crimes, e desfrutando-se assim de níveis maiores de apoio na opinião pública, as polícias poderiam então iniciar seu ciclo de regeneração (investir na formação, em infraestrutura etc.). Vivia-se uma tensão permanente entre essas duas formas de encarar a segurança pública até que o experimento das UPPs abriu caminho para superar essa disjuntiva.

As dimensões da política de pacificação

A política de pacificação pode ser analisada a partir das seguintes quatro dimensões básicas: (1) a coerção policial empregada contra os grupos criminais armados e organizados que controlavam o território; (2) o emprego do poder dissuasório com o objetivo de controlar o engajamento em atividades ilícitas por parte de potenciais infratores; (3) a presença e proteção na comunidade pacificada; (4) o apoio às políticas de inclusão social exercidas por outras instituições. Essa classificação foi diretamente inspirada no esquema proposto por Nye (2011) para a análise das formas de emprego do poder militar na atualidade. A multiplicação de experiências de *peacekeeping* e principalmente o resultado das intervenções militares no Afeganistão e Iraque tiveram um impacto profundo na forma como militares no mundo inteiro encaram suas atividades (Nye, 2011:43). No caso específico dos militares brasileiros, esses debates se intensificaram e se disseminaram principalmente entre as polícias militares no Brasil a partir da experiência com a Força de Paz no Haiti. No Rio de Janeiro, houve uma participação direta do Exército na ocupação do Complexo do Alemão entre dezembro de 2010 e junho de 2012. O efetivo médio empregado pelo Exército foi de 1,3 mil militares, sendo feitas mais de 700 prisões, além de apreensões de drogas e armas.[17]

As quatro principais ações relacionadas acima e que constituem os eixos estruturantes da política de pacificação aparecem representadas no quadro seguinte.

Quadro
Dimensões da política de pacificação

	CONTROLE			INCLUSÃO
NATUREZA DA AÇÃO	Coerção policial direta	Poder dissuasório	Proteção	Assistência e Desenvolvimento
SEGMENTO-ALVO	Traficantes de drogas, milicianos e outros criminosos	Infratores potenciais e usuários dos serviços de segurança	População das comunidades pacificadas	População das comunidades pacificadas
OBJETIVO IMEDIATO	Conquista do território e inabilitação de infratores	Policiamento ostensivo	Pacificação	Expansão dos serviços sociais e de qualificação profissional
QUALIDADES NECESSÁRIAS PARA O SUCESSO ESTRATÉGICO	Competência tático-operacional	Capacidade de manter o policiamento e a credibilidade	Credibilidade junto à população	Competência para diagnosticar demandas e articular ações conjuntas do poder público com a sociedade
RECURSOS NECESSÁRIOS	Treinamento especializado, táticas específicas, armas e equipamentos	Efetivo adequado, capacidade de gestão e controle da atividade de policiamento	Manutenção do efetivo, comunicação e gestão política das relações com as comunidades pacificadas	Orçamento adequado e instituições organizadas e tecnicamente capazes

Fonte: adaptado de Nye (2011:42, Table 2.1).

Choque e coerção policial

A ação de choque, com o emprego de forças especiais, exige forte competência tático-operacional com o objetivo imediato de inabilitar os infratores envolvidos nas atividades criminais organizadas e de maior potencial ofensivo

---

[17] Ministério da Defesa: <www.defesa.gov.br/index.php/>.

que atuavam nas favelas e nos bairros de baixa renda. O principal desafio nessa etapa envolveu a definição das áreas prioritárias de intervenção, tarefa na qual o serviço de inteligência teve papel crítico. Um dos pontos fortes do programa decorria do fato de que havia uma experiência consolidada nas polícias para realizar operações especiais em favelas.[18] No entanto, essa competência dificilmente produzia apoio antes de ser integrada à política de pacificação.

Nos dois primeiros anos do governo Cabral, 2007 e 2008, a política de segurança do governo era descrita como a "política do confronto" pela imprensa e foi classificada em um pronunciamento da Anistia Internacional como "draconiana e belicosa".[19] Uma operação no Complexo do Alemão em junho de 2007 deixou 19 pessoas mortas e provocou centenas de manifestações de crítica, merecendo até mesmo um verbete na *Wikipédia*. Há uma mudança importante na maneira como os formadores de opinião e as organizações de defesa dos direitos humanos encaram as ações policiais no momento em que essa se articula à política de pacificação. As ações de choque passaram a ser vistas como um recurso tático específico, temporariamente empregado na desarticulação dos grupos organizados. A competência operacional das polícias para as ações de choque tornou o programa de pacificação possível e gradativamente fez minguar a resistência dos grupos organizados que passaram a "entregar", em muitos casos pacificamente, as áreas para a presença permanente da PM. A única exceção a essa regra foi a intervenção no Complexo do Alemão em 2010, mas de forma geral a política de pacificação contribuiu para construir a legitimidade das ações diretamente repressivas contra o crime organizado.

Dissuasão por meio do policiamento ostensivo

Após o choque ocorre a ocupação, e um contingente significativo é empregado no policiamento cotidiano das comunidades pacificadas. O objetivo nessa fase é fomentar na comunidade a visão de que a presença das polícias é legítima e pode ser benéfica. Os desafios, do ponto de vista do gestor público, envolvem a organização do trabalho de polícia, tendo em vista as atividades rotineiras de contenção do crime e o apoio às solicitações do público, além de

---

[18] A cargo do Bope e do batalhão de Choque da PM e do Core da Polícia Civil.
[19] ESPECIALISTAS criticam política de confronto do governo do Rio. *O Globo*, 28 maio 2008.

desenvolver um modelo de policiamento de tipo comunitário adequado ao contexto específico das comunidades pacificadas.

A presença do policiamento ostensivo constrange infratores potenciais e faz com que a população passe a conviver com formas de controle com as quais estava pouco familiarizada. O que antes era muito barato ou de graça (TV a cabo e luz, por exemplo) passa a ter preço de mercado. A presença policial abre caminho também para o trabalho de outros agentes de regulação para dentro da comunidade (fiscalização de obras, meio ambiente, lixo etc.). O quanto essas ações serão vistas como positivas pela comunidade é um tema ainda em aberto.

Na segunda fase da política de pacificação, diferentes estratégias de policiamento são combinadas com o objetivo de maximizar o controle do crime e o atendimento às emergências criminais. Não há um modelo único de policiamento e esse é o ponto em que as polícias têm de demonstrar competência técnica para gerir seus serviços de forma adequada, por exemplo, diminuindo o tempo de resposta às emergências criminais; aumentando suas atividades de investigação criminal, ou melhorando o cumprimento de mandados; ou, ainda, melhorando a eficácia do policiamento ostensivo. A atuação das corregedorias e do serviço de inteligência é um elemento crítico nessa etapa, já que ela envolve a permanência em comunidades que dificilmente têm a capacidade de exercer de forma ativa a supervisão do trabalho policial. Com efeito, os casos de corrupção em UPPs mais importantes foram investigados e denunciados diretamente pela área de inteligência da PM. A qualidade da atividade de correição e a disponibilidade de sistemas de gestão adequados estão entre os principais recursos necessários para o sucesso da segunda fase da pacificação.

Proteção e pacificação

O sucesso nas ações de proteção e pacificação depende da capacidade que as polícias terão de converter a credibilidade angariada com a expulsão do crime organizado e o reestabelecimento dos serviços de policiamento em manifestações de confiança por parte da população. Na etapa de pacificação propriamente dita, o foco não é o crime, mas a estabilização social das comunidades. O efeito do crime nas comunidades é sistêmico. A redução da expectativa de vida, principalmente nos coortes etários mais jovens, afeta diretamente as ações individuais que podem gerar benefícios de longo prazo e custos de curto prazo, como a decisão de investir em educação ou poupar para o futuro. Em áreas onde o crime violento é alto, os jovens tendem a atribuir um valor maior ao que se pode ter no curto prazo em detrimento de benefícios no futuro.

Em sentido inverso, as ações de pacificação elevam o custo dos comportamentos predatórios e orientados para recompensas de curto prazo, como a conduta criminal, e emitem um sinal a mais de que o investimento em educação, poupança, trabalho legal e cuidado com a saúde (evitar a gravidez precoce, o consumo de álcool e drogas etc.), entre outras condutas do tipo, podem resultar em benefícios concretos que serão usufruídos no curso da vida. Isto significa afirmar que a elevada taxa de desconto dos jovens de menor renda com relação aos benefícios de longo prazo pode ser alterada com a redução das taxas de mortes violentas. A pacificação torna a sociedade menos desigual no que diz respeito ao risco de morte violenta e isso desencadeia um conjunto de ações individuais com efeitos positivos para a sociedade. No curto prazo, a frequência escolar nas áreas pacificadas aumentou. Em breve será possível avaliar o efeito no desempenho escolar e saúde, entre outros aspectos que dependem fortemente do nível de coesão social e que são modificados pela política de pacificação.

Ampliação da rede de assistência social e desenvolvimento

As forças policiais podem — e em muitos casos o fazem — desempenhar um papel significativo nas atividades de assistência e promoção social, o que contribui claramente para a construção de vínculos de lealdade e confiança com a população. No entanto, o caminho seguido na política de pacificação foi deixar as iniciativas na área social a cargo de agentes especializados. As ações sociais nas áreas retomadas ganharam uma estrutura institucional própria que ficou conhecida como "UPP Social" (Suska, 2012). A abertura e o discurso de cooperação por parte do secretário de Segurança e de toda a estrutura da segurança pública às iniciativas surgidas em outras áreas do governo foi um passo bem dado na estratégia de criação de uma coalizão de apoio à mudança. Pelo curto tempo decorrido do início da intervenção a quando este capítulo foi escrito, não é possível dispor de estimativas do impacto da política sobre o desenvolvimento econômico comunitário. Normativamente é possível afirmar, no entanto, que o aumento da mobilidade individual e a garantia do direito de propriedade impactam positivamente a renda.

Nessa fase, os aspectos negativos da intervenção policial se tornaram menos visíveis e amplos segmentos da opinião pública e formadores de opinião foram atraídos e persuadidos pelos aspectos benignos do trabalho policial de pacificação. Essa tem sido a melhor demonstração do *soft power* das UPPs.

Balanço final: o sucesso do esforço de transformação

Por que essa inovação deu certo? A política de segurança no estado do Rio é repleta de tentativas malsucedidas de mudanças. Os exemplos mais recentes durante os governos do casal Anthony Garotinho e Rosinha Garotinho mostram como pequenos erros podem se transformar em grandes embaraços. Garotinho convidou o general José Siqueira para ocupar a Secretaria de Segurança, cuja equipe principal era integrada por sete coronéis do Exército, sendo um deles mantido no cargo que ocupava durante o governo Alencar. Esses oficiais ocuparam os postos mais importantes da Secretaria de Segurança. O único cargo ocupado por um civil foi a recém-criada Subsecretaria de Pesquisa e Cidadania (Soares, 2000:60). Embora claramente minoritária, foi a "ala civil" da Secretaria que de fato formulou os principais projetos de inovação. Embora poucos tenham saído da "prancheta", alguns tiveram impacto de longo prazo como a Delegacia Legal e a criação das áreas integradas de policiamento.

No entanto, nada correu como previsto na relação entre os dois grupos que coabitavam na Secretaria de Segurança e inúmeras crises se sucederam em função das disputas internas por poder entre o grupo liderado pelo subsecretário de Pesquisa e Cidadania e o grupo de militares liderado pelo Secretário diretamente. A primeira grande crise ocorreu em abril de 1999 e resultou na mudança do comando da Secretaria com a indicação do coronel da PM Josias Quintal. Contudo, essa mudança não diminuiu as tensões internas na Secretaria de Segurança e um novo quadro de crise se estabeleceu, até que, finalmente, o governador optou por um dos lados no conflito e exonerou o subsecretário de Pesquisa e Cidadania em março de 2000.

Mais uma transição ocorreu no mesmo governo em função do afastamento do governador Garotinho para se candidatar à Presidência, agora em seu novo partido, o PSB. Embora o PT e PDT estivessem coligados em 1998, os partidos romperam o acordo político no segundo ano do mandato. Durante o afastamento do governador em 2002, houve, em decorrência do rompimento entre os partidos coligados, alterações em quase todos os cargos de primeiro escalão do governo. Na área de segurança pública, as mudanças foram significativas. Para o cargo de secretário de Segurança foi indicado o jurista e ex--secretário do Distrito Federal, Roberto Aguiar, que seguia uma linha de pensamento claramente alinhada com as políticas dos governos de Brizola. Atribuía ao desemprego a principal causa de engajamento no crime e definia-se como um "antipenalista" convicto. Nos quatro anos do governo Garotinho ocorreram, portanto, três mudanças de gabinete na segurança pública do estado, que, no primeiro escalão, se faziam quase sempre acompanhar de alterações no comando da PM e na chefia da Polícia Civil.

A política de pacificação reverteu essa trajetória de erros e quebrou a resistência à mudança. Alterou a forma como é alocado o policiamento no estado e impactou o exercício do trabalho de policiamento em comunidades com alta incidência de crimes. Economistas e cientistas políticos avaliam políticas públicas com a expectativa de que as experiências bem-sucedidas possam ser reproduzidas. Não avalio que esse seja o caso da política das UPPs. Não apenas o problema criminal que essas procuram resolver é bastante específico, como o elemento decisivo para seu sucesso me parece claramente irreprodutível: a qualidade da liderança que empreendeu a ideia.

É frustrante, do ponto de vista intelectual, concluir que uma determinada política deu certo devido a fatores intangíveis como a "qualidade da liderança". Mas se pensarmos nas ações que concreta e objetivamente foram empreendidas por essa liderança, talvez seja possível transformar a experiência singular em um roteiro útil para outros inovadores. Beltrame e seu grupo parecem ter acertado ao garantir ações básicas que levaram ao sucesso da inovação.

O primeiro acerto que identifico foi a capacidade de definir adequadamente as prioridades e mostrar senso de urgência para enfrentá-las. Uma condição social ou política pode ser vista, ou não, como um problema. O tema da pacificação passou à condição de problema prioritário na medida em que o primeiro escalão do governo foi convencido de que alguma coisa concreta poderia ser feita para resolver o problema do controle territorial por parte do tráfico de drogas e das milícias. Se as lideranças na segurança pública que estavam diretamente envolvidas com o processo de mudança não tivessem sido capazes de produzir indicadores consistentes sobre a crise na segurança pública do estado, dificilmente seriam capazes de influenciar a visão de outros agentes e do público. Teriam falhado na conversão do tema em problema. Tiveram sucesso, e em seguida foram capazes de encontrar políticas adequadas para enfrentar esse problema. Beltrame e seu grupo souberam escolher na enorme "sopa de ideias" sobre a segurança pública do Rio de Janeiro um conjunto de elementos consistentes e articulados de política, embalados e apresentados como a política de pacificação.[20]

Nessa "sopa de ideias" à qual recorreram havia o pacote do "choque de gestão"[21]. Como indicado, as Câmaras Setoriais foram organizadas sem definir prioridades para a política pública de segurança. Na visão dos técnicos que dirigiram os trabalhos, a ausência de visão sobre os princípios da política de segurança refletia uma opção pela "neutralidade metodológica" e pelo desejo de formar um movimento de mudança que pudesse ficar equidistante dos "discursos" que permeiam o campo. De fato, não houve nenhuma discussão ou confronto sobre políticas de segurança nas Câmaras. A ideia era que essas pudessem contribuir com soluções puramente gerenciais e que permitissem ainda constituir uma agenda não "ortodoxa" (um somatório de medidas recolhidas de diferentes visões) de como enfrentar o crime. Beltrame e seu grupo nunca opinaram diretamente sobre o trabalho das Câmaras, "votaram com os pés", delegaram o trabalho aos escalões subalternos e as usaram como um fórum de consulta e acomodação de interesses.

O segundo acerto manifestou-se na criação de uma poderosa coalizão pela mudança no âmbito mais restrito da cúpula da secretaria de segurança pública e no comando da PM. Em um processo de mudança dessa magnitude há o risco de que a política seja vetada pelos partidos e grupos de interesse minoritários que atuam no âmbito do próprio governo. No sistema consensual brasileiro, os governos têm dificuldade em adotar políticas que produzam "perdedores", mesmo que minoritários, uma vez que esses tendem a ser formados por amplas coalizões de partidos e também porque os processos decisórios apresentam vários pontos de veto devido ao sistema de representação de interesses de tipo corporativo.

---

[20] O processo de formação de agendas foi inspirado no trabalho de Kingdon (1984).
[21] Referência obrigatória no debate sobre problemas de gestão na área de segurança pública é o trabalho de Veloso e Ferreira (2009).

As polícias, os grupos de defesa dos direitos humanos, os líderes comunitários, representados dentro do governo, geralmente são ouvidos no processo de implementação de qualquer agenda. A construção do consenso é particularmente importante quando o Executivo tem como estratégia desenvolver uma política de segurança centrada no controle do crime, como foi a fase inicial da pacificação, pois, nesse caso, os custos recaem diretamente sobre as polícias. Serão demandadas ações, haverá sobrecarga de trabalho, aumento do risco e será necessária uma mudança de mentalidade para executar novos planos de policiamento, para ocupar e pacificar. Convencer o conjunto do governo de que essa agenda era adequada e vencer as resistências corporativas foi um dos desafios vencidos. O primeiro passo foi vencer as restrições orçamentárias.

Para convencer o secretário de Fazenda, o grupo que promovia a política apresentou um planejamento consistente dos investimentos necessários em infraestrutura e com as novas contratações de policiais militares. Nesse trabalho contaram com apoio de técnicos da própria Secretaria de Fazenda. A estratégia foi recorrer ao apoio de técnicos qualificados para convencer o primeiro escalão do governo de que o investimento com a implantação das UPPs estava bem dimensionado e que *poderia* ser feito. Esse movimento foi bem-sucedido, mas faltava ampliar ainda o apoio de outros grupos dentro e em outros níveis de governo. Ao acolher e abrir o terreno para as "UPPs Sociais", o grupo à frente da inovação mostrou que era capaz de criar uma coalizão ampla o suficiente para garantir o sucesso.

O terceiro acerto fundamental foi comunicar de forma clara os objetivos da política de pacificação e os desafios que seriam enfrentados na fase inicial de confronto com o crime organizado. O grupo que promoveu a política de pacificação evitou um erro básico no qual incorreram quase todos os gestores que enfrentaram as crises sucessivas na segurança pública nos anos 1980 e 1990: menosprezar a importância da opinião pública e confrontar a forma como essa enquadrava o problema. Quando a população do Rio de Janeiro começava a sentir o peso do crime já no início da década de 1990, a resposta por parte dos gestores naquela altura foi a mais dura possível, não para promover eventuais soluções, mas sim contra a forma como o público e os meios de comunicação enquadravam o problema. Em uma cidade com taxas de 60 homicídios por 100 mil habitantes e onde mais de 20% da população era roubada ou furtada a cada ano (Cpdoc-FGV/Iser, 1997), é bastante razoável esperar que a população venha a manifestar uma forte sensação de insegurança e que o medo de ser vítima de um crime seja igualmente disseminado. No entanto, essa percepção, que continuamente aflorava nos meios de comunicação e nas pesquisas de opinião, era convertida em uma simples manifestação de "pânico das elites" (Batista, 1994).

Sem propostas de como enfrentar o problema da onda de crimes, restava denunciar a "cultura do medo". Esse era o objeto que se preferia esquadrinhar e o qual permitiria à sociedade carioca escapar do "linchamento simbólico, politicamente interessado" movido pelos meios de comunicação (Soares, 1996). A defesa do modelo de policiamento comunitário também surge nesse mesmo contexto como um modelo progressista de policiamento que acarretaria ampliação da participação da sociedade no campo da segurança.

A estratégia de comunicação da política de pacificação foi oposta. Comunicou de forma clara o seu objetivo — a retomada gradual dos territórios controlados pelo crime — e relacionou os meios e os instrumentos que seriam utilizados. Simplicidade na linguagem e clareza na identificação dos objetivos e mecanismos causais no lugar das hipérboles analíticas.

O quarto acerto foi a capacidade de eliminar os obstáculos políticos e corporativos à mudança. As polícias, os sindicatos e as associações de categorias específicas na área da segurança[22] têm forte capacidade de vocalizar seus interesses no governo. A ação desses grupos tem um caráter principalmente *reativo*, de bloqueio às mudanças que possam vir a afetar seus interesses específicos.

No modelo de negociação corporativista brasileiro é comum ocorrerem consultas regulares entre representantes das organizações de categorias funcionais e representantes do governo no âmbito dos processos decisórios mais importantes. O objetivo dessas negociações é produzir um compromisso entre as partes, um consenso, com relação às políticas que serão desenvolvidas. O que esse sistema geralmente garante, na visão de seus defensores (Schimitter, 1982), é a maior estabilidade dos acordos obtidos, uma vez que permite uma distribuição mais proporcional dos benefícios entre as partes envolvidas na negociação. No entanto, é também mais provável que, nesse tipo de processo,

---

[22] Além das próprias corporações policiais, as entidades mais organizadas e ativas são as que representam os delegados de Polícia (Sindelpol-RJ e Adepol-RJ), os oficiais da PM (AME-RJ), os magistrados (Amaerj); promotores e procuradores (Amperj) e os guardas penitenciários (Sindicato dos Servidores do Sistema Penal do Estado do Rio de Janeiro).

as políticas públicas que desafiam o *status quo* e contrariam interesses cristalizados tenham uma tramitação mais difícil, com o risco ainda de perder parte de suas características inovadoras.

O caráter reativo da agenda defendida pelos grupos de interesse que representam as corporações policiais desafiou continuamente a gestão de Beltrame à frente da Secretaria de Segurança. Os oficiais da PM do Rio desencadearam um movimento reivindicatório, motivado por insatisfações salariais, que mostra como se dá o alinhamento entre os grupos de interesse e a própria estrutura burocrática da polícia. As reivindicações e manifestações públicas, embora tivessem sido organizadas pela associação de oficiais da Polícia Militar — a AME-RJ —, receberam o apoio aberto do Comando da PM, o qual foi exonerado pelo secretário de Segurança, em janeiro de 2008, principalmente em decorrência desse apoio. Com as principais resistências corporativas vencidas, estava aberto o caminho para a inovação.

Este é o quadro das dificuldades enfrentadas e dos acertos que considero fundamentais para o sucesso da política de pacificação. A implantação das unidades de polícia pacificadora rompeu a inércia de mais de duas décadas de convivência perniciosa com o crime organizado. Pela primeira vez desde a redemocratização, na década de 1980, há uma política pública de segurança e um gestor com forte apoio da sociedade.

A análise do caso ilustra como boas políticas podem apresentar resultados positivos mesmo em um quadro de fraqueza institucional sistêmica, como é o caso das polícias civil e militar do Rio de Janeiro. A consolidação da polícia de pacificação depende ainda do teste que virá com a mudança de governo. Estará a experiência ancorada na cultura organizacional das polícias a ponto de ser mantida? A resposta virá em 2015, mas certamente a inovação modificou o debate sobre policiamento no país, ao conjugar medidas focalizadas e repressivas contra o crime organizado e elementos de polícia comunitária e de estabilização social em um mesmo programa.

Referências

BATISTA, N. *Fragmentos de um discurso sedicioso*. Discurso de abertura no XV Congresso Internacional da Associação Internacional de Direito Penal. Rio de Janeiro, 1994.

BAYLEY, D. *Changing the guard*: developing democratic police abroad. Oxford: Oxford University Press, 2006.

CABRAL, S. *Plano de governo do Rio de Janeiro 2011-2014*. 2010.

_____. *Plano de governo Sergio Cabral 2007-10*. 2006. Disponível em: <www.fazenda.rj.gov.br/>.

CALDEIRA, C. Políticas antissequestros no Rio de Janeiro. In: BRICEÑO-LEÓN, R. *Violencia, sociedad y justicia en América Latina*. Clacso, 2002. Disponível em: <http://bibliotecavirtual.clacso.org.ar/ar/libros/violencia/caldeira>.

CARNEIRO, L. P. *Direitos civis e cultura política*: um estudo comparativo sobre a consolidação democrática na América Latina. Tese (doutorado) — Instituto Universitário de Pesquisas do Rio de Janeiro, Rio de Janeiro, 1998.

CICAD. Comisión Interamericana para el Control del Abuso de Drogas. *Primer estudio comparativo sobre consumo de drogas y factores asociados en población de 15 a 64 años*. Lima: Cicad, 2008.

COSTA, A. T. M. *Entre a lei e a ordem*. Rio de Janeiro: Fundação Getulio Vargas, 2004.

CPDOC-FGV/ISER. *Lei, justiça e cidadania*: direitos, vitimização e cultura política na Região Metropolitana do Rio de Janeiro. Rio de Janeiro: Cpdoc-FGV/Iser, 1997.

FERNANDES, R. C.; CARNEIRO, L. P. *Criminalidade, drogas e perdas econômicas no Rio de Janeiro*. Rio de Janeiro: Núcleo de Pesquisas do Iser, 1995.

FRISCHTAK, C.; MANDEL, B. R. *Crime, house prices, and inequality*: the effect of UPPs in Rio. Nova York: Federal Reserve Bank of New York, 2012.

FÓRUM BRASILEIRO DE SEGURANÇA PÚBLICA 2012, "Os donos do morro": uma avaliação exploratória do impacto das UPPs no Rio de Janeiro, Fórum Brasileiro de Segurança Pública, Rio de Janeiro.

IBGE. Instituto Brasileiro de Geografia e Estatística. *Censo Demográfico 2010*: aglomerados subnormais, primeiros resultados. Rio de Janeiro: Instituto Brasileiro de Geografia e Estatística, 2010.

INDG. Instituto de Desenvolvimento Gerencial. *Melhoria da gestão do sistema de segurança pública*. 2008a. Relatório.

_____. *Melhoria da Gestão do Sistema de Segurança Pública*: 2ª Reunião da Câmara Setorial da Polícia Civil. Apresentação realizada na Câmara Setorial de Polícia Civil. 2008b.

INSTITUTO DE SEGURANÇA PÚBLICA. *Pesquisa de condições de vida e vitimização*. 2007. Disponível em: <www.isp.rj.gov.br/>.

KIM, W. C.; MAUBORGNE, R. Liderança Decisiva. In: HARVARD BUSINESS REVIEW (Ed.). *Liderança inovadora*. Rio de Janeiro: Elsevier, 2008.

KINGDON, J. *Agendas, alternatives, and public policies*. Boston: Little Brown Ed., 1984.

LEITE, M. P. Entre o individualismo e a solidariedade: dilemas da política e da cidadania no Rio de Janeiro. *Revista Brasileira de Ciências Sociais*, v. 15, n. 44, p. 43-90, 2000.

MISSE, M. Mercados ilegais, redes de proteção e organização local do crime no Rio de Janeiro. *Estudos Avançados*, v. 21, n. 61, p. 139-157, set./dez. 2007.

MISSE, M.; VARGAS, J. O fluxo do processo de incriminação no Rio de Janeiro na década de 50 e no período 1997-2001: comparação e análise. In: XIII CONGRESSO BRASILEIRO DE SOCIOLOGIA, XXX, 2007, Recife.

NERI, M. *UPP² e a economia da Rocinha e do Alemão*: do choque de ordem ao de progresso. Rio de Janeiro: FGV, 2011. Disponível em: <www.cps.fgv.br/cps/bd/favela2/TEXTO_COMPLETO_FAVELA2_SITE.pdf>.

NYE, J. *The future of power*. Nova York: PublicAffairs, 2011.

OLIVEIRA, A. As peças e os mecanismos do crime organizado em sua atividade tráfico de drogas. *Dados: Revista de Ciências Sociais*, v. 50, n. 4, p. 699-720, 2007.

SCHIMITTER, P. C. Corporativism is dead! Long live corporativism! *Government and Oposition*, v. 24, n. 1, p. 54-73, 1982.

SENTO-SÉ, J. T. *Brizolismo*: estetização da política e carisma. Rio de Janeiro: Fundação Getulio Vargas, 1999.

SOARES, L. E. *Meu casaco de general*: 500 dias no front da segurança pública do Rio de Janeiro. Rio de Janeiro: Companhia das Letras, 2000.

_____. Rio de Janeiro, 1993: a tríplice ferida simbólica e a desordem como espetáculo. In: _____ et al. *Violência e política no Rio de Janeiro*. Rio de Janeiro: Relume Dumará, 1996.

_____; SENTO-SÉ, J. T. O que aconteceu com o Rio de Janeiro em 1993 e 1994, segundo os dados sobre criminalidade? In: SOARES, L. E. et al. *Violência e política no Rio de Janeiro*. Rio de Janeiro: Relume Dumará, 1996.

_____; _____. *Estado e segurança pública no Rio de Janeiro*: dilemas de um aprendizado difícil. Projeto Mare-Capes — Reforma do Estado e Proteção Social — Subprojeto Segurança Pública. 2000. Disponível em: <www.ucamcesec.com.br/arquivos/publicacoes/>.

SUSKA, M. L. Police as a generator of trust? The pacification and societal incorporation in violence-ridden favelas in Rio de Janeiro, Brazil. In: LASA 2012 — Panel: The Good, the bad, and the ugly. Civil society, police, and corruption in Latin America. Latin American Studies Association, 2012. p. 1-12.

UNODC. United Nations Office on Drugs and Crime; CICAD. Comisión Interamericana para el Control del Abuso de Drogas. *Primer estudio comparativo sobre uso de drogas en población escolar secundaria*. Lima: Cicad, 2006.

VELOSO, F.; FERREIRA, S. G. (Ed.). *É possível*: gestão da segurança pública e redução da violência. Rio de Janeiro: Contra Capa, 2009.

WAISELFISZ, J. J. *Mapa da violência*. São Paulo: Instituto Sangari, 2012. Disponível em: <www.mapadaviolencia.org.br/>. Acesso em: 15 jun. 2012.

ZALUAR, A. *Integração perversa*: pobreza e tráfico de drogas. Rio de janeiro: Editora da FGV, 2004.

_____. Violence related to illegal drugs, easy money and justice in Brazil, 1980-1995. In: GEFFRAY, C.; FABRE, G.; SCHIRAY, M. (Org.). *Globalization, drugs and criminalization*: final research report on Brazil, China, India and Mexico. França: Unesco/ Most, 2002. p. 148-163.

ZAVERUCHA, J. Poder militar: entre o autoritarismo e a democracia. *São Paulo em Perspectiva*, v. 15, n. 4, p. 76-83, 2001.

Capítulo 17

O Rio e o novo federalismo social

*Marcelo Neri**

1. Introdução[1]

A política pública brasileira está entrando no que pode ser chamado novo federalismo social. Nele, estados e municípios atuam de maneira integrada sobre a plataforma federal do Cadastro Social Único e do Bolsa Família (BF), complementando ações e, ao mesmo tempo, diferenciando-se nas inovações emprestadas aos programas locais. Até maio de 2012, nove parcerias distintas haviam sido firmadas entre estados e o governo federal em torno de programas complementares de combate à pobreza. Todos os pactos firmados são com estados fora do eixo Norte e Nordeste:[2] o desafio agora é trazê-los para os estados mais pobres.

A incorporação dos entes estaduais à rede de assistência social enriquece a tradicional parceria entre União e cidades, permitindo respeitar especificidades espaciais e, ao mesmo tempo, explorar economias de escala na implantação de programas complementares. Pois há limites a essas parcerias: é viável o Minis-

---

* Centro de Políticas Sociais e EPGE, Fundação Getulio Vargas.
[1] Agradeço o apoio da equipe do CPS, em particular a Luisa Carvalhais, Pedro Lipkin e Samanta Sacramento. O resultado reflete interações com Ana Vieira, Antonio Claret, Claudia Costin, Eduardo Paes, Jean Caris, Luis Henrique Paiva, Paulo Ferraz, Pedro Paulo Carvalho, Rafael Borges, Roberta Guimarães, Rodrigo Bethlem, Rodrigo Neves, Sérgio Cabral, Teresa Campelo e Tiago Falcão, isentando-os de erros e imprecisões.
[2] Em meados de 2012, 2/3 dos beneficiários dessas parcerias federal-estadual eram do Rio de Janeiro.

tério do Desenvolvimento Social interagir em programas customizados com 27 unidades da Federação, mas não com 5.568 municípios.

Os governos dos estados mais importantes da oposição, São Paulo e Minas Gerais, anunciaram ações complementares ao Bolsa Família, dividindo recursos e a própria imagem na face do cartão de benefícios, agora híbrido. São Paulo vai complementar os recursos federais de transferência de renda. Já Minas Gerais, que havia importado do governo do Distrito Federal o poupança-escola, anuncia uma nova moeda chamada "TRAVESSIA", a qual acumula recursos nas contas dos beneficiários dependendo da sua "performance social".

Os pioneiros deste novo federalismo social foram, porém, a cidade e o estado do Rio de Janeiro.[3] Essas unidades inovaram de forma independente, trocaram experiências, dividiram trabalho e integraram suas ações voltadas aos mais pobres. Em face da complexidade multissetorial das ações sociais em questão e da experiência histórica, era no mínimo improvável que a harmoniosa união das três forças federativas se desse no Rio de Janeiro.

Estado e município criaram programas de transferência de renda complementares entre si e ao BF, chamados "Renda Melhor" (RM) e "Família Carioca" (FC), respectivamente. Os programas lançam mão da estrutura operacional do BF, o que facilita a obtenção de informações, a localização física dos beneficiários, a emissão de cartões, a sincronização das datas de pagamentos e de senhas de acesso aos benefícios.

Os programas usam o mesmo sistema de fixação de benefícios, que é específico por família. Ao mesmo tempo, se diferenciam e se somam nas condicionalidades, respeitando a respectiva inserção federativa na oferta de serviços de educação e saúde, entre outros. Os benefícios tornam as pessoas menos pobres no presente, enquanto as condicionalidades incentivam o investimento em capital humano, buscando reduzir a pobreza futura.

Uma característica do sistema de pagamentos partilhado é completar a renda estimada das pessoas até a linha de pobreza fixada, dando mais recursos a quem tem menos. Com isso, trata-se quem é pobre, e apenas ele, na exata medida de sua carência, aumentando a progressividade, já alta, do BF na concessão dos benefícios. Esse expediente idiossincrático de fixação do valor dos

---

[3] Na cerimônia de lançamento do programa federal Brasil Sem Miséria, em Brasília, em junho de 2011, Sérgio Cabral representou todos os governadores brasileiros. A celebração de um ano do Brasil Sem Miséria foi no Rio de Janeiro.

benefícios foi posteriormente adotado no Brasil Carinhoso, lançado em maio de 2012. Ou seja, o intercâmbio de metodologia entre entes federativos se dá em mão dupla.

A definição do valor das bolsas do Rio usa o rico acervo de informações do Cadastro Social Único (CadÚnico), inicialmente gerado para operacionalização do BF. Ele capta múltiplas dimensões da vida dos pobres, desde o acesso a outras transferências de renda e serviços públicos, configuração física da moradia, educação e trabalho de todos os familiares, a presença de pessoas vulneráveis com deficiência, grávidas, lactantes, crianças etc. Primeiro, estima-se a renda permanente das pessoas, a partir dessa miríade de informações, para depois completá-la até a renda mínima fixada. A busca dos mais pobres dos pobres é facilitada pelo uso da renda estimada a partir de ativos e carências, e não da renda declarada pelas pessoas. Dessa forma, os dois programas navegam sobre o CadÚnico, com a bússola apontada para quem é pobre e não para quem está pobre, ou diz que está pobre.

Outra característica do novo federalismo social é usar referências internacionais como campo neutro entre níveis e mandatos de governo. A linha de pobreza usada nos dois programas é a de U$ 2 dia por pessoa ajustada por diferenças internacionais e internas de custo de vida. Esse parâmetro corresponde à mais generosa linha da primeira e mais importante das oito metas do milênio da ONU, a redução da pobreza extrema à metade no período de 25 anos iniciados em 1990. A outra linha das metas da ONU, de U$ 1,25, foi implicitamente adotada no uso de valores próximos a ela na linha nacional de extrema pobreza de R$ 70 fixada em 2011. Dessa forma, os programas alinham a cidade e o estado do Rio ao contexto mundial e nacional, aproveitando suas vocações internacionais, reforçadas pelos grandes eventos, como a final da Copa do Mundo de 2014 e as Olimpíadas de 2016. O fato de a data final da meta da ONU, 2015, estar neste horizonte ajuda a mobilização e a soma de forças sociais.

No que tange aos aspectos educacionais, os programas dividem a filosofia de premiar avanços escolares, que é a principal vantagem comparativa daqueles com pouca educação. As diferenças são operacionais, pois cada nível subnacional de governo é predominantemente responsável por diferentes níveis de ensino. O programa municipal mais uma vez constrói seu desenho em cima das bases do BF, mas exige níveis mais altos de frequência escolar mínima e, além disso, cobra a presença de um dos pais, ou responsável, em reuniões bimestrais nas escolas aos sábados. Os pais são forçados a participar da vida escolar dos filhos, ao mesmo tempo que se reforça o nível do *background* educacional, que explica, segundo os estudos, entre 70% e 80% das diferenças de performance escolar das crianças. O Família Carioca ainda premia os alunos pelo desempenho escolar, alavancado no sistema de provas bimestrais de avaliação levados a cabo pela Secretaria de Educação. Os alunos terão de atingir uma nota mínima nesses exames, ou, para aqueles com rendimento insuficiente, até a nota mínima de quatro terão de apresentar uma melhora de pelo menos 20% a cada bimestre, de forma a se habilitar a um prêmio extra bimestral de R$ 50 reais por estudante. Nesse caso, não há limite de prêmios por família, dada a natureza individualizada da bolsa por desempenho escolar. O lema aqui é: quem tirar uma nota boa, ou melhorar uma não tão boa, ganha uma boa nota (R$).

Já o programa estadual segue a mesma linha de incentivos aos estudantes e propõe o Renda Melhor Jovem (RMJ), que dá prêmios extras em forma de aplicação em caderneta de poupança baseados em medidas de aprendizado escolar mensuradas por aprovação e avaliações da rede estadual e Enem. O fato de os prêmios serem função de provas externas ajuda a distensionar as relações entre professores e alunos. O prêmio é crescente no tempo e percebido diretamente pelo estudante a cada ano, e o aluno poderá sacar até 30% dos prêmios a cada ano. O total acumulado poderá chegar a R$ 3.800 por estudante de baixa renda. Isto é, seguindo a divisão federativa de níveis de ensino, o estado motiva com prêmios monetários àqueles do ensino médio a melhorar seu desempenho escolar.

Em suma, estado e cidade, que já vêm usando políticas de incentivo de oferta aos profissionais de educação, baseadas no desempenho escolar dos seus respectivos alunos, começam a completar a cadeia de incentivos pelo lado da demanda de educação de estudantes pobres. Essas complementaridades estratégicas na função de produção educacional guardam a promessa da multiplicação de resultados, a partir de alinhamentos e sinergias entre os protagonistas da educação nossa de cada dia.

O objetivo deste capítulo é fundamentar os programas FC e RM *vis-à-vis* o BF, estudando suas complementaridades, problemas e potencialidades. Buscamos discutir o desenho dos programas, suas inter-relações e seus impactos sobre a pobreza e a educação, em particular. O texto está organizado em seis seções. Na seção dois apresentamos o nível e a evolução recentes de indicadores sociais baseados em renda. Na seção três discutimos o desenho do Programa BF e suas modificações recentes à luz dos resultados encontrados na literatura. Na seção quatro discutimos aspectos comuns aos dois programas locais, quais sejam, a fixação de linha de pobreza e o sistema de pagamentos complementar ao do BF. Na seção cinco detalhamos o desenho do programa FC, alguns *upgrades* posteriores incluídos e os impactos iniciais do programa em relação à pobreza, à frequência dos pais às aulas e à proficiência dos estudantes. Na seção sexta discutimos o desenho e os resultados prospectivos do RM e do RMJ, integrantes da estratégia estadual de superação da pobreza. Na sexta e última seção apresentamos as principais conclusões do trabalho.

2. Indicadores sociais baseados em renda do Rio

Esta seção busca acompanhar os avanços de indicadores sociais no estado do Rio a partir de pesquisas domiciliares de maior frequência, como a Pnad. Nossa análise também terá um viés espacial, comparando com o nível nacional, mas olhando para a periferia metropolitana e a capital fluminense, pois iremos estender a análise do RM para o FC municipal e conectá-la com a do BF nacional. Para analisar a evolução de indicadores clássicos de desigualdade, bem-estar social e pobreza, inovamos incorporando um processo de estimação de renda para as pessoas que não reportam renda.

Nossa análise estende-se pelo período entre 1992 e 2009, ano da última Pnad. Para avaliar a pobreza, utiliza-se o indicador P0, que se refere à proporção de pobres de acordo com a linha de pobreza de R$ 132 utilizada pelo Centro de Políticas Sociais (CPS). No estado do Rio, a taxa de pobreza em 2009 foi de 10,25%, menor valor da série (gráfico 1).

A abertura por faixa etária evidencia um resultado recorrente no restante do país: as crianças estão mais frequentemente entre os mais pobres, conferindo importância aos programas aqui tratados. No grupo de zero a quatro anos, a taxa de pobreza é de 19,78%, taxa que cai com o envelhecimento, chegando a 4,61% para os indivíduos com 60 anos ou mais. A explicação usual relaciona o diferencial de pobreza entre os mais novos e os mais velhos com a maior quantidade de benefícios sociais compensatórios, como aposentadorias e pensões, pagos aos idosos, em detrimento das crianças. Dentro do raio de ação do

Gráfico 1
Evolução da pobreza no estado do Rio de Janeiro (em %)

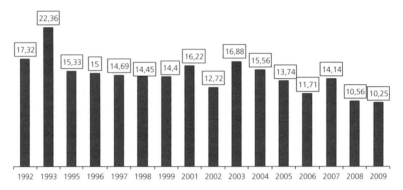

Fonte: FGV. Centro de Políticas Sociais (CPS), a partir de microdados do IBGE. Pnad (1992 a 2009) para o estado do Rio de Janeiro. Em 1994 e 2000 não ocorreu a pesquisa.

estado, é importante frisar que, em 2009, a pobreza juvenil (entre 15 e 24 anos) era de 13%, aproximadamente.

Como comentado na questão espacial, até 1999 as taxas de pobreza na área urbana não metropolitana do Rio de Janeiro eram maiores. Mas esse cenário se inverteu e, em 2009, a periferia da capital fluminense, onde houve redução de 36,5% na taxa de pobreza a partir de 2004, apresentava a maior taxa, de 11,81%, contra 8,21% na área urbana não metropolitana. A capital estadual vem logo depois da periferia, com taxa de 10,11% de pobres (gráfico 2).

Além da pobreza, é necessário saber qual a situação financeira média das famílias. Para reforçar nosso ponto a respeito da desigualdade na população do estado do Rio, podemos comparar a renda média com a renda mediana em bases *per capita* mensais. A renda mediana nos dá a renda que está no meio da distribuição: R$ 465 para a população total em 2009, muito abaixo da renda média aproximada de R$ 811 (gráfico 3).

3. O Programa Bolsa Família Federal

Programas de transferência condicionada de renda são cada vez mais usados como políticas públicas focadas nos pobres de países da América Latina. O fato de a desigualdade de renda estar caindo de maneira generalizada nos diversos

O Rio e o novo federalismo social

Gráfico 2
Análise da pobreza espacial no estado do Rio de Janeiro (em %)

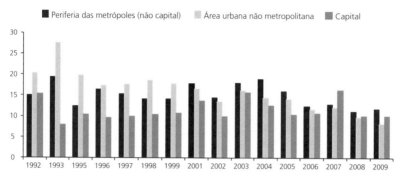

Fonte: FGV. Centro de Políticas Sociais (CPS), a partir de microdados IBGE. Pnad (1992 a 2009) para o estado do Rio de Janeiro. Em 1994 e 2000 não ocorreu a pesquisa.

Gráfico 3
Renda média × renda mediana

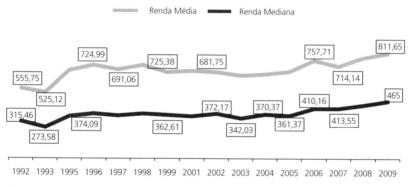

Fonte: FGV. Centro de Políticas Sociais (CPS), a partir de microdados IBGE. Pnad (1992 a 2009) para o estado do Rio de Janeiro. Em 1994 e 2000 não ocorreu a pesquisa.

países da região onde estes programas ganharam maior escala e notoriedade os coloca na fronteira do combate à pobreza e à desigualdade no mundo. Tenho feito e recebido visitas de lugares diferentes, tais como África do Sul, China, Índia, Indonésia e Nova York, cujo tema tem sido os progressos e desafios da pioneira experiência brasileira consolidada no programa BF. O BF brasileiro provê um benefício monetário mínimo às famílias pobres. As condicionalidades do BF são: educação — frequência escolar mínima de 85% para crianças e adolescentes entre seis e 15 anos, e mínima de 75% para adolescentes entre 16 e 17 anos; saúde — acompanhamento do calendário vacinal para crianças até seis anos; pré-natal das gestantes e acompanhamento das nutrizes na faixa etária de 14 a 44 anos.

O BF foi criado no final de 2003, a partir da fusão de quatro programas de transferência de renda preexistentes, sendo fortemente inspirado pelo programa de renda mínima vinculado à educação, o Bolsa Escola. Os objetivos almejados pelo BF são: reduzir a pobreza e a desigualdade de renda, provendo um benefício mínimo para famílias pobres; reduzir a transmissão intergeracional de pobreza, condicionando o recebimento dos benefícios a investimentos em capital humano pelos beneficiários. O foco do programa são as famílias pobres e extremamente pobres inscritas no CadÚnico, segundo uma regra de elegibilidade relacionada à renda familiar *per capita*. Embora a administração seja feita pelo Ministério de Desenvolvimento Social (MDS), várias outras instituições estão envolvidas, como a Caixa Econômica Federal e as prefeituras dos municípios, entre outras, o que denota características de descentralização e intersetorialidade do programa. A figura 1 apresenta a estrutura do BF.

Mudanças recentes

Na tabela 1, marcamos as áreas que foram objeto de alterações durante o governo Dilma Rousseff, detalhadas a seguir. O Plano Brasil sem Miséria foi lançado em 2011 com o objetivo de elevar a renda e as condições de bem-estar da população, especificamente os brasileiros cuja renda familiar é de até R$ 70 por pessoa. O Plano agrega diversas áreas e iniciativas, como transferência de renda, acesso a serviços públicos nas áreas de educação, saúde, assistência social, saneamento, energia elétrica e inclusão produtiva.

O impacto gerado pelo programa FC é determinado a partir das mudanças no Programa BF, ao qual está ligado. Na tabela 1, incluímos mudanças recentes como o processo de busca ativa;[4] aumento de três para cinco crianças e adolescentes com até 15 anos que podem receber o benefício, representando

---

[4] O processo de busca ativa que foi implementado na cidade sob o nome de Família Carioca em Casa.

Figura 1
Estrutura do Programa Bolsa Família

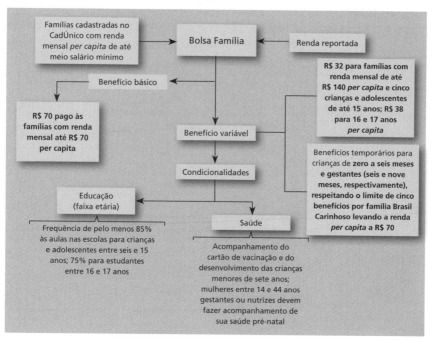

Fonte: FGV. Centro de Políticas Sociais (CPS).

uma adição de 1,3 milhão de crianças e adolescentes. Além disso, os valores dos benefícios variáveis (crianças e adolescentes) foram reajustados em 45% em março de 2011. A tabela 1 apresenta as principais alterações dos benefícios básicos, variável e do jovem (BVJ) observadas.

Mais recentemente, foi introduzido o programa Brasil Carinhoso, com foco na população de zero a seis anos, que foge do arcabouço anterior, complementando o valor até a linha de pobreza, seguindo as estratégias do sistema de pagamento traçadas para o estado e a cidade do Rio, que será detalhado mais adiante.

Impactos de curto prazo

Durante seus nove anos de existência, o programa BF passou por expansões e foi alvo de uma série de estudos empíricos, que demonstraram seu elevado grau de focalização e um forte impacto na pobreza e na desigualdade de renda

Tabela 1
Evolução dos valores dos benefícios do Bolsa Família

Critérios		2004	2005	2006	2007	2008	2009	2011
Elegibilidade (teto da renda familiar mensal per capita)	Extremamente Pobres	R$ 50,00	R$ 50,00	R$ 60,00	R$ 60,00	R$ 60,00	R$ 70,00	R$ 70,00
	Pobres	R$ 100,00	R$ 100,00	R$ 120,00	R$ 120,00	R$ 120,00	R$ 140,00	R$ 140,00
Benefício	Básico (Extremamente Pobres)	R$ 50,00	R$ 50,00	R$ 50,00	R$ 58,00	R$ 62,00	R$ 68,00	R$ 70,00
	Variável (Extremamente Pobres)	R$ 15,00	R$ 15,00	R$ 15,00	R$ 18,00	R$ 20,00	R$ 22,00	R$ 32,00
	BVJ (Extremamente Pobres)	–	–	–	–	–	R$ 33,00	R$ 38,00
	Básico (Pobres)	–	–	–	–	–	–	–
	Variável (Pobres)	R$ 15,00	R$ 15,00	R$ 15,00	R$ 18,00	R$ 20,00	R$ 22,00	R$ 32,00
	BVJ (Pobres)	–	–	–	–	–	R$ 33,00	R$ 38,00

Fontes: Pedrozo (2010), complementado por FGV. Centro de Políticas Sociais (CPS).

propiciado pela estrutura e capacidade do programa de chegar aos mais pobres. Além disso, foram avaliadas as possibilidades de avanços emanados do programa a prazo mais longo.

No que tange aos impactos de curto prazo sobre a pobreza e a desigualdade, Barros e colaboradores (2006a, 2006b) mostram que, entre 2001 e 2005, o coeficiente de Gini da renda *per capita* familiar decresceu 4,5%, dos quais metade foi devido às mudanças na distribuição da renda não provenientes do trabalho; destas, o BF contribuiu com 12% e, por ser o mais focalizado entre os mais pobres, parece ter sido o mais eficiente. Soares e Sátyro (2009), utilizando dados de pesquisas domiciliares de 2006, concluem que o BF é responsável por uma queda de 8% na proporção de pobres e 18% no hiato de pobreza, que é a diferença em termos percentuais da renda média dos pobres em relação ao valor da linha de pobreza. Barros e colaboradores (2010) analisam os determinantes imediatos da redução da pobreza para o período entre 2001 e 2008, mostrando que a queda da desigualdade se deve ao fato de a renda dos mais pobres ter crescido mais rápido do que a dos mais ricos. Os autores estimam que o BF contribuiu com 15% do total da queda da incidência da extrema pobreza e com 35% da redução do hiato da extrema pobreza.

Entre vários estudos (Lindert et al., 2007), focamos aqui os estudos desenvolvidos pelo Centro de Políticas Sociais da Fundação Getulio Vargas e coautores que participaram do desenho e implementação dos programas do Rio de Janeiro. Neri (2009), ao estender até 2008 o período de análise, encontra efeitos do BF da ordem de 17% do total da redução observada do índice de Gini. Kakwani e colaboradores (2006) encontram efeitos maiores do BF no período, por usar uma função de bem-estar mais pró-pobre, isto é, mais sensível às mudanças na baixa renda. A conclusão foi que um pequeno aumento nos programas de transferência de renda governamentais focalizados produziu um impacto nas condições de vida dos pobres 10 vezes maior que as mudanças nos gastos previdenciários.

Incentivos

Neri (2009) fez uma análise dos principais programas de transferência de renda no Brasil. As evidências empíricas desses programas, inclusive o BF, demonstram que esses têm sido efetivos em focalizar as transferências de renda para as famílias mais pobres, estimulando a acumulação de capital humano das novas gerações, mas não ainda de maneira revolucionária.

Os estudos dos impactos do BF sobre os resultados em educação apresentam, em geral, efeitos positivos, embora marginais. Glewwe e Kassouf (2012) utilizam dados dos censos escolares entre 1998 e 2005 e estimam que o Bolsa Escola/BF aumenta a frequência à escola em 2,8% e reduz o abandono escolar em 0.3 pp no primeiro ano e 0.55 pp depois de dois anos. Neri (2009), a partir de dados de pesquisas domiciliares de 2006, sugere que o caminho para a melhora da educação, tanto em frequência quanto em desempenho, passe por diminuir os custos da escola e fornecer maior informação sobre sua importância sobre (para) os retornos salariais. Neste aspecto, espera-se que as transferências do RM e a poupança do RMJ contribuam para a redução do *gap* educacional dos jovens do Rio de Janeiro, apesar de esses efeitos só poderem ser medidos depois de algum tempo de funcionamento do programa.

Embora os objetivos do BF, do FC e do RM sejam o combate à pobreza e o incentivo à acumulação de capital humano, os programas podem ter impactos sobre outros resultados relacionados à alocação do tempo das crianças e jovens. Sobre a incidência do trabalho infantil, por exemplo, o efeito (do BF?) é mínimo ou nulo (Ferro e Nicollela, 2007). Como os benefícios estão ligados à frequência escolar, o valor relativo da escola aumenta, enquanto os valores de todas as outras atividades desempenhadas por crianças, incluindo trabalho, tendem a diminuir em termos relativos.

No que concerne à oferta de trabalho de adultos, estes programas geram incentivos diversos. A transferência de renda em si gera um efeito-renda que, partindo da suposição de que o lazer é um bem normal, induz o beneficiário a reduzir a oferta de trabalho. Por outro lado, o cumprimento das condicionalidades pode fazer com que os adultos tenham de substituir as tarefas dos filhos em casa, ou no mercado de trabalho. Caso eles sejam substitutos nas atividades domésticas, a condicionalidade induz a uma redução da oferta de trabalho dos adultos; se forem substitutos no mercado de trabalho, pode haver maior oferta de trabalho dos adultos.

Os resultados empíricos dos estudos sobre o impacto no trabalho dos adultos não são unanimidade entre os autores. Teixeira (2008) mostrou que o BF provoca redução de pequena magnitude, embora significativa estatisticamente, nas horas trabalhadas, sendo as mulheres mais sensíveis ao incremento de renda. Tavares (2008) analisou a oferta de trabalho das mães beneficiadas e concluiu que há uma redução das horas de trabalho em razão do aumento da renda. No entanto, há um aumento das horas trabalhadas das mães para compensar a redução da oferta de trabalho dos filhos. Ou seja, o efeito substituição sobrepuja o efeito renda. Foguel e Barros (2008) não obtiveram efeitos significativos sobre a taxa de participação dos adultos. Pedrozo (2010) encontrou algum efeito negativo sobre a oferta de trabalho dos adultos, principalmente das mulheres. Como parte delas são mães de filhos em primeira infância, esse efeito pode ser positivo para o desenvolvimento saudável da criança. Neri (2009) e IFPRI (2012) encontram efeito de redução do emprego formal.

Finalmente, o desenho institucional dos programas de transferência de renda pode criar incentivos sobre o aumento do tamanho da família, haja vista o prêmio pago para o cumprimento das condicionalidades. Rocha (2009) compara famílias potencialmente elegíveis com dois filhos e famílias potencialmente elegíveis com três filhos em períodos antes e depois da implementação do BF. A ideia é que famílias com três filhos não têm incentivos monetários adicionais do programa para ter mais filhos, enquanto as famílias com dois filhos teriam esse incentivo. Se esse incentivo tivesse efeitos significativos, observar-se-ia maior probabilidade de as famílias de dois filhos terem um terceiro rebento depois do advento do BF. O autor não encontra nenhuma diferença nas probabilidades de as famílias terem um filho adicional, sugerindo que, no caso específico dessas famílias e período, o BF não induziu a fecundidade (Souza, 2011).

Entre os resultados empíricos de Neri (2009), há de se destacar os efeitos sobre a permanência na escola, a fecundidade e a saúde infantil, as decisões de consumo e a acumulação de bens, as decisões e os rendimentos do trabalho. No aspecto escolar, para ser elegível no BF, as crianças entre sete e 15 anos devem estar matriculadas nas escolas e não faltar mais do que 15% das aulas. Os resultados do modelo logístico para as crianças nessa faixa etária sugerem que o BF não produziu marcados avanços nos objetivos de melhora escolar: há melhora pequena na frequência e assiduidade nas escolas, mas as crianças na escola tiveram um aumento no tempo escolar e no acesso à infraestrutura. Já na faixa etária entre 16 e 64 anos, o efeito renda gerado pelo aumento de transferências é dominante sobre os outros incentivos de natalidade inerentes ao BF, mas não em relação à qualidade do tratamento dispensado à criança. Os exercícios feitos para analisar as decisões de consumo e de trabalho mostram um aumento na compra de bens duráveis, serviços públicos e habitação, enquanto não rejeitam a existência de um "efeito preguiça" na oferta de trabalho dos indivíduos, em particular no emprego formal, possivelmente induzido pelo programa.

A partir das condicionalidades antes mencionadas, o BF tenta reduzir o déficit educacional visto no Brasil nas últimas décadas. O desempenho educacional brasileiro tem se mostrado bastante fraco quando avaliado por provas internacionais de matemática e leitura (Programa de Avaliação Internacional de Estudantes — Pisa), com o país figurando nas últimas posições do *ranking* elaborado pela Organização para a Cooperação e Desenvolvimento Econômico (OCDE). Cabe ressaltar que as provas do Pisa são realizadas por alunos de 15 anos selecionados em 65 países, em sua maioria países desenvolvidos.

Dados o desempenho brasileiro e as estatísticas de frequência escolar e tempo de permanência na escola para essa faixa etária, percebe-se que o grande problema da educação fundamental brasileira é a qualidade, e, por trás dela, a gestão escolar, a proficiência dos alunos e a jornada escolar insuficiente. A fim de ilustrar esses fatos, dados de 2006 mostram que apenas 2,7% das crianças com idade entre 10 e 14 anos não estudavam, ou seja, quase todas elas estavam na escola. Essa proporção sobe para 17,8% para os jovens entre 15 e 17 anos. Além disso, até atingir os 17 anos, cada criança fica, em média, 3,26 horas diárias na escola, já descontadas oito horas de sono. Neri (2010) destrincha esses números, incentivando uma reflexão sobre as diretrizes educacionais a serem seguidas. Por exemplo, a falta de interesse intrínseco responde por 40,3% da evasão escolar; em contrapartida, a necessidade de renda responde por 27,1%. Portanto, 67,4% das motivações dos "sem escola" estão ligados à falta de demanda, que é endereçada pelas condicionalidades do BF.

Em suma, o programa Bolsa Família é uma iniciativa social bem-sucedida em seu aspecto compensatório, pois consegue reunir baixo custo, elevado grau de focalização, abrangência nacional de mais de 12 milhões de famílias e resultados robustos de redução de pobreza e desigualdade, quando comparados aos custos fiscais incorridos. No que tange aos incentivos do programa, há espaço para estudo de ajustes em efeitos colaterais adversos sobre trabalho, fecundidade, oportunismo eleitoral, sub-reportagem de renda, entre outros, assim como introdução de condicionalidades mais estritas, de forma a alavancar o impacto de longo prazo do programa. Daí a importância de se estudarem as lições de variantes desse programa em nível regional.

4. Linha de pobreza e sistema de pagamento dos programas do Rio

Sistema de pagamento

O sistema de pagamento do programa FC e do RM é similar e será detalhado a seguir. Eles se beneficiam do CadÚnico, o censo dos pobres brasileiros, com 60 milhões de pessoas registradas com uma variedade de informações sociodemográficas, de acesso a outros programas federais, endereço físico das pessoas e, para os beneficiários, um endereço de pagamento. Só na cidade do Rio de Janeiro são mais de um milhão de cadastrados, quase um quinto da população carioca; desses, 575 mil percebem benefícios do BF. A decisão foi começar por esse grupo, que está na folha de pagamentos do BF utilizando como parceiro a Caixa Econômica Federal, o que facilita a localização física dos beneficiários e a emissão de cartões e de senhas dos beneficiários.

Uma inovação foi evitar o uso simples da renda reportada pelas pessoas, como no BF, para lançar mão do rico acervo de informações presente no CadÚnico, referentes ao acesso e ao uso de ativos, indo desde a configuração física da moradia (tipo, número de cômodos, materiais de chão, teto, paredes etc.), acesso aos diversos serviços públicos (água, esgoto, luz etc.), educação de todas as pessoas no domicílio, acesso e tipo de posição na ocupação e na desocupação de marido e esposa, até a presença de grupos vulneráveis, como pessoas com deficiência, grávidas, lactantes e crianças (aí incluindo o *status* escolar), bem como o acesso a outras transferências federais, a começar pelo próprio BF.

Isso foi implementado mediante uma equação minceriana de renda *per capita*, estimada com base nessa miríade de informações do CadÚnico. No caso do município do Rio, foi adicionado um modelo de renda não monetária responsável por 25% da renda dos pobres, segundo a POF. No caso do estado, preferiu-se descontar diretamente a renda não monetária ao se estabelecer uma linha mais baixa de R$ 100 mensal por pessoa. A renda estimada por esse sistema de imputação gera um conceito de renda permanente similar ao criado por Milton Friedman. À renda estimada é adicionada a renda de programas sociais da folha de pagamentos. A questão aqui é ampliar o critério da renda que as pessoas dizem que têm hoje para um conceito mais abrangente. Neste sentido, o FC e o RM se importam com quem é pobre, e não com quem diz que está pobre, este já objeto do BF.

A segunda característica do sistema de pagamentos dos programas locais é completar a renda estimada das pessoas até a linha de pobreza fixada, dando mais a quem tem menos. Tratando os pobres, e apenas eles, na medida de sua diferença, conforme a figura 2.

Figura 2
Determinação dos benefícios e impactos na distribuição de renda

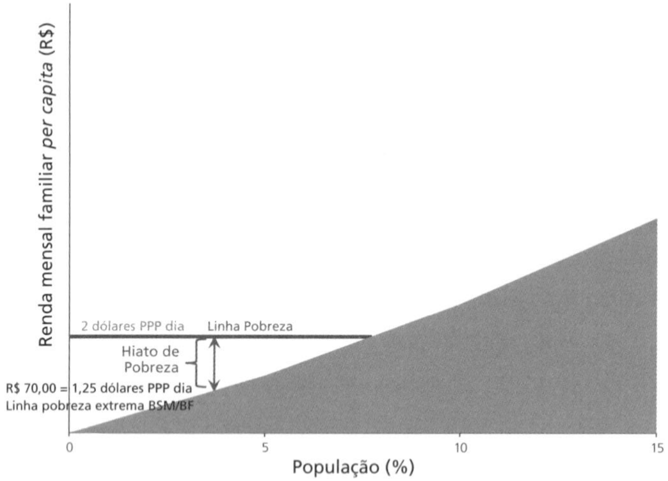

[Gráfico: eixo Y "Renda mensal familiar *per capita* (R$)", eixo X "População (%)" de 0 a 15. Marcações: "2 dólares PPP dia — Linha Pobreza", "Hiato de Pobreza", "R$ 70,00 = 1,25 dólares PPP dia — Linha pobreza extrema BSM/BF".]

Fonte: Elaboração própria.

A tentativa dos dois programas do Rio é incorporar a máxima de Mahatma Ghandi, de buscar os mais pobres dos pobres. Isso só é possível por usarmos a renda estimada, pelos óbvios incentivos de sub-reportagem de renda, se a renda autorreportada fosse o critério utilizado.

Linha de pobreza

A linha de pobreza usada nos programas é de cerca de U$S 2 por dia, por pessoa, ajustada por diferenças internacionais e internas de custo de vida, que corresponde, a preços locais de junho de 2012, a cerca de R$ 108 ao mês por pessoa, no caso do município. Esse parâmetro corresponde à mais generosa linha da primeira e mais importante das oito metas do milênio da ONU, que é a redução da pobreza extrema à metade no período de 25 anos terminados em 2015. A outra linha das metas da ONU, de U$S 1,25, é próxima da nacional. Dessa forma, o programa alinha o Rio ao mundo, aproveitando a vocação internacional da cidade, reforçada com eventos internacionais como a final da Copa do Mundo de futebol de 2014 e as Olimpíadas de 2016. O fato de a data final da meta, 2105, estar neste horizonte ajuda na mobilização.

O Brasil, ao contrário de países como EUA, Irlanda e Índia, não dispunha de uma linha oficial de pobreza. O uso das linhas internacionais reforça a consistência espacial das ações locais com o pensar global.

No plano estratégico de 2012, o município do Rio incorporou uma variante das metas da ONU e da do Brasil Sem Miséria.

Medidas de pobreza

A literatura de pobreza baseada em renda (ou consumo) usa, em geral, três indicadores da família FGT (Foster, Greer e Thorbecke, 1984), que são os mais usados nas análises de pobreza. Em primeiro lugar, no índice denominado proporção dos pobres (P^0), conta-se a parcela da população cuja renda familiar *per capita* está abaixo de uma linha de miséria arbitrada.

Já o P^1 constitui um indicador mais interessante, já que leva em conta a intensidade da miséria. O P^1 revela quanta renda adicional cada miserável deveria receber para satisfazer suas necessidades básicas. A utilidade do P^1 no desenho de políticas sociais é direta, pois ele é capaz de informar os valores mínimos necessários para erradicar a miséria.

Finalmente, o indicador conhecido como P^2 eleva ao quadrado a insuficiência de renda dos pobres, priorizando as ações públicas aos mais desprovidos. No caso do P^2, independentemente da linha arbitrada, a prioridade é sempre voltada aos de menor renda. A adoção do P^2 corresponde à instituição de uma espécie de ascensor social que partiria da renda zero. A meta de redução do P^2 é mais eficiente em termos fiscais, ao conferir prioridade máxima às ações voltadas para os mais carentes.

Em suma, o P^0 conta miseráveis, o P^1 conta o dinheiro que falta para se pôr fim ao problema, e o P^2 nos dá o norte das ações, diz por onde começar. As prioridades da política social estão mal definidas com a contagem de pobres (P^0), sua implicação é "primeiro os menos pobres".

Apesar da complexidade associada à maior aversão à pobreza do P^2, seu corolário imediato, "primeiro os mais pobres", nos parece eticamente mais adequado. É necessário ainda se levar em conta a trajetória dos indicadores sociais mediante um cálculo de valor presente ou algo do gênero. Pode parecer excesso de cuidado, mas metas sociais são para ser levadas a sério, assim como as metas inflacionárias o são. O ataque à ignorância exige inteligência. Os pobres merecem algo mais do que políticas pobres. Não basta contar pobres; os mais pobres deveriam contar mais na formulação das metas sociais.

5. Cartão Família Carioca

Por solicitação da Prefeitura do Rio de Janeiro, o Centro de Políticas Sociais da Fundação Getulio Vargas elaborou o desenho de uma estratégia complementar à do BF, para ser aplicada no Rio em curto intervalo de tempo. O Cartão Família Carioca (FC) foi criado a partir de repetidas e ricas interações com o próprio prefeito e diversos órgãos da cidade, tais como a Casa Civil, o Instituto Pereira Passos, o Instituto de Planejamento, a Secretaria de Assistência Social e a Secretaria Municipal de Educação. Podemos dividir as inovações do FC em duas partes: o sistema de pagamentos, que visa tornar as pessoas menos pobres no presente, e os incentivos ao investimento, que vão tornar as pessoas menos pobres no futuro.

No que tange ao sistema de pagamentos, nos beneficiamos da experiência e das práticas federais, aninhando o FC em seu desenho no BF. O FC usa como pedra fundamental da construção de futuro a experiência exitosa da Secretaria Municipal da Educação, que avalia os estudantes da maior rede municipal do país em provas bimestrais, para além das provas que cada escola aplica em seu cotidiano. O Índice de Desenvolvimento da Educação Básica (Ideb) do Rio de Janeiro em 2009 já mostra movimento de recuperação na educação. Apesar da elevação na taxa de reprovação no primeiro segmento de 1º a 5º anos, fruto do abandono da aprovação automática, o Ideb passou de 4,5 em 2005 para 5,1 em 2009. A figura 3 sintetiza os principais componentes do FC.

No que concerne aos aspectos educacionais, o FC mais uma vez constrói em cima das bases do BF, dando um benefício básico e até três benefícios variáveis por família, número máximo de forma a evitar incentivos à natalidade. A diferença é exigir níveis mais altos de frequência escolar, no mínimo de 90%, contra 85% do BF, além da exigência da presença de um dos pais, ou responsável, em reuniões bimestrais nas escolas, numa tentativa de aprimorar o *background* familiar responsável por mais de 70% dos diferenciais de educação,

Figura 3
Estrutura do Cartão Família Carioca

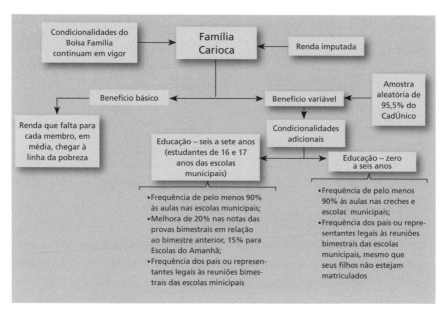

Fonte: FGV. Centro de Políticas Sociais (CPS).

segundo a literatura empírica. Outra diferença nessa direção é que cada um desses benefícios não é fixo, mas proporcional à insuficiência de renda estimada das famílias em relação à linha internacional, como explicado antes.

Os benefícios adicionais na faixa de 16 a 17 anos, presentes na extensão do BF proposta em 2007, não foram incorporados, pois a responsabilidade constitucional da cidade é com o ensino fundamental. Dado o atraso escolar reinante no Brasil, os alunos da rede municipal nesta faixa de 16 e 17 anos são incorporados aos demais alunos beneficiados, que são de zero a 15 anos, até o máximo de três benefícios por família.

A maior inovação educacional do FC é premiar os alunos pelo desempenho escolar, alavancado no sistema de provas bimestrais de avaliação levadas a cabo pela Secretaria Municipal de Educação. Os profissionais de educação já têm incentivos salariais dados pelo desempenho escolar. No lado da demanda, os alunos terão de atingir um mínimo de nota oito nestes exames, ou aqueles com rendimento insuficiente até o mínimo de quatro terão de apresentar uma melhora mínima de 20% a cada bimestre de forma a se habilitar a um prêmio extra bimestral de R$ 50 reais por estudante. Esses requisitos são diferenciados nas Escolas do Amanhã, situadas em áreas conflagradas da cidade.

Outra inovação do FC está na ênfase dada à educação na primeira infância, que tem se mostrado como um determinante importante do desempenho escolar e social futuro dos egressos. Como, apesar dos esforços da cidade, desafios de cobertura estão presentes nessa faixa etária, optou-se por inverter os termos de oferta nessa faixa, privilegiando-se as famílias mais pobres presentes no CadÚnico na alocação de crianças em creches e pré-escolas da cidade, assim como no programa Primeira Infância Carioca (PIC), com atividades complementares para aqueles que não obtiveram vagas na rede municipal. A presença dos pais em reuniões bimestrais também é parte das condicionalidades nessa faixa etária.

A agenda de condicionalidades mais fortes de educação, a exigência da presença dos pais nas escolas, a atenção diferenciada à primeira infância e a premiação por notas procuram abrir as portas do mercado de trabalho para as famílias pobres, de forma que os maiores fluxos de renda transferidos pela cidade hoje sejam consistentes com maiores estoques de riqueza dos pobres no futuro.

O programa, ao premiar a melhora de desempenho dos alunos, explora a principal vantagem comparativa de grupos pobres, que é a de poder melhorar, como nos modelos de convergência entre países. Isso está em consonância com a ideia de que os pobres devem ser motivados e premiados por incentivos, e não penalizados pelos mesmos. O programa contém em seu desenho inicial um sistema de avaliação de seus impactos, de forma a orientar seus desenvolvimentos posteriores. De forma a evitar a escolha de Sofia, de excluir parte dos elegíveis ao programa aleatoriamente, vista em geral como necessária para definir grupos de tratamento e de controle idênticos, o FC propõe incorporar estudantes não elegíveis em seu desenho inicial, incorporando entre seus beneficiários pessoas incluídas no CadÚnico, mas que não estão no BF. O grupo de controle não saberá que fez parte do sorteio, pois todos os alunos já fazem parte do sistema de aferição de desempenho posto em marcha pela Secretaria de Educação.

Impactos na pobreza

De maneira geral, se todas as condicionalidades e prêmios forem concedidos, o FC irá transferir R$ 122 milhões de reais por ano para 98 mil famílias, compostas de 421 mil pessoas, sendo 56,7% delas menores de idade. Famílias já contempladas pelo BF com R$ 95 médios mensais receberão ainda do FC um benefício médio de R$ 104 por mês, composto pela média de R$ 70 de benefícios básicos e condicionalidades, e mais R$ 34 de prêmios educacionais. Os benefícios totais variam de acordo com a pobreza e o desempenho escolar, indo do piso fixado de R$ 20 até R$ 417 por mês, por família beneficiada.

Algumas características dos beneficiários responsáveis por receber o benefício: mulheres (96,26%), solteiras (73,25%), com ensino fundamental incompleto (67,27%), fora do mercado de trabalho (42,34%), informais (30,33%), situadas em famílias de três a cinco pessoas em média (80%).

Em termos de aferição de impacto, usamos a medida de pobreza denominada de P2, que é a favorita para nove entre 10 especialistas de pobreza, por enxergar a desigualdade entre os pobres: o P2 entre os beneficiários do BF terá queda instantânea adicional de 46%, a partir da implementação do FC. À guisa de comparação, a meta do milênio da ONU é reduzir a pobreza em 50% em 25 anos. O FC é um passo instantâneo e fundamental nessa direção. A pobreza nesse universo já caiu 78% com a aplicação cumulativa do BF e do FC, sendo 46% dessa queda pela via do efeito direto do FC.

Apresentamos na figura 4 o mapa de cobertura do programa entre os alunos da rede municipal de ensino e dos resultados das provas bimestrais da Secretaria Municipal de Educação. Notamos que as manchas mais escuras (maior cobertura) do mapa de cobertura coincidem com as manchas mais claras (piores notas) de áreas de menor aprendizado, leia-se, regiões pobres da Zona Oeste carioca, como Santa Cruz e Guaratiba, e grandes favelas cariocas, como Rocinha, Alemão, Jacarezinho, Maré e Cidade de Deus.

Impacto escolar

O FC não procurou criar novos programas escolares, mas potencializar os impactos daqueles já existentes, atuando sobre o lado da demanda por educação. Por exemplo, instituiu-se um prêmio de performance individualizado por aluno, pois já existiam provas bimestrais aplicadas. No caso do FC, o programa elegeu um conjunto amplo de condicionalidades escolares e prêmios aos estudantes, aplicados tanto a insumos como a resultados educacionais.

Resultados preliminares mostram que incentivos financeiros ajudam no aprendizado escolar. Alunos pobres que receberam desafios de desempenho tiveram melhora acima daqueles sem direito a prêmio nos três primeiros bimestres após sua implantação. A diferença da média geral das matérias, que era

Figura 4
Proporção de alunos beneficiários sobre o total de alunos

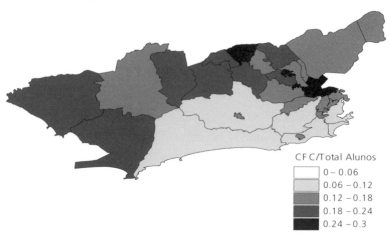

Médias das provas bimestrais 2011

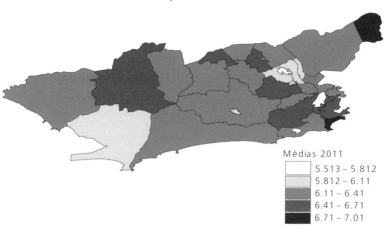

Fontes: FGV. Centro de Políticas Sociais (CPS), a partir dos microdados da SME/PCRJ.

desfavorável em 6% aos beneficiários do FC, foi eliminada em três bimestres de operação do programa. No entanto, a média esconde diferentes mudanças entre beneficiários e não beneficiários do FC em diferentes matérias: foi invertida a distância existente em ciências e zerada aquela em matemática, mas se manteve intocada a existente em português.

Consideremos um exemplo concreto de uma estudante da rede municipal que enfrenta uma série de adversidades sociais: por exemplo, uma menina preta, que possui uma deficiência física, repetiu o último ano e ainda estuda no primeiro ciclo do ensino fundamental numa Escola do Amanhã do Irajá. Essa filha de pai e mãe com ensino fundamental incompleto não mora com os pais e vai sozinha à escola, em viagem de até uma hora de trem. A nota média dela de 0 a 10 era 3,17 antes da implantação do programa.

Os beneficiários do FC, em geral, possuíam em 2010 uma nota média 6% inferior àquela de alguém semelhante que não pertencia ao programa. Essa diferença desfavorável foi zerada no terceiro bimestre de 2011, apenas três meses depois da implantação do novo programa.

De forma a visualizar como o efeito sobre as notas difere nas três matérias, tomemos os diferenciais de notas daqueles com e sem programa, antes e depois do cartão. A diferença de notas de matemática, que era de 4,72%, é zerada; a distância de português se mantém estagnada, em torno de 4,7%, antes e depois do cartão; finalmente, no caso de ciências, a distância, que era de 5,62%, favorável àquela sem programa, se torna 4,84% depois do cartão, favorável a seus beneficiários.

Além do efeito sobre os resultados palpáveis da educação, que é o aprendizado aferido por notas, houve melhora nos meios que ajudam a atingir estes fins. Os pais desses alunos tiveram 70% de participação em reuniões aos sábados nas escolas, contra 30% daqueles que não foram incentivados. Isso ajuda a nivelar as oportunidades dadas aos alunos.

Com relação ao percentual de frequência dos alunos, também percebemos as diferenças entre os beneficiários e os não beneficiários do FC, com os primeiros apresentando maiores percentuais de frequência nas análises pela Coordenadoria Regional de Educação (CRE) e por série escolar (usando dados gerais do município). No entanto, apesar de os percentuais de frequência serem maiores para os beneficiários, essas diferenças não são tão grandes quanto os diferenciais de frequência na reunião de pais.

Os resultados da análise de impacto sobre os insumos escolares são mais preliminares, incompletos e arriscados. Falta incorporar dados anteriores ao programa, descer ao nível dos microdados, de forma a controlar a análise pelas características observáveis dos alunos e de seus pais, e pensar em situações que repliquem condições de experimentos aleatorizados, de forma a lidar com vieses de seletividade inerentes à operação do programa. Portanto, não podemos afirmar ainda que o FC gera maior presença dos alunos ou pais nas escolas.

As lições de uma série de estudos recentes, baseados no programa Opportunity, de Nova York, sugerem que deu mais resultados incentivar insumos escolares, como pagar o aluno para ler livros ou frequentar uma jornada escolar estendida, do que premiar o desempenho escolar medido por provas. Premiar insumos seria mais efetivo do que premiar resultados finais, que estão menos sob o controle dos alunos, que por isso não se motivariam a se esforçar mais.

A experiência carioca recente fez as duas coisas, incentivos a insumos e a produtos escolares. Os resultados aqui sugerem que os dois caminhos podem ser complementares.[5]

FC 2.0

No final de 2011, um ano após a cerimônia de lançamento do FC, foi anunciada a expansão do número de beneficiários. Esse projeto visa dar apoio à equipe da Prefeitura da Cidade a desenhar e implementar essas mudanças. Como resultado, houve a introdução de uma nova série de melhoramentos do programa, a saber:

- A introdução de condicionalidades e prêmios escolares duas vezes maiores mediante a performance, diferenciados para os alunos da rede municipal com deficiência física ou mental, tirando partido de que as provas bimestrais aplicadas são também feitas em Braile. A lógica aqui é dupla: permitir que esses alunos e suas famílias possam arcar com os custos de vida maiores associados àqueles com deficiência e a evidência de maior aumento relativo de notas dos alunos beneficiários que são portadores de deficiência.
- A introdução de condicionalidades e prêmios escolares maiores para alunos de 15 a 18 anos de idade que frequentam escolas da rede municipal de ensino localizadas em áreas conflagradas da cidade. O objetivo é prover benefícios e incentivos monetários maiores para adolescentes da chamada geração do limbo. Cabe lembrar que o programa originalmente já apresentava parâmetros de corte de nota das provas bimestrais e de avanços diferenciados para as Escolas do Amanhã.
- A desindexação do cálculo dos benefícios complementares do FC *vis--à-vis* o BF de melhorias dos benefícios atribuídos às famílias. O objetivo aqui é não neutralizar na operação do programa a decisão de aumento dos benefícios concedidos pelo governo federal que acabariam indo para os cofres da cidade. Desde o começo de 2011 foi introduzida

---

[5] Disponível em: <www.fgv.br/cps/fci>.

uma série de melhoramentos no BF, em especial aqueles relativos à infância e adolescência, o que coincide com o foco de atuação do FC, entre os quais: i) reajuste de 45% no valor nominal das condicionalidades para aqueles entre zero e 15 anos de idade; ii) o aumento do número máximo de três para cinco crianças entre os beneficiários dessas condicionalidades; iii) a criação de benefício extra para grávidas e lactantes até os seis meses do bebê; iv) complementação de renda até a linha de extrema pobreza de R$ 70 fixada adotando sistemática similar ao FC. O resultado cumulativo dessas medidas foi que os benefícios médios do FC, em vez de diminuírem, aumentaram de cerca de R$ 70 a R$ 75, por família. A não ser na época de pagamento do bônus escolar, quando sobem mais R$ 15 mensais.

- Expansão de 63% do número de pessoas beneficiadas pelo programa com o destravamento da folha. Esta expansão requereu a adaptação da sistemática de imputação de renda do programa à Versão 7.0 do Cadastro Social Único.[6] Nessa transição, foi incorporado um critério de aleatorização das últimas 10 mil famílias de beneficiários de forma a prover o programa de grupos de tratamento e de controle adequados a sua avaliação futura.

- Outro aspecto é o monitoramento de metas de combate à pobreza, incorporadas no Plano Estratégico da Cidade, lançadas em abril de 2012. Como a redução da pobreza da cidade em 50% em oito anos. Focamos o caso da renda reportada, mas estimando a renda ignorada (*missing*). A taxa de pobreza carioca medida pela linha de R$ 108 em 2009 passa de 4,54% em 2007 para 2,65% em 2009, correspondendo a uma queda de 41,63%, uma queda maior que aquela prevista para 2012. Isso inclui também metas de erradicação da pobreza medida pelo P2 entre os beneficiários do FC. A pobreza nesse universo já caiu 95,6% com a aplicação cumulativa do BF e do FC, sendo 57,7% dessa queda pela via do efeito direto do FC, que é o conceito na meta de erradicação de pobreza assumida pela prefeitura. Em todas as regiões

---

[6] A chamada V.7 do CadÚnico incorpora um sistema *on-line* de atualização das informações cadastrais e um questionário totalmente reformulado diante da versão anterior. Nesse aspecto, a métrica comum monetária que projeta e sintetiza as múltiplas dimensões da pobreza incorporadas permitiu suavizar a transição. Optou-se por uma transição mais suave para aqueles que dispunham das informações na V.6, sendo incorporados à nova estimação para os novos entrantes só aqueles com apenas informações na V.7.

administrativas da cidade, com exceção da pequena ilha de Paquetá, houve queda de pobreza acima de 94% nos beneficiários dos dois programas. Uma estatística de interesse é o custo/benefício obtido para cada real gasto em cada programa. No caso do BF, a elasticidade da pobreza (P^2) é 1,59, e no FC, quase três vezes maior, 4,51.

6. O Renda Melhor

O BF é o maior dos programas de transferência de renda condicionados do planeta, provendo renda às famílias pobres, incentivando a vacinação infantil e a frequência escolar. O estado do Rio, com o apoio conceitual e operacional do Centro de Políticas Sociais da FGV, criou o Renda Melhor (RM) sob a plataforma do BF, tendo como objetivo reduzir a desigualdade e a pobreza no estado do Rio de Janeiro. O programa mais geral chama-se Rio sem Miséria e é composto de objetivos e programas de curto, médio e longo prazos, conforme detalhado na figura 5.

Figura 5
Estratégias do Programa Estadual Rio sem Miséria

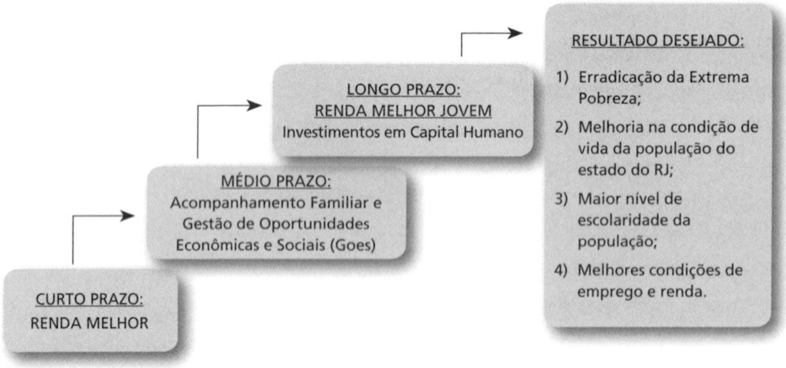

Fonte: Secretaria Estadual de Assistência Social e Direitos Humanos. (Apresentação privada.)

O programa de Gestão de Oportunidades Econômicas e Sociais (Goes) visa juntar a oferta e a demanda de serviços sociais por meio de seu acompanhamento pelas equipes de assistência social (Cras e Creas), a elaboração de plano de desenvolvimento familiar individualizado e o oferecimento de cardápio de oferta de condições e orientações necessárias para se sair da situação de pobreza, conforme a figura 6.

Figura 6
Gestão de oportunidades para famílias e jovens

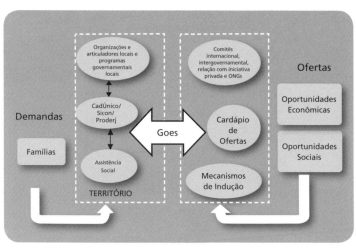

Fonte: Secretaria Estadual de Assistência Social e Direitos Humanos. (Apresentação privada.)

Daremos maior atenção aqui ao desenho do RM e do RMJ. Apresentamos alguns mapas municipais que demonstram a coincidência da cobertura do CadÚnico e da incidência da extrema pobreza na população fluminense (figura 7).

Figura 7
Proporção de cadastrados na população total

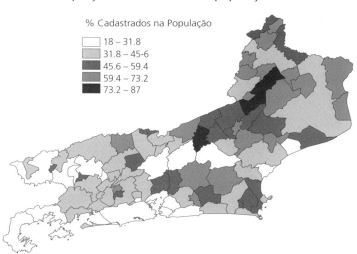

Fontes: FGV. Centro de Políticas Sociais (CPS), a partir dos microdados do Cadastro Único/MDS e Censo 2010 do IBGE.

Rio de Janeiro: um estado em transição

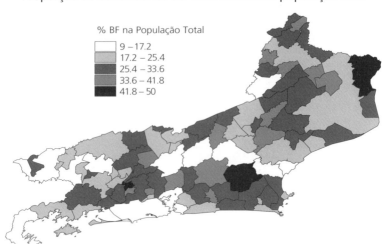

Proporção de beneficiários do Bolsa Família na população total

Fontes: Cadastro Único/MDS e Censo 2010 do IBGE.

A linha de pobreza do RM é de R$ 100 por mês por pessoa, valor que corresponde aos US$ 2 por dia da linha de pobreza mais generosa da primeira meta do milênio da ONU. A meta é a redução da pobreza à metade no quarto de século terminado em 2015, entre nossas Copa de Mundo e Olimpíadas. O programa alavanca, no campo social, a vocação internacional do estado, alinhando a ação local ao pensar global. O RM constrói sobre as bases do BF, dando até quatro benefícios por família, preferencialmente nas mãos das mães, que cuidam mais da educação dos filhos. Cerca de 96% dos benefícios fluminenses são concedidos diretamente às mães, contra 91% do BF, por exemplo.

O sistema de pagamento do RM lança mão do rico acervo de informações do Cadastro Social Único para captar, na definição de seu público-alvo, as múltiplas dimensões da vida dos pobres.

Renda Melhor Jovem

O senso comum considera a educação crucial para o desenvolvimento socioeconômico. No Rio de Janeiro, o histórico de evasão escolar e o desempenho ruim dos alunos inspiram a imaginação dos formuladores de políticas na direção de reformas escolares inovadoras. Da mesma forma que os municípios cuidam dos interesses da população infantil (vacinação e ensino fundamental) e o governo federal cuida da previdência social e das pessoas com deficiência, questões tipicamente associadas à terceira idade, os estados são os principais guardiões da juventude brasileira, zelando pelos jovens em áreas características, como violência e uso de drogas, e essencialmente na educação (ensino médio). Para além dos incentivos financeiros de curto prazo vinculados à frequência escolar do BF, buscou-se manter os alunos do ensino médio na escola através do pagamento de um prêmio, na forma de poupança, por ano de estudo completo.

Renda Melhor Jovem (RMJ) é o nome dessa poupança-escola para alunos que ingressem no ensino médio regular e profissionalizante com até 18 anos incompletos e cujas famílias participem do RM; a imposição etária leva em conta a defasagem escolar existente nas escolas públicas estaduais. Como forma de monitorar o desempenho dos alunos e avaliar as melhores práticas educacionais, é exigido que o jovem beneficiário tenha frequência de dois terços do total de avaliações bimestrais estaduais — Sistema de Avaliação Bimestral do processo de ensino e aprendizagem nas escolas (Saerjinho) — por ano, promovidas pela Secretaria de Estado de Educação (Seeduc), proporcionais ao mês de adesão ao Programa. Além disso, o jovem beneficiário deverá realizar, nos anos subsequentes ao ano de adesão, pelo menos duas avaliações bimestrais estaduais. Para cada ano concluído com aprovação no ensino médio, o participante fará jus aos seguintes valores: R$ 700 na 1ª série do ensino médio; R$ 900 na 2ª série; R$ 1.000 na 3ª série; R$ 1.200 na 4ª série, no caso de o jovem estar cursando o ensino profissionalizante de quatro anos.

Não dispomos de dados empíricos que nos permitam estudar os efeitos do RMJ, por isso recorremos à literatura empírica americana. Ao pagar ao estudante uma quantia para ele concluir as séries escolares, a poupança dá mais incentivo ao aluno para ficar na escola e diminuir a evasão escolar por falta de interesse. Estudos empíricos sugerem os efeitos que ela pode ter (Fryer, 2010):

1. Se os estudantes não têm motivação suficiente, ou descontam mal o futuro, ou não têm informação dos retornos da educação e, portanto, não utilizam o esforço ótimo, os incentivos financeiros podem aumentar o desempenho;

2. Se os estudantes não têm os recursos físicos ou o conhecimento de como converter esforço em realizações concretas, ou se a função de produção tem importantes fatores complementares fora de seu controle (por

exemplo, bons professores, pais participativos), então os incentivos terão pequeno impacto;

3. Numa linha psicológica defendida por alguns estudiosos, prêmios financeiros para estudantes enfraqueceriam a motivação intrínseca e levariam a resultados negativos.

Um estudo empírico feito por Fryer durante os anos escolares de 2007-08 e 2008-09, em quatro cidades americanas (Chicago, Nova York, Dallas e Washington), sugere que os estudantes não conhecem suas funções de produção educacionais e, assim, não sabem como transformar a motivação gerada pelo incentivo monetário em rendimento mensurável. Três evidências podem comprovar essa interpretação: 1) alguns estudantes relataram que estavam felizes pelo incentivo, mas não sabiam como transformar essa alegria em performance; 2) grupos de estudantes de Chicago não sabiam como melhorar suas notas; 3) os alunos mais "fracos" academicamente não sabiam avaliar seu próprio rendimento, pois não entendiam suas funções de produção (Kruger e Dunning, 1999). Além dessas três, outras teorias alternativas sugerem ser plausível que os alunos conheçam suas funções de produção, mas não possuem autocontrole ou apresentam outros comportamentos que os impedem de planejar e fazer o necessário para aumentar suas notas no futuro; ou que a função de produção é muito conturbada e os estudantes são tão avessos ao risco para fazer um investimento que não vale a pena. A última explicação considera que os motivos das diferenças entre teoria e experimentos devem-se a fatores complementares, como pais participativos (Fryer, 2010).

Baseado nas teorias explicativas aqui reproduzidas, é necessário, portanto, que os estudantes tenham conhecimento mais completo de suas funções de produção, tanto através da informação sobre os altos retornos escolares, quanto das práticas acadêmicas eficazes para atingi-los. Esse conhecimento não é perpetuado instantaneamente, mas é um processo que passa por incentivos positivos recebidos desde a primeira infância, incentivos sociais sadios dados por pais participativos na vida social e escolar dos filhos, e frequência em ambientes educacionalmente estimulantes, onde o indivíduo em formação conseguirá os insumos necessários para formar sua função de produção robusta, sobre a qual ele detém total controle e conhecimento. Desse modo, será possível que ele faça escolhas mais próximas do ótimo social, reduzindo os *gaps* existentes entre as escolhas de ricos e pobres.

7. Conclusões

A divisão de trabalho de políticas sociais entre entes federativos foi objeto da Constituição de 1988. A criação em 2000 do fundo de erradicação de pobreza, voltado para o financiamento de programas implantados em localidades pobres, como o Bolsa Escola Federal, foi um segundo passo nesta marcha, mas com decisões ainda tomadas desde Brasília. Estamos começando a mexer os calcanhares rumo a um terceiro passo, que gosto de chamar de novo federalismo social, a partir do "Brasil Sem Miséria", que mobiliza estados a complementar as ações do BF.

O Brasil tem a tradição de impor leis e programas nacionais, sem antes testá-los localmente. Como resultado, erramos mais do que devíamos em escala nacional e aprendemos pouco. O conhecimento prático se beneficia quando uma localidade faz uma política diferenciada, pois permite contrastar os resultados com o de outras para ver se a inovação fez a diferença. Por exemplo, quando o estado de Nova Jersey aumentou o seu piso salarial nos anos 1990, a comparação com a vizinha Pensilvânia ofereceu lições a David Card e Alan Krueger (1995). Nossa tradição centralista perde também no processo de aprendizado.

Tal como na experiência brasileira do piso estadual de salários, iniciada em 2000 no Rio de Janeiro, Rio Grande do Sul, São Paulo, Paraná e Santa Catarina, há viés para que estados mais ricos entrem no novo federalismo social. No caso do piso estadual de salários, a adesão dos ricos faz parte da própria estratégia de delegação de poderes para otimizar pisos, devido à maior disponibilidade do setor privado de arcar com eles.

Já o norte do combate à pobreza deve ser os mais pobres, por meio de maiores aportes de recursos federais àquelas localidades de renda mais baixa. Defendo ainda incentivar alavancagem adicional de recursos condicionada com a bússola apontada para a efetiva superação de pobreza. O esquema *Output Based Aid* (OBA) remunera *a posteriori* a consecução na prática da maior vantagem comparativa das áreas pobres, que é melhorar prospectivamente seus indicadores (*catch up*).

A esfera estadual é chave para aportar recursos e ganhos de escala na implementação de estratégias complementares ao BF, que até então refletia apenas o binômio federal/municipal. Assim como no caso do piso estadual de salário, o pioneiro do novo federalismo social é o Rio de Janeiro. A população pobre de mais de três quartos dos municípios fluminenses já tem em mãos recursos e obrigações sociais associados aos respectivos programas, em adição àqueles do BF. Em São Gonçalo, o programa atende 100 mil pessoas, o triplo do Opportunity, programa aplicado em Nova York. A meta é atingir todo o estado em 2013.

O RM é componente do "Rio sem Miséria" da Secretaria de Assistência Social do Rio de Janeiro, que tem tido sucesso em alinhar lado a lado as facetas federal/estadual do programa. Não cabe explicar de novo os detalhes do RM, que são informativos do nome do programa. Há ainda o RMJ, que premia diretamente os estudantes jovens pela performance no Enem, na linha (de passes) da poupança-escola de Brasília e Minas Gerais. O gol fluminense é melhorar as medidas independentes de qualidade de ensino, não apenas passar de ano ou completar o ensino médio. O uso de instrumentos externos evita tencionar mais a já tensa relação entre escola e professores, de um lado, e desses com os alunos. Pobre do professor que tem de fazer a escolha de Sofia de premiar, ou não premiar, um aluno pobre.

O município do Rio entrou antecipadamente no federalismo 3.0 lançando o programa FC em 2010, e já começa a colher lições úteis às demais unidades. A presença dos pais em reuniões na escola, inovação do programa, é o dobro nos alunos beneficiários. A melhora do desempenho escolar dos beneficiários, tal como medido por provas de proficiência, foi acima dos demais. Esses resultados são mais fortes que uma série de avaliações recentes de experimentos aleatórios nos EUA, em particular as de Roland Fryer, de Harvard, que revelaram pouco impacto dos prêmios por desempenho nas notas dos alunos.

A exceção é Fryer (2012), que obtém resultados empíricos similares aos nossos. O novo ingrediente testado por ele é o alinhamento de incentivos dados a professores, pais e alunos, como o Rio faz, mais por mérito da Secretaria de Educação do que do FC, que apenas completou a linha de incentivos.

A receita da terceira geração de federalismo social é explorar complementaridades estratégicas, onde o todo é maior que a soma das partes. Impulsionar, por meio de metas e incentivos, sinergias entre atores sociais (professores, pais, alunos), entre áreas (educação, assistência, trabalho) e níveis de governo.

De maneira geral, os programas somam forças e dividem trabalho para multiplicar resultados na vida dos pobres.

Os princípios e práticas pontuais do FC e do RM que caracterizam o chamado Federalismo Social 3.0 estão resumidos abaixo:

- Busca dos mais pobres, tratando os diferentes na medida de sua diferença.
- Privilegiar a igualdade de oportunidades e a capacidade de geração de renda dos beneficiários (quem é pobre e não apenas quem diz que está pobre).
- Preservar a liberdade individual e dar incentivos à poupança (o que e quando gastar).
- Condicionar escolhas coletivas sujeitas a imperfeições de mercado (externalidades educacionais).
- Conceder incentivos a atores-chave como mães e jovens.
- Condicionalidades mais fortes, atenção à primeira infância e presença dos pais.
- Bolsa de estudos com prêmio aos avanços de qualidade educacional.
- Alavancar potencialidades através da adoção de metas de gestão.
- Conexão com melhores práticas e compromissos internacionais (metas da ONU).
- Integração operacional e trocas de experiência com outros níveis de governo.
- Avaliar impactos e buscar aprimoramentos constantes (FC 1.1, FC 2.0, RM 3.0 etc.).

Referências

BARROS, R. et al. Consequências e causas imediatas da queda recente na desigualdade de renda brasileira. *Parcerias estratégicas*: análise sobre a Pesquisa Nacional por Amostra de Domicílios (Pnad 2004), Brasília, ed. esp., n. 22, p. 89-119, 2006a.

_____. Uma análise das principais causas da queda recente na desigualdade de renda brasileira. *Econômica*: revista do Programa de Pós-Graduação em Economia da UFF, v. 8, n. 1, p. 117-147, 2006b.

BARROS, R. P. de et al. *A focalização do Programa Bolsa Família em perspectiva comparada*. 2010. Mimeografado.

CARD, D.; KRUEGER, A. *Myth and measurement*: the new economics of the minimum wage. Nova Jersey: Princeton University, 1995.

FERRO, A. R.; NICOLLELA, A. C. The impact of conditional cash transfer programs on household work decisions in Brazil. In: POPULATION ASSOCIATION OF AMERICA 2007 ANNUAL MEETING, 2007. Nova York. Mimeografado.

FUNDAÇÃO GETULIO VARGAS. Centro de Políticas Sociais (CPS).

FOGUEL, M.; BARROS, R. P. The effects of conditional cash transfer Programmes on Adult Labour Supply: an empirical analysis using a time-series-cross-section. In: ENCONTRO NACIONAL DE ECONOMIA, 33., 2008, Salvador. Mimeografado.

FOSTER, J.; GREER, J.; THORBECKE, E. A class of decomposable poverty measures. *Econometrica*, v. 52, p. 761-775, 1984.

FRYER, R. *Aligning sudent, parent and teacher incentives*: evidence from Houston Public Schools. Harvard University; NBER, 2012. Mimeografado.

_____. *Financial incentives and student achievement*: evidence from randomized trials. Harvard University; Ed. Labs; NBER, 2010. Mimeografado.

GLEWWE, P.; KASSOUF, A. L. The impact of the Bolsa Escola/Familia conditional cash transfer program on enrollment, drop out rates and grade promotion in Brazil. *Journal of Development Economics (Print)*, v. 97, p. 505-517, 2012.

IBGE. Pesquisa Nacional por Amostra de Domicílios (Pnad). 1992 a 2009 [em 1994 e 2000 não ocorreu a pesquisa].

IFPRI. *Segunda rodada de avaliação de impacto do Programa Bolsa Família*. Brasília: Ministério do Desenvolvimento Social, 2012.

KAKWANI N. et al. Linkages between pro-poor growth, social programs and labor market: the recent Brazilian experience. *World Development*, v. 38, p. 881-884, 2006.

KRUGER, J.; DUNNING, D. Unskilled and unaware of it: how difficulties in recognizing one's own incompetence lead to inflated self-assessments. *Journal of Personality and Social Psychology*, v. 77, n. 6, p. 1121-1134, 1999.

LINDERT, K. et al. *The nuts and bolts of Brazil's Bolsa Família Program*: implementing conditional cash transfers in a decentralized context. Washington, DC: World Bank, 2007. (Discussion paper nº 0709)

NERI, M. C. *A nova demanda por educação profissional*. Rio de Janeiro: Centro de Políticas Sociais (CPS/FGV), 2010.

_____. Income policies, income distribution and the distribution of opportunities in Brazil. In: BRAINARD, Lael; MARTINEZ-DIAZ, Leonardo. *Brazil as an economic superpower?* Understanding Brazil's changing role in the global economy. Washington, DC: Brookings Institution Press, 2009. p 219-270.

_____. O paradoxo da evasão e as motivações dos sem-escola. In: HENRIQUES, Ricardo et al. (Org.). *Educação básica no Brasil*: construindo o país do futuro. Rio de Janeiro: Campus; El Servier, 2009. v. 1, p. 25-50.

PEDROZO, E. *Efeitos de elegibilidade e condicionalidade do Programa Bolsa Família sobre a alocação de tempo dos membros do domicílio*. Tese (doutorado) — Escola de Economia de São Paulo, São Paulo, 2010.

ROCHA, R. Três ensaios em avaliação de intervenções sociais com foco comunitário e familiar. Tese (doutorado) — Departamento de Economia, Pontifícia Universidade Católica do Rio de Janeiro, Rio de Janeiro, 2009.

SOARES, S.; SÁTYRO, N. *O Programa Bolsa Família: desenho institucional, impactos e possibilidades futuras*. Brasília: Instituto de Pesquisa Econômica Aplicada — IPEA, 2009. (Discussion Papers 1424)

SOARES, S. et al. Programas de transferência de renda no Brasil: impactos sobre a desigualdade. In: BARROS, R. P. de; FOGUEL, M.; ULYSSEA, G. (Org.). *Desigualdade de renda no Brasil*: uma análise da queda recente. Brasília: Ipea, 2007b. v. 2, p. 87-130.

SOUZA, A. P. *Políticas de distribuições de renda no Brasil e o Bolsa Família*. jan. 2011. (C--Micro Working Paper nº 1/2011,) Disponível em: <http://cmicro.fgv.br/sites/cmicro.fgv.br/files/file/1%20PoliticasdeDistribuicaodeRenda%20-%20editado.pdf>.

TAVARES, P. A. Efeito do Programa Bolsa Família sobre o trabalho das mães. In: XIII SEMINÁRIO SOBRE ECONOMIA, XIII, 2008, Belo Horizonte. *Anais do XIII Seminário sobre Economia Mineira*. Belo Horizonte: Cedeplar/UFMB, 2008.

TEIXEIRA, C. G. *Análise do impacto do Programa Bolsa Família na oferta de trabalho dos homens e mulheres*. Brasília: UNDP/IPC, 2008. Disponível em: <www.ipc-undp.org/mds.do?action=search&option=Author&optionValue=teixeira&search=Buscar>.

Esta obra foi produzida nas
oficinas da Imos Gráfica e Editora na
cidade do Rio de Janeiro